KB124933

시장으로 나간 조선백자

시장으로 나간 **조선백자** ── 분원과 사기장의 마지막 이야기

초판 1쇄 인쇄 2016년 11월 23일
초판 1쇄 발행 2016년 12월 7일

지은이 박은숙
펴낸이 정순구
책임편집 조수정
기획편집 조원식 정윤경
마케팅 황주영

출력 블루엔
용지 한서지업사
인쇄 한영문화사
제본 한영제책사

펴낸곳 (주) 역사비평사
등록 제300-2007-139호 (2007.9.20)
주소 10497 경기도 고양시 덕양구 화중로 100 (비젼타워21), 506호
전화 02-741-6123~5
팩스 02-741-6126
홈페이지 www.yukbi.com
이메일 yukbi88@naver.com

이 책은 한국출판문화산업진흥원 2016년 우수출판콘텐츠 제작 지원 사업 선정작입니다.

역사비평사

시장으로 나간 조선백자

조선백자

분원과 사기장의 마지막 이야기

박은숙 지음

시장으로 나간 조선백자

차례

2부 : 분원자기를 만드는 재료와 시설 — 백토·화목·청화·가마 …

　박물관에서든 책에서든 도자기를 접할 때면 늘 궁금했다. 세계적 자랑거리인 고려청자와 조선백자를 만든 사람들에 대해서, 그리고 100여 년 전까지만 해도 존재했던 분원의 마지막에 대해서⋯⋯. 내 기억의 창고에는 그와 관련된 이야기가 저장되어 있지 않기 때문에 생긴 막연한 궁금증이었다.

　나는 한국 근대사를 전공한 역사학자지만 도자기에 대해서는 문외한이다. 도자기의 예술적·미학적 가치와 기법 등은 잘 모른다. 그러나 어느 이름 모를 사기장의 손길을 거쳐 탄생한, 흙의 질감이 녹아든 도자기를 무척 좋아한다. 특히 붉은 연꽃을 담은 진사백자와 흑갈색 끈무늬를 늘어뜨린 철화백자, 고요한 무아無我의 달항아리는 고혹적 자태와 여백의 자유로움이 뭉클한 감동을 안겨준다.

　조선 최고의 도자기를 만들었던 분원에 관심을 갖고 연구에 발을 내딛게 된 계기는 순전히 『하재일기荷齋日記』라는 자료 때문이었다. 『하재일기』를 처음 접한 것은 학위논문을 준비하던 1999년이지만, 논문의 주제가 바뀌면서

한쪽으로 밀쳐 두었다. 그러다가 2004년 서울시사편찬위원회에 재직하면서
『하재일기』의 번역·발간을 주관하게 되었고, 이때부터 본격적으로 일기를
들여다보았다.

『하재일기』는 분원에서 만든 각종 그릇을 궁궐과 관청에 납품하고 시장에
판매했던 자기업자 지규식池圭植이 20여 년간(1891~1911)에 걸쳐 쓴 기록이다.
이 일기에는 기존 자료에서 볼 수 없던, 분원의 민영화 이후 변화와 백성들
의 정세 인식, 경제·사회·문화·풍속 관련 생활상이 고스란히 담겨 있었다.
설레임과 호기심으로 일기의 세계에 뛰어들어 10여 년을 분원 관련 연구에
주력했다. 이때까지만 해도 민영화 이후 분원의 실체가 잘 알려져 있지 않
은 상태였다. 필자는 2008년부터 분원자기공소分院磁器貢所 ── 번자회사燔磁會
社 ── 분원자기주식회사汾院磁器株式會社로 이어지는 분원의 운영 변화와 사기
장·공인貢人 관련 연구 논문을 발표했다. 이로써 1883년 민영화 이후 분원의
변천사와 분원 사람들의 이야기를 새로이 밝혀낼 수 있었다.

이렇게 몇 편의 글로 발표했던 연구 성과를 이번에 책으로 엮어 내면서 새
롭게 재배치하고 수정했으며, 2부와 일부 미진한 부분을 보완 집필했다. 특
히, 그간 알려지지 않았던 개항 후 분원의 변화를 추적하여 마지막 여정을
밝히고, 그 시절 활동했던 사기장의 삶과 활동, 임노동자로서의 행적을 담아
내고자 노력했다.

이 책은, 100여 년 전 분원 자기업자로서 분원과 일상에 대한 기록을 남
긴 하재 지규식 님에게 빚을 지고 있다. 그의 일기를 통해 개항 이후 분원의
변화상은 물론 피지배 백성의 시각으로 본 세상과 시대를 들여다볼 수 있게
된 것을 행운으로 생각한다.

마지막으로, 연구실에 처박혀 집안일에 소홀한 필자를 애정어린 눈길로 지

켜보고 격려해준 남편과 딸에게 사랑과 감사의 마음을 전한다. 경제학적 소양이 부족한 필자에게 해박한 식견으로 조언을 아끼지 않았던 김윤희 선생님께 감사드린다. 글쓰기에 필요한 분원 관련 인터뷰에 응해주시고 자료를 제공해주신 이순길·정기석·정일섭 님께도 감사드린다. 어쩌면 생소할 수도 있는 주제를 책으로 발간하는 데 흔쾌히 동의해준 역사비평사와 편집을 맡아 꼼꼼하고 예리하게 내용을 검토해주신 조수정 님께 감사드린다.

일러두기

1. 이 책에서 연월일은 1896년 1월 1일을 기준으로 하여 이전은 음력, 이후는 양력
   으로 표기했다. 1896년 1월 1일부터 정부에서 공식적으로 양력을 사용했기 때문
   이다. 하지만 원자료를 인용할 때는 1896년 이후라도 불가피하게 음력으로 표기
   한 경우가 있는데, 이때는 양력 날짜를 괄호 안에 넣어 보여주었다.
2. 이 책에서 많이 인용하고 있는 자료는 『하재일기』이다. 자료의 출처를 밝힌 미주
   에서 『하재일기』는 '일기'로 약칭했다.

시작하는 글

도자기에 대한 단상

도자기는 흙으로 빚어낸 인류 최고의 그릇이자 예술품이며 과학기술 제품이다. 또한 각 시대를 살아가는 사람들의 취향과 가치관, 꿈과 이야기가 담겨 있는 역사적 산물이기도 하다.

예로부터 인간은 흙과 나무, 금속과 광물 등으로 다양한 그릇을 만들어 사용해왔다. 그리하여 사기그릇·나무그릇·은그릇·놋쇠그릇·유리그릇이 만들어졌으며, 현대에는 가볍고 깨지지 않는 플라스틱·알루미늄·스테인리스·세라믹 그릇이 일상생활에서 흔히 쓰이고 있다.

다양한 재료로 만들어진 수많은 그릇 중에서 오늘날까지 우리의 밥상을 점령하고 있는 것은 단연코 사기그릇이다. 우리가 즐기는 따뜻한 밥과 뜨거운 국물을 담아낼 그릇으로는 사기그릇이 최고다. 게다가 사기그릇의 정갈함과 아름다움은 음식의 품격을 높이고 맛깔을 돋보이게 하는 데 안성맞춤이다.

흙으로 만든 그릇은 굽는 온도에 따라 토기土器·도기陶器·자기磁器로 구분된다. 토기는 낮은 온도에서 구워낸 그릇으로, 표면이 거칠고 물이 잘 스며드는 특징을 갖고 있다. 도기는 유약을 발라 1,000℃ 가까운 온도에서 구워낸 그릇으로, 토기에 비해 단단하고 미끈하지만 방수가 완벽하지 못하다. 자기는 유약을 발라 1,300℃ 이상의 고온에서 구운 그릇으로, 조직이 치밀하여 균열이 없고 물도 새지 않는다. 그러나 일반적으로 도기와 자기를 구분하지 않고 도자기라고 통칭하며, 사기라고도 부른다.

역사적으로 볼 때 자기는 자연 상태의 흙을 가지고 고도의 하이테크를 이용해 만든 제품이었다. 도기는 일찍부터 세계 도처에서 만들어졌지만, 자기를 만들 수 있는 나라는 한국과 중국·베트남 등 동아시아 일부에 불과했다. 일본은 1592년 임진왜란 때 조선 사기장을 끌고 가서 비로소 자기 생산이 가능해졌고, 유럽은 이보다 한참 뒤인 18세기 초에 이르러서야 자기를 생산해냈다. 18세기까지 동아시아에서 생산된 자기는 바다 건너 멀리 유럽·아메리카 등지를 강타했다. 자기는 유럽 왕실과 상류층의 부와 권력을 상징하는 물건으로서 그들의 집을 장식하고 식탁을 지배했다.

18세기까지도 자기는 고도의 기술력을 갖추어야만 생산이 가능한, 지구촌 문명의 상징이었다. 최첨단 과학이 발달한 오늘날에도 우주왕복선을 고열로부터 보호하는 것은 도자기 타일이라고 한다.

우리나라 도자기가 세계 최고 수준의 예술품이라는 점은 세계인들도 인정하는 사실이다. 조선백자는 지구촌 도예가들의 사랑을 받고 있는데, 특히 1996년 뉴욕 크리스티 경매장에서는 17세기 초의 철화백자가 도자기 경매 사상 세계 최고가에 낙찰되기도 했다. 영국의 도예가 버나드 리치Bernard Howell Leach(1887~1979)는 "현대 도예가 나아갈 길은 조선시대 분청사기가 이미 다했다"[1]고 말할 정도로 조선 자기를 높이 평가했다. 조선백자에 깃든 순

백의 고요와 기품, 푸른빛의 그림과 여백의 미
학, 소박한 자연미와 부드러운 선의 흐름이
전해주는 아름다움은 세계인의 찬사를 받기
에 전혀 모자람이 없다.

　예로부터 만물의 근원이라 여겨진 흙과 물과
불, 그리고 공기의 조합으로 만들어진 것이 도자
기다. 조선백자는 물을 거쳐 정제된 도토陶土가 물레
위에서 둥글게 성형되어 다듬어지고, 푸른 청화나 붉
은 진사 또는 흑갈색 철화로 아름답게 변신하
고, 뜨거운 불가마 속에서 단련되어 탄생했다.
그렇게 세상에 나온 조선의 도자기를 대표하는
상징이 바로 분원자기였다.

조선백자 철화 용문 항아리
1996년 크리스티 경매장에서 765만
달러(63억 4,950만 원)에 낙찰되어,
당시 도자기 경매 사상 최고가를 기
록했다.

분원 자기업의 역사적 변천

　분원分院은 궁중 음식을 담당한 사옹원의 하부 기관으로, 음식을 담는 그
릇을 비롯하여 왕실에서 쓰이는 꽃병, 연적, 필통 등을 만드는 제조업소를
가리킨다. 그릇을 구워 만든다고 하여 번조소燔造所·번소燔所라고도 불렸다.
자기를 구워 만드는 일은 번자燔磁라고 지칭했다.

　분원은 15세기 후반 세조 때 설치되었다. 그전만 하더라도 왕실은 전국의
사기소에서 진상한 그릇을 사용했지만 세조 때 이르러 별도로 분원을 설치
하고 왕과 왕실의 그릇을 만들기 시작했다. 세조는 그릇에도 명분名分이 있
어야 하며, 따라서 사회적 신분과 지위에 따라 마땅히 그릇을 달리 사용해야

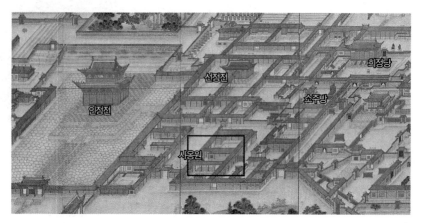

〈동궐도〉 속의 사옹원

〈동궐도〉는 1800년대 창덕궁과 창경궁의 모습을 조감도 형식으로 세밀하게 그린 그림이다. 16권 화첩 형태인데, 나란히 펼치면 가로 584cm, 세로 273cm 크기다. 위 그림은 창덕궁 쪽 부분이다. 왕실의 음식을 담당한 사옹원은 왕의 처소인 대전과 가까운 거리에 있었다. ⓒ고려대학교 박물관

한다고 역설했다. 일상의 음식을 담아내는 그릇에도 야만적 오랑캐와 구분되는 문화적 명분을 구현하려 했던 것이다.

사옹원 관료의 관리 감독 아래 분원에서는 수백여 명의 사기장들이 대대로 세습하면서 자기 제작에 전념했다. 분원자기는 왕실에서 쓰이니 만큼 조선 땅에서 최상의 토질을 자랑하는 강원도·경기도·경상도 등지의 도토를 가져다가 전통적 오름가마에서 구워냈는데, 대체로 조선의 고유한 정서와 자연미를 간직한 백자를 많이 생산했다.

1876년 개항 후 조선 사회는 약육강식의 자본주의 세계 체제와 마주하게 되었다. 조선 정부는 부국강병을 달성하기 위해 개화 정책을 추진했지만 큰 성과를 보지 못한 채 구시대 모순과 제국주의 열강의 외압으로 신음했다. 분원도 소용돌이치는 시대적 격랑 속에서 민영화 수순을 밟았다. 약탈적 자본주의 시장경제와 마주한 분원의 앞날은 험난한 가시밭길이 예고되고 있었

다. 하지만 위기 속에서도 성장할 수 있는 기회는 공존했다.

1883년 조선 정부의 대대적인 구조조정 과정에서 분원은 수백여 년의 국영 체제를 청산하고 민영 체제로 전환했다. 이에 따라 민영 제조업체로서 분원자기공소가 출범했다. 공소의 운영 주체로 선정된 공인貢人들은 자기를 만들어 왕실에 납품하고 공가貢價를 받았으며, 시장 상인들에게도 판매하여 이윤 추구의 길을 걷기 시작했다. 이제 돈만 있으면 누구든지 분원자기를 사서 쓸 수 있게 되었으니, 자본주의 바람이 분원산(made in bunwon) 그릇 주인의 평등을 가져온 셈이다. 왕실 자기를 생산해온 명성과 함께 숙련된 사기장을 보유한 분원 자기업은 성공 가능성이 적지 않았다. 그럼에도 불구하고 정부의 공가 미지급 등으로 100여만 냥의 부채와 자금난에 시달리다가 결국 문을 닫고 말았다.

대한제국이 세워진 1897년에는 공소의 분원 자기업을 잇는 번자회사도 설립되었다. 이로써 분원 자기업은 다시 부활의 기회를 갖게 되었다. 회사의 운영자는 사장과 출자 사원 8명으로, 관료와 공인 출신으로 구성되었다. 그리고 회사 운영은 이들 출자 사원이 공동경영하는 방식이었다. 회사의 초기 이익은 적지 않은 편이었지만 유동자금 부족 등으로 공동 운영 체제를 마감하고 1900년부터 개별 운영 체제로 전환했다. 일부 사원들은 개별적으로 분원 시설을 사용하여 자기를 생산·판매하고 본사에 시설세를 납부했다. 번자회사는 이렇게 분원 사원들로부터 거둬들이는 시설세를 바탕으로 근근이 분원 자기업을 이어갔다. 그런데 번자회사의 숨통을 조여오는 위기가 닥쳤다. 바로 수입 도자기의 증가와 일본인의 도자업 진출이다. 자본이 취약한 분원 자기업자들은 시장 변화에 제대로 대응하지 못하고 쇠락의 길을 걸었다.

분원 자기업이 유명무실해지고 겨우 명맥만 유지하는 상황에 이르자 분원 자기업 몰락에 대한 사회적 우려와 재기를 촉구하는 목소리가 커졌다. 마침내 1910년 애국계몽운동 계열의 인사들이 동참한 분원자기주식회사가 설립되었다. 10원짜리 주식 4,000주를 발행하여 4만 원이라는 자본금을 마련했으며, 1911년 회사령에 따라 등기를 마쳤다. 회사를 대표하는 이사는 관리·군인·내시 출신으로서 각종 회사와 교육·출판업에 종사한 실업가였다. 그러나 분원자기주식회사도 오래가지 못하고 1916년에 자금난으로 문을 닫았다. 이로써 수백여 년 유지되어온 분원 자기업이 공식적으로 막을 내렸다.

일부 사기장들은 1930년대 초까지 분원에 남아 전통 자기의 맥을 잇기 위해 힘을 쏟았지만, 그들마저도 결국엔 떠나고 분원 자기업은 소멸되었다. 다만 분원에서 나간 사기장들이 전국으로 흩어지면서 그들을 통해 미약하나마 분원 자기업의 맥락이 이어졌을 것으로 생각한다.

비교적 경쟁력이 높은 토착 산업이었던 분원 자기업은 개항 후, 공소→회사→주식회사로 변신을 거듭하면서 자본주의 시장경제에 부응하기 위해 노력했다. 그러나 만성적 자금난에 부딪혀 상품 개발과 체질 개선에 소홀했으며, 값싸고 화려한 수입 자기의 유입과 소비자의 기호 변화에 적극적으로 대응하지 못하고 몰락의 길을 걸었다. 자본주의 경제 시스템이 작동하기 시작한 근대 이행기에 분원 자기업이 성장하기 위해서는 국가의 정책적 뒷받침과 저리의 자금 지원이 절실했지만, 조선 정부는 지원은커녕 오히려 걸림돌이 됨으로써 분원의 몰락을 재촉했다.

조선백자의 산업단지, 분원마을의 풍경

남한강과 북한강의 물줄기가 합쳐지는 양수리 팔당호에 연접한 분원마을은 호수와 야산이 어우러져 한 폭의 아름다운 수채화를 연상시킨다. 오늘의

분원 앞에서 바라본 팔당호

도자기를 만드는 데 필요한 각종 재료와 완성된 도자기를 서울로 실어 나를 때 수운 교통은 매우 중요
했다. 분원마을은 바로 이렇게 교통이 편리한 곳에 위치하고 있었다. 사진은 현재 분원백자자료관이 있
는 곳에서 바라본 팔당호의 모습이다.

조용하고 한적한 풍경 속에서 옛날의 분주하고 떠들썩하던 모습을 떠올리기
는 쉽지 않지만, 마을 곳곳에는 찬란한 조선백자를 만들었던 흔적들이 남아
있다.

분원마을은 남한강의 지류인 우천牛川 강변에 자리하고 있었으며, 남한강
과 북한강에 인접해 있어 수운水運 교통이 매우 편리했다. 우천과 한강의 수
로水路를 따라 강원도·경기도 등지의 도토와 땔감(화목火木)이 분원마을로 들
어왔으며, 분원에서 만든 자기 또한 각지로 운반되어 나갔다.

분원마을은 조선 왕실에서 쓰인 도자기를 만든 제조 공장이 있던 곳이고,
그곳에서 일하는 사기장들과 마을 사람들의 삶의 터전이었다. 배로 운반해
온 도토와 땔나무가 마을 강변에 수북이 쌓이면, 수많은 일꾼이 그것들을 번
조소로 실어 날랐으며, 사기장들은 흙을 빚어 그릇 모양을 만들고 불에 구워
자기를 만들었다. 사기장들이 집중 거주했던 분원마을은 이른바 도자기산업

단지였다. 그래서 대다수 농촌과 달리 분원마을은 조선 사회에서 특별한 위상을 차지했다.

분원마을은 조선 후기에는 경기도 양근군 남종면 분원리에 속했으며, 1908년 양근군과 지평군이 양평군으로 통합되면서 양평군에 속했다가, 1914년 행정구역 개편 때 광주군으로 편입되어 오늘에 이른다. 조선 말엽 분원은 1리里에서 8리까지 나뉘어 있었으며, 각 리마다 이회里會와 이임里任을 두어 동네일을 맡겼고, 8개 리를 대표하는 대동회大洞會와 동임洞任을 두어 마을 전체의 일을 총괄토록 했다.

분원이 세워진 뒤로 분원마을에는 왕실 자기를 만드는 분원을 감독하기 위해 관리와 아전들이 자주 드나들었고, 1883년 분원이 민영화된 후로는 전국 각지에서 몰려드는 사기전沙器廛들로 북적였으며, 백토와 땔나무를 공급하는 업자들의 발길도 이어졌다. 마을 길목에는 주민과 오가는 사람들을 상대로 한 가게와 음식점·술집·숙박업소 등이 자리하여 시끌벅적했다. 이러한 분원마을 풍경은 대다수 농촌의 한적한 모습과는 사뭇 달랐다. 그러나 일상적인 생활양식과 풍속·규범 등은 여느 마을과 다름없었다.

1895년 무렵 분원마을에는 3,000여 명의 주민이 살았다.[2] 조선 후기 가구당 평균 인구가 대략 4.2명이었으니, 이 통계 수치를 감안하면 700~750호에 달하는 대단위 마을이었다. 1897년 양근군 전체 인구가 14,259명이었는데,[3] 그렇다면 분원마을은 양근군 내에서도 매우 높은 인구 비중을 차지했음을 알 수 있다.

그러나 1895년 분원자기공소가 혁파되고 사기장의 세습제가 폐지되자, 분원을 운영하던 공인의 상당수가 분원마을을 떠났고, 임노동자의 길에 들어선 사기장들 또한 유리한 임금과 조건을 찾아 흩어졌다. 그들이 떠난 자리에 황해도·경상도 등지의 사기장들이 들어오기는 했으나 자기업의 쇠퇴와 함께 마을의 인구도 줄어들었다. 1907년 호구조사 때 분원마을은 320호 1,496명이었다.[4] 불과 10여 년 사이에 약 50%의 인구가 감소한 것이다. 일제강점기 분원 사람들은 독립운동에 동참하기도 했고, 수백여 명이 국경을 넘어 간도 땅으로 옮겨 가기도 했다.[5]

도자기 제조업에 기대 먹고살았던 동네에는 다른 여느 마을과 마찬가지로 아이들에게 글공부를 가르치는 서당과 훈장도 있었고, 활쏘기를 할 수 있는 공간과 정자도 있었다. 마을 사람들은 해마다 5월이 되면 산해진미를 진설하고 분원 성주의 제사를 지냈으며, 광대와 무녀를 불러와 밤새 굿을 벌이기도 했다. 잔치를 벌일 때는 조양운趙良雲·성창렬成昌列 등의 명창을 불러 소리를 듣고 감상하기도 했다.

분원마을은 주민도 많았지만 그곳을 드나드는 유동 인구도 많았고 돈 거래도 활발했다. 이 때문에 동학농민전쟁과 의병전쟁의 소용돌이에 휘말려 고난을 겪었다. 1894년 동학농민전쟁 때는 사기장의 상당수가 동학에 가입하여 활동했으며, 1907년 이후 의병전쟁이 거세게 일어났을 때는 군자금을 걷어 의병에게 주기도 했다. 그러나 마을이 의병과 일본군의 교전 무대가 되면서 그들은 형언할 수 없는 고초를 당했다.

분원마을은 정부 관리와 공인·사원, 사기장과 일꾼, 상인과 소비자 등이 분원자기라는 공통분모를 중심으로 유기체와 같은 밀접한 관계 속에서 움직였다. 자기업이 성황일 때는 오가는 사람들의 목소리와 발자국 소리가 떠들썩하게 울려 퍼졌지만, 자기업이 쇠락하면서 사람들의 발길도 뜸해졌다. 사기장 등이 떠난 분원마을은 도자기산업단지의 성격을 탈각하고 점차 평범한 농촌의 모습으로 변해갔으며, 물고기를 잡아 생계를 유지하는 사람들도 있었다. 오늘날에도 분원리에는 매운탕 등의 민물고기 요리점이 인기를 끌고 있다.

오늘날 세계적 찬사를 받는 조선백자를 만들었던 분원의 족적을 찾기란 쉬운 일이 아니다. 그러나 분원마을의 지층에는 분원의 역사와 세습의 굴레를 감내하면서 묵묵히 자기를 만들었던 사기장의 이야기와 삶의 여정이 서려 있다.

1부

분원의 역사적 변천과 그 여정

1장
조선시대 분원 : 어기御器의 제작과 진상

그릇에도 명분이 있다?

조선시대에는 그릇에도 신분과 위계, 관계官階 등에 따라 엄격한 명분名分이 적용되었다. 어찌 그릇에만 그러했겠는가? 의복을 비롯한 거의 모든 생활용품과 가옥 등의 건축물, 그리고 예물에도 신분과 명분을 달리하는 기준이 적용되었다. 그릇 또한 예외가 아니었으니, 아버지와 아들, 임금과 신하, 노비와 주인 사이에도 구분이 있어야 했다. 분원分院을 창설한 세조의 이야기를 들어보자.

> 임금이 예조판서 이극배李克培에게 말하기를 "명분은 엄격해야만 하거늘 어제 사옹원에서 어선御膳을 올릴 때 세자 그릇(器皿)을 섞어 썼으니, 심히 불가한 일이다. 만약 이와 같다면 부자가 그릇을 같이하는 것이며, 군신이 그릇을 같이하는 것이고, 노비와 주인이 그릇을 같이하는 것이니, 명분이 어디에 있겠는가? 오랑캐(野人)와 무엇이 다르겠는가? …"라고 하였다.[1]

조선 초기에 주류를 이룬 분청사기

왼쪽은 〈분청사기 상감 구름 용무늬 항아리(粉靑沙器象嵌印花雲龍文壺)〉로, 15세기 작품이며 국보 259호
이다. 중간 부분에는 용무늬가, 하단에는 연꽃잎 무늬가 상감되어 있다. 오른쪽은 국보 178호 〈분청사기
음각 두 마리 물고기 무늬 편병(粉靑沙器陰刻魚文扁瓶)〉이다. 앞·뒷면과 옆면에 서로 다른 무늬와 위로 향
한 두 마리의 물고기를 생동감이 넘치는 선으로 나타냈다. 물고기 무늬는 분청사기 조화 수법의 특징이
잘 드러나 있다. ⓒ국립중앙박물관

세조는 엄격한 명분을 강조하고, 사용원에서 왕에게 음식을 올릴 때 세자
의 그릇을 섞어 쓴 일을 '심히 불가한 일'이라며 질책했다. 왕의 음식은 왕의
그릇에만 담아야 한다는 뜻이다. 아버지와 아들, 임금과 신하, 노비와 주인
간에 그릇을 같이 쓰는 일은 명분에도 맞지 않을뿐더러 야만스런 오랑캐와
다를 바 없다는 말이다. 그릇을 엄정히 구분하여 쓰는 것이 바로 야만과 문
명을 가르는 명분이었던 셈이다. 이처럼 그릇에도 철저하게 명분이 적용되
던 시절, 분원은 나라의 지존인 왕의 그릇을 만들어 바치는 곳이었다. 따라
서 분원자기는 단순한 그릇이 아니라 제왕의 권위와 위엄을 상징하는 '어기
御器'라는 특별한 명분과 위상을 갖고 있었다. 그런 만큼 왕과 왕실에서 사용

하는 그릇은 최고의 품격과 멋을 담아내야 했고, 그릇의 모양·크기·색상·무늬에서도 까다로운 기준이 요구되었다.

1. 이동하던 광주 분원에서 고정된 양근 분원으로

대개 분원이라고 하면 광주 분원을 떠올린다. 그런데 광주 분원은 어느 한 곳에 정해진 것이 아니었다. 15세기 광주에 사기 제작소를 설치한 이래 10여 년마다 땔나무를 찾아 옮겨 다녔다. 수십여 곳을 전전하던 광주 분원은 18세기에 들어와 양근군楊根郡에 정착함으로써 양근 분원 시대를 열었다.

분원이라는 명칭은 본원本院인 사옹원의 하부 기관이라는 뜻으로, 처음에는 사기소로 부르다가 16세기쯤부터 분원分院이라고 불렀다. 1625년(인조 3) 기록에 "분원은 이전부터 수목이 무성한 땅을 택하여 옮겨 다녔다"[2]는 말로 보아, 이 무렵에는 확실히 분원이라 지칭했음을 알 수 있다.

조선시대 왕실에서 쓰이는 그릇을 공급하는 일은 시기별로 다르게 나타난다. 처음에는 전국 각처의 자기소磁器所와 도기소陶器所에서 만들어 바치는 공물貢物로 충당되었다. 세종 때 전국적으로 324개소의 자기소와 도기소가 있었는데, 자기소 139개, 도기소 185개였다. 그중 상품上品을 생산할 수 있는 곳은 경기도 광주목과 경상도 상주목 등 4개 자기소밖에 없었다.[3]

조선 초기에는 국가에서 도자기의 제조 과

분원 도요지에 세워진 분원백자자료관
경기도 광주시 남종면 분원리는 조선백자 도요지로, 마을 입구에는 조선시대 분원터였음을 알리는 표지석(24쪽 사진)이 세워져 있다. 2001~2002년 가마터 유적을 발굴한 뒤 매장되었던 유물을 보호하고 현장성을 살리기 위해 광주시는 2003년 이곳에 분원백자자료관(위 사진)을 세웠다.

정을 간섭하거나 통제하지 않고 공물로 진상하는 그릇을 사용했다. 그러다 보니 도자기의 양식과 색상·문양 등이 서로 달라 어기로서의 명분과 위용을 제대로 살리지 못했다. 이에 정부는 왕과 왕실의 위상에 걸맞은 자기를 생산하고 필요한 그릇을 안정적으로 확보하기 위해 도자기 생산을 직접 주관하는 방안을 구상했다.

15세기 세조 연간에 정부에서 도자기 생산과정을 직접 주관하는 사용원 관할의 사기소, 곧 분원이 경기도 광주에 설립되었다.[4] 이로써 광주 분원은 사용원의 감독 아래 어용 자기를 전문적으로 생산하게 되었다. 정부는 도토陶土와 땔나무 등 각종 재료와 부대 비용을 지급하고, 전문 사기장을 두어 도자기의 형태를 비롯하여 문양과 색채까지 제작 과정에 깊이 개입했다.

광주에 어용 관요官窯가 설립될 수 있던 배경은 무엇보다 그곳에서 백토

白土가 많이 생산되었고, 산림이 우거져 땔나무가 풍부했으며, 이전부터 수준 높은 자기를 생산해온 자기소가 자리 잡고 있었기 때문이다. 게다가 한강을 통한 조운漕運으로 물자 운반이 쉽고, 서울과 접근성이 좋았기 때문이다. 이러한 입지 조건 덕에 광주 분원은 오랫동안 어용 자기의 생산 기지가 되었다. 『경국대전』이 반포된 성종 무렵에 광주 사기소에는 380명의 사기장이 배속되어 도자기 생산을 전담했다.[5] 그 무렵 광주 사기는 전국에서 가장 뛰어난 상등품으로 평가받았다.[6]

도자기를 굽는 데 사용되는 땔나무는 그 소비량이 어마어마하게 많았다. 따라서 10여 년의 세월이 흐르면 주변 산이 헐벗게 되어 땔나무를 충당하기 어려웠다. 이에 사기소는 한곳에 정착해 있지 못하고 무성한 수목을 따라 10여 년마다 이동할 수밖에 없었다.

임진왜란 와중에 분원 사기장이 흩어지고 일본으로 납치되면서 도자기의 제조와 공급에 차질이 빚어지자, 정부는 전쟁 뒷수습의 일환으로 광주 분원을 재정비하고 관영 체제를 재구축했다. 광주 분원은 그때까지도 여전히 연료 확보를 위해 나무가 우거진 곳을 찾아 이동했으며, 주로 경기도 광주목의 초월면·실촌면·퇴촌면 등지를 전전했다.[7] 분원이 옮겨 가며 자리했던 곳은 모두 남한강의 지류인 번천樊川·곤지암천昆池岩川·우천牛川 강가로, 이곳은 수운을 통한 도토와 땔나무의 운반, 도자기의 상납과 운반이 편리했다.

그러나 분원의 잦은 이동으로 광주 일대는 '사방의 산이 민둥산이 되어 실로 땔나무를 취할 길이 없다'고 할 지경이었다.[8] 또한 가마 및 각종 도구와 집기 등을 옮기는 일도 번거로웠을 뿐만 아니라 사기장들도 그간 정착해 살던 곳을 떠나기 싫어했다.

이에 정부는 분원을 일정한 장소에 고정하는 방안을 검토했다. 1718년(숙종 44) 분원을 양근의 우천강변으로 옮기자는 의견이 나왔으나 계속 표류하다가, 18세기 중엽 이후에야 비로소 우천강변에 정착하게 되었다. 우천강변의 분원은 '양근 분원'으로 불렸으니, 정착 이후의 분원은 광주 분원이 아닌 양근 분원으로 부르는 것이 마땅하다.

조선 후기에 양근 분원은 행정구역상 경기도 양근군 남종면 분원리에 속했다. 이후 분원은 1908년 양근군과 지평군이 양평군으로 통합될 때 양평군에 속하게 되고, 1914년 행정구역 개편 때 다시 광주군으로 편입되어 오늘에 이른다. 양근 분원터에는 현재 분원백자자료관과 분원초등학교가 자리하고 있다.

분원의 정착은 원료 산지를 따라 사기 제조장을 옮기던 관행에서 벗어나 경영과 시설, 작업장의 질과 규모에도 큰 영향을 미쳐 획기적 변화의 계기가 되었다.[9] 땔나무의 안정적 공급이라는 과제가 대두되었지만, 우천강변에 정착한 양근 분원은 도자기의 제조와 운영, 시설의 확충, 생활공간의 안정적 확보라는 측면에서 새로운 시대를 열었다.

2. 분원의 운영과 자기 진상

(1) 사옹원 직제와 분원 운영의 주역들

분원은 왕과 왕실의 그릇을 만들기 위해 설립된 관영 사기 제조장으로, 사옹원의 지시에 따라 생산해낸 그릇을 진상했다. 사옹원은 어선御膳(임금에게 올리는 음식)과 궁궐 내 공궤供饋(음식을 올리는 것) 등의 일을 관장[10]하는 부서로서 왕의 식사와 궁중의 음식 공급에 관한 일을 맡아본 관청이었다. 궁궐 부엌일에 관계된다 하여 주원廚院이라고도 했다. 왕의 수라상에는 전국 최고의 식재료로 요리한 음식이 분원의 최상품 식기에 담겨져 올라갔다.

왕과 왕실 가족의 건강과 생명에 직결되는 음식 관련 업무를 담당한 사옹원은 매우 중요한 부서였다. 이 때문에 사옹원의 관사는 궁궐 내에서도 왕의 처소와 가까운 곳에 자리했는데, 경복궁에서는 승정원承政院 근방에, 창덕궁에서는 희정당熙政堂 앞에 위치했다. 사옹원은 정3품 아문에 해당하지만, 사옹원의 최고 수장인 도제조都提調는 정계의 거물급 대신이나 대군·왕자 등 정1품 관료가 임명되었다.

분원을 총괄하는 사옹원의 직제는 1895년에 폐지될 때까지 큰 변화가 없었다. 정리해보면 〈표 1-1〉과 같다.

사옹원 도제조·제조·부제조를 비롯하여 4품 이상의 정원은 그 직제가 폐지되기 전까지는 『경국대전』 이래 그대로 유지되었다. 그러나 판관(종5품)과 참봉(종9품)은 『속대전』 단계에서 폐지되었고, 종6품 주부는 1명에서 3명으로 늘어났다. 하부에는 서리(이서吏胥)와 도예徒隸(관아에 딸려 잡일을 하던 하인)가 배치되어 각종 행정 업무와 잡무 등을 처리했는데, 고종 초년에는 19명의 서리와 30명의 도예가 있었다.

분원의 업무는 원칙적으로 도제조가 총책임을 졌지만, 실제적으로 분원을 관할한 이는 도제조 아래의 제조였다. 도제조에는 대군·왕자·군을 임명하는 것이 통례지만 대신을 임명하기도 했으며, 제조에는 종친과 조관朝官을 융통성 있게 임명했다.[11] 이들 도제조와 제조는 자신의 권력을 배경으로 분원에 막강한 영향력을 행사했다. 분원의 그릇 제작과 운반을 관리 감독하는 번조관의 임무는 직장(종7품)과 봉사(종8품)가 담당했다.[12]

사옹원에서는 현장에 원역員役(이서吏胥의 일종)을 파견하여 자기의 생산과 진상, 물자의 조달 문제 등을 책임지도록 했다. 고종 초기에 "본소本所(분원 번조소燔造所)의 제반 사무와 제반 거행은 이미 낭관의 감동監董(감독관)과 원역의

<표 1-1> 조선시대 사옹원의 직제와 인원

관직(품계)	인원수		비고
도제조(정1품)	1명		
제조(종2품 이상)	4명		
부제조(정3품 당상)	5명(1명은 승지)		
정正(정3품)	1명		궁중에 혼인이 있을 때 임명[1]
제거提擧(정·종3품)	2명	총 4명	외국의 사신 접대 연회 시 임명[1]
제검提檢(정·종4품)	2명		
첨정僉正(종4품)	1명		
판관判官(종5품)	원原 – 1명 / 속續 – 감원		『속대전』 이후 폐지
주부主簿(종6품)	원 – 1명 / 속 – 1명 증원 / 보補 – 1명		『대전회통』 단계에서는 3명
직장直長(종7품)	2명		분원 번조관燔造官
봉사奉事(종8품)	3명		분원 번조관
참봉參奉(종9품)	원 – 2명 / 속 – 감원		『속대전』 이후 폐지
이서吏胥[2]	제원諸員 15명 / 장무掌務 제원 1명 / 고지기(庫直) 3명		총 19명
도예徒隷[2]	사령 21명 / 가출加出 2명 / 구종驅從 5명 / 방지기(房直) 1명 / 수공水工 1명		총 30명
주부 이상 1명 구임久任			

※ 자료 : 『경국대전』 권1, 이전吏典, 정3품 아문, 사옹원 조 ; 『대전회통』 경관직, 정3품 아문, 사옹원 조 ; 『육전조례』 권 2, 이전, 사옹원 조.
※ 주 : 1)은 『대전회통』을, 2)의 이서·도예에 관한 기록은 『육전조례』를 참고했다.
　 : '원原'은 『경국대전』, '속續'은 『속대전』, '보補'는 『대전회통』 규정을 가리킨다.

분장分掌이 있었다"[13]고 했으니, 곧 분원 번조소의 모든 일과 그 실행에 대해 파견 관료와 원역의 역할이 나뉘어 있었음을 알 수 있다. 관료가 관리 감독의 책임을 맡았다면, 원역은 현장에서 발생하는 각종 실무를 처리했다.

　조선 후기에는 사기장들의 우두머리인 변수邊首 또한 그릇을 제작하고 진상하는 데 매우 중요한 역할을 했다. 고종 초기 자료에 "자기 진상의 법은 이청吏廳 도리都吏(서리의 우두머리)와 **변방**邊房(사기장들이 업무를 처리하고 머무는 공간)의 두 변수가 돌아가면서 분반 거행하고 있다"[14]고 했는데, 이는 실제 분원에서 그릇을 구워 상납하는 일을 도리와 변수가 책임졌음을 말해준다.

원역과 변수는 분원의 사기 제조 공정과 도토·땔나무의 운반, 장인의 급료 지급 등 구체적인 실무를 담당했다. 사옹원에서 파견된 원역과 분원 사기장들의 우두머리인 변수를 중심으로 형성된 두 세력은 번조소 운영을 둘러싸고 알력과 충돌이 적지 않았으며, 이에 따라 변수의 혁파와 복설이 여러 차례 반복되었다.

(2) 분원의 자기 진상 규모, 그리고 민간 유출

정기 진상보다 많은 특별 진상

분원에서 왕실과 관청에 진상하는 그릇의 양은 굉장히 많았다. 분원에서 바치는 기명器皿은 원진상元進上과 별번진상別燔進上으로 구분된다. 원진상은 1년에 두 번 정기적으로 왕실에 바치는 그릇이고, 별번진상은 왕실에 특별한 일이 있을 때 바치는 진상으로 그 규모가 원진상을 능가하는 경우가 많았다. 1884년(고종 21) 자료에 따르면,[15] 그릇의 종류에도 원진상과 별번진상 간에 차이가 존재했고, 원진상보다 별번진상에서 요구하는 그릇의 종류와 세목이 훨씬 다양하고 구체적이었다.

원진상은 봄과 가을에 각각 올리는데, 왕실에서 일상적으로 사용하는 그릇을 만들어 바친다. 1694년(숙종 20) 진상 그릇은 "봄·가을 번조燔造는 1,300죽에 이른다" 했고,[16] 1867년(고종 4)에 간행된 『육전조례』에 따르면 "각양 사기 1,372죽을 번조하여 진상한다"고 기록되어 있다. 이로 미루어 볼 때 원진상

최고의 품질을 갖춘 조선백자

왼쪽은 〈백자 청화 매화 대나무 무늬 필통(白磁青畵梅竹文筆筒)〉으로, 깨끗한 백자 바탕에 한 면에는 매화
가, 반대편에는 대나무가 청화 안료로 그려져 있다. 도화서 화원이 그린 듯한 빼어난 그림 솜씨가 일품
이다. 가운데는 국보 170호로 지정된 〈백자 청화 매화 대나무 새 무늬 항아리(白磁青畵梅鳥竹文壺)〉이다.
15세기 무렵 분원에서 제작된 도자기로 추정된다. 매화, 대나무, 새를 그린 청화백자로, 조선의 정취가
잘 드러나 있다. 오른쪽은 보물 659호로 지정된 〈청화백자 매죽조문 병青華白磁梅竹文甁〉이다. 15~16
세의 청화 기법으로 만들어졌다. ×자로 교차하면서 뻗은 늙은 매화나무 가지에 올라앉은 두 마리의 작
은 새가 매우 아름답게 그려져 있다. 왼쪽과 가운데는 국립중앙박물관, 오른쪽은 개인 소장.

의 규모는 1년에 대략 1,300여 죽에 달했음을 알 수 있다. '죽'이 10벌을 묶
어 세는 단위라는 점을 감안하면 원진상의 규모가 얼마나 방대했는지 가늠
할 수 있다.

　별번진상은 왕실의 혼례와 장례 등 각종 행사에 소용되는 그릇을 진상하
는 것이다. 앞서 언급했듯이 그 양이 매우 많아 부담이 컸으며, 분원은 촉박
한 기일에 맞춰 밤낮을 가리지 않고 작업하기 일쑤였다. 1873년(고종 10) 분
원에 요구한 별번진상이 어느 정도였는지, 다음 자료를 통해 알아보자.

지금 내하별번과 종친부 대종회 소용 및 진작進酌 기명의 수가 3,000죽에 가까운데, 번납燔納의 일로 낭관이 번소燔所에 내려와 장인들을 조칙操飭시키고 몸소 번요燔窯 외에 다른 사기私器까지 검사하여 비록 하나라도 감히 이곳에 들어와 굽지 못하도록 하고 있습니다. 이에 오로지 공기公器 제작에 전념하여 주야로 번조하고 있습니다.[17]

내하별번과 종친부에서 요구한 기명이 원진상의 2배보다 많은 3,000죽에 가깝다. 한꺼번에 많은 그릇을 요구했기 때문에 분원에서는 정해진 기일을 맞추기 어려웠고, 사기장들도 격무로 고통받았다. 이에 별번진상에 따른 그릇을 만들 때는 사용원 관리가 현장에 내려와 장인들을 격려하고 주야로 번조에 진력할 것을 독촉하곤 했다. 비록 민영화 시절이기는 하지만 1893년(고종 30) '진찬 기명 합 5,000여 죽'의 상납을 요구했던 일로 짐작건대,[18] 별번으로 요구한 그릇양은 엄청났다. 왕실에서는 시시때때로 각종 별번진상을 요구했으나, 정작 그릇을 만드는 데 필요한 도토와 땔감(화목火木) 등 재료의 공급이 원활하게 이루어지지 않았기 때문에 분원 사람들은 애를 먹었다.

진상량보다 많은 퇴기와 사유화

분원자기는 왕실에 진상하는 물품이므로 원칙적으로 개인적인 상납이나 시장 판매가 금지되었다. 그럼에도 불구하고 많은 그릇이 새어 나가 민간에 유통되었으며, 시중에서 판매되는 일도 적지 않았다. 1657년(효종 8)의 기록을 보자.

사용원에서 1년에 두 번 번조하면서 생겨난 퇴기退器의 수는 진상하는 양보다 배에 달하는데, 반절은 제조에게 나누어 주고, 반절은 공조에 보내는

것이 합당할 듯합니다. 이로써 의논하여 처리한 뒤 영구히 항식을 삼도록 하소서.[19]

이에 따르면 사용원 분원에서 상납한 그릇 중 '퇴기', 곧 퇴짜 맞은 그릇이 진상하는 양의 2배에 달한다. 이 많은 퇴기의 처리를 놓고 반은 제조에게 나누어 주고, 또 반은 공조에 보내는 방안을 항식으로 삼자고 제안하고 있다. 이는 달리 말하면 퇴기 명목의 많은 그릇이 관료의 수중으로 들어가 민간에 유통되었음을 가리킨다. 국가의 공적인 물력과 인력이 공공연하게 관료의 사적 소유로 흘러들어 갔던 셈이다.

1677년(숙종 3)에는 사용원 제조로 있는 화창군花昌君 이연李沇이 "매년 어용 사기를 번조할 때마다 문득 사기私器 번조의 일이 조금이라도 (자신의) 뜻에 맞지 않으면 성내면서 포악하게 굴었으며",[20] 사적인 목적으로 갑기匣器 제조를 강요했다. 갑기란 그릇의 손상을 방지하고 가마 안의 잡티 등이 떨어지지 않도록 고품질을 유지하기 위해 특별히 갑匣에 넣어 구운 고급 도자기를 말한다.

분원에서 생산된 그릇은 가난한 사기장의 수중에 들어가 판매되기도 했다. 영조 때 균역법이 실시되면서 급료가 줄어들어 생계가 어려워진 사기장들은 왕실에 진상하고 남은 그릇을 스스로 짊어지고 다니며 팔거나 가가假家(임시로 지은 집, 가게)에 그릇을 진열해 놓고 판매하기도 했다.[21] 그러자 고객을 빼앗긴 사기전 상인들이 강력하게 항의했다. 결국 영조는 사기장이 가게를 설치하고 판매하는 일을 금지하고, 그 대신 봄·가을 진상 후 1개월에 한하여 매매를 허용하도록 했다.

또한 고종 초년에는 자금력 있는 상인들이 변수가 되어 번조 일에 관여함으로써 "뜻밖에 관요官窯를 설치한 것이 곧 사상私商의 업이 되었다"[22]고 할 정도였다. 그 밖에도 음성적으로 분원의 그릇을 빼돌려 매매하는 일이 종종 일어났다.

분원에서 제작된 그릇은 퇴기 명목과 관리들의 수탈, 사기장의 개인적 판매와 같은 사유로 유출되어 민간에 유통되었다. 따라서 원칙적으로 시장 판매가 금지된 분원자기를 시중에서 어렵지 않게 구입할 수 있었으며, 그에 따라 민가에서도 분원자기를 사용하는 경우가 적지 않았다.[23] 국가에서 모든 비용을 대주어 생산된 분원자기가 이런저런 이유로 민간에 흘러들어 유통되는 추세는 결국 분원의 민간 운영을 촉진하는 중요한 계기로 작용했다.

정부에서는 사옹원 분원을 운영하는 데 많은 부담을 지고 있었다. 도토와 땔나무의 공급, 사기장의 급료 지불, 각종 물자와 도구의 제공, 시설물의 설치·보수에 대한 책임이 있었다. 정부로서는 막대한 운영자금이 소요되는 분원의 존재가 부담스러울 수밖에 없고, 분원 운영에 따른 누적된 폐단을 해결할 방안도 딱히 찾아내지 못했다. 마침내 정부의 재정 부담과 분원의 폐단을 해결하기 위한 방안으로 등장한 것이 바로 분원 운영권의 민간 이양이었다.

2장
분원자기공소(1883~1895) : 왕실 납품과 시장 판매

자본주의 세계시장과 마주한 분원, 민영화의 밭을 때다

1876년 문호 개방을 계기로 조선은 자본주의 세계시장에 편입되었다. 유교적 의리와 명분을 강조하던 조선 사회는 약육강식의 제국주의와 이윤 추구의 자본주의 세상과 마주하게 되었다. 세계 무대에 첫발을 내딛은 조선은 왕조 말의 누적된 체제 모순과 제국주의의 외압을 동시에 짊어진 채 근대의 길로 들어섰다. 근대의 길목에서 조선 사회는 정부도, 회사도, 개인도 혹독한 시련과 가혹한 시행착오를 겪었다. 분원도 예외는 아니었다.

분원의 도자기 제조업은 수백여 년 동안 국가에서 직접 운영해왔다. 개항 무렵까지 관영 체제를 유지했던 제조업은 분원의 도자기 제조업과 군기시軍器寺의 무기 제조업 등 극소수에 불과했다. 무기 산업이 국토방위를 위한 특수 분야라는 점을 감안한다면, 무기 제조업과 함께 관영 체제가 계속 유지된 분원 자기업이 얼마나 중시되었는지를 짐작할 수 있다. 관영의 틀을 고수해왔던 분원 자기업은 개항 후 운영권의 민간 이양과 동시에 근대적 기업으로 변신을 시도했다.

1883년 조선 정부는 구조조정 과정에서 분원 운영권을 공인貢人에게 넘겼다. 이에 따라 분원은 민간의 공인들이 운영하는 분원자기공소分院磁器貢所로 탈바꿈했으며, 원칙적으로 왕실과 관청에서만 쓸 수 있던 분원자기에 대해서 시장 판매가 공식 허용되었다. 그러나 정부는 여전히 사기장의 임금을 지불하고 여러 특권을 제공하면서 직간접적인 영향력을 행사했다.

이제 분원자기는 왕실에도 돈을 받고 납품되었으며 시장을 통해 일반인들에게도 판매되었다. 마침내 분원 그릇에 대한 왕실만의 배타적 독점권이 사라졌다. 돈만 있으면 누구든지 분원자기를 살 수 있게 되었다. 자본주의 시대, 돈에 의해 분원 그릇의 주인이 평등해진 셈이다.

1. 정부의 구조조정과 분원의 민영화

(1) 감생청의 구조조정과 분원 개혁

양란을 겪은 이후로 조선 정부는 만성적 재정난에 시달렸다. 1863년 고종이 즉위한 후에는 경복궁 중건과 병인·신미양요 등으로 재정지출이 막대하게 늘어났다. 이에 각종 세원稅源을 신설하고 당백전을 발행하는 등 재원 마련을 위해 노력했으나, 당백전과 같은 악화의 남발은 유통 질서의 혼란과 물가 폭등을 야기함으로써 오히려 구조적 재정 악화로 이어졌다.

고종이 친정親政을 실시한 뒤에도 정부의 적자는 여전했다. 개항 직전인 1875년(고종 12) 10월 호조판서의 보고에 따르면, 호조의 1년 세입은 52만여 냥에 불과했으나 지출은 145만 냥을 내려가지 않아 1년에 3년분 세입을 써

버리는 꼴이었다.[24] 그리하여 정부는 수십만 냥에 이르는 각종 공가貢價를 지불하지 못하는 일이 다반사였고, 심지어 군인·관료의 몇 달 치 급료를 지급하지 못하는 사태까지 벌어졌다.[25]

개항 후 조선 정부는 수십 명에 달하는 수신사修信使와 조사시찰단朝士視察團, 영선사領選使를 일본과 중국에 파견했으며, 정부 조직 내에 통리기무아문 등 새로운 기구를 신설하고 부국강병책을 추진했다. 이러한 개화 정책의 추진은 재정지출의 폭발적 증대를 초래하여, 그러잖아도 부족한 국가재정에 막대한 타격을 입혔다. 구식 군인들의 13개월 치 급료가 체불되었고, 각종 공가도 수십만 냥씩 적체되어 있는 상황이었다. 결국 급료 체불과 개화 정책 등에 대한 불만이 폭발하여 1882년(고종 19) 임오군란이 발생했다.

임오군란 후 정부는 재정 위기를 타개하기 위한 방안의 하나로 정부 조직과 인원을 축소하는 감생減省, 곧 구조조정을 단행했다.[26] 감생청의 책임자인 어윤중魚允中과 실무진은 감생안을 마련하고 조정하는 과정을 거쳤다.[27] 그러나 기구와 관원을 축소하는 감생 작업은 각 부처의 이해관계가 얽혀 있던 까닭에 순조롭게 진행되지 못했다. 진통을 겪으면서 마침내 마련된 감생안은 1882년 12월 29일에 발표되었다. 22개 조목에 이르는 감생별단減省別單은 왕실과 정부의 불필요한 기구를 폐지 또는 축소하고 관원과 서리를 감축하는 내용인데,[28] 당시로서는 매우 획기적인 구조조정 방안이었다. 감생별단에는 분원과 그 상급 기관인 사옹원에 대한 개혁 내용까지 구체적으로 제시되어 있다. 그 내용은 다음과 같다.

● 사옹원은 곧 어선御膳의 공상供上을 담당하는 부서이다. 공상하는 각사各司마다 따로 관서를 설치하는 것은 실로 번거롭고 쓸데없는 일이다. 사도시司導寺·내섬시內贍寺·내자시內資寺·사재감司宰監·의영고義盈庫·장원서掌苑

署·사포서司圃署는 모두 혁파한다. 또한 제조提調는 줄이고, 낭관들은 모두 호조에 소속시켜 원외랑員外郞이라 칭하며, 해당 기관으로 하여금 단부單付하도록 한다. 진배進排하는 각종 공물은 해원該院에 직접 바치게 하고, 미곡과 어염·시탄柴炭·과일·채소·기름·청주 등의 물자는 본원의 제조와 낭관이 분장하여 살펴 검사한다. 각 공물의 경우, 과거 해사該司에 바칠 때 잘못된 전례는 모두 시행하지 말도록 함으로써 보살펴주도록 하고, 외사外司에 유치하여 쌓아 둘 것이 있으면 사도시에 외원外院을 설치하여 수시로 진배하도록 한다. 장원서·사포서 두 곳에 관계되었던 제향 물종은 해당 공인으로 하여금 봉상시로 옮겨 납부하도록 한다.

● 분원이 근래에 폐단이 되어 공적·사적으로 손해를 보고 있으니 지금 변통하지 않을 수 없다. 번조 봉사奉事는 보내지 말고, 민간 번조를 허용하여 필요한 물품을 바치도록 하고, 공인을 두어 진배하도록 한다. 외사와 사옹원 당랑堂郞의 중도重徒 예납例納 등의 명색 및 진상할 때의 정비情費(수수료)는 일체 시행하지 말 것이다. 곤양토는 원주에 이정移定하고, 광주토는 여주에 이정한다. 정식 공가 이외에 연례적으로 지불하는 것과 보수하는 데 소용되는 미米·전錢·목조木槽(나무 구유)·광판廣板·배판排板 등의 비용은 이제부터 영원히 감하여 공사 간에 편리하게 한다. 수가受價는 연말에 회계하되 부근 읍의 공납 중에서 획급劃給하게 하고, 모두 호조의 별무례別貿例에 의거해 마련하여 작성 발급한다.[29]

사옹원은 왕실 음식에 관한 일을 담당하는 부서인데 그간 바치는 물건에 따라 사옹원 외에 관리 부서가 따로 설치되어 중층적으로 운영되었다. 이 때문에 각 부처의 운영비와 급여 지출 또한 적지 않았다. 감생청은 이런 문제를 파악하여 궁궐 음식에 관한 일을 사옹원으로 일원화하면서 사도시·내섬시·내자시·사재감·의영고·장원서·사포서를 모두 혁파하고, 제조의 숫자도 줄이도록 했다.

감생청은 또한 그동안 폐단이 누적된 사옹원 분원에 대한 개혁안도 구체적으로 제시했다. 가장 주목할 만한 내용은 '민간 번조를 허용'한다는 점, 그리고 그때껏 분원을 관리 감독하기 위해 파견했던 봉사(종8품)를 보내지 않도록 조치한다는 점이다. 이는 분원의 운영권을 정부에서 민간으로 이양한다는 뜻이며, 민간 업체의 사적 영업을 허가한다는 의미를 내포한다. 감생청의 개혁안에 따라 분원 운영권은 민간의 공인에게로 이양되었다. 이와 함께 분원은 분원자기공소 체제로 전환되었으며 민영 제조업체로서 발걸음을 떼놓기 시작했다.

(2) 분원자기공소의 출범과 운영 규정 마련

감생청이 제시한 분원의 민영화 방안은 1883년에 구체적으로 실현되었다. 곧 분원자기공소가 설립되고 그 운영 주체로는 공인들이 새롭게 선정되었다. 당시 분원자기공소는 분원공소나 공소로 약칭되기도 했다. 어쨌든 이로써 분원은 수백여 년의 관영 시대를 마감하고 민영의 길로 접어들었다. 그러나 완전한 민영화가 아니라, 정부에서 분원의 시설과 재료를 공급해주고 각종 특권도 제공하는 등 국가권력이 개입하는, 관청 선대제先貸制적 성격이 강했다.

분원의 민간 이양과 공소 설립 시기는 「갑신년 분원자기공소절목」을 기준으로 1884년이라고 보기도 하지만, 분원 공인의 기록에 따르면 1883년(고종 20)에 설립되었음이 확실하다.

① 서울에서 보낸 변주헌卞主憲의 편지를 보니, "동곡東谷 김 참판이 새로 임명되어 그간의 수가受價를 책으로 작성하여 오라고 분부했다"고 하였다. … 계미년(1883) 이후 진상 기명을 연도별로 가려 뽑았다.[30]

② 조금 있다가 탁지부로 들어갔다. 헌전軒前에서 기다리고 서 있으니, 대신이 나를 불러 앞으로 인도했고 곧 분부하기를 "네가 계미년 작공作貢할 때 내 말을 듣지 않고 공인이 되기를 원하였다. 10여 년 동안 진상하였는데 얼마나 이익을 보았느냐? …"라고 하였다.[31]

자료 ①에는 새로 사용원 제조가 되어 분원을 맡은 김종한金宗漢(동곡 김 참판)이 그간 받았던 공가를 책자로 만들어 오라고 명하자, 공인이 계미년부터 연도별로 정리했다고 서술되어 있다. 자료 ②는 탁지부 대신 어윤중이 '계미년 작공作貢할 때'라고 운운한 것으로 미루어 분원자기공소가 계미년, 즉 1883년에 출범했음을 알려준다.

분원에 대한 감생청의 개혁안이 1883년에 전격적으로 실행된 배경은 정부의 재정 절감이라는 목표와 함께, 그동안 누적되어 있던 분원 운영의 모순을 털어버리려는 의도가 작용했기 때문이다. 「분원자기공소절목分院磁器貢所節目」에는 다음과 같이 분원 개혁의 배경과 새로운 운영자 선정에 관한 내용이 나와 있다.

분원자기의 진상은 원래 정수가 있음에도 불구하고 근래 진배의 절차가 전에 비해 갑절 이상 댓 곱절가량이고, 게다가 인정비人情費(일종의 수수료) 또한 해마다 증가하여 이른바 도리都吏가 한 번 해당 직임을 지내고 나면 대부분 재산을 탕진하는 지경에 이르렀다. 그들의 가련함은 말할 것도 없거니와, 심지어 막중한 어용御用을 빠뜨리고 올리지 못하는 상황(闕供)에 이르

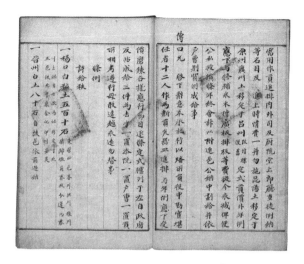

「분원자기공소절목」

조선 정부가 민영화한 분원자기공소에 대해 운영권 이양과 준수 사항, 그릇 납품과 수가 등을 정리한 규정이다. 현재 전하는 「분원자기공소절목」은 1894년(고종 31)에 「갑신절목甲申節目」(1884)을 정리 복사한 것이다. ⓒ서울대학교 규장각한국학연구원

렀다. … 번소燔所의 원역 가운데 근실하여 임무를 감당할 자 12인을 새로운 공인으로 삼는다.[32]

분원자기의 진상은 원래 수가 정해져 있었지만, 진상 규모가 이전에 비해 2~5배 늘어나고 잡비도 계속 증가함으로써 진상을 못하는 일이 벌어지거나 도리가 재산을 탕진하는 폐단이 나타났다. 결국 이러한 폐단을 시정하기 위해 분원을 개혁한다는 말이다. 따라서 이 개혁 조치에 따르면 기존의 분원 서리 가운데 부지런하고 성실한 사람으로 12명을 뽑아 새로운 공인으로 삼고, 이들로 하여금 분원을 운영토록 했다.

이에 따라 분원은 분원자기공소로 거듭나면서 민간인 경영 체제로 전환되었다. 정부는 분원을 민간에 이양하면서 규정을 만들었는데, 바로 「분원자기

공소절목」이다. 「절목」은 6개 조항과 30여 개의 세부 항목으로 구성되어 있으며, 정부에서 지급할 것과 혁파할 것, 공가 및 그릇 가격 등에 관한 사항을 규정하고 있다. 6개 조항은 허급질許給秩·영감질永減秩·응하조계가질應下條計價秩·수가질受價秩·각양응행정식질各樣應行定式秩·기명정가식질器皿定價式秩로 구성되어 있는데, 그 내용을 구체적으로 살펴보면 다음과 같다.

첫째, 허급질은 정부에서 지급을 허락한 것으로, 도토의 지원을 명시하고 있다. 분원에 제공하는 흙은 양구 백점토 510석, 진주 백토 80석, 원주에 이정移定한 수을토 200곡斛*이었다. 이는 1,000석에 못 미치는 양으로, 이전 시기에 비하면 상당히 줄어든 규모였다. 고종 초기에 총 2,035석(광주 수토 1,400석, 양구 백토 510석, 진주 백점토 80석, 곤양 수을토 45석)[33]을 지원하던 양이 1,000석 이내로 대폭 줄어든 것이며, 또한 제공되는 도토는 원주로 옮겨 정하였다. 그러나 제공해주는 도토라곤 하지만 무료가 아니었으며 나중에 가격을 계산하여 공제하도록 했다.

둘째, 영감질은 영원히 혁파할 항목으로서, 그동안 사용원과 호조, 선혜청에서 내려주던 각종 시설물의 개·보수비와 각종 소모품 등이 그 대상이었다. 이에 속하는 것으로는 가마집(釜家) 보수미와 건물(公廨) 보수미, 흙창고(土庫) 개조전 및 보수전, 수토 운반선 개조전 및 보수전, 목조木槽(나무 구유)·광판廣板·배판排板의 운납비, 정철正鐵·노루가죽(獐皮)·유둔油芚·백저포白苧布·소금(白鹽) 구입비 등이었다.

셋째, 응하조계가질은 정부에서 마땅히 내려주지만 나중에 가격을 계산하는 항목이다. 이 조항은 분원을 운영하는 데 가장 중요한 규정으로, 그 내용

---

* '곡斛'은 곡물 등의 양을 재는 도량형기의 하나로, '휘'라고도 한다. 곡과 석石은 같은 용량으로 볼 수 있으며, 1곡은 보통 10말 정도에 해당한다.

은 다음과 같다.

● 양구·원주 두 읍의 가출토加掘土는 곡수斛數에 따라 값을 계산할 것.【별번
別燔이 나오면 가굴한다.】

● 광주 굴토가미掘土價米 58석은 매 석에 전 6냥씩 상정하여 정식으로 하
고, 합전合錢 348냥과 역가전役價錢 30냥은 광주에서 매년 3월 안으로 번소
에 수송하여 사무私貿의 자본으로 할 것.

● '기己'자년 미 160석, '신辛'자년 미 120석, 합 280석은 10년마다 매번 선
혜청에서 지불한 것이다. 이제부터 매년 28석씩 해마다 지불하여 값을 계
산하는데 편리하도록 하고, 전처럼 동민과 번소에 분급하여 가마집(釜家)의
개조와 보수를 하도록 할 것.

● 장졸匠卒의 점심미 48석【윤년 50여 석】은 호조에서 전처럼 부근 읍에서 획
급劃給하고 값을 계산할 것.

● 하송전下送錢 2,006냥은 본원에서 전처럼 지불하여 장졸의 삭료朔料로 삼
을 것.

● 번소 소용 도기는 전처럼 내려보내 값을 계산할 것.【외읍 사점 또한 전처럼
세금을 받을 것.】

● 우천강 수세는 전처럼 내려주고, 실제대로 수를 계산할 것.【일체『대전통
편』정식에 따라 공사公私 선박을 막론하고 목물木物에 대해 1/10세를 받고, 그 후 수가
할 때 호조의 공화公貨를 쓰지 않는다.】

● 광주 6면과 양근 1면 시장柴場의 미두米豆표는 전례대로 내려주어 장졸의
삭료로 삼고, 실수實數(실제 금액)에 따라 값을 계산할 것.【시곡 상납분 가운데
본원의 서리와 사령에게 내려주는 콩의 합 10석 8두는 계산하여 원곡元穀에서 제외하고,
회계에 넣지 말 것.】

정부는 분원의 민간 운영을 허용했음에도 여전히 경상비에서 별번別燔에 추가되는 도토 비용과 장졸들의 급여 2,006냥, 점심미 48석을 지급했다. 비록 나중에 가격을 계산해서 공제하는 금액이기는 해도 우천강을 통과하는 선박의 목물에 대한 1/10세도 그대로 인정했으며, 광주 6개 면과 양근 1개 면의 시장柴場(국가에서 각 관아에 땔나무를 채취하도록 지정한 장소)에서 쌀과 콩을 거둘 수 있는 수세권도 인정해주면서, 이를 사기장의 급료로 삼도록 했다. 또한 천간天干에 따라 10년마다 지불하던 가마의 개조·보수비는 매년 일정액을 지불하도록 지급 체계를 합리화했다.

넷째, 수가질은 납품한 그릇에 대한 공가를 지불하는 규정이다. 원진상의 경우, 분원에서 그릇을 구워 바치면 해당 기관에서 관문 및 영수증(尺文)을 발행했다. 그러면 사용원은 연말마다 발행 문서를 토대로 그 숫자를 호조에 첩보하고, 호조는 첩보를 상고하여 값을 계산해주었다. 단, 이때 분원에서 진상을 했더라도 관문이 없으면 계산에 반영하지 않았다. 별번 및 왕의 허락을 받은 판부기명判付器皿은 연례의 경상비에서 서로 계산하여 지불토록 했다.

다섯째, 각양응행정식질은 반드시 수행해야 할 여러 가지 양식이 규정되어 있는데, 분원 운영의 전반에 관한 조항이다. 분원 운영권이 민간으로 넘어갔으므로, 그에 따라 이전에 중앙에서 파견하던 번조 봉사를 더 이상 내려보내지 않으며 분원에 파견했던 서리 또한 혁파하도록 했다. 다만 담당 서리인 사기색집리沙器色執吏를 두어 공소의 모든 문서와 거래에 관련된 일을 담당하도록 했다. 또한 분원에서 각종 잡일을 맡아본 허대군許代軍도 영원히 혁파하도록 했다. 그 밖에, 분원 백성과 공인이 설령 범죄를 저질렀다고 해도 사용원의 명령이 있기 전까지는 관할 양주군과 광주군에서 처분하지 못하도록 했다.

여섯째, 기명정가식질은 분원에서 납품하는 그릇 가격을 원진상 공가와 내출별번 기명內出別燔器皿 공가로 나누어 구체적으로 제시한 조항이다. 덧붙여 공인들에게 '물력物力 합일하여 번조하고 선공후사先公後私 하도록 할 것'을 당부했다. 이 규정은 그동안 비공식적으로 민간에 흘러들어 거래된 분원 그릇의 시장 판매를 공식적으로 인정했다는 점에서 매우 주목된다. 곧 왕실 납품을 우선으로 하되 사적인 시장 판매를 공식적으로 허용하고, 이익은 투자한 대로 나눠 가지도록 했다. 이후 조선 최고를 자랑하는 분원 그릇은 종로시전과 이현·칠패 시장 등지에 공급되어 판매되었다.

(3) 분원자기의 왕실 납품가와 공가

분원자기공소는 「절목」 규정에 따라 왕실과 관청에 자기를 납품하고, 정부는 납품한 그릇에 대한 공가를 지급해야 했다. 「절목」에 제시된 왕실 납품그릇의 종류와 공가를 정리해보면 〈표 1-2〉, 〈표 1-3〉과 같다.

원진상은 등잔 5푼에서부터 용준 8냥에 이르기까지 42개 종류, 내출별번은 등잔 1전에서부터 양각칠접구개반상 13냥에 이르기까지 132개 종류의 그릇 공가가 규정되어 있다. 눈여겨볼 점은 전반적으로 내출별번 기명이 원진상 기명보다 상품 가격이 높게 책정되어 있으며, 그릇 종류도 훨씬 다양하다는 것이다. 원진상은 궁궐과 내국內局·성균관·능원陵園 등지에 연례적으로 바치는 그릇이고, 내출별번 기명은 궁궐 대전에 바치는 그릇이다. 따라서 내출별번 기명은 '청채화靑彩畵', '양각陽刻'과 같이 색상과 조각 방법까지 구체적으로 명시되어 있다. 공가 또한 높게 책정되었기에 공인들도 더욱 심혈을 기울여 제작하고 납품했다.

「절목」에 규정된 공가는 모두 호조의 별무례別貿例에 의거해 시가時價를 취

<표 1-2> 원진상 공가

자기 종류	단위	가격	자기 종류	단위	가격
주발(椀)	개	5전	대분아大分兒	부	2냥
대사발	개	2전	대합大盒	부	2냥
사발	개	1전 2푼	전약합煎藥盒	부	3전
보시기(甫兒)	개	1전	수라기水刺器	부	2냥
백접시	개	8푼	항개야缸盖也	개	2전
소접시	개	5푼	향로	부	1냥
종사宗子	개	5푼	동남북묘로합爐盒	부	1냥 5전
장본牂本	부部	2냥	태항胎缸 3층	부	7냥
백준白樽	부	4냥	백소합白小盒	부	5전
중원항中圓缸	부	2냥	백소병白小瓶	부	4전
지차之次중원항	부	1냥 5전	규화잔대구葵花盞臺具	건	3전
입항立缸	부	2냥	등잔	개	5푼
지차입항	부	1냥 5전	유목乳木	개	1전
제호탕항醍醐湯缸	부	2냥	다종茶鍾	건	8전
지차중항	부	1냥 5전	용준龍罇	부	8냥
지차소항	부	1냥	채연彩硯	면面	4전
대병大瓶	좌坐	5전	대침항大沈缸	부	8냥
대소용大所用	좌	4전	경옥고항瓊玉膏缸	부	2냥
사신항使臣缸	부	6전	입잔立盞	건	4전
지차중항	부	5전	시연적柿硯滴	개	4전
지차소항	부	4전	대연적大硯滴	개	4전

〈표 1-3〉 내출별번 기명 공가

자기 종류	단위	가격	자기 종류	단위	가격
백칠접구개반상 白七楪具盖盤床	건	10냥	용준	좌	8냥 5전
화칠접구개반상 畵七楪具盖盤床	건	11냥 5전	오층찬합	좌	3냥 5전
양각칠접구개반상 陽刻七楪具盖盤床	건	13냥	삼층찬합	부	2냥 5전
오접구개반상 五楪具盖盤床	건	8냥 5전	주합병酒盒瓶	부	2냥
백오접구개반상 白五楪具盖盤床	건	7냥 5전	화분	부	3냥
양각오접구개반상 陽刻五楪具盖盤床	건	10냥	분대盆臺	부	3냥
청채전자대사발 靑彩篆字大沙鉢	개	3냥 5전	분경대盆瓊臺	좌	3냥 5전
중사발	개	2냥 5전	약주잔구대藥酒盞具臺	건	6전
소사발	개	1냥 5전	약보아구대접 藥甫兒具臺接	건	1냥 5전
대대접	개	3냥 5전	점다기點茶器	좌	9전
중대접	개	2냥 5전	점다종點茶鍾	좌	7전
소대접	개	1냥 5전	연적	부	4전
청채화문기대사발 靑彩畵文器大沙鉢	개	2냥	수적水滴	개	2전 5푼
중사발	개	1냥 6전	필통	부	1냥 5전
소사발	개	8전	필세筆洗	부	8전
대대접	개	2냥	양치기養齒器	좌	1냥 2전
중대접	개	1냥 6전	대분자大盆子	부	1냥 2전
소대접	개	8전	중분자	부	1냥
대탕기	개	8전	소분자	부	8전
중탕기	개	6전	입찬항立饌缸	좌	2전
소탕기	개	4전	유항油缸	부	2전
대조치	개	8전	등잔	개	1전

중조치	개	6전	백제대대탕기 白祭大大湯器	개	1냥 5전
소조치	개	4전	대탕기	개	1냥
대보아	개	4전	중탕기	개	8전
중보아	개	3전	소탕기	개	5전
소보아	개	2전	대대보아大大甫兒	개	8전
대종자	개	3전	대보아	개	6전
중종자	개	2전	중보아	개	4전
소종자	개	1전 5푼	소보아	개	2전 5푼
대대접시	개	2냥 5전	대종자	개	4전
대접시	개	1냥 5전	중종자	개	3전
중접시	개	8전	소종자	개	2전
소접시	개	3전 5푼	대대접시	개	2냥
소소접시	개	3전	대접시	개	1냥 5전
청채화대대합 靑彩畵大大盒	좌	3냥 5전	중접시	개	8전
대합	좌	3냥	소접시	개	5전
중합	좌	2냥 5전	식염食鹽 접시	개	1냥 2전
소합	좌	1냥 5전	면麵대접	개	2냥
소소합	좌	7전	자炙접시	개	2냥
5합	부	8냥	병餠접시	개	2냥
3합	부	5냥	주병酒瓶	개	1냥 5전
대대항	좌	3냥 5전	주잔酒盞	개	7전
대항	좌	3냥	예번例燔 대사발	개	8전
중항	좌	2냥 5전	중사발	개	6전
소항	좌	1냥 5전	소사발	개	4전
소소항	좌	8전	대대접	개	8전
사부항四付缸	좌	1냥 6전	중대접	개	6전
삼부항	좌	1냥 2전	소대접	개	4전
대대병	좌	2냥 3전	대탕기	개	4전

대병	좌	1냥 5전	중탕기	개	3전 5푼
중병	좌	8전	소탕기	개	3전
소병	좌	5전	대조치	개	5전
소소병	좌	3전	중조치	개	4전
다관茶罐	좌	1냥 5전	소조치	개	3전 5푼
다종	좌	7전	대보아	개	4전
주전자	좌	7전	중보아	개	3전 5푼
쟁반	좌	1냥 5전	소보아	개	2전
사시沙匙	개	3전	대종자	개	1전 2푼
반주병飯酒瓶	개	4전	중종자	개	1전
통합通盒	개	5전	소종자	개	6푼
비누합飛陋盒	개	4전	대대접시	개	8전
성적기成赤器	개	2전 5푼	대접시	개	6전
사대야沙大也	좌	3냥	중접시	개	4전
대식소라 大食所羅	좌	2냥 7전	소접시	개	2전 5푼
자완磁椀	좌	1냥 7전	소소접시	개	1전 5푼

하도록 했는데, 최하 5푼에서 최고 13냥에 이르렀다. 1884년 무렵의 쌀 1되 가격이 7~8전 정도였으니,[34] 5푼~13냥에 이르는 공가는 쌀로 환산하면 1홉 미만에서 2말이 채 안 되는 금액이었다. 공가의 가격대별 분포를 정리한 내용이 〈표 1-4〉이다.

원진상은 내출별번진상에 비해 상대적으로 저가의 그릇이 많은 반면 고가의 그릇은 적었다. 또한 대체로 원진상 공가는 내출별번진상에 비해 낮게 책정되어 있다. 공가 분포를 보면, 4전(쌀 1/2되) 이하의 그릇 종목이 전체적으로 1/3을 차지하며, 원진상의 경우에는 43%에 육박한다. 그리고 납품 기명 종목의 80% 이상이 쌀 1~2되 이하에서 거래되고 있다. 4냥 이상의 그릇 종목

공가액	원진상 종목(%)	내출별번 종목(%)	계(%)
1전 미만(1~9푼)	4개 (9.5)	1개 (0.8)	5개 (2.9)
1~4전	14개 (33.3)	39개 (29.5)	53개 (30.5)
5~9전	6개 (14.3)	34개 (25.8)	40개 (23)
1냥대	6개 (14.3)	23개 (17.4)	29개 (16.7)
2냥대	8개 (19)	15개 (11.4)	23개 (13.2)
3냥대	0	11개 (8.3)	11개 (6.3)
4냥대	1개 (2.4)	0	1개 (0.6)
5냥 이상	3개 (7.1)	9개 (6.8)	12개 (6.9)
계	42개 (99.9)	132개 (100)	174개 (100)

은 7%대에 그친다.

이때 책정된 공가는 과연 시가를 반영한 가격이었을까? 공소 출범 후 7~8년 뒤의 일이긴 하지만 1891년 남대문 밖 상인 권창인權昌仁은 분원에서 가져간 그릇 10죽 값으로 1,514냥 7전 5푼을 계산했다.[35] 그렇다면 대략 1죽 (10벌)에 151냥, 1벌(2개 세트)에 15냥, 1개에 7.5냥이라는 가격이 나온다. 시장 상인이 가져가는 분원 그릇의 종류·크기·품질은 알 수 없지만, 개당 평균 가격이 7.5냥 정도였음을 알 수 있다. 1891년 쌀 1되 값이* 2~3냥쯤 했으니,[36] 개당 평균 그릇값 7.5냥은 쌀 2.5~4되에 해당한다.

그릇의 종류·크기·품질·수량 등을 구체적으로 대비할 수 없고 게다가 시기도 다르기 때문에 정확한 비교를 하기에는 한계가 있다. 하지만 그 점을 감안하고 쌀값으로 환산하여 비교해보더라도 「절목」에 책정된 분원 그릇의 공가는 시장 상인에게 판매한 그릇값보다 낮다. 따라서 당시 책정된 공가는

* 1891년 2월에는 쌀 10말에 215냥이었고, 10월에는 1되에 2냥 8~9전이었다.

시가보다 낮았을 가능성이 크다.

「절목」에 책정된 공가는 1883년 분원자기공소가 출범할 때 정한 금액이었다. 그런데 그 뒤 시장 개방과 당오전 발행의 파장으로 물가가 크게 상승했다. 쌀 1되 값으로 비교해본다면 1884년 1월에 7~8전 하던 것이 1887년 1월에 1냥 2전, 1891년 10월에 2냥 8~9전, 1892년 1월에 3냥 1전, 1894년 10월에 3냥, 1895년 6월에 3냥 4전으로 올랐다.[37] 10여 년 사이에 쌀값이 무려 4배 정도 올랐다.

분원자기공소가 출범한 이후에 물가가 큰 폭으로 상승했지만, 그렇다고 정부가 그런 상황을 고려하여 공가를 조정하거나 공인이 입은 손해를 보전해준 기록은 보이지 않는다. 물론 그 사이에 정부가 오른 물가를 반영하여 공가를 재조정했을 가능성도 아예 배제할 수는 없다. 그러나 극심한 재정난에 허덕였던 정부가 물가 상승을 반영하여 공가를 재조정하거나 손해를 보전해주기는 어려웠을 것이다. 공가를 재조정하지 않은 채 원래 책정된 공가로 계속 지급했다면, 그릇을 납품하는 공인들의 수익은 물가 상승률에 반비례하여 줄어드는 셈이었다.

분원의 도자 제조업은 감생청의 구조조정 과정에서 1883년 민간으로 그 운영권이 이양되었다. 이에 따라 분원은 분원자기공소로 거듭났으며, 그간 음성적으로 이루어진 그릇의 시장 판매가 공식화되었다. 정부는 그동안 '진상' 받았던 도자기를 공인에게 공가를 지급하고 구입해야 하는 상황이지만, 방만했던 기구와 인력의 축소, 잡다한 지출의 폐지라는 구조조정의 성과를 거두었다. 그러나 정부는 여전히 자기를 굽는 데 필요한 도토와 사기장의 급료를 분원(공소)에 지급했으며, 땔감을 구할 수 있는 시장을 제공하고 우천강의 목물 수세권도 인정해주었다. 그뿐만 아니라 분원 운영의 주체로 설정한 공인을 정부에서 임명하고 허락하는 절차를 취했다. 이러한 사실로 미루어

보건대, 당시 분원의 민간 운영은 완전한 민영화라기보다는 관청 선대제적 민간 운영 체제라고 할 수 있다.

2. 분원자기공소의 운영과 공인 조직

분원자기공소 체제에서는 분원의 운영 주체와 경영 방식이 이전과 크게 달라졌다. 단순히 그릇을 만들어 진상하던 체제에서 이제는 이윤 추구를 향해 돌진하기 시작했다. 또한 원칙적으로 국왕과 왕실 가족 등 특권계급만 사용 가능했던 분원 그릇이 시장에서 판매됨으로써 돈만 있으면 누구든지 사서 쓸 수 있게 되었다.

운영자가 공인으로 바뀌고, 왕실에도 돈을 받고 납품을 하며, 시장 판매를 단행했지만, 분원자기공소는 아직 정부에 대한 의존도가 높았고 전근대적 특권을 빌미로 권력과 밀착되어 있었다. 따라서 그만큼 자주적인 경영 입지는 좁았으며, 정부의 손아귀에서 벗어나지 못한 채 권력기관의 수탈에 노출되어 값비싼 대가를 치렀다.

(1) 정부 권력과 공소 공인의 관계

공소의 특권과 백성의 저항

민간 번조를 허용함으로써 경영진이 바뀌고 시장 판매가 본격화되었으며 왕실에 들어가는 자기도 납품 – 공가 체제로 전환되었지만, 공소는 정부의 지원과 특권을 고리로 공권력과 떼려야 뗄 수 없이 연결되어 있었다. 공소가 향유하는 특권은 혹독한 대가가 뒤따랐다. 즉 정부의 무절제한 납품 강요와 미수금 누적, 그리고 담당 관료 및 아전의 횡포와 수탈로 이어졌다. 정부 권력과 맺은 유대 관계는 공소의 경영에 도움이 되기도 했으나 경영 자립과 합리적 생산·판매에는 걸림돌로 작용했다. 공소가 누렸던 각종 특권과 지원에는 다음과 같은 것이 있다.

첫째, 사옹원으로부터 사기장의 삭료朔料 2,006냥을 지급받았으며, 또한 추후에 계산하기는 했지만 추가 삭료로 쌀과 점심 식사용 쌀(점심미)을 제공받았다.

둘째, 서울과 경기 지역 내에서 외읍外邑 사점기私店器의 매매를 금지하고 단속할 수 있는 권한이 주어졌다. 이에 따라 공인들은 서울·경기 지역 시장 내 외읍 사점기 판매상을 집중 단속했으며, 때로는 그 과정에서 그들로부터 뇌물을 받기도 했다. 심지어 어떤 공인은 외읍 사점기 상인과 결탁한 일이 발각되어 퇴출당하는 일도 있었다.

셋째, 분원 근방 7개 면의 시장에서 화속세火粟稅를 징수할 수 있었다. 거둬들인 화속세는 사기장의 급료로 지급했는데, 정식에 따라 그 가격을 환산한 뒤 연말에 공가에서 계산하여 공제했다. 그러나 공소가 거둬 가는 화속세에 대한 주민의 저항이 만만찮았으며, 이에 일부를 감해주기도 했다.[38]

넷째, 우천강을 통과하는 목물에 대해 수세 특권을 행사했다. 우천강 수세는 1/10세로 규정되어 있었지만 실제로는 규정에 미치지 못했으며, 만선에 5전 정도를 받았다. 이에 공인들은 '이름만 있을 뿐 실상이 없는' 실정이라고 한탄하기도 했다.[39] 공인들은 매일 우천 수세소에 나가서 지나다니는 배를 대상으로 세를 받았는데, 이에 대해 뱃사공과 목상木商의 반발이 거셌다. 우천강 수세도 연말에 공가에서 계산하여 감액했지만, 공인들에게는 당장 손에 들어오는 현금 수입이기 때문에 매우 중요한 재원이었다.

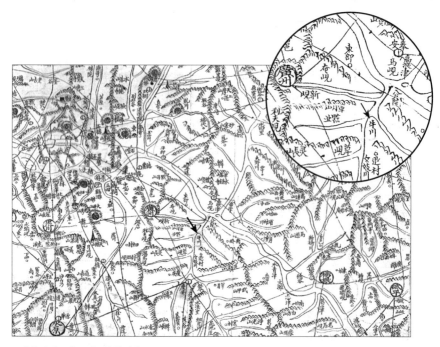

조선 후기 지도에 보이는 분원 일대
화살표 〰로 표시한 곳이 우천이며, 근처에 분원도 보인다. 오른쪽 상단의 원 안은 우천강 일대를 확대한 것이다. 분원자기공소의 공인들은 정부로부터 우천강 수세 특권을 부여받았다.

다섯째, 최고의 도토를 제공받는 특혜를 누렸다. 이 역시 비록 연말에 가격을 계산하여 공가에서 감액했지만, 이전에 분원에서 받았던 양구 백점토와 진주 백토, 원주 수을토를 계속 공급받을 수 있었다. 도토의 채굴과 운송은 사옹원 제조의 결재를 받아 시행되었다.

이러한 특권과 특혜는 백성의 저항에 부딪쳐 예전과 같은 이득을 온전히 보장받지 못했지만, 분원 공인들에게는 중요한 경제적 기반이 되었다. 그중 화속세와 우천강 수세는 연말에 계산하여 공가에서 감액한다고 하더라도 현물과 현금으로 받아 챙길 수 있다는 점에서 공인들의 중요한 수입원이었으며, 그릇을 납품하고도 공가를 제대로 받지 못하는 상황에서 간신히 지탱할 수 있는 버팀목이었다.

분원자기공소에서 행사한 특권은, 그로 인해 피해를 입는 백성의 불만을 자아내어 거센 저항을 초래하기도 했다. 예컨대 1891년(고종 28) 우천강 수세에 대한 뱃사공들의 반발과 저항이 그중 하나다. 1891년 1월, 뱃사공들의 조직인 선도중船都中의 두목 유성안劉性安은 우천에 수세 혁파 격문을 내걸고, 뱃사람과 목상들에게 "세금을 납부하지 말라"고 권유하면서 수세 폐지를 주장했다. 또한 자신들의 입장을 대변해줄 수 있는 춘천 유수를 동원하여 '수세를 혁파하라'는 전령을 우천 수세소에 보내기에 이르렀다. 그러자 분원에서도 이에 맞서 사옹원 제조를 동원하여 "우천 수세는 법전에 의거해 세를 봉상하라"는 전령을 받아냈다. 마침내 불만이 폭발한 선도중은 3월 4일 수백 명의 뱃사람을 이끌고 분원에 몰려가 시위를 벌였다. 이들은 1890년 12월에 내렸던 '각처 포구의 조세를 혁파하라'는 전령을 내밀면서 공방貢房(공인들이 업무를 처리하고 머무는 공간)과 우천 세소를 파괴하려 했다. 이렇게 소란이 일어나자 분원공소는 뱃사람 10여 명을 잡아들였는데, 그 가운데 3명을 가두고 나머지는 풀어주었다.

이와 같이 뱃사공과 분원공소는 우천강 목물 수세를 둘러싸고 각자의 이익을 관철하기 위해 권력을 동원했으며, 그에 따라 춘천 유수와 사옹원 제조 사이에 힘겨루기 양상으로까지 번졌다. 뱃사공들의 저항은 결국 분원의 힘에 밀려 수포로 돌아갔고, 우천 수세는 예전대로 강행되었다. 뱃사공들의 조세 저항은 이 무렵 취해진 일련의 무명잡세 금지 조치와 한강 연안의 무명잡세 혁파 조치에 근거를 두고 일어났지만,[40] 문제의 근원은 해결되지 않은 채 마무리되었다.

그러나 백성들의 크고 작은 저항에 맞닥뜨리면서 분원공소 공인들은 우천강 수세를 규정대로 받지 못했으며, 분원공소의 위세도 약화되었다. 1892년에 우천강 수세를 담당했던 한 공인의 시를 보자.[41]

강가에 우뚝 솟은 조그만 모정은	歸然江上小茅亭
용인이 관장하는 세목청이라네.	掌内饔人稅木廳
통편에는 십일세가 정중하지만	十一通編雖鄭重
만선에 대한 세금이 5전에 불과하다네.	滿船不過五錢零
20년 전 이 나루를 지킬 때는	二十年前守此津
명색이 삼로도 허리를 굽혔다지만	納名三老折腰身
지금은 뱃사공만도 못한 신세가 되어	如今不及船頭領
특하면 사공에게 꾸지람을 듣는다네.	每被篙工惡語嗔

외읍 사점기 단속에 대한 그릇 장수들의 불만도 많았다. 그리하여 공인 단속자와 종종 싸움이 벌어지기도 했다. 그들은 또한 공소의 화속세 수세가 과도하다며 하소연하기도 했다.[42]

관리와 공인의 관계 : 특권과 수탈의 양면성

정부로부터 각종 특권과 특혜를 받은 공인들은 그만큼 정부 권력에 예속될 수밖에 없었다. 그 결과 그들은 특혜의 이면에서 사옹원 관료와 아전, 궁궐 관계자의 부당한 요구와 가렴주구에 시달렸다. 원래 「절목」에 따르면 각종 예급例給과 잡비를 모두 없애기로 했기 때문에 정부 관료와 아전의 금전 요구와 수탈은 불법이었다. 그러나 공인들이 '칼자루를 쥔' 권력자에게 규정을 들이대면서 맞서기는 쉽지 않았다.

공인들은 별도로 뇌물 자금을 만들어서 관리와 아전들에게 뿌렸다.[43] 실제로 1891년 8월 분원 공인은 정부에서 공가를 받아 "집리執吏 예급 500냥을 제외하고 2,000냥은 초10일자로 어음표를 다시 만들어서 뇌물 자본으로 쓰도록" 했다. 이는 집리와 관리들에게 뇌물을 건네기 위해 공소에서 수천 냥의 부정한 돈을 마련했음을 알려준다.

분원의 각종 특권과 재료 조달 등에 관한 결재권을 지닌 사용원 제조는 공인들의 목줄을 쥐고 흔들 수 있는 막강한 권력자였다. 분원 공인들은 제조 집에 매달 구가驅價(관리에게 그가 부리는 하인의 급료 명목으로 건네는 돈)라는 이름으로 40냥씩 상납했으며, 수시로 제조 대감이 사용할 식기는 물론이고 항아리나 혼수 기명 등 각종 그릇을 바쳤다.[44]

제조 집안의 집사들이 머무는 수청방隨廳房은 분원에 관련된 공문에 도장을 찍거나 연락을 취하는 곳이지만, 공인들에게 수시로 수백 수천 냥의 금품을 요구하거나 수탈을 자행하는 온상이 되었다.

> 수청방에서 또 불러들여 말하기를 "어제 담당 집리의 말로는 수청방에 예납할 반상기가 60건이라고 하는데, 과연 며칠 안으로 바치겠는가?"라고 하였다. 우리들이 모두 알지 못하여 말을 하지 못하자, "공인이 기만하고 바치지 않으니, 어찌 이처럼 괴이하고 흉악한 무리가 있단 말인가?"라고 하였다. 이에 내가 말하기를 "이는 근거 없는 말입니다. 만일 전례가 있으면 어찌 감히 바치지 않았겠습니까?"라고 하니, 떼 지어 시끄럽게 지껄이는데 온갖 악언을 다 기록할 수 없을 지경이었다. 내가 종일토록 애걸했으나 도무지 들어주지 않고 기어코 며칠 안으로 마련해서 바치라고 하였으므로 나는 몹시 분함을 견딜 수 없었다. 그러나 칼자루를 쥔 자와 칼날을 쥔 자의 형편이 같지 않으니 어찌하겠는가?[45]

1891년 11월 수청방에서 예납 반상기 60건을 납부하라고 을러대자, 공인이 이를 반박하고 애걸하는 모습이 그려져 있다. 이러한 상황을 공인은 '칼자루를 쥔 자와 칼날을 쥔 자의 형편'으로 비유하며 한탄했다. 이후 수청방은 반상기 대금으로 쌀 10가마가 넘는 2,400냥을 바치라고 일방적으로 독촉했다. 결국 힘없는 공인은 반상기 6건과 100냥씩 주는 것으로 타협을 보았지만, 부채가 많았던 공소의 사정을 감안하면 무리한 지출이었다.[46]

사용원 주부 이직호李直好는 기명 상납이 지연되었다며 트집을 잡아 공인과 하속들을 감금해 놓고 매질하면서 심지어 형조로 이송하겠다고 협박한 뒤 그릇을 요구하기도 했다.[47]

사용원과 분원 간의 실무·연락을 담당했던 아전인 집리의 영향력 또한 매우 컸다. 공인들은 집리의 협조가 절실했기 때문에 그들에게 예급전例給錢 500냥을 주고, 그에 더해 수시로 고기·화분·소주 등을 사서 선물했다. 집리는 대체로 공인들에게 우호적으로 대했지만, 때로는 호통을 치거나 압력을 행사하고, 심지어 신역전身役錢이나 부비전浮費錢 명목으로 거금을 뜯어내려고 했다.

> 김익준金益俊이 서울에서 특별히 사람을 보내어 편지를 통해 말하기를 "집리가 퇴출당하고 그 대신 대리가 보충되었는데, (퇴출된) 집리가 신역전 1만 3,000냥을 변리를 갖추어 내라고 하니 공소 동료들은 일제히 나와 올라오라" 했다. … 그(집리)가 부비전 1,500냥 문제로 입직 낭청에게 청탁하여 변주헌을 잡아 가두고 여러 가지로 책임을 추궁하였다.[48]

도자기를 납품받는 궁궐 관계자도 공인들에게 권력을 행사하기는 똑같았다. 내시들의 일터인 공사청公事廳에서 근무하는 김 지사金知事는 공소에 막강한 영향력을 행사하던 인물이었다. 김 지사는 납품 예정인 기명이 미납되거나 지연될 때는 담당 서리와 공인을 불러들여 독촉했으나, 다른 한편으로는 우천 수세권을 보호해주고 공가 지급에 협조했다. 이에 공인들은 문제가 생기면 김 지사를 찾아가 도움을 요청하고, 수시로 돈과 선물을 바쳤다.[49]

궁궐 대전의 곳간을 관리하는 상궁들 또한 공인이 납품한 그릇을 검열하는 과정에서 이것저것 요구하고 실력을 행사했다. 공인들이 그릇을 영훈당永薰堂(경복궁 대전 곳간)으로 들여보내면, 하 상궁, 배 상궁, 정 상궁이 그릇의 품질과 색상을 점검했다. 이때 상궁들로부터 '괜찮다'라는 결정이 떨어져야 납품을 완료할 수 있었다. 1891년 6월 정 상궁은 작은 백색 항아리 20개를 퇴짜 놓고는 큰 항아리로 바꿔 납품할 것을 요구했다. 그런데 이때 퇴짜 놓은 백색 항아리 8개는 정 상궁의 손으로 넘어갔으며, 나머지 12개는 다른 큰 항아리로 바꾸어주었다. 공인들은 궁녀들에게도 돈과 생선·닭 등을 선물하고, 그릇을 잘 받아주기를 간청했다.[50]

분원을 관할하는 양근군과 광주부에서도 시시때때로 그릇을 요구하고, 마음에 들지 않으면 폭력을 행사했다. 1891년 6월 광주부에서는 반상기의 품질이 조잡하다는 이유로 퇴짜를 놓고, 공인을 붙잡아 곤장 30대를 때린 뒤 칼을 씌워 옥에 가두었다. 1894년 1월에는 양근읍에서 제기를 즉시 납품하지 않았다는 이유로 공인을 장형杖刑으로 다스리고 칼을 씌워 옥에 가두었다. 이들 공인은 모두 사옹원과 공사청의 권력을 동원해서야 겨우 풀려났다.[51]

그 밖에도 궁궐을 호위하는 무감과 별감, 근장군사近仗軍士, 승정원 사령들까지 반상기를 요구하면서 압력을 행사했다.[52]

사실, 관료와 아전들의 이 같은 사례비나 잡비 요구는 부당할 뿐만 아니라 위법행위였다. 「절목」에 분명히 "내·외사內外司와 사옹원 당상·낭청의 중도重徒 예급 등 명목과 진상 시 잡비를 모두 없앤다"[53]고 규정했기 때문이다. 그러나 이는 어디까지나 규정일 뿐, 실제로 공인이 관료나 아전에게 불법을 운운하면서 대적할 수는 없었다. 공소가 100만 냥이 넘는 빚을 지고 끝내 폐지의 수순을 밟게 된 중요한 원인 중 하나가 바로 권력자들의 가렴주구에 기인하고 있음을 부인하기 어렵다.

지금까지 살펴보았듯이 분원 공인들은 궁궐에 그릇을 납품하는 대가로 수세권과 재료 수급 등에서 특권을 보장받았다. 비록 백성들의 저항에 직면하여 그 특권에 따른 이득이 예전만 못했지만, 공인들에게 현물과 현금 수입이라는 점에서는 중요한 재원이었다. 한편 공인들은 특권 행사와 납품 과정에서 정부 관료나 아전들로부터 금품 강요와 폭력에 시달렸다. 이 때문에 수천 냥의 뇌물 자금을 마련하고, 관련 관리들에게 수십 수백 냥에 달하는 돈과 선물을 상납했다. 이렇듯 공인의 상납에는 수탈당하는 측면도 있지만, 동시에 그들 자신의 특권을 유지하면서 권력자의 비호를 받기 위한 밑밥이라는 이중적 성격을 띠고 있었다.

(2) 공인들의 분영 운영

공인의 입속·탈퇴와 출자금

분원자기공소는 분원자기의 제조·공급·유통에 관한 일체의 사무를 총괄하며, 자기 생산에 필요한 도토와 화목 등 재료의 공급, 구성원들의 조직 관리 업무를 맡아 수행했다.

공소에는 운영 및 납품·판매를 담당하는 공인과 그릇을 만드는 사기장이 소속되어 있었다. 이들은 저마다 부문별로 조직을 갖추었는데, 공인들은 공방도중貢房都中을, 장인들은 변방도중邊房都中을 조직하여 자신들의 이익과 친목을 도모했다. 또한 공소와 별개로 각각 공방과 변방을 두어 소속 회원들이 모여서 회의하고 업무를 처리했다. 공소와 공방·변방은 각기 독자적 관리 체계를 유지하면서도 분원자기의 생산·공급 업무를 매개로 상호 밀접하게 연관되어 있었다.

공소에서는 관련 공인과 장인들이 모여 각종 사안을 협의했으며, 명절이나 공소의 성조신成造神 생일날이 돌아오면 다 같이 제사를 지내고 공소의 안녕과 태평을 빌었다. 가끔 조양운趙良雲·성창렬成昌列과 같은 전국의 명창을 공소로 초청하여 소리를 듣기도 했다.[54]

분원의 사기장들도 소속되어 있는 분원공소이지만 그 운영 주체는 어디까지나 공인이었다. 조선 정부는 1883년 감생청의 구조조정을 통해 분원의 민간 번조를 허용할 때 아전 중에서 12명을 공소의 새로운 운영자로 선정했다. 이때 선정한 공인 12명은 분원공소의 경영을 책임지며 자기의 제조와 납품, 시장 판매 등 운영 전반을 총괄했다.

1883년 분원공소가 출범할 때 12명이던 공인은 이후 계속 늘어나서 10년 뒤 1893년에는 30명에 이르렀으며, 이해관계를 둘러싸고 상호 반목과 질시가 나타났다.

> 서울에서 내려보낸 김익준의 편지를 뜯어보니, "허許·한韓 등이 내가 익준과 서로 협잡한 것처럼 거짓말을 지어내어 공당公堂에게 소록小錄을 올렸다. 또 공인 12원員을 일찍이 감생청에서 마련하였는데 지금은 더 늘려서 30명이 되었으니, 모두 축출하고 다시 12명으로 마련할 뜻을 청탁하였다. …"라고 하였다.[55]

공인의 수가 12명에서 30명으로 두 배 이상 늘어난 데는 이익을 담보해주는 요인이 있었기 때문이라 여겨진다. 공인들 중 일부는 가설加設 공인을 축출하여 본래의 12명으로 되돌릴 것을 주장했지만, 정부에서는 30명의 공인을 현실적으로 인정했다. 10년간 공인이 대폭적으로 증가했다는 점은 그동안 자기업도 번영했음을 의미하는 것으로 생각할 수 있다. 조선 후기 운영난에 처한 외도고外都庫가 공인을 절반으로 줄인 일을 통해 그런 사실을 유추해볼 수 있기 때문이다.[56] 그러나 1893년에 공인을 줄이는 문제가 대두되었다는 사실은 공소의 형편이 예전에 비해 어려워졌음을 방증한다.

공소 출범 이후 10여 년 동안 새로운 공인이 계속 충당되었으며, 구성원의 변화도 잦았다. 공소의 안정적 운영을 위해 공인들은 공방도중 회의를 열고 입속과 탈퇴 문제를 논의했다. 1892~1893년 공인의 가입·탈퇴에 관련된 다음 자료를 보자.

> 변삼만卞三萬이 공소에 들어오려고 또 사람을 통해 청탁하였으므로 다시 5,000냥을 마련하라는 뜻으로 공론을 정하였다. … 변삼만이 공방에 입속하였다. … 천세영千世榮이 입속하였다. 일 돈 7,500냥 내 선생 자손으로 천 냥을 감해주어 6,500냥을 봉상하도록 하였다. … 동료들이 저녁때 정원경鄭元景 입속의 일로 다시 의논하였다. 특별히 공방을 설립한 선생이므로 또 1,000냥을 감하여 참여를 허락하는 뜻으로 약정하고, 정 선달을 통해 공방 의논을 전하여 알리니 재력이 부족하다는 뜻으로 자퇴하였기 때문에, 그 의논은 도로 거두었다. … 정원경이 또 단자를 올렸기에 마침내 입속을 허락하였다.[57]

공인 자격을 부여하는 공방도중에 가입하는 일은 도중 회의에서 동료 공인들의 자율적 협의를 거쳐 결정되었다. 공인 자격을 획득하려는 이가 입속을 청원하면, 공인들은 공방에 모여 의견을 수렴하고 허락 여부와 출자금 액수를 결정했다. 어떤 때는 왕실 납품을 관리하는 공사청公事廳 관리(지사知事)의 일방적 지시로 입속 허락이 이루어지기도 했다.[58]

공소에 입속하기 위해서는 일정한 자본금을 출자해야 했다. 1892년 변삼만에게는 5,000냥을 마련하도록 했고, 1893년 천세영에게는 7,500냥에서 1천 냥을 감하여 6,500냥을 출자금으로 내놓도록 했다. 김주현金柱玄은 1891년에 공소의 매기賣器(그릇 판매를 담당하는 직임)로 입속할 때 들여놓은 돈이 1,531냥이었다.[59] 이처럼 새로운 공인이 들어올 때마다 수천 냥의 출자금을 받고, 공인의 수도 12명에서 30명으로 증가했으니, 공소의 자본금은 수만 냥을 넘어 10만~20여만 냥에 달했을 것으로 추정된다. 10만 냥이 넘는 자본금은 그때 금액으로는 엄청난 자본 규모였다.

이때 눈여겨볼 점은 해마다, 사람마다 출자금에 차이가 있다는 사실이다. 왜 이러한 편차가 생겨났을까? 정확한 이유야 알 수 없지만, 시기별 차이, 담당 직무와 지위에 따른 차등 적용, 공소의 형편이나 물가에 따라 변동 적용, 그리고 그간 공소와 거래할 때 발생한 채권·채무를 계산한 뒤 차액을 들여놓았을 가능성 등등을 생각해볼 수 있다. 참고로 조선 후기에 각종 국용 목재를 관아에 조달했던 외도고의 공인 가입금을 살펴보면, 연고가 없는 신규 가입자와 옛 공인의 자손, 현 공인의 자손에 따라 차이가 있었으며,[60] 신규 가입자의 납부액이 가장 많았고, 다음으로 옛 공인 자손, 현 공인 자손순이었다. 그런데 공방도중에 가입하기 위한 출자금에는 그런 방식이 적용되지 않았다. 옛 선생의 자손인 천세영이 1천 냥을 감액받고도 입속자 가운데 가장 많은 금액을 부담하고 있기 때문이다.

처음 공소를 설립할 때 공로가 있는 공인은 '선생'으로 호칭했으며, 만약 본인이 탈퇴했다가 재입속하거나 그 자손이 입속할 때는 출자금에서 1천 냥을 감액해줌으로써 우대하는 뜻을 보였다. 당시 공소에서는 정원경과 금순교금순교琴舜教 외에 천세영의 부친이 선생으로 호칭되었다.

공인들은 가입자의 자격에 특별히 제한을 둔 것 같지는 않다. 하지만 공소 공인 명단에 외지인이 없던 점으로 미루어 보아, 대체로 분원 자기업 관련자와 마을 주민들이 가입한 듯하다.

이렇게 일정한 자금을 출자하고 동료들의 승인을 받아 공방에 가입하게 되면 공인의 자격을 얻고 공소 운영에 대한 권리도 행사할 수 있었다. 또한 자체 규범인 방헌房憲을 준수하고 맡은 바 임무를 성실히 수행해야 할 의무가 주어졌다. 새로운 공인이 입속하면 공인들은 술과 안주를 마련하여 환영식을 베풀고 동료로 맞이했다.

탈퇴는 자진 탈퇴와 강제 퇴출로 구분된다. 자진 탈퇴는 본인이 자퇴 의사를 밝히고 사직서를 제출하면 도중 회의에서 수용하는 것이 일반적이었으나, 미해결 문제가 얽혀 있을 때는 불허하기도 했다. 공인들은 도중에서 가용한 돈을 갚지 못할 때도 자진 탈퇴를 선택했다. 연초가 되면 공소에서는 공인들에게 가용한 돈을 갚을 것을 재촉하는 회의를 개최하곤 했다.

공방 방회에서 각 회원의 작년 가용조加用條를 이달 그믐 안으로 변통하여 바치게 하기로 하였다. 만약 기한을 넘기면 벌을 주고, 벌을 준 후에도 기한을 넘기면 영구히 거방擧房한다는 사실을 벽에 게시하였다. … 방회를 열었는데, 한정권韓正權은 3번 기한을 넘겼으나 아직도 납부하지 못하였고, 이천유李天裕 조는 1,000냥을 봉상하였고, 금순교 조는 서울에 사는 김정호金貞浩와 표 선달이 이달 25일까지 담당하기로 했다. … 유춘식柳春植·이정진李廷鎭이 도중에서 가용한 돈을 납부하지 못하여 공원貢員 방회에 사직서를 내고 자퇴했다. 그 나머지 미납한 사람들에 대해서는, 외인外人에게 그 사실을 알림으로써 가용한 돈을 청산하기 전에는 더 (빚을) 내어 쓰지 못하

게 할 뜻을 결정하여 벽에 게시하였다.[61]

공인 정원경·유춘식·이정진 등이 도중에서 가용한 돈을 갚지 못해 스스로 물러났다. 이때, 그들이 이미 가용한 돈은 출자금에서 변상했을 것으로 짐작된다. 공인들은 매년 정월에 회의를 열어 전년도 가용한 돈을 갚도록 재촉하면서 기한을 넘기면 벌을 주었고, 이후에도 납부하지 않으면 영구히 공방에서 내쫓는 조치를 취했다. 그러나 특이하게도 한정권은 세 번이나 기한을 어겼지만 거방 조치를 취한 기록은 보이지 않는다. 가용한 돈을 갚지 않은 공인에 대해서는 그 내용을 벽에 게시하여 공고했으며, 외인外人들에게까지 그 사실을 알렸다.

한편 공인이 자퇴를 요청해도 공방에서 허락하지 않는 경우가 있었다. 1893년 2월에 이정진이 퇴거 단자를 올렸으나 공방 회의에서는 허락하지 않았으며, 또 같은 해 8월 정현도가 자퇴서를 제출했지만 공방은 이를 불허했다가 얼마 지난 다음에야 허락했다.[62]

강제 퇴출은 방헌을 위배하거나 조직에 피해를 주는 행위자를 대상으로 이루어졌다. 외점기상外店器商과 몰래 결탁하여 공소에 손해를 입히거나 사점기 단속을 나갔다가 뇌물을 받은 공인에게는 거방의 벌을 내렸다. 1894년 1월, 한정권이 방헌에 위배되는 불미스런 일을 저지르자 도중에서는 그에게 벌을 내리고 영원히 축출했다.[63] 공인을 퇴출시킨 후에는 공방도중에서 그 사유를 서울에 보고했다. 그러나 거방의 벌을 내렸던 함장섭의 경우, 나중에 다시 공인으로 들어와 대행례大行禮(도중의 대표)까지 지낸 것을 보면, 거방 조치가 아주 복귀 불가능한 벌은 아니었던 것 같다.

공인이 탈퇴하면 본전本錢에 대해 이자를 계산하여 지급했다. 1892년 윤6월에 공인 유영도柳永道가 자퇴하자, "본전을 2푼 변리로 계산하여 지급했다"

는 기록이 있다.[64] 이때 본전이란 출자금일 것이다. 그러나 공방도중에 진 빚 때문에 퇴거할 경우에는 출자금에서 공제한 뒤 계산했을 것으로 짐작된다.

공인들은 퇴직한 공인에 대해서는 원로로서 대우했으며, 중요한 행사가 있는 날에는 초대하여 잔치를 베풀었다. 1891년 공방도중에 현판을 걸 때는 퇴사한 어른들을 모시고 온종일 노래를 듣고 밤이 깊어서야 잔치를 파하기도 했다.[65]

공인들 중에는 입속과 탈퇴를 반복하는 자들도 있었다. 정현도는 자퇴했다가 1891년 2월 재입속하여 간부로 활동했고, 다시 1893년 8월 자퇴 신청을 했으며, 1895년 8월에 그의 사위가 자퇴하자 대신 입속하기도 했다. 정원경 또한 1891년 1월에 가용전을 너무 많이 갖다 쓴 바람에 자퇴했다가 1893년 2월에 다시 입속하여 활동했다.

앞서 말했듯, 분원 공인은 수천 냥의 출자금을 내고 동료들의 승인을 받아 공방도중의 일원이 되었다. 수천 냥을 출자한 공인은 경제적 이득을 주목적으로 삼았지만 각종 수세와 단속의 특권 및 권력과 연결되는 이점도 함께 고려했다. 원래 12명에서 출발한 공소 공인은 점차 늘어나 30명에 이르렀으며, 공소의 자본금 또한 불어나서 수만 냥 내지 10여만 냥 이상의 거액에 달했다. 그러나 1893년에 공인을 원래의 12명으로 감축하는 문제가 불거졌다는 사실은 공가 미수와 부채로 운영난을 겪게 된 공소의 현실을 반영한다.

공인의 조직, 공방도중

공인들은 공소의 효율적 경영과 이익을 도모하고 서로의 친목을 위해 공방貢房을 마련했으며, 공방도중이라는 조직을 만들어 운영했다. 공소의 경영은 재료 구입부터 자기 제작, 납품·판매, 인력 관리에 이르기까지 복잡다단했다. 이에 공인들은 임원을 선출하여 공소의 주요 임무를 맡겼다.

김익준·함동기가 대행례大行禮가 되었다. … 방회房會에서 김익준·이충구를 경소임京所任으로 정했다. 이희태가 공원公員 교체 일로 정소呈訴를 올려 변주헌이 맡도록 했다. … 15냥은 상소임上所任 예급이다. … 공방 회의에서 나는 하장의 직임을 얻고, 함동희는 상장이 되었다. 김익준은 유임되고 함동기는 수행隨行, 유춘식·이기웅은 수간역首看役, 정현도·변주헌은 변간역邊看役, 수석首席에는 춘식이 재임되었다.[66]

매년 연말이 되면 공인들은 공방도중 회의를 열고 새해에 활동할 임원을 선출했다. 매년 선임한 것으로 미루어 임기는 1년인 듯하다. 그러나 연임하거나 겸임하는 경우도 있었다. 중간에 직임을 사퇴하고자 할 때는 소장을 올려 허락을 받았다.

1892년 말 상소임의 예급이 15냥이라고 한 말에 비춰 볼 때 임원진에게 일정한 활동비를 지급했던 것으로 보인다. 상소임이 구체적으로 어떤 직책을 가리키는지 알 수 없지만 아마 상층 임원진을 의미하는 듯싶다. 공방도중의 조직과 그 임무를 정리한 것이 〈표 1-5〉이다.

공방도중의 조직 내 직임은 수석, 대행례, 상장·하장, 경소임, 간역, 공원, 수행, 청임으로 구성되었다. 이 가운데 수석과 대행례는 공방도중을 대표하는 직임으로서 공인들을 통솔하고 조직의 권익을 꾀하는 존재였다. 공방에서 예급을 받는 상소임이 수석과 대행례를 가리키는 것 같다. 수석과 대행례는 총괄직이므로 구체적 실무 직책을 겸임하기도 했다. 나머지 상·하장과 경소임, 간역 등은 재정 회계와 사점기 단속 등의 일을 담당했다.

수석은 공인들의 대표이자 공방도중의 대표자로서 공인을 통솔하고 조직의 권익을 꾀하였다. 1893년 수석 유춘식이 장시 수세권에 대한 세도가의 침탈과 억압을 호소하기 위해 전 공인들을 서울로 소집한 일, 공인들이 상호

<표 1-5> 공방도중의 조직과 임무

구분		인원수	임무	선임된 공인
수석首席 (수공인首貢人)		1명	공인 대표, 공인 간 분쟁 조정	유춘식 : 1892. 12 재임(수간역 겸임)
대행례大行禮		2명	도중 대표, 사옹원 관료들과 접촉	• 김익준 : 1891. 12 선임(경소임 겸임), 1892. 12 유임 • 함동기 : 1891. 12 선임 • 이성도·함장섭 : 1894. 1 선임
회계	상장上掌	1명	재정·회계 담당, 회계 문서 작성	• 정현도 : 1892. 1 재직 중 • 함동희 : 1892. 12 선임, 1894. 1 유임
	하장下掌	1명		지규식 : 1892 .12 선임, 1894. 1 유임
경소임京所任(경임京任)		2명	서울 주재, 부처 간 현안 연락·조정, 문서 작성·성첩, 자본 융통, 어음 처리	• 지규식 : 1891 연중 서울 활동 • 김익준·이충구 : 1891. 12 선임 • 함동기의 아들 : 1893. 1 선임
간역看役	수간역首看役	2명	외읍 사점기 단속, 조사	유춘식·이기웅 : 1892. 12 선임
	변간역邊看役	2명		정현도·변주헌 : 1892. 12 선임
공원公員				이희태 → 변주헌 : 교체 1892. 1
수행隨行			연락, 진상 기명 운반	함동기 : 1892. 12 선임
청임廳任				

※ 자료 : 『하재일기』 1891~1894년분.

간 분쟁이 일어났을 때 수석에게 의견을 구한 일, 1894년 백토 공급자 구금 사건과 관련하여 사옹원 제조가 수공인首貢人과 양소임兩所任을 대령시키도록 명령한 일 등으로 미루어 보면,[67] 수석은 공인을 소집하고 공인들 사이의 분쟁 조정에 영향력을 행사하면서 일정한 예우를 받았다. 참고로 조선 후기의 봉상시奉常寺 공인 도중과 정부에 목재를 조달했던 외도고 공인 조직에서도 수석은 조직을 대표하는 최고 직임이고 공경을 받는 존재였다.[68]

유춘식은 1892~1893년 수석으로 활동했으며, 수간역을 겸했다. 그러나 도중에서 가용한 돈을 갚지 못해 1894년 1월 자진 사퇴했으며,[69] 이후 그의 활동과 존재감은 크게 드러나지 않는다.

대행례에는 2명이 선임되었으며, 수석과 함께 도중을 대표하는 직책이었다. 대행례는 서울을 자주 왕래하면서 담당 관리들과 접촉하고, 도중의 대표자로서 서울에 불려가 고초를 겪기도 했다.[70] 위에 언급한 1894년 백토 공급자 구금 사건 때 사옹원 제조가 수공인과 함께 불러들인 '양소임'이란 바로 대행례를 가리키는 듯하다.

대행례를 역임한 사람으로는 김익준·함동기·이성도·함장섭이 있다. 1891년 말 대행례로 선임된 김익준은 경소임도 맡아 겸임했으며, 1892년 말 대행례에 유임되었다는 기록으로 보아 연이어 맡았음을 알 수 있다.

상장과 하장은 자금의 출납과 회계 문서의 작성·관리 등 공소의 재정 운영을 주관했다. 그런 만큼 실권이 컸기 때문에 그들을 의심의 눈초리로 보는 사람도 나타났다.[71] 상장과 하장은 각 1명이었으며, 각각 상장일기와 하장일기라는 회계장부를 작성했다. 공소의 자금 운용을 기록한 상장·하장의 문서는 비상시에 가장 먼저 챙기는 귀중한 자료였다.[72]

상장과 하장은 무엇을 기준으로 나누었을까? 1893년 공소의 운영 체제에 대한 개편을 논의할 때, "위아래 가마로 나누어 각각 번조를 맡는 것이 어떠한가?"라는 의견이 제시되고 '위아래 가마로 분장하자는 설(上下釜分掌之說)'이 나타나는 등 이전의 윗가마(上釜)·아랫가마(下釜) 체제로 돌아가자는 주장이 대두하고 있는 것으로 보아,[73] 상장과 하장은 가마를 기준으로 구분한 듯하다. 즉 상장은 윗가마에 관련된 회계 업무를, 하장은 아랫가마에 관련된 회계 업무를 맡은 것 같다. 이와 관련된 기록 중 "지난번 윗가마에서 계산하고 남은 돈 480냥을 제하면"[74]이라는 구절을 통해 볼 때, 회계 처리는 가마별로 이루어졌음을 알 수 있다. 이처럼 가마를 기준으로 상장과 하장의 업무를 구분했을 뿐만 아니라 공인들의 공간도 상방과 하방으로 나뉘었다.[75] 분원 운영에서 가마가 차지하는 비중이 중요했음을 짐작할 수 있는 대목이다.

상장·하장을 맡은 이로는 정현도·함동희·지규식이 있다. 특히 정현도와 지규식은 공소 창립 멤버였는데 공소에서뿐 아니라 분원마을 내에서도 영향력이 큰 인물이었다.

경소임은 서울에 주재하면서 공소의 일을 처리하는 직임으로, 2명이 선임되었다. 이들은 사옹원과 공사청, 궁궐 관계자들과 함께 자기 주문과 납품, 분원 운영에 관한 업무를 협의·중재했으며, 문서 작성과 성첩, 자본 융통과 어음거래 일을 처리했다. 경소임은 1년에 반 이상을 서울에서 보냈으며, 분원에 오면 도중에 들어가 서울에서 있었던 일을 보고했다. 1891년에 지규식이 경소임을 맡았으며, 1892년에는 김익준과 이충구가 선임되어 활동했다.

간역은 서울·경기 지역에서 판매 금지된 외읍 사점기가 매매되고 있는지를 감독하고 조사하는 일을 담당했다. 간역은 모두 4명으로, 수간역 2명과 변간역 2명을 두었다. 유춘식·이기웅·정현도·변주헌이 간역을 맡은 바 있다. 유춘식은 수석 직책도 겸했다. 이들은 공소 운영에서 큰 영향력을 행사했으며, 분원마을에서도 높은 위상을 갖고 있었다.

수행은 중앙과 연락하는 업무를 보면서 진상품을 서울로 올려 보내는 일을 담당했다. 공방도중의 조직에는 그 밖에도 공원, 청임 등의 직역이 존재했다.

요컨대 공방도중의 임원은 매년 말 공인 동료들의 회의에서 선임되었으며, 임기는 1년으로 해마다 교체되었다. 그러나 연임하는 경우도 있고, 여러 직임을 겸임하는 사례도 있었다. 도중을 대표하는 수석과 대행례는 공인들을 지휘하면서 조직의 권익을 도모했으며, 일정한 예급을 받았다. 공방도중에서 실무진에 속하는 상·하장과 경소임, 간역은 재정 회계와 문서 처리, 관계 기관과 협의·연락, 사점기 단속 등 중요한 사무를 담당했다. 임원은 신망이 두 텁고 자본력과 사회적 지위를 어느 정도 갖고 있는 유력자들이 차지했으며, 그만큼 조직에 미치는 영향력도 컸다.

(3) 분원자기의 왕실 납품과 시장 판매

민영화된 분원자기공소에서 가장 중요한 일은 도자기를 만들어 왕실과 관청에 납품하고 시장에 판매하는 것이었다. 이를 통해 분원 자기업을 계승·발전시키고, 이익을 창출하여 근대적 기업으로 전환을 꾀해야 하는 과제를 안고 있었다. 특히 왕실과 관청에 자기를 납품하는 일은 공소 공인의 의무이자 존재 이유이기도 했다.

왕실의 과도한 납품 요구

분원자기공소의 의무 사항이자 가장 중요한 업무는 바로 그릇을 왕실과 정부에 납품하는 일이었다. 그것은 민간 번조를 허용할 때부터 「절목」에 '선공후사先公後私', 즉 왕실 납품을 먼저 한 다음 사사로운 이익을 취하도록 규정한 데서 알 수 있다. 공소로서는 정부로부터 도토와 사기장 급료를 지원받는 데다 각종 특권도 누렸기 때문에 거부할 수 없는 책무였다. 실제로 궁궐에 자기를 납품하는 일은 분원자기공소의 업무 중 가장 큰 비중을 차지했다.

공소에서 궁궐에 납품하는 그릇은 수백 수천 죽에 달하는 엄청난 규모였다. 원진상 규모는 구체적으로 명기되어 있지 않지만 고종 초 『육전조례』에 규정된 1,372죽가량으로 보인다.[76] 별번진상은 원진상의 수배에 달할 정도로 많았다. 자료에 드러난 납품 기명을 대략 정리해보면 〈표 1-6〉과 같다.

〈표 1-6〉 분원자기공소의 기명 납품 현황(1891~1894)

연월일	진상 기명 및 수량	비고
1891. 01. 04	진상 주발과 입기立器 4짐(負)	집리 집
1891. 01. 08	진상 기명 4짐 올려 보냄(上送)	
1891. 01. 14	진상 기명 2짐 보냄	
1891. 01. 19	진상 기명 3짐 보냄	
1891. 01. 25	진상 기명 보냄	
1891. 02. 05	진상 기명 보냄	
1891. 02. 22	진상 기명 보냄	
1891. 03. 28	진상 기명 6바리(馱) 결복	
1891. 04.18	능행용 장본欌本 6좌, 백대대항 10좌 등 상납	집리 집
1891. 04. 19	별사別使 소용 항아리 60개, 동궁 수가隨駕용 흰 병 40개 등 요구	집리 사통私通
1891. 06. 03	내출 기명 23바리 올려 보냄	
1891. 06. 09	내출 기명 25선반 납품	대전 곳간
1891. 06. 16	진상 1짐 보냄	
1891. 08. 18	진상 기명 보냄	
1891. 10. 21	동묘 제기 납품	집리 집
1891. 10. 27	진상 기명을 실은 선박이 얼음에 갇힘	
1891. 11. 02	선혜청 반상기, 내각·정원·춘방에 반상기 납품	집리 집
1891. 11. 07	진상 관기 4짐 도착 • 사발 20죽과 보시기 20죽—심원근 집 • 화분 1죽, 흰 조치 8죽, 조치 10죽—집리 집	
	공당 댁 보시기 60죽, 연적 10좌 등 납품 요구	집리 사통
1891. 11. 15	그릇 3짐 궐내로 보냄	
1891. 12. 03	진상 기명 5짐 납품 공당 댁—수선화 화분 3개 납품	
1891. 12. 23	진상 기명 3짐	
1892. 09. 03	진찬 기명을 뱃짐으로 올려 보냄	
1892. 09. 29	진찬 기명 접시 50죽, 탕기 등 30죽, 종지기 15죽 등 납품	공당 내간에 바침
1893. 01.14	접시 600여 죽 진상 요구(명례궁 잔차용)	공당 분부

72

1893. 01. 21	진찬 기명 10바리 결복	
1893. 01. 26	진찬 기명 22짐 올려 보냄	
1893. 02. 02	진찬 기명 12바리 결복	
1893. 02. 07	진찬 기명 15바리 결복	
1893. 03. 15	진찬 기명 용준·화항畵缸 올려 보냄	
1893. 05. 11	진상 기명 1짐	
1893. 06. 26	진상 기명 등 6바리	
1893. 08. 04	성균관 기명 올려 보냄	석전대제 기명
1893. 08. 27	진상 기명 1짐	
1893. 09. 02	진찬 기명 용준·반상기 등 2짐 올려 보냄	
1893. 09. 03	진찬 기명 5,000여 죽 진상 요구	신칙 매우 엄중
1893. 09. 11	진찬 기명 용준 등 12바리 결복	
1893. 09. 28	진찬 기명 2짐 올려 보냄	
1893. 10. 16	진상 대접 2짐, 용준 2쌍 보냄	
1893. 10. 17	내하별번 선박에 탑재	
1894. 01. 06	진상 8짐 올려 보냄	
1894. 01. 11	진찬 기명 10짐 올려 보냄	
1894. 01. 17	진찬 기명 6짐 올려 보냄	
1894. 01. 19	진찬 기명 7짐 올려 보냄	
1894. 03. 11	진상 기명 11바리	
1894. 05. 18	진상 기명 3짐 보냄	
1894. 08. 21	운현궁 제기 올려 보냄	
1894. 10. 27	진상 기명 결복	
1894. 12. 22	진상 6짐 올려 보냄	
1894. 12. 23	진상 2짐 올려 보냄	
1895. 01. 12	진상 3짐 올려 보냄	

※ 자료: 『하재일기』 1891~1895년분.

〈표 1-6〉에서 볼 수 있듯이 공소에서 궁궐 등지에 납품하는 그릇의 수량은 적게는 수십에서 많게는 수천 죽에 이르렀으며, 이외에도 크고 작은 진상이 수두룩했다. 1893년 9월에는 5,000여 죽에 달하는 그릇의 진상을 요구했으니, 곧 5만여 벌의 그릇을 요구한 셈이다.

분원자기공소에서 진상하는 그릇은 궁궐의 일상 용기를 비롯하여 진찬 기명, 동궁 가례와 명례궁 잔치, 제사 등 각종 행사에 사용되었다. 또한 성균관의 석전대제釋奠大祭, 동묘와 운현궁의 제사, 사행 등에도 소용되었다. 하지만 이렇게 공식적으로 납품하는 그릇 외에도 상당량의 물량이 담당 관리와 서리·하인들에게 뇌물용으로 흘러들어 갔다.

진상 기명을 제때 납품하지 못할 경우, 사용원은 "밤을 새워 구워 바치라"고 독촉했으며, 진상이 지체된다는 이유로 공인을 잡아 가두거나 치죄하기 일쑤였다. 공가를 받지 못해 부채로 신음하던 1894년 9월의 자료를 보자.

궁궐에서 들어오라는 명령이 내려졌기에 변주헌과 함께 즉시 궁내부로 들어갔다. 공당이 분부하기를 "내하 기명이 1,000여 죽인데 100죽에도 차지 않으니, 어찌하여 진상하지 않는가? 거행이 너무 태만하니 공인을 법무아문으로 이송하여 치죄할 것이다. 공사公事를 써 오너라."라고 했다. 내가 급히 앞으로 나가 고하기를 "공소가 보존하기 어렵다는 사정은 이미 잘 알고 계시는데, 어찌 이처럼 조처하십니까?" 하면서 여러 가지로 간청했으나 "어찌 용서할 수 있겠는가?"라고 하면서 잇따라 명령을 재촉했다. 할 수 없이 서제소書題所(경아전京衙前의 상급 서리인 서제書題가 머무는 곳)로 나와서 공문을 작성하여 보여드리니 "속히 이송하라"고 분부했다. 변주헌이 공문을 가지고 법무아문으로 나가고, 사람을 시켜 두호하여 마음대로 출입할 수 있게 해달라고 청을 넣었다.[77]

이 무렵 공인들은 공가를 제대로 받지 못해 100여만 냥의 빚에 허덕이던 때였다. 이 때문에 왕실에서 요구하는 1,000여 죽의 기명 납품을 고의적으로 지연시킨 듯하다. 그러자 공당, 즉 사옹원 제조는 담당 공인을 법무아문으로 이송하여 치죄토록 했다.

공인들은 툭하면 정부로부터 수백 수천 죽의 기명 납품을 강요당했으나, 공가 미수금과 부채로 인해 공소 운영에 차질을 빚었다. 그럼에도 정부는 아랑곳하지 않고 계속 그릇 납품을 강요했으며, 납품 기일이 늦어지면 공인들을 잡아 가두거나 벌을 주었다. 따라서 공인들은 공가를 받지 못해도 정부 권력자의 기명 납품 요구를 거절할 수 없는 처지였다.

시장 판매를 통한 이윤 추구

민간으로 운영권이 이양된 뒤 분원자기공소에서 만든 그릇이 본격적으로 시장에 출시되어 판매되었다. 분원 그릇의 시장 판매는 이윤 추구를 목적으로 가격을 책정하고 거래할 수 있다는 점에서 이익 창출의 창구가 되었으며, 공가 미수금으로 발생하는 적자를 보전할 수 있는 방법이기도 했다.

분원자기를 구입해 가는 시장 상인은 전국에 걸쳐 있었지만, 주요 고객은 종로 시전과 배오개(이현梨峴) 및 남대문 밖의 칠패 상인이었다. 그중에서도 종로 시전 상인들과 가장 활발하게 거래했다.

시장 상인들과 그릇을 거래하는 대금은 현금이나 어음으로 결제되었으며, 외상 거래도 적지 않았다. 특히 어음거래가 많았으며, 선금 결제도 이루어졌다. 이때 그릇값으로 주고받았던 어음은 300냥, 500냥, 800냥짜리부터 1천, 2천, 3천, 5천 냥에 이르기까지 다양했으며, 대개 1천 냥짜리 어음이 많이 이용되었다.

기전器廛의 상인들은 분원에 한번 내려가면 보통 10바리(駄)에서 16~20바리의 그릇을 사 갔다. 그릇값은 그릇의 종류와 질에 따라 다르지만, 16바리에 2,337냥, 18바리에 2,883냥 5전이었다.[78]

분원자기공소는 궁궐과 정부에 그릇을 납품하는 대가로 서울·경기 지역의 시장에서 그릇 판매 특권을 부여받아 사점기 단속 권한을 행사했다.

● 외읍外邑 사점私店의 그릇을 엄중히 단속하라고 하는 상리국商理局의 관문을 초안하여 담당 서리에게 보냈다.[79]

● 외읍 기물器物을 매매할 수 없다는 것을 경내외京內外 기전에 알리고 금석을 보냈다.[80]

● 그릇 장수 김사선金士先·이관용李官用 등을 불러다가 외읍 사점의 그릇을 속히 외읍으로 이송하고, 다시는 서울과 경기 일대(畿內)에서 매매하지 말라고 엄중히 신칙하니, 그들은 수없이 사죄하고 분부대로 이송하겠다고 다짐하였다. … 외읍 사점기私店器를 금지하는 일로 고양·과천·광주에 관문을 발송하려고 공사를 수정한 뒤 정권 편에 부쳐 익준에게 보냈다.[81]

위의 자료에서 확인할 수 있듯이, 분원자기공소는 서울과 경기 지역의 시장에서 외읍 사점기 판매에 대해 단속할 수 있는 권한을 갖고 있었다. 그에 따라 상리국과 사용원 명의로 외읍 사점기 판매 금지를 요청하는 공문서를 발송하고, 경기도 내에서 외읍의 그릇을 판매하는 상인을 잡아들이는 직권을 행사했다.

공소는 자신들의 특권을 지키기 위해 외읍 사점기를 단속하는 직임인 '간역看役'을 공방도중에 두어 운영했다. 간역에 선임된 공인은 현장을 돌아다니면서 단속을 펼쳤는데, 간혹 도리어 상인에게 뇌물을 받고 사점기 판매를 묵인하거나 외읍 사점의 판매상과 결탁한 일이 들통나 쫓겨나기도 했다.

그릇 행상

그릇을 파는 행상은 대개 지게에 그릇을 짊어지고 다
니면서 팔았다. 분원 그릇도 민영화 이후에는 기전器廛
과 행상들에게 판매되었을 것이다.

동료 이희정李熙貞과 변주은卞柱殷이 사점기를 엄단하기 위하여 각 고을로
나갔다. 등짐장수들에게서 돈 100냥을 뇌물로 받고 400냥은 어음으로 받
아 가지고 돌아왔다. 그릇 상인 김한보金汗甫가 마침 그곳에 이르렀는데, 등
짐장수들이 한보를 잡아다가 곤장 수십 대를 사납게 때리고 예전에 공소
공인들이 뇌물로 챙겨 갔던 돈 100냥과 비용 70냥을 자신더러 물어내게
했다는 말을 나중에 전하였다. 변주은과 이희정의 소행이 몹시 통탄스럽
다. 도중에서 그들에게 벌을 주고 거방하였다.[82]

위 자료에 보이는 공인의 뇌물 수수 외에도 공인 함장섭이 단속하러 나갔
다가 오히려 그릇 장수와 짜고 외읍 사기점의 그릇을 판매한 일이 발생하자,
공소에서는 엄중 경계하고 함장섭에게 공인의 자격을 박탈하는 조치를 취하
였다.[83]

공소는 이와 같은 단속뿐 아니라 외읍에서 그릇을 만드는 조기장造器匠을 붙잡아 분원으로 보내줄 것을 지방 관청에 요구하기도 했는데, 황해도 해주 지방의 고석우점古石隅店, 영평 가래돌점 등에 종사하는 사기장들이 그 대상 이었다. 그러나 공문을 발송하고 아무리 재촉한다 해도 지방의 이름난 사기 장을 체포하여 서울로 끌어오는 일은 쉽지 않았다. 특히 지방의 관청 및 양 반층과 결탁되어 있을 때는 더욱 어려웠다.[84] 공소는 당시 지방에서 명성을 떨친 조기장 가운데 황해도 해주의 박 변수朴邊首(박씨 성을 가진 변수로 짐작됨) 와 임관서林官西, 충청도 연풍현의 박남천朴南天 등을 분원으로 데려오기 위해 정부의 관문을 발송하여 강권을 행사했다. 그러나 모두 데려오지 못했다.

시장 상인들 외에 분원 사람들 가운데서도 분원자기를 가져다 파는 그릇 장수가 있었다. 또한 공소는 공인 조직 내에 매기賣器라는 직임을 두어 민간 판매를 촉진하기도 했다.[85]

개항 후 수입 물품이 밀려들기 시작하자, 공소의 공인들은 수입 그릇이 서 울의 시장에 발붙이지 못하도록 상인들을 압박했다.

> 김정호金貞浩가 요강과 제사 접시 등 일본 그릇 수천 냥어치를 사들였다. 기전器廛 도중에서 시비가 없지 않을 터이고, 나 또한 곰곰이 생각하니 말 을 하지 않을 수 없었다. 그리하여 "기전에서는 이전부터 일본 그릇을 매 매한 적이 없는데 지금 갑자기 보이니, 만약 이것을 중지하지 않으면 분원 의 그릇은 피차간 상관이 없어질 것이다. 이후로 전후 회계를 깨끗이 청산 한 뒤 다시는 거래하지 않을 작정이다."라고 하니, 김정호가 몹시 두려워하 고 겁을 내면서 나에게 무사하게 해달라고 애걸복걸하였다.[86]

분원자기공소 공인은 종로의 기전 상인이 일본 그릇 수천 냥어치를 사들여 판매하려 하자, 이를 중지하지 않을 경우 분원의 그릇을 공급하지 않겠다고 위협했다. 그러자 상인이 겁을 먹고 선처를 호소하는 모습이 보인다. 위 자료는 1891년의 기록인데, 그 무렵만 해도 분원 그릇의 경쟁력이 높았음을 짐작할 수 있다. 또한 공인이 "기전에서는 이전부터 일본 그릇을 매매한 적이 없다"고 한 말로 보아, 그즈음에는 수입한 그릇이 아직 서울 시장에 깊숙이 침투하지 않았음을 알 수 있다.

민간 번조 이후 분원자기의 시장 판매가 허용되자 분원자기공소는 본격적으로 이윤 추구의 길로 들어섰다. 분원자기공소는 서울의 주요 시장에 적극 진출하여 거래의 주도권을 장악했으며, 정부로부터 서울과 경기 지역에 대한 그릇 판매 특권을 얻어내 판매망 확보와 유지에 노력했다. 왕실 자기를 생산·공급해온 분원의 독보적 위상과 명성은 그릇 판매에 매우 유리하게 작용했다. 비록 지방의 사점기와 수입 자기가 유입되어 독점적 판매망을 위협하는 상황이었지만, 분원의 그릇 판매는 여전히 성황을 이루었고, 분원에는 전국 각지에서 모여드는 사기 행상들로 북적였다.[87] 따라서 분원자기의 시장 판매는 이익을 창출할 수 있는 발판이자 궁궐 납품으로 발생한 손실을 보전하여 버틸 수 있는 기반이기도 했다.

3. 분원자기공소의 몰락을 초래한 공가 미수와 부채

(1) 공가 미수금과 부채로 신음하는 분원

정부는 시시때때로 왕실과 관청에 대한 과도한 그릇 납품을 요구했지만, 정작 공소 공인들에게 지급해야 할 공가는 지급하지 않았다. 1883~1895년

동안에 공인들이 받지 못한 공가는 100만 냥을 넘어섰다. 1895년 10월 분원
공인들이 궁내부 내장원內藏院에 올린 소장에는 다음과 같은 내용이 언급되
어 있다.

우리들이 계미년(1883)에 작공作貢한 이후 자
기를 진상해왔지만 수가受價를 받지 못한 돈
이 110만 8,300여 냥인데, 아직 그에 대한
처분을 받지 못하였습니다. 그런데 약간이나
마 계제計除할 수 있는 일(物)을 타인에게 빼
앗겨버렸으니, 어찌 억울하지 않겠습니까?
… 시장柴場과 수세水稅를 예전처럼 공소에
환부하여 분원이 보전할 터전을 마련해줄 것
을 천만번 엎드려 바랍니다.[88]

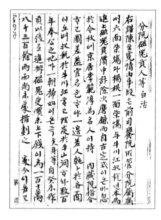

분원자기 공인 등 발괄(白活)

위 자료를 보면 공소가 출범한 1883년부터 1895년까지 자기를 납품한 뒤
에 받는 공가, 즉 수가를 받지 못한 돈이 무려 110만 8,300여 냥에 이르렀
다. 이렇게 12년 동안 누적된 미지급 공가는 어마어마한 금액이었다. 이미
공인 제도가 혁파된 후인 1895년 10월까지도 정부는 그간 밀린 공가를 지급
해주지 않았을 뿐만 아니라 구체적인 처분조차도 마련해 놓지 않았다. 이런
상황에서 그나마 공소의 숨통을 트여주었던 화속세火粟稅와 우천강 수세권을
내장원에 빼앗기게 되자, 공인들은 이를 다시 공소에 되돌려줄 것을 요청했
다. 그러나 이에 대해 내장원은 '공가 중 계제計除'는 탁지부 소관이므로 탁
지부에 상소하라고 답변했다.

밀린 공가 때문에 공소 운영에 어려움을 겪었지만 공인들은 생업을 포기

할 수 없기에 여기저기서 빚을 얻어 연명해 나갔다. 시간이 흐를수록 공소의 부채는 눈덩이처럼 불어났다. 1894년 9월, 탁지부 대신에게 공가 지급을 하소연하는 공인 지규식의 목소리를 들어보자.

> 내가 고하기를 "부채가 100여만 냥이고, 현재 궐공闕供(궁궐에 바치지 못함)으로 (공소를) 보존하기조차 어려운 지경에 처해 있습니다. 1만 냥을 주는 것은 막대한 은혜이지만 이것으로는 전혀 경영할 가망이 없으니, 받아갈 수 없습니다. 분원의 존망이 모두 대감의 처분에 달려 있습니다."[89]

1894년 공소의 부채는 100여만 냥에 이르렀다. 그 무렵 정부의 공가 미지급액이 110만 8,300여 냥인 사실을 감안하면, 결국 공소가 진 부채 100여만 냥은 주로 정부의 공가 미지급에서 말미암았음을 알 수 있다. 흥미로운 점은 탁지부 대신이 1만 냥을 준다고 하자, 공인이 차라리 받아가지 않겠다고 버텼다는 사실이다. 이때 탁지부에서 받은 돈은 2만 냥에 그쳤다.

이 시기 공인들이 지고 있는 부채의 성격은 어떠했을까? 그때는 은행과 같은 금융기관이 없었으므로 공인들의 빚은 모두 고리의 사채였다.

> ① 남계 이 판서 댁에서 돈 1만 2,000냥을 김대유의 거간으로 얻었는데, 중개료 400냥을 주었다.
> ② 조창식에게 3푼 선이자로 5,000냥을 빚내었는데, 매월 이자로 150냥씩 갚아야 한다.
> ③ 족동 김대유가 와서 말하기를 "곗돈 수천 냥을 빚 놓을 자가 있는데 공방에서 빚을 쓰겠는가?" 하므로 내가 얻어 오라고 했다. 곗돈 이자는 5푼으로 정했다.[90]

공인들은 수천에서 수만 냥의 돈을 빌려 썼으며, 그에 대한 이자는 매달 3푼(3%) 또는 5푼(5%)에 달하는 고리대였다. 자료 ①에서 알 수 있듯이, 중개인을 끼고 돈을 빌릴 경우 그에게 원금의 3% 이상을 중개 수수료로 지급했다. 공인들이 빌리는 돈의 이자는 대부분 3푼이나 5푼으로 정해져 있지만 때로는 2푼이나 2푼 5리의 이자가 붙는 경우도 있으며, 장이 서는 5일마다 1~2%의 이자가 붙는 장변場邊(市邊)도 있었다. 자료 ③에서 보이는 것처럼 공소에 돈을 빌려주고 이자를 챙기며 돈놀이를 하는 재력가도 있었다.

분원공소에 빚을 놓은 채권자는 주로 서울과 분원 일대의 양반 세도가가 많았고, 그 밖에 종로 시전과 남대문 밖의 상인도 있었다. 자료 ②의 조창식은 종로 시전 상인으로, 수백에서 수만 냥의 거금을 빌려준 대표적 채권자였다. 일부 양반 세도가들은 분원에 돈을 빌려줄 때 중간에 중개인을 두기도 했다. 자료 ①에서 보이듯 남계 이 판서는 김대유를 거간꾼으로 삼았다. 또, 기록에 따르면 완순군完順君(이재완李載完)은 조 오위장이라는 자를 내세워 돈을 빌려주었다.

공소 공인들은 빚 갚을 기한이 지나기 전에 채주에게 이자를 쳐서 갚아야 했다. 만약 갚지 못할 경우 숱한 독촉은 물론이고 모욕도 당했으며, 어쩌다가 전답 문서를 전당 잡히기도 했다. 공가 미수금이 계속 누적되고 채권자들의 빚 독촉으로 더 이상 버티기 어려운 상황에 처하자, 공인 지규식은 그 답답한 심정을 시로 지어 궁내부 협판協辦에게 올리면서 도움을 요청했다.

지루한 나그네 생활 하룻밤이 1년인데	旅榻支離夜抵年
옆 사람은 잘 자는데 나는 잠이 오지 않네.	傍人濃睡我無眠
낚싯대 머리에 거꾸로 매달린 형세이니	倒懸已値竿頭勢
일원 백성들이 대단히 가엾도다.	一院生靈最可憐

방랑하여 서로 와서 공을 이루지 못했으니	浪跡西來未奏功
지금 강동으로 건너갈 면목이 없네.	如今無面渡江東
가엾은 요호의 3천 명이	可哀窑戶三千口
궁박하여 수화 속에서 울부짖누나.	窮迫啼呼水火中
두견새가 사람을 향하여 우니	不如歸鳥向人鳴
삼춘에 눈물이 마르고 목이 쉬었네.	淚盡三春已失聲
누가 한 말의 서강 물을 떠다가	誰資一斗西江水
죽어가는 물고기의 애타는 심정을 도와줄까.	少緩殘鱗處涸情

　궁내부 협판은 시를 받아 보고 칭찬하면서 공인을 불쌍히 여겼다. 이 시에서 지규식은 자신과 분원 사람들의 신세를 '낚싯대 머리에 거꾸로 매달린 형세', '죽어가는 물고기'로 비유했는데, 당시 분원의 현실이 얼마나 절박하고 참담했는가를 짐작할 수 있다.

　빚을 내어 연명하던 분원 공인들은 정부에서 공소를 혁파하기 이전, 1894년 8월에 자체적으로 공소를 혁파하기로 결의한 적이 있다. 채주들의 부채 상환 독촉이 계속되자, 1895년 초에 열린 공인들의 도중 회의에서 '빚진 돈을 1만 냥씩 각자 부담'하자는 의견도 제기되었다.[91] 공인들은 1895년 3월 공인 제도가 혁파되면서 공인의 자격을 상실했다. 그리고 이어 1895년 가을 궁내부 내장원에 화속세와 우천 수세를 빼앗기면서 사실상 공소가 해체되었다. 이후 토지를 소유한 지주와 자본력이 있는 몇몇 공인만이 번자회사의 출자 사원으로 편입되었고, 나머지 상당수 공인들은 분원을 떠났다.

　1895년 4월, 분원공소를 담당했던 중앙정부의 사옹원은 전선사典膳司로 개편되었다. 이에 따라 분원공소는 궁내부로 이속되었다가 그해 가을 궁내부

내장원에 화속세와 우천 수세를 빼앗기면서 사실상 해체되었다.[92]

질질 끌던 공가 문제는 1895년 12월에 이르러 부분적으로 해결을 보았다. 앞서 탁지부는 공인들의 상소에 대해 공가 50만 냥의 지급을 명기한 문서, 곧 제사題辭를 발급해주었는데,[93] 그 문서를 사들이겠다는 이들이 나타난 것이다. 터무니없는 헐값이었지만 공인들은 협의를 거쳐 팔아넘겼다.

> 국장 영감이 "2만 원 수가受價 문서를 8,000원의 값에 내다 팔았다. 400원은 구문으로 제하고, 1,200원은 중개료(中費)로 제하여 실제 금액(實數) 6,400원의 어음을 받아 비치했다."고 하였다. 일이 매우 억울하나, 사세가 부득이하니 어찌하겠는가, 어찌하겠는가?[94]

이 시기에 원과 냥이 1 : 25의 비율로 계산되었으니,[95] 2만 원짜리 공가 문서는 곧 50만 냥에 해당하고 8,000원은 20만 냥에 해당한다. 엄청난 헐값에 처분한 셈이다. 그런데 8,000원 가운데 구문 400원(1만 냥), 중개료(中費) 1,200원(3만 냥)을 뗐으니 실제 받은 액수는 6,400원(16만 냥)에 불과했다. 결국 50만 냥짜리 문서를 1/3도 안 되는 가격인 16만 냥에 팔아치운 것이다. 구문과 중개료로 무려 8%에 달하는 비용을 지불했다. 이러한 거래는 공인의 말처럼 참으로 억울한 일이었으나, 빚 독촉으로 전답 문서까지 저당 잡힌 상황에서 어쩔 수 없는 선택이었을 것이다. 이때 문서 거래를 주선한 국장은 분원 근방에 살던 탁지부 서무국장 김유정金裕定으로 보인다.[96]

그런데 1895년 10월 기준으로 정부에서 받지 못한 공가는 110만 8,300여 냥이었다. 그렇다면 나머지 60만 8,300여 냥은 어떻게 되었을까? 1894년 10월에 공가 문제를 논하면서 "총계 가운데 절반은 영구히 국용으로 바치고, 그 절반 중에서 또 절반을 찾아간다"는 내용으로 보아,[97] 나머지 액수는 국용으로 바쳤을 가능성도 생각해볼 수 있다. 그러나 분원 경영권이 번자회사로 넘어간 1898년 초에 10여 명의 전직 공인들이 "받아야 할 공가 60여만 냥을 반으로 나누어 찾아 먹으려는 뜻을 가지고 모의했다"[98]라고 했으니, 나머지 60여만 냥은 1898년 초에 나온 것으로 짐작된다.

요컨대 1883년 공소 출범 시 정부는 시가를 반영하여 공가를 지급토록 했고, 그릇의 종류와 크기를 감안하여 174개 종목별로 5푼~13냥의 가격을 책정했다. 그러나 이 무렵 정부는 극심한 재정난으로 공소 공인들에게 공가를 제대로 지급하지 못했으며, 1883~1895년간 누적된 미지급 공가는 무려 110만 8,300여 냥에 이르렀다. 미수 공가가 늘어나자 공인들은 어쩔 수 없이 고리의 사채를 얻어 공소를 운영했으며, 10여 년 뒤 공소 부채는 100여만 냥을 넘어섰다. 그 결과 공인들이 공가를 통해 이익을 내거나 자본을 축적하기란 불가능에 가까웠다. 공소 혁파 후 정부에서 받은 50만 냥의 문서가 1/3 미만의 헐값에 매각된 현실을 감안하면, 공인들이 자본력을 회복하여 근대적 자본가로 성장한다는 것 또한 요원한 일이었다. 결국 계속 이어진 공가 미수는 공소의 유동자금 악화와 부채 증가로 이어졌으며, 끝내 공소의 파산과 공인의 몰락을 초래했다.

(2) 공인 제도 혁파와 분원자기공소 폐지

1894년 갑오년은 벽두부터 심상치 않은 기운이 감돌았다. 1월 전라도 고부에서 시작된 농민항쟁은 들판의 불길처럼 전국으로 확산되었다. 위기를 느낀 조선 정부는 청에 원병을 요청했고, 청나라가 파병하자 일본도 톈진조약에 의거하여 조선에 파병했다. 그해 6월 일본군은 명분상 조선에 내정 개혁을 요구하고 청일전쟁을 일으켰다.

조선 정부는 동학농민전쟁과 청일전쟁의 와중에서 갑오개혁을 추진하기 시작했다. 개혁은 정치·경제·사회·문화 전반에 걸쳐 구체제를 청산하고 근대적 제도를 도입하는 혁명적 기획이었다. 갑오개혁 과정에서 1895년 공인·공가 제도가 폐지되었으며, 사용원과 분원자기공소도 폐지되었다.

공인 제도는 1895년 3월(양력 4월)에 혁파된 듯하다. 1895년 9월, 전前 전생서典牲署 공인들이 내장원에 올린 발괄(白活)에 '올봄 각 공인(各貢)들을 혁파한 후'라는 기록이 나오며, 진공빙고인進供氷庫人들의 발괄에도 '올봄에 각 공인들을 혁파한 후에'라는 구절이 등장하기 때문이다.[99] 또한 분원 공인의 3월 16일 일기에 "분원은 지금 이미 혁파되었다"라는 기록으로 미루어,[100] 정부가 개혁 차원에서 1895년 3월에 그간 유지해온 공인 제도를 혁파한 것으로 판단된다.

정부는 1895년 5월과 6월에 공가 지급 관련 규정을 반포하고, 그동안 미지급한 공가를 상환토록 조치했다.[101] 그러나 분원 공인들은 그해 10월까지도 공가를 받지 못해 탁지부와 궁내부를 번갈아 찾아다니면서 애걸복걸했다. 재정이 곤궁한 정부가 미지급 공가를 상환하는 데 상당한 시간이 소요되었음을 알 수 있다. 결국 갑오개혁 과정에서 1895년 공인 제도가 폐지되고, 궁궐의 소요품은 진공회사 등을 통해 시장에서 구입하여 충당하는 체제로 전환되었다.

분원자기공소의 혁파는 사용원 폐지의 연장선상에서 이루어졌다. 1895년 4월에 전선사가 세워지면서 사용원이 폐지되었고,[102] 분원자기공소 또한 '혁파'의 수순으로 들어갔다. 1896년의 관련 자료를 보자.

광주 관아에서 전령을 보내왔는데, 분원에서 관장하는 시곡柴穀을 독촉하여 받아들일 것이니 분원의 해당 담당 서원書員을 잡아들이겠다고 운운하였다. 장교 이 선달이 와서 나에게 물었으므로, 지난 가을 내장원에서 문부를 거둬들여 가고 분원을 영원히 혁파하였으니 지금은 상관이 없다고 답하여 보냈다.[103]

위 내용을 보면, '지난 가을' 즉 1895년 가을에 '분원을 영원히 혁파'했다는 사실을 알 수 있다. 갑오개혁 과정에서 분원이 폐지된 사실은 규장각에 남아 있는 문건에서도 확인된다.[104]

이때 주의해야 할 사실은, 분원자기공소는 정부 기관이 아니라 민간의 공인들이 운영하는 제조업체라는 점이다. 그러므로 엄밀한 의미에서 민간 업체인 분원자기공소는 정부의 '혁파' 대상이 아니다. 그런데도 정부에서 분원을 '혁파'한다고 한 것은, 민간에 운영권을 넘겨주었음에도 정부가 그동안 원료와 생산 시설을 제공하고 자기 생산에 관여했던 공적 관계를 완전히 폐지한다는 의미로 해석된다. 즉 분원의 자기 생산과 판매를 폐지시킨다는 뜻이 아니라, 정부의 지원을 매개로 한 관청 선대제적 관계를 청산한다는 의미로 이해해야 한다. 아울러 그간 공소에 제공해왔던 수세권과 단속권 등 여러 가지 특권도 폐지했다.

이처럼 분원자기공소는 1895년 가을에 '혁파'되었다. 이로써 분원은 정부의 지원과 특권을 상실했지만, 다른 한편으로는 관권에서 벗어나 자율 경영의 기회를 가질 수 있었다. 이제 분원은 수입 자기와 전국 각 지방의 자기가 밀려드는 현실과 경쟁하면서 생존하고 성장해야 하는 과제 앞에 서 있었다.

성장 가능성이 결코 적지 않았던 공소 공인들의 분원 운영과 자본 축적, 근대적 자본가로의 전환을 가로막은 주범은 공가를 제대로 지급하지 않으면서 납품을 강요한 정부에 있으며, 수탈을 일삼은 관속들 또한 공범이었다.

그러나 약탈적 자본주의 시장에 대비한 체질 개선과 상품·기술 개발에 소홀했던 공인들의 문제도 지적하지 않을 수 없다.

정부의 공가 미지급으로 인한 공인의 몰락은 다른 분야에서도 크게 다르지 않았다. 이 무렵 정부는 극심한 재정난으로 공가를 제대로 지급하지 못했고, 공인들은 그로 인한 부채와 이자 부담을 떠안아야 했으며, 물가 상승에 따른 손실을 감내해야만 했다. 게다가 그들이 정부 권력에 밀착되어 누렸던 특권마저 백성들의 저항으로 예전과 같은 이익을 담보해주지 못했다. 자본주의 경제 시스템이 작동되기 시작한 근대 이행기, 정부는 은행 설립과 자금 지원 등 제도적 장치를 마련하여 공인의 자본 축적과 근대적 자본가로의 전환을 유도해야 했지만, 오히려 걸림돌이 됨으로써 공인의 몰락을 재촉했다.

3장
번자회사(1897~1910) : 설립과 운영 체제 전환

1. 공동출자, 공동경영으로 시작(1897~1899)

(1) 번자회사의 설립·자본금·경영진

회사 설립과 어용적 성격

우리나라에 근대적 회사가 설립된 것은 1876년 문호 개방 이후다. 개항 후 조선 정부는 외세의 경제 침탈에 대응하고 부국강병을 달성하기 위해 회사 설립을 적극 권장했다. 이에 따라 1880년대부터 각종 회사가 등장했다.[105] 갑오개혁 과정에서 정부는 각종 봉건적 특권을 폐지하고 회사들이 근대 회사로 발돋움할 수 있도록 여러 정책을 입안했다.

1897년 출범한 대한제국은 구본신참舊本新參의 기치 아래 각종 개혁 정책을 추진했는데, 이를 광무개혁이라 한다. 정부는 재정 부문을 정비하고 식산흥업 정책 추진에 역점을 두었으며, 특히 상공업 육성을 지원하고 회사 설립을 적극적으로 장려했다. 그러나 황제권 강화를 위해 내장원의 수세권이 확

대되면서 근대적 회사와 거리가 먼 수세收稅 회사가 우후죽순처럼 세워졌다. 회사에 대한 인허認許가 수세권으로 인식될 정도였다. 이런 상황에서도 다른 한편에서는 제조업·광업·운수업 등의 분야 쪽에 근대적 운영을 꾀하는 회사가 다수 출현했다.

제조업의 경우, 수입 자본재 상품이 대량 유입되면서 전반적으로 생산이 위축되었다. 그러나 수입품과 상대적으로 경쟁이 적은 유기 제조업이나 제지업 등의 분야는 근대 기업으로 성장할 가능성이 적지 않았다. 도자기를 생산하는 요업窯業 또한 비교적 경쟁력 있는 분야였지만, 갑오년(1894) 이후로 일본산 자기의 수입이 급증한 데다 1900년 이후 일본인의 요업 공장이 늘어나면서 조선인 도자업은 큰 타격을 받았다.[106]

갑오개혁 과정에서 정부는 분원자기공소를 혁파하고 분원의 자기 제조업에 대한 공적 지원과 특권을 폐지했다. 이로써 그간 의무적으로 해온 왕실·관청에 대한 분원자기의 납품도 해제되었다. 이후 분원 사람들은 그릇의 시장 판매를 계속하면서 새로운 회사 설립을 도모했다.

1896년 12월, 공소 공인이었던 지규식과 변주헌은 서울에 올라와 50여 일 머물면서 회사 설립을 위해 동분서주했다. 그들이 가장 먼저 접촉한 사람은 탁지부의 김 국장이며, 다음으로 지사知事 한용식韓龍植을 찾아가 번자磻磁 일을 논의했다. 그들은 12월 17일, 규장원 경奎章院卿으로서 조선은행 발기인이었던 김종한金宗漢을 찾아가 자본 투자를 간청했으며, 그로부터 믿을 만한 보증인을 세우면 은행 대출이 가능하다는 답변을 들었다. 그리고 분원의 사정과 이해관계를 자세히 진술한 뒤에 흔쾌히 자금을 변통해주겠다는 내락을 얻었다.[107] 이어서 한용식에게 보증을 요청하여 승낙을 받았다.

지규식은 「번자회사절목磻磁會社節目」의 초안을 작성하여 1896년 12월 23일 김종한에게 보내고, 며칠 후 「절목」의 초안을 수정하여 궁내부 주사主事

유진용劉鎭容에게 건네주었다. 1897년 1월 10일 다시 수정한 문서 초안이 유진용에게 전달되었으며, 유진용은 이 문서를 절차상 권 협판에게 넘겼다. 문서를 받아 본 권 협판은 얼마 뒤 "장정章程 가운데 몇 개 조항이 불가하므로 완성하여 내줄 수 없으니, 개정하여 오라"고 했다.[108] 이때 권 협판은 법부협판 권재형權在衡으로 추정되며,[109] 문서는 법부에서 최종 확인 절차를 거쳤던 것으로 보인다.

「번자회사절목」의 작성 과정에 궁내부와 법부가 관여하고 있는 것으로 미루어, 번자회사 설립에 왕실과 정부가 개입되었음이 틀림없다. 번자회사 설립에 왕실의 의도가 개입된 정황은 궁내부에서 발행한 다음 문서를 통해서도 확인된다.

> 경장更張(갑오개혁) 이래 분원 거행은 비록 폐지되었지만 어용 법기御用法器를 빠뜨릴 수 없으므로 회사를 신설한 것이다. 회사란 본래 업주가 있기 때문에 비록 사용원의 분설分設과는 다르지만, 어용 법기는 이로써 빠뜨리지 않게 되었다.[110]

이처럼 번자회사 설립에는 어용 법기를 확보하려는 왕실의 뜻이 반영되어 있는 한편, 회사의 사적 영역을 인정하고 사용원 분원과는 다르다는 점을 분명히 했다.

이 시기 왕실에서 번자회사 설립에 특별히 관심을 기울인 까닭은 고종의 환궁을 앞두고 '어용 법기'를 마련하려는 뜻도 있지만, 명성황후의 국장國葬에 필요한 제기를 조달하기 위한 목적이 강했다. 명성황후의 국장은 시국이 불안한 탓에 우여곡절을 겪었는데, 1896년 하반기부터 적극적으로 추진되다가 1897년 고종의 경운궁 환궁 이후에야 본격적으로 진행되었기 때문이다.

명성황후 국장
명성황후는 1895년 을미사변으로 시해된 뒤 1897년 11월 22일에야 장례식이 거행되었다. 이 국장을 치르기 위해서는 엄청난 규모의 제기祭器가 필요했는데, 번자회사의 설립은 이와 무관하지 않다.

더구나 번자회사 설립이 추진되던 1896년 12월에는 사장 김종한이 명성황후의 능을 조성하는 산릉도감山陵都監 제조를 맡고 있었으므로 그러한 가능성이 더욱 높다.[111]

이와 같은 배경 아래 번자회사는 김종한의 적극적인 주선에 힘입어 은행 대출을 받을 수 있었다. 은행 규정상, 한용식의 충청도 비인庇仁 논과 안중기安重基의 여주 논 문건을 저당 잡히고 1897년 1월에 3만 냥의 자금을 대출받았다. 이때 은행의 대출 조건은 다음과 같았다.

> 한용식을 대출자로, 안중기를 보증인으로 세우고, 수표 3만 냥을 만들어 주되 1푼 5리의 이자를 선납하고, 내년 3월 그믐까지 기한으로 정했다.[112]

비록 논문서를 저당 잡히긴 했지만, 1푼 5리(1.5%)의 이자가 적용된 것은 매우 유리한 조건이었다. 당시 민간에서 거래되는 사채 이자가 3~5푼(%)에 달했기 때문이다. 이자는 일반적으로 적용되는 매월 기준이었다. 이때 대출해준 은행은 김종한이 발기·창립한 조선은행이 유력하다. 조선은행은 주로 국고 출납을 담당했다. 번자회사가 빌린 이 대출금은 나중에 왕실에 납품한 그릇값을 받아서 청산했다.[113]

분원의 지규식은 1897년 2월 15일 『분원성책分院成冊』 세 권을 수정하여 한 권은 김종한 집에, 또 한 권은 안중기 집에, 나머지 한 권은 분원에 비치했다. 그리고 이튿날 다시 광교에서 「절목장정節目章程」을 찾아왔으며, 상무회의소商務會議所의 인가를 얻기 위해 「절목장정」을 등사하여 제출했다.[114]

이후 분원에서는 회사의 현판과 깃대(旗竿)·주련柱聯 등을 준비했고, 서울에서 현판 액자를 써 왔다. 1897년 3월 5일 회사청會社廳 계단에 회사 깃대를 세우고 고사를 지냈는데,[115] 바로 이때 회사가 공식적으로 출범했다고 볼 수 있다.

번자회사의 본사는 서울 광교에 새로 마련했고, 제조 공장은 이전 분원의 시설을 그대로 이용했다. 광교의 본사는 안중기의 집을 이용했던 것 같은데, 왜냐하면 『분원성책』을 비치한 장소가 바로 광교에 있는 안중기 집이었기 때문이다. 현장 사무실과 작업장은 분원에 두었으며, 시설과 기지는 이전 분원의 것을 개·보수하여 사용했다.

번자회사는 공인들의 노력과 관료들의 동참, 대한제국의 식산흥업 정책, 어용 법기와 국장 제기를 확보하려는 왕실의 의도가 맞물리면서 비교적 순조롭게 출발했다. 설립 과정에 개입된 왕실의 입김과 그로 인한 어용적 성격은 번자회사에 도움이 되기도 했지만, 다른 한편으로는 자생력을 약화하는 요인이 되기도 했다.

자본금과 수익금 분배

1897년 번자회사의 자본금은 얼마나 되었을까? 자본금에 대한 구체적 기록은 드러나지 않지만, 사원의 출자액을 엿볼 수 있는 자료가 있다.

> 참의 이영균李永均이 회사 문적文蹟 일을 방해했기 때문에 어쩔 수 없이 자본전 1만 5,000냥을 바치도록 하고 (회사에) 들어오는 것을 허락했다.[116]

회사 설립 초기에 문서 일을 방해하는 이영균에게 자본전을 받고 회사에 들어오도록 허락했다는 내용이다. 여기에서 주목해야 할 사실은 여러 사원들 중 단지 이영균만 자본전을 냈을 리는 거의 만무하다는 점이다. 다른 사원들도 동일한 액수의 자본을 출자했을 가능성이 매우 높다. 번자회사 사원 9명(사장 포함)이 모두 1만 5,000냥씩 출자했다고 상정한다면 사원 출자금은 총 13만 5,000냥이 된다. 이를 쌀값으로 환산하면 400석 정도에 해당하는 금액이다.* 사원의 출자금 외에 번자회사는 1897년 1월 은행으로부터 대출받은 3만 냥이 있었다.

따라서 번자회사의 총자본금은 사원 출자금과 은행 대출금을 합한 16만 5,000냥에 달했다. 당시 상당수 회사의 자본금이 수만 냥에 지나지 않았다는 점,[117] 그리고 번자회사의 설립에 지가地價와 시설비가 별도로 들지 않았던 점을 고려하면, 번자회사의 자본금은 꽤 많은 축이었다.

자본금을 확보한 번자회사는 1897년부터 본격적으로 생산과 판매 라인을 가동했다. 회사는 생산과 운영에 필요한 자금을 분원에 지급하고, 왕실과 시장에 판매한 그릇값은 모두 회사로 입금하는 체제를 취하였다. 생산 현장에

---

* 이 무렵 쌀값이 1말에 33~37냥 정도였으므로 13만 5,000냥을 쌀로 환산하면 대략 400석이다.

서 판매하는 그릇값은 분원에서 수금하여 회사로 입금했다.

본사와 분원은 각기 자금을 운영하고 판매 대금도 따로 관리했기 때문에 수입과 지출에 관한 회계장부 역시 별도로 작성해서 관리했다. 이에 종종 전 사원이 서울과 분원에 집합하여 두 곳의 회계장부를 비교·검토하고, 어그러 진 내용을 맞추는 작업을 했다.

서울 본사는 전체 자본의 관리와 운영을 해나가면서 왕실 기명器皿의 수주 와 기가器價 수납을 담당했으며, 분원은 자기 생산에 필요한 물자와 인력을 조달하고 생산 라인을 관리하는 일을 맡았다. 따라서 본사와 분원 간에는 수 시로 자금이 오갔으며, 자금은 대부분 서울 본사에서 생산 현장인 분원으로 내려갔다. 서울 본사와 분원 간에 왕래한 자금을 정리해보면 〈표 1-7〉과 같 다.*

본사는 1897년 1월 은행에서 대출받은 3만 냥 가운데 2만 냥을 바로 분원 으로 내려보냈으며, 이후 2천 냥, 5천 냥, 1만 냥 단위로 분원에 보냈다. 서 울 – 분원 간 내왕 자금은 1897년 1월에서 1899년 12월까지 약 3년 동안 총 20만 4,790냥이고, 그중 서울에서 분원으로 내려간 돈은 18만 8,382냥(92%), 분원에서 서울로 올라간 돈은 1만 6,408냥(8%)이었다.

연도별로 살펴보면, 1897년 한 해 동안 서울 – 분원 간의 내왕 자금은 11 만 7,282냥이며, 그중 서울에서 분원으로 내려간 돈은 10만 3,282냥(88%), 분 원에서 서울로 올라간 돈은 1만 4,000냥(12%)이었다. 특히 회사가 공식 출범 하는 3월에 돈 거래가 가장 많았다. 또한 매월 1만 냥 정도의 돈이 오갔음

* 이 표의 자금 왕래는 서울 회사와 분원 사원인 지규식 간에 오간 자금 내역을, 그것도 『하재일기』 에 기재된 자금 내역만 정리한 것이다. 따라서 회사 전체의 거래 내역을 충실히 반영했다고 보기는 어렵다. 그러나 지규식이 분원의 회계를 담당했고 회사의 설립과 운영에 주도적이었음을 고려하면, 이 표를 통해서도 회사 자금의 전반적 흐름은 유추할 수 있다.

<표 1-7> 본사와 분원 간 내왕 자금

연월일(음력)	내왕 자금	연월일(음력)	내왕 자금
1897. 01. 23 (1896. 12. 21)	서울 회사 → 분원 : 1만 냥	1897. 05. 24 (04. 23)	서울 안영기 → 분원 : 1만 냥
1897. 01. 28 (1896. 12. 26)	서울 회사 → 분원 : 1만 냥	1897. 06. 03 (05. 04)	서울 안중기 → 분원 : 12,000냥
1897. 03. 10 (02. 08)	서울 한용식 → 분원 : 5,000냥	1897. 06. 07 (05. 08)	서울 → 분원 : 내출기가內出器價 3,330냥
1897. 03. 13 (02. 11)	분원 → 서울 안영기 : 2,000냥 환급	1897. 06. 19 (05. 20)	서울 → 분원 : 1,000냥
	서울 → 분원 : 지표 120원(3,000냥)	1897. 07. 12 (06. 13)	서울 이영균 → 분원 : 10,052냥
1897. 03. 15 (02. 13)	서울 → 분원 : 은전銀錢 300냥	1897. 08. 11 (07. 14)	서울 → 분원 : 5,000냥
1897. 03. 17 (02. 15)	분원 → 서울 안영기 : 300냥 환급	1897. 09. 12 (08. 16)	서울 광교 → 분원 : 100냥
	분원 → 광교 : 700냥 환표	1897. 10. 09 (09. 14)	서울 안중기 → 분원 : 6,000냥
1897. 03. 21 (02. 19)	서울 → 분원 : 지표 3,000냥	1897. 10. 20 (09. 25)	광교 안사용 → 분원 : 500냥
1897. 03. 25 (02. 23)	서울 → 분원 : 지표 4,000냥	1897. 11. 09 (10. 15)	분원 → 서울 : 회사 소용 5,000냥
1897. 03. 31 (02. 29)	서울 → 분원 : 제기 수가 1만 냥	1897. 12. 25 (12. 02)	분원 → 광교 : 함동헌 기가 6,000냥
1897. 04. 29 (03. 28)	서울 안영기 → 분원 : 1만 냥		
1897년 계	117,282냥[서울 → 분원 : 103,282냥(88%) / 분원 → 서울 : 14,000냥(12%)]		
1898. 01. 01 (1897. 12. 09)	분원 → 광교 : 함동헌 표 408냥	1898. 09. 05 (07. 20)	안중기 → 분원 : 5,000냥
1898. 01. 02 (1897. 12. 10)	서울 → 분원 : 내출 수가內出受價 7,000냥	1898. 09. 29 (08. 14)	서울 → 분원 : 5,000냥
1898. 02. 27 (02. 07)	광교 → 분원 : 8,000냥	1898. 10. 18 (09. 04)	서울 → 분원 : 5,000냥

1898. 05. 18 (윤03. 28)	서울 안영기 → 분원 : 1만 냥	1898. 10. 28 (09. 14)	서울 → 분원 : 50냥
1898. 06. 12 (04. 24)	안영기 → 분원, 현미 등 (9,750냥)	1898. 11. 03 (09. 20)	서울 → 분원 : 1,000냥
1898년 계	51,208냥[서울 → 분원 : 50,800냥(99.2%) / 분원 → 서울 : 408냥(0.8%)]		
1899. 01. 01 (1898. 11. 20)	분원 → 광교 : 2,000냥	1899. 07. 06 (05. 29)	상장 → 분원 : 100냥
	서울 → 분원 : 1,800냥	1899. 07. 21 (06. 14)	상장 → 분원 : 100냥
1899. 01. 03 (1898. 11. 22)	광교 → 분원 : 수표 6,500냥	1899. 08. 24 (07. 19)	상장 → 분원 : 150냥
1899. 01. 23 (1898. 12. 12)	광교 → 분원 : 4,600냥표, 800냥표	1899. 9. 10 (08. 06)	회사 → 분원 : 빚진 돈 1만 냥
1899. 4. 16 (03. 07)	회사 → 분원 : 200냥	1899. 10. 07 (09. 03)	서울 안정기 → 1만 냥
1899. 06. 28 (05. 21)	회사 상장 → 분원 : 50냥		
1899년 계	36,300냥[서울 → 분원 : 34,300냥(94.5%) / 분원 → 서울 : 2,000냥(5.5%)]		
총계	자본 내왕 총액 : 204,790냥 [서울 → 분원 : 188,382냥(92%) / 분원 → 서울 : 16,408냥(8%)]		

※ 자료: 『하재일기』 1897년 1월~1899년 12월분.

도 알 수 있다. 1898년 내왕 자금은 5만 1,208냥으로, 전해에 비해 절반 이하로 대폭 줄어들었으며, 서울에서 분원으로 내려간 금액은 5만 800냥 (99.2%), 분원에서 서울로 올라간 돈은 408냥(0.8%)이었다. 1899년 내왕 자금은 3만 6,300냥인데, 그중 3만 4,300냥(94.5%)이 서울에서 분원으로 내려보낸 돈이었다. 내왕 자금의 거의 대부분인 셈이다.

1897년에 12만 냥 가까운 자금이 오가면서 성황을 이루던 자금 거래는 1898년에 큰 폭으로 떨어졌고, 1899년에는 겨우 명색만 유지하는 수준에 그쳤다. 이러한 자금 흐름은 명성황후 국장과 밀접한 관련을 갖고 있으며, 번자회사의 향후 운영 변화와 성격 전환의 한 단면을 그대로 보여준다.

본사와 분원 간에 오간 돈의 사용처는 드러나 있지 않기 때문에 정확한 내역을 알 수 없지만 대개 사기장의 임금과 재료 구입, 쌀·옷감 등을 구입하는 데 쓰였을 터다.

번자회사는 사원 전원이 경영에 참여하고 수입금 또한 사원 모두에게 똑같이 분배하는 공동 운영, 공동 분배의 방식을 취하였다. 초기의 수입금은 회사의 은행 부채를 갚는 데 썼으며,[118] 사원들에게 돌아가는 수익금의 분배는 3년이 지난 1900년 초부터 이루어졌다.

> ① 수가受價 일을 바로잡았다. 작년 변조邊條 8만여 냥이 있었으나 이자를 갖추어 깨끗이 갚고, 남아 있는 돈이 10여만 냥이다. 사원 한 사람당 1만 냥씩 나누어 주기로 의논을 정하였다. … 내년 번사燔事는 각각 설치하기로 약속을 정하였다.[119]
>
> ② 회사 문부를 회계하니, 돈이 모두 17만여 냥이었다. (사원) 9명에게 각각 18,700냥씩 분배하고, 안정기安鼎基·최동환崔東煥·안영기安永基에게 각각 5,000냥씩 나누어 주었다.[120]
>
> ③ 서울과 지방에서 회사로 들어온 돈 합계가 11만 292냥 4푼이다. 사원 한 사람당 12,240냥씩 나누어 주고 남은 돈이 132냥 4푼이다. 사장 몫 12,240냥이 도로 들어왔는데, 여주 외획전外劃錢 10,500냥과 화속두대火粟豆代를 계산하여 납부하려고 안중기에게 보관해 두었다.[121]

자료 ①은 1900년 1월(음력 1899년 12월) 탁지부로부터 그릇값을 받아 그간의 빚을 갚고, 나머지 10여만 냥을 사원 9명이 1만 냥씩 분배하기로 결정한 내용이다. 자료 ②를 통해 유추해볼 때, 분배는 4월(음력 3월)에 집행한 것으로 판단된다. 주목할 사실은 회사가 진 부채가 8만여 냥으로, 수익금과 맞먹는 규모라는 점이다. 사원들은 그 자리에서 '내년', 즉 1900년에 자기 굽는 일을 각기 운영하자고 약속했다.

자료 ②는 1900년 4월에 회사 문부를 회계한 돈 17만여 냥을 사원과 실무진에게 분배했다는 내용이다. 사원은 18,700냥씩, 실무자(안정기·최동환·안영기)는 5,000냥씩 배당을 받았다. 회사 문부를 회계한다는 말은 무슨 의미일까? 단순히 그간 회사의 입출금 장부를 회계하여 배분한 것인지, 아니면 공동경영 체제를 마무리하면서 출자금을 포함한 모든 회계장부를 정리하여 계산한 것인지 알 수 없다. 다만 3개월 전에 빚을 청산하고 수익금을 분배한 것으로 보아, 후자일 가능성이 높은 편이다.

자료 ③은 1901년 4월에 이루어진 배당으로, 수입 11만 292냥 4푼을 사원 9명에게 12,240냥씩 나누어 주고, 남은 돈은 보관했다는 내용이다. 이때 수입은 1900년 이전의 공동경영 체제 아래서 외상 판매했던 그릇값을 거둬들인 돈으로 짐작된다. 1900년 하반기부터 사원들은 남아 있는 외상 그릇값을 받아내기 위해 여러 방안을 강구했다. 그중 하나로, 내부대신과 연계하여 관할 양근군의 관권을 동원해 강제로 외상값을 거둬들였다. 이렇게 해서 공동경영 체제 아래 남아 있던 미수금까지 정리되었다. 이후 사원 배당금은 가마세 등 시설세 수입금을 사원 9명이 균등 분배하는 방식으로 이루어졌다.

수익금 배분이 1900년 초에 집중된 까닭은 회사 운영 방식의 전환 시점에 맞춰 그간의 자금 회계를 정리하고 일단락 지었기 때문일 것이다. 그리고 1901년 4월에 이루어진 자료 ③의 배당은 이전의 공동경영 체제였을 때 판매한 그릇의 나머지 외상값을 수합하여 마무리 지은 것이다.

회사의 수익금은 사원 9명이 균등 분배했으며, 각 사원들은 두 차례에 걸쳐 총 30,940냥을 챙겼다.[122] 이는 사원이 모두 경영에 동참하고, 수입금을 공동 분배하는 합명회사의 특성을 보여준다. 번자회사의 수익은 상당 부분 왕실에 대한 기명 납품과 명성황후 국장의 특수에 기인했다.

번자회사를 3년간 운영한 결과 각 사원이 받은 30,940냥은 과연 어느 정도의 수익이었을까? 비록 3~4년이 지난 후에 배당된 금액이기는 하지만, 사원들은 출자금 15,000냥의 2배에 달하는 수익을 올렸다. 그간 물가 상승률과 고율의 이자율을 고려하더라도 상당히 높은 수익률이다.

이렇게 사장과 사원이 공동 운영과 공동 분배의 방식을 취했던 번자회사의 경영 방식은 3년 뒤 개별 생산·판매 체제로 전환되었다. 번자회사는 출범 후 그 수익이 상당히 높았음에도 불구하고 얼마 지나지 않아서 유동자금 경색과 수입 그릇의 증가 등으로 운영난에 처했다. 그러자 사원들은 공동경영 방식을 청산하고 1900년부터 개별적으로 자본을 마련하여 그릇을 생산·판매하는 개별 업주 체제로 전환했다.

사장과 출자 사원으로 구성된 경영진

번자회사 설립은 분원 공인의 열성적인 노력과 관료 자본가의 협조가 중요한 역할을 했다. 회사 설립에 관여한 사람들은 자연스럽게 사장과 사원으로 자리매김하게 되었다. 이때 사원은 합명회사 체제에서 자본을 출자한 사람을 지칭하는 말로, 단순히 임금을 받고 고용된 회사원이라는 개념과는 차이가 있다.

번자회사는 사장 1명과 사원 8명으로 구성되었으며, 그 외에 실무 직원이 있었다. 사장은 회사를 대표하고 주요 안건을 결정했으며, 사원은 공동출자자로서 회사 운영에 동참하고 공동 책임을 졌다.

사원은 본사에 근무하는 서울 사원과 제조 현장에 근무하는 분원 사원으로 이원화되었으며, 담당 업무와 출신 성분, 거주지 등도 확연하게 구분되었다. 먼저 서울 사원에 대한 기록을 살펴보자.

> 회사의 서울 사원 안중기와 이영균이 내려왔다. … 대충 술과 면을 준비하
> 여 서울 사원을 접대하였다. 오후에 동지同知 한용식이 내려왔다.[123]

서울 사원은 한용식·안중기·이영균 3명이고, 이러한 사실은 다른 기록에
서도 확인된다.[124]

분원 사원은 분원의 제조 현장에서 생산 라인을 관리하고 현장 판매를 관
할했으며, 서울 사원 3명을 제외한 5명이 확실하다.[125] 그런데 분원 사원 5명
은 어떤 사람이었을까? 다음 자료를 보자.

> 서울 전동 사장 댁에서 하인이 왔는데, 함동희·변주헌·나 세 사람에게 긴
> 급히 의논할 일이 있으니 올라오라고 하였다. … 서울 소안동小安洞 김 판
> 서 댁에서 하례下隸가 내려왔는데, 패교牌敎에 이르기를 함경빈·이원유·변
> 주헌·나 네 사람에게 오늘 안으로 일제히 상경하라면서, 시급히 면대하여
> 의논할 일이 있다고 하였다.[126]

분원 사원으로는 우선 번자회사 설립을 적극 주도한 지규식(위 자료에서 '나')
과 변주헌을 들 수 있고, 나머지 세 사람은 이원유·함경빈·함동희이다. 자료
에서 사장 김종한과 김 판서가 불러들인 사람, 곧 함동희·변주헌·지규식·함
경빈·이원유 5명은 분원 사원임이 확실하다. 분원 사원들이 상경하여 의논
한 문제란 바로 분원의 가마 설치와 운영에 관한 것이었다.

번자회사에는 사원 이외에 실무를 담당한 사람이 있었다. 1900년 초 수익
금을 분배할 때 '(사원) 9명에게 각각 18,700냥씩, 안정기·최동환·안영기에게

각각 5,000냥씩 분급'한 것을 보면,[127] 안정기 등이 회사 일에 관련되었음을 알 수 있다. 이들은 모두 서울 사원의 인척으로, 안정기·안영기는 안중기의 일가이고 최동환은 한용식의 장인이었다.

번자회사의 경영진은 사장과 사원 8명으로 구성되었으며, 사원은 서울 사원과 분원 사원으로 이원화되었다. 서울 사원은 관료 자본가로서, 이후 분원 사원으로부터 시설세를 받고 왕실 기명 수주를 받으면서 회사를 운영하는 관리자로 변신했다. 분원 사원은 생산 현장에서 자기 생산을 주관했으며, 1900년 이후 개별적으로 자기를 생산하고 판매하면서 회사에 시설세를 바치는 업주로 변신했다. 그러나 개별 생산·판매 체제로 전환된 뒤 투자 없이 시설세만 받아 챙긴 서울 사원은 손해 볼 일이 없었으나, 자본을 투자하여 자기의 생산과 판매에 전념했던 분원 사원은 대부분 쇠락의 길을 걸었다.

(2) 도자기의 생산·판매와 수세 대행

판매망의 확대와 그릇값 수납

번자회사의 가장 중요한 본업은 도자기를 생산하여 판매하고, 이로써 이윤을 최대화하는 일이었다. 도자기 생산은 사원의 지휘 아래 제조 현장인 분원에서 이루어졌다. 분원에서는 접시·주발·요강·약그릇·화분 등의 일상 용기와 제기祭器를 만들어 시장과 왕실에 판매했다.

번자회사는 도토와 땔나무 등 각종 재료를 구입하고 숙련된 사기장을 고용하여 분원자기를 만들었다. 이따금 제품의 생산과정에서 하자가 발생하여 손실을 보는 경우도 있었다. 예컨대 1897년 8월 명성황후의 인산因山에 쓸 지석誌石 100여 편을 가마에 넣어 구웠는데, 모두 깨지고 온전한 것이 하나도 없었다.[128] 이러한 문제가 곧잘 발생하자, 분원 사원은 작업장의 사기장들을 불러 모아 과실이 재발하지 않도록 훈계하기도 했다.[129]

한편, 1894년 이후 일본인들이 한국의 도자 산업에 눈독을 들이기 시작했다. 1897년 6월의 기록을 보자.

> 대신大臣 안형수安炯壽*가 '일본인 7명이 나와 봉안점奉安店을 다시 설치하고 새로 대통회사大通會社를 만들 것이며 번자燔磁를 크게 확장한다'고 운운하면서, 분원 사람 가운데 진사 조봉직趙奉稷과 오위장 이원유에게 그 회사에 입참入參하도록 했다.[130]

일본인들은 조선에서 자기를 생산하고자 대통회사를 설립하려는 계획을 세우고 분원 사람의 동참을 요청했다. 그러나 이후에 대통회사의 설립과 분원 사람의 참여 여부는 확인되지 않는다. 위 자료는 다만 일본인이 조선 시장을 겨냥하여 그릇을 직접 생산하려 했다는 점에서 주목된다. 머지않아 일본인의 요업이 조선인의 자기 제조업을 압도할 것임을 예고하는 일이었다.

도자기를 생산하는 일 이상으로 중요한 회사의 업무는 바로 제품의 판매였다. 상품의 유통·판매 라인을 확보하고, 이익을 최대화할 수 있는 판매 전략을 구사하는 일은 무엇보다 중요한 과제였다. 번자회사의 주요 판매처는 왕실과 일반 시장이지만 개별 주문에 따른 판매도 이루어졌다.

번자회사가 왕실 소용 자기를 수주하여 제작·판매하는 일은 고종이 러시아 공사관에서 경운궁으로 환궁한 뒤 재개되었으며, 이에 따라 각종 생활용품과 제기를 궁궐에 납품했다. 환궁 후 1897년 2월부터 명성왕후의 국장 논

---

* 안형수는 갑오개혁 때 군부대신을 지낸 안경수安駉壽를 지칭하는 듯하다.

의 역시 본격화되면서, 3월 말 하 상궁이 분원 사원을 불러 명성황후 인산에 쓸 각종 그릇 300죽을 만들어달라고 부탁했다. 가격은 13,700냥(쌀 40가마 정도)으로 책정했다.[131] 8월에는 고종이 명성왕후가 안장될 산릉의 지석을 자기로 만들도록 명령했다. 번자회사는 지석 1편에 50냥의 가격을 요구하고 분원에서 80편을 만들어 납품했다. 고종은 지석에 쓰인 사자寫字를 직접 살펴본 뒤 능에 쓸 기와도 구워 바치도록 명했다. 이에 따라 분원에서는 명성왕후의 장례에서 발인·안장하는 10월 하순(양력 11월 하순)까지 홍릉에 사용할 지석 수십 편을 제작하여 납품했다.[132] 정부는 그릇 제작에 필요한 땔감 등 재료 조달에 협조하고, 분원 일대의 화속세火粟稅 수세권을 번자회사에 부여하기도 했다.

대한제국기의 조선 황실은 일본·영국·프랑스 등지로부터 그릇을 수입하여 사용했는데, 황실의 상징인 오얏꽃 무늬를 새긴 접시·주전자·탕기 등을 주문했다. 특히 세계적으로 유명한 도자기 회사인 프랑스의 필리뷔PILLIVUYT, 영국의 존슨 브로스Johnson Bros, 일본의 노리다케ノリタケ 자기를 들여와 사용했다.[133] 당시 황실은 그릇뿐만 아니라 유리잔·가구·침대 등 많은 생활용품을 영국 등지에서 수입하여 썼다. 그 결과 황실에서 분원자기는 매우 제한적으로 사용되었다.

분원자기의 시장 판매는 분원이 1883년 분원자기공소로 전환된 뒤 계속 진행된 일이며 분원 수입에서 중요한 몫을 차지했다. 번자회사 출범 이후에도 종로와 배오개(이현梨峴) 시장의 기전器廛 상인들이 분원의 각종 그릇을 가져다 판매했으며, 그들은 여전히 중요한 단골 고객이었다. 시장 상인들은 한 번에 10~20여 바리에 달하는 그릇을 가져갔으며, 그릇값으로 수백~수천 냥을 지급했다. 그 밖에 분원 거주자들과 각지의 그릇 상인들 또한 분원 그릇을 가져다가 판매했다.

대한제국 황실에서 사용한 수입 그릇

〈백자 오얏꽃 무늬 탕기(白磁李花文湯器)〉로, 대한
제국 황실의 문장紋章인 오얏꽃이 황금으로 장식
되어 있다. 위의 탕기는 굽 안쪽에 '日本陶器會社
R.C. NORITAKE NIPPON TOKI KAISHA'라는
상표명이 있어(위 오른쪽 사진 참조) 일본 도기회
사인 노리다케가 제작한 것임을 알 수 있다. 오른
쪽은 프랑스의 도자기 회사에 주문 제작하여 수입
한 탕기이다. ⓒ국립고궁박물관

번자회사는 분원자기의 판매망을 넓히기 위해 노력했다. 서울·경기 지역
은 물론 충청도 서산과 안면도까지 진출하여 그릇을 판매했다. 그리고 별도
로 사람을 파견하여 외상값을 거둬들였다.[134]

한편 이 무렵에는 일본제 자기의 수입이 급증하면서 서울·경기 일대의 시
장이 위협을 받는 상황이었다. 서울 시장에서 거래된 일본제 도자기의 판매
액을 보면, 1896년 8월에는 29,000원이었으나 1898년 12월에는 607,200원
으로 폭발적 증가세를 나타냈으며, 1899년 12월에는 1,203,000원으로 전년
12월 대비 2배가량 늘어났다.[135] 수입 자기는 이처럼 기하급수적으로 불어났
다. 이 같은 시장 환경은 번자회사의 사정을 더욱 악화시켰다.

판매한 그릇값을 거둬들이는 일은 회사의 운영을 위해 매우 중요했다. 그
러나 외상과 어음거래가 관행으로 굳어진 당시의 경제 시스템 아래서 그릇
값을 원활하게 받아내는 일은 결코 쉽지 않았다. 왕실에 납품한 그릇은 제때

값을 받지 못했을 뿐만 아니라, 때로는 회사 사원의 사적인 상납분이 공제된 채 지급되기도 했다.

> 김익준의 편지를 보니, 탁지부의 수가受價는 안중기의 상납분을 모조리 계산하여 제외하고, 이달 7일에 장부를 청산했다고 운운하였다. 지금부터 6월과 12월의 지불을 전례대로 시행한다면 본전 40여만 냥을 어찌 공으로 먹을 수 있겠는가? 양등兩等으로 지불하면 사문私文이 되지 않을 것이다. 이 일은 분원 사원이 애초에 알지 못했던 탓이다. 매우 한탄스럽다.[136]

1899년 12월, 탁지부는 밀린 그릇값을 지불하면서 서울 사원 안중기가 정부에 상납해야 할 돈을 제외하고 계산했다.* 안중기의 상납분은 번자회사와 관련이 없음에도 탁지부는 이를 계산에서 빼고 마무리했다.

일반 시장에 판매한 그릇값의 수납 또한 만연화된 외상 거래로 순조롭게 진행되지 못했다. 회사에서는 서울·경기 지역은 물론이고 충청도 해미까지 사람을 파견하여 외상 판매한 그릇값을 독촉하고 거둬들였다. 그러나 잘 걷히지 않았기 때문에 끊임없이 자금난에 시달렸다.[137]

번자회사는 오랫동안 밀린 그릇값에 대해서는 3푼의 이자를 적용하여 수표로 받기도 했고, 기한을 정해 어음으로도 수납했다. 그런 가운데 이따금 수금하는 사람이 중간에서 수천 냥을 제멋대로 써버리는 일도 나타났다.[138] 지규식은 1898년 12월에 "받아야 할 그릇값이 5,000~6,000냥인데 아직 한 푼도 거두지 못했다"고 한탄했으며, 1900년 초에도 기가를 거둔 액수가 몇

---

* 이때 안중기가 상납해야 할 돈은 아마도 1899년 5월에 황해도 포사庖肆(푸줏간)의 봉세파원捧稅派員에 임명되어 수세한 돈을 가리키는 듯하다. 『하재일기』 1899년 4월 20일(양 5. 29).

천 냥에 불과하다고 한숨지었다.[139]

번자회사는 왕실과 시장에 도자기를 판매함으로써 이익을 추구했다. 서울·경기를 비롯하여 충청도까지 시장 판매망을 확대했지만, 수입 자기가 물밀어 들어오면서 큰 타격을 받았으며, 오랜 외상 거래 관행과 경색된 자본유통으로 인해 그릇값을 제때 받지 못하여 미수금이 계속 누적되어갔다. 이는 결국 자금난으로 이어져 회사 운영에 막대한 지장을 초래했다.

내장원 화속세의 수세 대행

번자회사는 본연의 업무인 자기 생산과 판매 외에도 분원 일대 7개 면에 대한 화속세火粟稅 수세를 대행했다. 분원은 예로부터 광주군 6개 면과 양근군 1개 면에 대한 시곡柴穀을 매년 수세하여 이를 분원 장인들의 급료로 지급해왔지만, 갑오개혁 과정에서 폐지되었다.

번자회사 설립이 논의되던 1897년 초에 분원 사원 지규식은 일찍이 분원에서 수세했던 주변 7개 면의 화속세감火粟稅監 자리를 얻기 위해 사장과 서울 사원 한용식에게 협조를 요청했다. 이때 사장 김종한이 궁내부 특진관이자 국장도감 제조를 겸직하고 있는 데다 서울 사원 한용식의 도움으로 지규식, 곧 번자회사가 화속세를 수세 대행하는 일은 어렵지 않게 성사되었다.

번자회사는 1897년 9월 양근과 광주의 화속세 관련 훈령을 받았으며,[140] 수세 대행 승인이 나자 본격적으로 사람을 파견하여 세금을 거둬들였다. 분원의 수세 지역은 예로부터 화속세를 받아왔던 양근군 남종면과 광주군 경안면·오포면·도척면·실촌면·초월면·퇴촌면의 7개 면이었다. 화속세 수세 대행으로 얻는 소득은 회사 차원에서 처리되었는데, 1899년 3월 양근에서 거둔 화두火豆 18섬은 사원 9명이 2섬씩 나눠 가졌다.[141] 그러나 해당 면의 주민들은 끊임없이 화속세 납세를 거부했다.

광주 화속 일은 각 면의 백성들이 지금까지 납부를 거부하였다. 지금 듣건 대 패류가 각 면에 통문을 돌려서 장차 전부 모여 소란을 일으키려고 한다 하니, 놀랍고 한탄스럽다. 또 들으니 화속세의 납부를 탁지부로 이정移定했 다고 하므로 각 면의 도총都摠을 성책成冊하여 서울로 올려 보내고, 납세의 간검에 대해서는 영영 자퇴한다는 뜻을 담아 편지하였다.[142]

1899년 1월 광주 백성들은 통문을 돌려 집단적으로 화속세 납부를 거부하 고 집단행동을 계획했다. 이에 지규식이 화속세감에서 자퇴하려는 뜻을 회 사에 통보했다가 궁내부 훈령을 받아 다시 화속세 징수를 계속했다. 그러나 1900년 초에 결국 화속세감에서 물러났다.[143]

분원 일대 7개 면에 대한 화속세 수세 대행은 이처럼 회사 차원에서 진행 되었으며, 회사가 출범할 무렵(1897)에 시작되었다가 회사의 경영 방식이 전 환되는 시점(1900)에서 막을 내렸다. 내장원에서 번자회사에 화속세 수세 대 행을 맡긴 것은 일종의 특권으로, 명성황후 국장에 쓰일 제기·지석의 공급과 밀접한 관련이 있는 것으로 보인다. 그러나 번자회사가 본연의 일인 도자기 의 제조·판매와 무관한 수세를 대행했다는 사실은 여전히 국가권력에 기대 특권을 행사하려는 행태에서 벗어나지 못했음을 알려준다.

(3) 번자회사의 운영 체제 전환

자금난의 실태와 그 배경

번자회사는 꽤 많은 자본금으로 출발했음에도 불구하고 설립 초기부터 이 미 자금난에 시달렸다. 1897년 4월, 본사는 1만 냥을 분원에 내려보내면서

"이후로는 다시 더 쓰지 말고, 다만 들어가는 돈은 돌려가면서 쓰라"[144]며 재정 긴축을 요구했다. 같은 해 9월에는 심각한 자금난으로 사기장들에게 품삯을 지급하지 못했다. 1898년 3월에는 사장 김종한이 탁지부의 공금公金을 대출받기 위해 손쓰기도 했으며, 9월에는 급기야 재정이 바닥나서 도공들의 임금을 지불하지 못했다.

이렇게 되자 회사 운영 문제를 둘러싸고 사원들 간에 분쟁이 일어났다. 1899년 2월에는 서울 사원 한용식이, 기가器價를 거둬 번사燔事에만 쓴다면서 분원 사원을 비판했다. 재정 상황은 회사 출범 이후로 계속 '극난極難' '핍절乏絶'로 표현될 만큼 어려웠다.[145]

앞에서 살펴본 바와 같이 번자회사는 상당히 높은 수익률을 기록했다. 그런데도 왜 그토록 자금난에 허덕이게 되었을까? 언뜻 이해가 잘 가지 않는 부분이다. 하지만 그것은 관행적 외상과 어음거래, 납품한 그릇의 미수금 누적, 비싼 변리의 사채 부담 등으로 말미암아 돈이 제대로 돌지 않았던 자금시장의 구조에 기인한 측면이 크다. 특히 주목해야 할 문제는 자본회전의 경색과 비싼 변리로 빌려 쓴 사채이다.

번자회사는 각종 그릇과 제기 등을 만들어 왕실과 시장에 판매했지만, 이미 관행으로 굳어진 외상과 어음거래로 제때 값을 받지 못한 탓에 자금 회전에 어려움을 겪었다. 판매한 그릇의 대금을 빠르게 회수하지 못하는 반면, 사기장들에게 지급할 인건비와 각종 재료비 등 현금 지출이 요구되는 항목은 많았기 때문에 번자회사는 대부분 사채를 얻어 충당했다. 이 무렵 민간의 사채는 이자율이 월 3~5푼(%)에 달하는 고리대금이었다. 급할 때는 고율의 장변을 얻어 쓰기도 했다. 장변이란 장시가 열리는 5일을 단위로 받는 이자 형태로, 대개 닷새마다 1~2푼의 이자가 적용되어 1개월이면 6~12%에 달하는 살인적 고리대금이었다.[146]

제조업체인 번자회사는 재료 구입에서부터 생산과 판매, 그리고 수금에 이르기까지, 그 기간이 오래 걸렸다. 더군다나 당시 외상이나 어음거래 관행이 시장을 지배하고 있는지라 자본회전 기간은 더욱더 늘어났으며, 이에 따라 본격적인 수익금 분배는 회사가 출범한 지 3~4년 뒤에야 이루어질 수 있었다. 번자회사는 초기 단계에서 계속 자금을 쏟아부어야 했으며, 그 때문에 상당한 수익을 올렸음에도 불구하고 수년간 자금난에서 벗어나지 못했던 것이다.

번자회사를 비롯한 제조업체가 자금 경색과 고리의 사채로부터 벗어나 성장하고 발전하려면 무엇보다도 국가적 차원에서 금융 시스템을 정비하는 일이 시급했다. 더욱이 1894년 이후로 수입 도자기가 급증하여 시장을 위협하고 일본인의 요업 진출이 늘어나는 상황을 고려하면, 국가적 지원 없이 제조업이 스스로 성장하기란 어려운 일이었다.

당시 조선 사회는 비싼 길미의 사금융이 자본시장을 장악한 상태로서, 이러한 자금 시장 구조는 자본순환을 어렵게 하여 제조업의 성장을 가로막고 있었다. 고리에 기반한 사금융 제도는 관행으로 굳어 오랫동안 이어져왔기 때문에 일개 회사나 개인이 극복할 수 있는 문제가 아니었다. 국가적 차원에서 국책은행을 설립하여 저리의 자금을 지원하고, 민간은행의 설립을 도와 대출 시스템을 정비하는 정책적 지원이 있어야만 해결될 수 있는 문제였다. 그러나 현실은 그 어느 것도 이루어지지 않았다.

결국 번자회사는 납품·판매한 기가의 미수금 누적, 관행으로 굳어진 외상과 어음거래, 고리의 사채 이용 등으로 자금 회전이 막혀 만성적 운영난에서 헤어나지 못했다. 게다가 판매 시장은 거세게 밀려 들어오는 수입품으로 위협을 받고 있었다. 이러한 문제를 타개하기 위해서는 근대적 화폐·금융 제도의 정비, 정부의 정책적 지원, 수입품에 대한 고율 관세, 외세의 시장 침탈에 대한 자구적 노력이 절실하게 필요했다. 그러나 제조업에 대한 정부의 실질적 지원은 거의 없었고, 은행의 자금 대출 벽은 높았으며, 기술이나 상품 개발과 같은 회사 차원의 대응책도 거의 마련되지 않았다. 그리하여 번자회사는 초기 3년간 꽤 높은 수익을 올렸지만 자금난의 벽을 넘지 못하고, 마침내 운영 방식의 전환을 꾀하기에 이르렀다.

사원 공동경영에서 업주의 개별 경영으로

자금난에 시달리던 번자회사는 1899년에 들어서면서 회사의 운영 방식에 대한 전면적 검토와 중대한 변화를 시도했다.

> 밤에 사원이 일제히 모여 번사燔事를 논의했는데, 4월까지 기한을 정하여 끝내고 5월부터 시작하며, 각 사원이 별도로 자본을 준비하여 설역設役할 뜻을 결정하였다. 탁지부의 수가受價는 아홉 등분하여 각기 문권을 만들어 나누어 주고, 혹 (사원 가운데) 자퇴나 사망으로 인해 대신 들어올 사람이 있으면 문권의 자본을 대신 채운 다음 들어오는 것을 허락할 것. 각 항의 조목을 나열하여 다시 절목을 작성할 뜻으로 공론을 결정하였다.[147]

사원들은 서로 협의하에 자기 굽는 일(燔事)을 '4월까지 기한을 정하여 끝내고 5월부터 시작'하기로 했다. 이 말은 무슨 뜻일까? 바로 이어지는, '각 사원이 별도로 자본을 준비하여 설역'한다는 내용에 그 답이 들어 있다. 그것은 회사에서 수입·지출을 총괄하고 번사 관련 비용을 지급해왔던 그간의 운영 방식을 음력 기준 4월로 마감한 뒤 5월부터는 사원들 각자가 자본을 준비하여 개별적으로 번사를 운영한다는 의미이다.

또한 자료에 따르면 탁지부로부터 받아야 할 그릇값은 아홉 등분하여 사원 9명에게 각기 문권을 만들어 나누어 주었다. 이는 그때까지 회사 자금으로 제작하여 납품한 그릇의 대금을 사원 모두에게 공평하게 분배하고, 이후 사원들이 개별적으로 운영하여 얻은 소득에 대해서는 각자 처리한다는 의미이다. 그리고 자퇴나 사망으로 회사에 결원이 생길 경우에는 문권에 정해진 자본을 채워 메운 사람에게 입사를 허락하도록 했다. 사원들은 이러한 내용을 다시 절목으로 작성하여 확정지었다.

바로 이어서 본사와 분원의 사원들이 함께 모여 회계장부를 대조하면서 검토했는데, 입출금한 합계(都總)가 맞지 않아 몇 차례에 걸쳐 재검토를 실시한 뒤 각자 자본을 상고하여 냈다. 3월에는 안중기가 회계장부를 별도로 작성하여 내려보냈는데, '금년(1899) 문서 거래'는 일체 간섭하지 않겠다는 뜻을 피력했다.[148]

사원별 번조를 결정한 지 한 달도 채 안 되어 분원 사원 지규식은 능곡陵谷의 한 산주로부터 제조소를 설치하여 도자기를 만드는 '설점번조設店燔造'의 제의를 받았으나 거절했다. 서울 사원 안중기와 이영균은 황해도 수세파원收稅派員 자리를 얻었다.[149]

번자회사는 1899년 5월(음력)부터 사원의 개별 경영을 결의했지만, 이후에도 분원 사원과 서울 사원들은 함께 모여서 번자 일을 상의하며 자본 융통에 관한 일을 협의하고 처리했다.[150] 1900년 1월 7일(음력 1899. 12. 7) 사원들은 탁지부에서 그릇값을 받아 회사 빚을 갚고 각자 배당금을 똑같이 나누어 가진 뒤, 다시 한 번 '내년(1900) 번사는 각각 설치하기로 약속을 결정'하고 다짐했다.[151]

이에 따라 1900년 이후에는 사원들이 개별적으로 자금을 융통하고 생산라인을 관리하는 개별 운영 체제로 들어갔다. 그리고 분원의 가마와 창고 등의 시설을 이용하는 사원들은 회사에 각종 시설세를 납부했다. 한편 개별 운영이라고는 하지만 왕실 기명의 주문과 납품에 관한 일에는 여전히 본사 사원들이 관여했다.

번자회사는 명칭과 사원 구성 등 외형은 그대로 두었지만 실제 운영 방식은 전면 개편하여 사원의 공동경영 체제에서 개별 운영 체제로 전환했다. 이후 서울 사원은 우선회사郵船會社를 설립하는 등 다른 길을 모색했지만, 분원 사원은 개별적으로 가마를 점유하고 자기 제조업에 종사하면서 회사에 시설세를 냈다. 결국 번자회사는 분원 사원에게 가마를 임대해주고 그에 대한 시설세를 받아 전 사원이 균분하는 체제로 바뀌었다.

갑오개혁 과정에서 민영화된 분원 자기업은 1897년에 번자회사를 설립하여 새롭게 출발했다. 번자회사는 관료자본과 공인자본의 합작으로 만들어졌으며, 사기장의 자본은 배제되었다. 자본금은 사원 전원이 공동출자했고, 수익금 또한 균분했다. 당시 자본금 16만 5,000냥은 자못 큰 액수였으며, 기존 분원의 시설을 개·보수하여 이용한 덕에 별도의 지가地價와 시설비가 들지 않았다. 따라서 최고의 왕실 자기를 생산하던 명성과 기술, 또한 저렴한 노동력과 물력 등을 감안하면, 번자회사의 성공 가능성은 높은 편이었다. 실제로 초기에는 상당히 높은 수익률을 올렸다. 그럼에도 불구하고 자본회전 경색과 외상 거래 관행, 고리의 사채 부담을 견디지 못해 만성적인 자금난에 시달렸다. 이 때문에 경영 혁신과 기술·상품 개발은 엄두도 못냈다. 대한제국은 식산흥업을 표방하면서도 제조업 성장에 필수적인 근대적 화폐·금융 제도와 산업자금 지원 시스템을 마련하지 못했다. 게다가 외세의 시장 침탈과 제조업 진출로 어려움은 가중되었다. 결국 자금난을 극복하지 못한 번자회사는 공동경영 체제를 정리하고 1900년 이후부터는 개별적인 생산·운영 체제로 전환하여 명맥을 유지해 나갔다.

2. 개별 생산 체제로 전환(1900~1910)

(1) 회사의 이원적 운영

개별 생산·판매하는 업주 시스템

1897년에 설립된 번자회사는 3년간의 공동투자와 공동경영 방식을 청산하고 1900년부터 각 사원별 생산·판매 체제로 전환했다. 이에 따라 번자회사는 각 사원이 별도로 자본을 준비하여 자기를 제조하는 체제로 움직였다. 그러자 이전에는 보이지 않던 개별적 생산 기록이 드러나기 시작했다. 1900년 중순의 관련 기록을 보면 다음과 같다.

> 이기웅이 그릇을 가마에서 꺼내고 기가器價는 한층 더 적정하게 매겼다.
> 함경빈이 그릇을 가마에 넣었다. … 우리 집 초벌구이를 가마에 넣었다.
> 함동희가 그릇을 가마에 넣었다. 나도 초벌구이를 넣었다.[152]

분원 사원 함경빈·함동희·지규식, 그리고 사원은 아니지만 이기웅도 각자 회사의 가마를 사용하여 개별적으로 그릇을 구워 생산했음을 보여주는 내용이다. 번자회사의 또 다른 분원 사원인 변주헌과 이원유도 분원 가마에서 그릇을 구웠다.[153]

당시 분원에서 회사의 가마를 사용하여 그릇을 생산한 사람은 지규식·함경빈·함동희·변주헌·이원유·이기웅이었다. 이기웅을 제외한 5명은 번자회사의 사원이기 때문에 분원 시설 이용이 가능했다. 이기웅은 비사원이라서 어떤 자격으로 분원 시설을 이용했는지 정확히 알 수 없지만, 다른 사원과 동업했거나 대리인 자격이었을 가능성도 생각해볼 수 있다.

1905년 8월 황실 재산을 관리하는 경리원經理院에서 '경의하慶義河로 하여 금 분원 기지에서 번조할 수 있도록 하라'는 훈령을 분원에 내려보냈다. 이 로써 분원 기지에서 그릇을 제조하는 사람이 분원 사원 5명과 함께 이기웅· 경의하 2명까지 7명으로 늘어났다.[154] 이때까지도 황실에서 분원에 영향력을 행사했음을 알 수 있는 대목이다.

분원에서 그릇을 제작하는 사원들은 각자 자본을 마련하여 사기장을 고용 하고 땔나무와 도토 등의 재료도 개별적으로 구입해 썼다. 그렇게 생산한 그 릇도 제각각 판매했다.[155] 비록 분원의 가마와 시설을 공동으로 이용했지만, 이들은 독립된 사업체의 성격을 띠고 있었다. 이들은 자기 생산에 필요한 자 금 조달과 사기장 고용, 재료 구입 등 모든 일을 개인의 책임 아래 운영하면 서 이윤을 추구했다. 그런 점에서 이들은 개인 사업자였으며, '업주業主'로도 지칭되었다.[156]

생산에 참여한 분원 사원이 자금을 조달하는 방식은 주로 서울 사원으로 부터 융통하는 식이었다. 지규식도 초기에는 그렇게 하였다. 그러다가 1903 년경부터는 '전 의관全議官'이라는 물주에게서 도움을 받았다. 그러나 그 관 계도 곧 청산하고, 주로 지인들로부터 돈을 빌려 썼다.

사기장을 고용하는 것도 개별적으로 이루어졌다. 1895년 사옹원이 철폐되 자 정부의 예속에서 벗어나 해방된 분원 사기장들은 더 나은 임금과 일자리 를 찾아 이곳저곳을 드나들었다. 분원 업주들은 솜씨 좋은 사기장을 확보하 기 위해 서로 신경전을 벌였다. 그들은 옛 분원의 사기장을 고용하기도 했지 만 경기도 여주와 황해도·경상도 등지의 유능한 사기장을 불러들여 고용하 기도 했다.[157] 사용자인 업주는 우수한 사기장을 저렴한 임금으로 고용하려 고 했으며, 사기장은 최대한 높은 임금과 좋은 조건을 제공하는 업주와 계약 하려고 했다.

생산한 그릇을 판매하는 일 역시도 각자의 인맥과 유통망을 활용했다. 주 고객은 서울·경기 지역의 기전器廛 상인과 등짐장수, 왕실과 관청으로서, 이 전과 크게 다르지 않았다.

분원 사원과 서울 사원의 관계 : 생산자 vs 수세자

번자회사의 구성원에는 변화가 없지만 개별 생산 체제로 전환한 운영 시스템은 사원들의 역할과 성격에 변화를 가져왔다. 일단 이전과 똑같이 회사 구성원은 9명으로, 사장 1명에 사원 8명이고, 여전히 서울 사원과 분원 사원으로 구분되었다. 그러나 이전의 공동체적 성격은 미약해지고 시설세를 바라보는 관점에도 차이가 나타났다.[158]

사장 김종한은 1910년 주식회사로 바뀌기 전까지 번자회사에서 그 권한을 계속 행사했다. 여전히 그는 회사의 중요한 사안을 결정했고, 사원들 사이에서 분쟁이 발생하면 거중조정을 했으며, 사원들에게 선물을 보내거나 자신의 배당금을 도로 내놓기도 했다. 또, 1906년 개교한 분원공립보통학교의 교장이 되어 분원마을에 영향력을 행사했다.[159]

서울 사원은 이전과 다름없이 한용식·안중기·이영균 세 사람이었다. 그러나 이들은 회사의 운영 체제가 바뀐 뒤 회사 경영에 자본을 투자하지 않았으며, 기명을 생산·판매하는 일에서도 손을 뗐다. 다만 생산 현장의 분원 사원들로부터 가마세 등을 거둬들여 전 사원에게 분배하고, 시설세 인상을 주도하거나 독촉하는 역할을 했다. 이들은 왕실의 장례·제사·연회 등에 소용되는 그릇을 주문받아 분원 사원에게 제작을 의뢰하고 중간에서 연락과 가격 조정을 맡았으며, 분원 생산 현장에 필요한 사기장과 도토·땔감 확보에 도움을 주곤 했다. 서울 사원은 대량의 제기 제작 주문을 받을 때면 분원 사원들에게 1/10세를 요구하기도 했다.

제기 수가受價 중에서 안정기가 십일세十一稅를 요구하였다. 이에 회사 동료들이 일제히 모여 상의하였다. 1,500냥을 각자 300냥씩 추렴해 마련하자고 언급하고, 내가 표를 써 주었다.[160]

1904년 1월 초 헌종의 계비인 명헌태후明憲太后가 죽자,[161] 정부는 국장도감을 설치하고 분원에 2,000여 죽에 달하는 제기 제작을 요청했다. 그러자 본사의 실무자인 안정기가 제기 가격에 대해 1/10세를 요구하고 나섰다. 이에 분원 사원 5명은 300냥씩 걷어 1,500냥을 마련하여 그에게 주기로 했다.

서울 사원들은 관료 출신의 자본가로서, 기본적으로 이윤을 추구하는 투자자의 성격이 강했다. 따라서 시장 환경이 변하고 번자회사의 전망이 불투명해지자 설립 초기에 투자했던 자본을 회수하고, 투자 없이도 이익을 챙길 수 있는 시설세 중심으로 회사 체제를 전환했다. 이들의 회수된 자본은 이익을 좇아 다른 곳으로 이동했다. 안중기와 이영균은 곧바로 인천 우선회사에 자본을 투입했으며, 한용식도 경성양조로 투자처를 옮겼다.[162] 서울 사원은 분원 사원을 대상으로 수백 수천 냥의 돈을 빌려주고 이자를 받았으며, 때때로 돈을 융통하려는 분원 사원의 전답을 저당 잡고 대출해줌으로써 자본의 증식을 꾀했다. 그러나 이러한 돈 거래도 점차 뜸해져, 1905년 이후에는 거의 사라졌다.

분원 사원들은 각자 회사의 가마를 차지하고 독자적으로 그릇을 생산·판매했지만, 궁궐의 연회와 상례·제례 등 큰 행사로 주문량이 많을 때는 서로 나누어 만든 뒤에 수합하고 납품하여 받은 대금을 분배하기도 했다.[163] 그런데 이따금 왕실 주문을 둘러싸고 사원들 간에 경쟁과 알력이 빚어졌다.

다동의 하 고부河古阜가 제기 200여 죽의 건기件記를 변수동卜壽童에게 부쳤

다고 한다. … 변주헌 부자가 제기 건기를 숨기고 내놓지 않으니, 그 소행
이 매우 통탄스럽고 밉다. … 하 고부가 회사에 편지하여 제기를 나눠 번
조하라고 말했다. … 변주헌 부자가 제기 건기를 숨긴 정상이 탄로 났다.
… 사원이 제기 일로 회의하였는데 변은 오지 않았다. … 경효전景孝殿의
건기에 값을 매기고, 사원이 나눠서 번조할 일을 의논하며 결정하였다.[164]

1904년 12월에 변주헌은 경효전(명성황후의 신위를 모신 혼전魂殿)에서 주문한
제기 목록을 숨기고 내놓지 않았는데, 아마 독점적으로 제기를 제작하여 납
품함으로써 이익을 챙기려 했던 것 같다. 그러나 다른 사원들이 이미 변주헌
의 속셈을 꿰뚫어 보았으며, 결국 궁궐 관계자를 동원하여 사원들이 주문받
은 제기를 나누어서 제작하기로 결정했다. 이 일 외에도 영친왕궁의 기명 제
작을 놓고 빈궁에 청탁을 넣는 등 분원 사원 간에 그릇 주문을 둘러싼 다툼
이 있었다.[165]

번자회사의 주요 수입원인 시설세와 관련해서도 서울 사원과 분원 사원
간에 갈등이 빚어졌다. 1905년 3월 서울 사원들은 각종 세납稅納을 두 배로
올려 받기로 하고, 분원에 이 사실을 일방적으로 통보했다. 이어 세를 즉시
납부하지 않으면 가마를 사용하지 못하게 한다면서 엄포를 놓았다.[166] 지규
식은 본사의 매정한 처사에 몹시 탄식하고 자신의 의견을 피력했지만, 서울
사원은 "감하여 정할 이치는 만무하다"면서 처음의 입장을 고수했다.[167] 서
울 사원과 분원 사원의 견해 차이를 극명하게 보여주는 지점이다.

1900년 이후 번자회사는 분원 사원의 개별적 생산 체제에 기반한 시설세
수입을 중심으로 운영되었다. 분원 사원은 개별적으로 투자하여 도자기를
생산·판매하는 독립된 경영자이자 사업가였으며, 그에 따른 이익과 손해, 성
공과 실패는 고스란히 그들 자신의 몫이었다. 반면 서울 사원은 투자와 생산

에서 손을 떼고, 분원 사원으로부터 거둬들이는 시설세에 기생하여 회사를 운영해 나갔다. 자본가로서 이윤을 추구하는 서울 사원과 생업인 도자 제조업을 고수하려는 분원 사원의 처지가 분명하게 드러나는 부분이다. 이렇게 서울 본사와 분원의 '독립된 사업'은 이원적 체제로 작동되었으며, 시설세를 두고 수세와 납세라는 대립적 관계였지만 수입금은 사원 모두 균분하는 이중적 구조를 갖고 있었다. 이는 대한제국기 상당수 회사의 본사가 인허권을 매개로 지사로부터 돈을 받아 챙겨 기생하는 방식과 일맥상통했다.[168]

개별 생산 체제하의 수입과 배당금

분원의 시설을 이용하여 기명을 생산하는 사원은 회사에 일정한 세를 바쳤다. 1902년 지규식이 회사에 바친 시설세는 다음과 같다.

> 회사 도중都中에 임인년(1902) 가마세(釜稅) 11매每 8칸 2,360냥, 각령세各(閣)令稅 150냥, 등막세登幕稅 20냥, 용간세春間稅 10냥, 토고세土庫稅 10냥, 합 2,550냥 내 국토麴土와 가마 축조하는 데 쓴 584냥 8전 5푼을 제하면 실제 1,965냥 1전 5푼을 내놓아야 한다.[169]

지규식은 1902년에 도자기를 굽는 가마 사용료 2,360냥, 그릇 만드는 공방을 사용하는 데 따른 각령세 150냥, 장막 이용에 따른 등막세 20냥, 도토 등을 찧는 작업실 이용료인 용간세 10냥, 흙창고 사용에 따른 토고세 10냥, 합하여 총 2,550냥을 회사에 바쳐야 했다. 이때 가마세가 차지하는 비중이 93%이고, 그 외 각령세·등막세·용간세·토고세를 합한 금액은 190냥으로 7%에 그치고 있어, 시설세는 곧 가마세가 핵심이었음을 알 수 있다. 가마세는 가마당 200냥을 바친 것으로 추정되는데, 1905년 3월 기록에 "가마세는 매 가마에 200냥씩 수납收納한다"고 써 있기 때문이다.[170] 그런데 가마 축조에 쓴 비용을 공제하고 있는 것으로 보아, 시설의 설치와 보수에 들어가는 비용은 회사가 부담했던 것 같다.

1902년도 지규식이 부담할 시설세는 2,550냥이지만, 가마 축조 비용을 제외하고 1,965냥 1전 5푼을 납부했다. 분원의 시설을 이용하는 다른 사원도 비슷한 시설세를 납부했을 터이며, 그럴 경우 분원 사원 5명을 통해 회사가 벌어들이는 1년간 시설세 수입은 대략 10,000~15,000냥 정도였을 것이다.

사원별 생산 체제로 돌입한 후 번자회사의 수입은 이전의 공동경영할 때와 비교할 수 없을 만큼 줄어들었고, 배당금 또한 대폭 감소했다. 그렇다면 1900년 이후 번자회사의 수입금은 얼마나 되었을까? 1901~1909년까지 회사 수입과 그 배분 내용은 다음과 같다.

① 서울의 회계 기록을 보면, 각인各人에게 받은 돈 합계는 11,130냥이고, 가마세와 각종 세입이 10,530냥으로, 두 개를 합한 금액이 21,660냥이다. 그 가운데 분원에서 쓴 돈 4,603냥 6전 5푼을 제하니 실제로 남은 돈은 17,056냥 3전 5푼이다. 9명이 한 사람당 1,895냥씩 나누었는데, 사장 댁에 분하한 1,895냥이 도로 들어와서 8명이 각자 237냥씩 나누어 가지니, 남은 돈은 3전 5푼이다. 8명의 사원이 합계 2,132냥씩 나누었다.[171]

② 임인년(1902) 세입 15,059냥 6전 5푼, 계묘년(1903)에서 갑진년(1904) 4월 12일까지 세입이 합 13,274냥 6전 5푼으로, 합계 28,334냥 3전이다. 이를 사원 9명에게 나누니, 한 사람당 3,148냥 2전씩이고 남은 돈은 5전이다. 사장 댁에 분하한 3,148냥 2전이 도로 들어와서 8명이 또 393냥 5전씩 나누니 남은 돈은 2전이다.[172]

③ 회사의 갑진년(1904) 세입 10,720냥, 김수경金守京 입入 3,300냥, 이원경

李元京 입 200냥, 개초蓋草값 환입還入 100냥, 부군당 고사조 4인 수입 632
냥으로, 합계 14,952냥이다. 이 중 국토麴土값 613냥 2전 5푼, 가마 쌓은
품삯 813냥 5전, 도랑 친 품삯 35냥 5전, 합계 4,130냥 2전 5푼을 제하면,
실제로는 10,821냥 7전 5푼이다. 임인년 조 15,059냥 6전 5푼, 계묘년 조
13,340냥 1전 5푼이니, 3년 합계가 39,221냥 5전 5푼이다. 사원 9명에게
분배하니 한 사람당 4,357냥 9전 6푼이고, 사장 댁에 분하한 돈이 환입되
어 그것을 또 8명에게 분배하니 한 사람당 544냥 7전 4푼으로서, 합계 분
하한 돈은 4,902냥 7전씩이다.[173]

④ 무교武橋에 있는 한용식의 집에 가서 을사년(1905)부터 기유년(1909)까지
5년간 가마세를 회계하니 각각 5,425냥씩이다.[174]

자료 ①은 1902년 초의 내용으로 전년도인 1901년 수입금을 정리한 것
으로 짐작되는데, 각인에게 받은 돈이 11,130냥, 가마세 등 각종 세입이
10,530냥으로 총 21,660냥이 들어왔다. 그 가운데 분원에서 쓴 4,603냥 6전
5푼을 제하면 실제 수입은 17,056냥 3전 5푼이었으며, 이 돈을 사원 9명이
1,895냥씩 균분했다. 이때 사장은 자신의 배당금을 다시 내놓았으며, 이를
사원 8명이 나누어 가졌다. 결국 사장을 제외한 사원 8명은 각각 2,132냥씩
배당받은 셈이다. 자료에서 '각인'이란 이전의 공동경영 체제 아래서 외상을
졌던 기상器商을 가리키는 듯하며, 아마도 그때껏 미해결된 기상의 외상값이
마저 들어왔기 때문에 회계에 포함된 것으로 보인다. 그렇다면 시설세 중심
의 수입은 10,530냥에 지나지 않는다. '분원에서 쓴 돈'이란 시설 보수비 등
으로 지출된 돈일 것이다.

자료 ②를 보면, 1902년 세입은 15,059냥 6전 5푼이고, 1903년에서 1904
년 4월 12일(음력)까지 세입은 13,274냥 6전 5푼, 합계 28,334냥 3전이었다.

이를 사원 9명에게 각각 똑같이 3,148냥 2전씩 분배하고, 다시 들어온 사장 몫도 8명의 사원이 나눠 가졌다. 세입의 구체적 항목은 드러나 있지 않지만, 시설세가 유력하다.

자료 ③을 보면 1904년 총세입은 14,952냥인데 그중 분원 시설의 보수비 등으로 쓴 돈을 공제하면 10,821냥 7전 5푼이었다. 여기에 1902년 15,059냥 6전 5푼과 1903년 13,340냥 1전 5푼의 수입을 합하니 3년 합계 39,221냥 5전 5푼이고, 이를 사원 9명이 균분했다.

자료 ④는 1911년 5월의 기록으로, 서울 사원 한용식의 집에 가서 1905년부터 1909년까지 5년 동안 가마세를 계산한 뒤 이를 사원 9명이 각각 나눠 가진 금액이 5,425냥이었다는 것이다. 그렇다면 5년간 회사의 순수입은 48,825냥 정도이며, 매해 평균 9,765냥으로 1만 냥가량 되었음을 알 수 있다. 1910년의 수입이 기록되지 않은 이유는 그해 분원자기주식회사의 출범과 관계있다.[175]

주의 깊게 살펴볼 사실은 자료 ②와 ③에 1902년과 1903년의 세입이 중복 계산되었다는 점이다. 1902년 세입액은 그 액수가 똑같은 반면에 1903년 세입은 불명확하게 계산되었다는 점을 고려하면, 자료 ②는 장부상 회계를 계산한 것이고, 자료 ③은 실제 집행한 것으로 판단된다.

개별 생산 체제로 전환한 뒤 번자회사의 순수입은 연간 10,000~17,000냥 정도였으며, 그나마 1905~1909년은 1만 냥 내외에 그쳤다. 기본적으로 회사의 수입은 시설세에 기반하였으므로 시설을 대폭 확장하거나 폐지하지 않는 한 그 변동 폭은 크지 않았다. 수입금은 사장 포함 9명이 균분했으며, 사장 몫은 대개 다시 환입되어 나머지 사원 8명이 재분배했다. 사원들 각자가 배당을 받는 몫은 대략 1,000~2,000냥이었으며, 이는 1904년 9월 기준 쌀 6~12말에 해당되는 금액으로[176] 1만 냥 이상을 받았던 이전에 비할 수 없지만, 자본 투자 없이도 수입을 챙길 수 있는 확실한 방안이었다.

번자회사의 수입은 사원들 공동의 몫이었다. 그런데 분원학교의 교장이 된 사장 김종한이[177] 사원들의 공동 수입원인 가마세를 분원학교에 부속시키려 했다. 그러자 일부 사원들이 이에 반발했다. 1907년 7월 서울 본사에서 일방적으로 가마세를 학교에 부속시키겠다는 뜻을 전해 들은 지규식은 "여러 사람의 기업基業을 무단히 빼앗으려 하니 매우 괴이하고 의혹스럽다"고 하면서 의심의 눈초리를 거두지 않았다.[178]

번자회사의 초기 수입은 이전의 그릇값 미수금이 들어와서 꽤 많은 편이었고, 그에 따라 9명의 사원이 똑같이 나눠 갖는 배당액도 제법 큰 편이었다. 그러나 1900년 이후 사원별 생산 체제로 바뀐 뒤 시설세로 국한된 1902년 이후의 수입은 이전의 공동경영할 때와 비교할 수 없을 만큼 줄어들었다. 그럼에도 개별 생산 체제는 특별히 회사 차원의 투자금을 쏟아붓지 않고도 사원들로부터 걷는 시설 이용료만으로 일정한 수입을 올릴 수 있다는 점, 그리고 대외적으로는 회사의 명맥을 유지하면서 사원의 지위를 담보해줄 수 있다는 점에서 포기할 수 없는 시스템이었다.

(2) 수입 도자기의 증가와 일본인의 요업 진출

일본 그릇의 조선 시장 점유

문호 개방 후 외국산 그릇이 조선 시장에서 판매되었지만 1894년 이전까지만 해도 조선의 도자 산업을 위협할 정도는 아니었다. 그러나 청일전쟁이 끝나자 일본 그릇의 수입이 급증하고, 전국 각지의 지방에서 생산된 그릇이 밀려들면서 분원자기의 시장 경쟁력이 점차 약화되었다.

사실, 이미 조선 후기부터 중국산 도자기가 들어와 양반 지배층과 부호들에게 이용되었고, 일본 자기도 왜관 등을 통해 유입되었다. 이규경李圭景은 『오주연문장전산고五洲衍文長箋散稿』에서 조선의 자기를 "질박하고 견고하나, 중국 자기와 일본 자기에 비해 거칠고 열등함이 매우 심하다"고 평가한 반면, 일본 자기에 대해서는 "그 얇기가 종이와 같고 그 흰빛이 옥과 같다"고 우수성을 인정했다.[179]

개항 이후 일본산 도기가 본격 수입되어 판매되기 시작했다. 1880년대 후반에 벌써 "일본에서 수입된 도기류로 가득 찬 상점과 노점을 볼 수 있다"[180]고 할 정도로 일본 그릇이 조선 시장을 공략하고 있었다. 1894년 청일전쟁이 끝난 뒤에는 일본 그릇의 수입이 더욱 늘어났다. 1893년 서울의 관문인 인천항을 통해 들어온 일본 그릇은 526개 1,082원어치로 전체 수입량의 2% 미만이었다. 그러나 서울 지역의 일본산 도기 거래는 지속적으로 증가 추세를 보이며, 특히 1898~1899년에 수입이 대폭 늘어났다. 1899년 서울 지역의 일본산 도기 수입액은 6,838원이었으며, '일본산 수입 중요품'으로 분류되었다. 대흉년이 든 1900년에 일본산 도기의 수입은 일시적 감소세를 보였다가,[181] 이후에는 가파르게 폭증했다. 1902년부터 1909년까지 조선의 도자기 수입 현황은 〈표 1-8〉과 같다.

1902년 조선의 도자기 수입액은 72,375원이고, 1904년 151,718원, 1907년 294,436원에 달해 폭발적 증가세를 나타내고 있다. 1902~1907년까지 5년 사이에 일본 도자기의 수입액은 무려 4배 이상 증가했다. 1904년부터 도기 수입이 급증한 이유는 러일전쟁 후 일제의 국권 침탈과 화폐정리사업의 영향이 컸을 것이다. 도기 수입에서 일본산이 차지하는 비중은 95% 이상으로 절대적이었으며, 기타 국가로부터 수입은 4% 이하에 그쳤다. 분원자기의 주요 판매 권역인 서울·인천 지역에서 도자기 수입이 1907년 103,463원으

<표 1-8> 도자기 수입 가격(1902~1909)

연도	수입 가격(단위 : 円)		수입 항목
1902	72,375		도기
1903	98,687		〃
1904	151,718		〃
1905	228,423		〃
1906	208,064		〃
1907	294,436	일본 : 289,681	도기 및 자기
		기타 : 4,755	
1908	275,321	일본 : 269,008	〃
		기타 : 6,313	
1909	253,862	일본 : 244,062	〃
		기타 : 9,800	

※ 자료 : 통감부, 『제1차 통감부통계연보』, 명치 40년(1907), 176쪽 ; 조선총독부, 『조선총독부통계연보』, 명치 42년(1909), 733쪽.

로 총액의 35%를 차지한 점을 보면,* 이 시기 분원자기의 판로에 인천항이 결정적 영향을 미쳤으리라고 충분히 짐작할 수 있다.

일본산 도자기의 수입 증가는 유통과 시장 환경에 변화를 일으켰다. 특히 인천항에서 수입이 늘어나면서 서울·경기 지역 시장에는 일본 그릇을 취급하는 점포의 비중이 높아졌다. 수입산 그릇 가게가 늘어나자 일본에서 들여

* 각 항구별 도자기 수입액은 다음과 같다. (단위 : 円)

구분	경성	인천	부산	원산	진남포	군산	목포	마산포	청진	성진	신의주	총액
1907	6,911	96,552	52,053	24,426	65,086	22,598	11,368	3,671		5,546	5,719	293,930
1908	13,549	73,139	61,460	25,492	46,004	18,747	13,406	4,714	6,806	6,126	5,878	275,321
1909	16,721	52,201	67,961	17,731	44,303	15,716	10,722	6,211	14,622	2,596	5,078	253,862

※ 자료 : 조선총독부, 『조선총독부통계연보』, 명치 42년(1909), 728~729쪽.

온 그릇을 염가로 방매하면서 고객을 유인하는 경우도 많았다. 일본산 도자기는 수도권 시장에서 분원자기를 밀어내고 주도권을 장악해갔으며, 해주와 공주 등 지방에서도 왜기倭器 거래 모습은 어렵지 않게 볼 수 있었다.[182]

값싸고 화려한 수입 자기가 시장에 범람하면서 소비자의 기호도 바뀌어갔다. 백자 중심의 소박한 조선 그릇에 비해 수입 그릇은 화려한 색상과 디자인을 자랑했다. 그리하여 수입 그릇을 선호하는 소비자들이 점점 늘어났으며, 1900년 무렵에는 '밥 담아 먹는 사기그릇'까지 '모두 외국 것'을 사용하는 현실에 대한 비판이 제기되는 상황이었다.[183]

게다가 1894년 이후 서울·경기 지역에 대한 분원자기의 판매 특권이 폐지되면서 지방산 도자기들이 수도권으로 대거 유입되어 싼값에 거래되었다. 분원자기는 대내외적으로 가격·색상·디자인 면에서 경쟁력을 잃어갔다.

일본인의 요업 진출

수입 자기의 증가도 조선 자기업에 위협적이었지만, 좀 더 근본적인 위협은 일본인들이 직접 조선 땅에서 자기 제조업에 진출하여 도자 산업을 지배했다는 점이다. 일본인들은 분원에도 드나들면서 자기 제조업에 관심을 드러냈지만, 토착 세력의 위세 때문인지 공장을 세우지는 못했다.

1895년 분원 일대를 드나들던 일본인이 1일 생산량과 1년 진상의 다과를 물어본 일이 있었으며, 러일전쟁이 끝나자 분원 자기업에 관심을 표명하는 일본인들이 나타났다. 1905년 2월 분원을 방문한 일본의 사기 제조업자 다무라田村久平는 "시국 형편이 대한大韓과 일본이 다를 바 없다"라면서 일본식 '제기製器의 묘법'을 가르쳐주겠다고 큰소리치기도 했다. 이는 러일전쟁 후 일본의 식민지화 정책이 도자기 제조업에까지 영향을 미쳤음을 보여준다. 또한 그의 동생이 진고개에 그릇 가게(器廛)를 차리고 일본 그릇을 판매했던 현실을 고려하면, 다무라의 분원 방문은 일본 요업의 조선 진출을 위해 사전 탐사한 작업으로도 볼 수 있다. 그 뒤로도 일본 규슈九州 오이타현大分縣에 사는 약의藥醫 히메노姬野堅次郞가 분원에 찾아와 사기 제조에 관한 일을 문의하고, 일본에서 수비水飛한 백토 소량으로 그릇을 만들어 가마에 구운 뒤 간색看色해주기를 요청한 일도 있었다.[184]

일본인이 직접 자기 제조업에 뛰어든 사례는 『하재일기』에 두 번 언급되어 있다. 일기에서 지규식은 1896년 초 '일본 가마(日窯)의 신설'을 언급했으며, 1897년 일본인이 분원 근방에 '대통회사'라는 요업 회사를 설립하려 했다고 기록했다.[185]

일본인의 도기 제조업 진출은 분원 일대에 국한되지 않고 전국적으로 진행되었다. 1905년에는 도토가 풍부한 함경남도 문천군에 도기 제조소를 설립하기 위해 현지 조사와 실험을 끝내고 일본인 기사를 초빙했다.[186]

〈표 1-9〉는 개항 후 일본인의 요업 진출이 어느 정도 축적된 1911년의 조선 요업 현황이다.[187] 1911년 조선의 요업 공장은 38개였으며, 조선인 공장은 15개(39%)인 반면 일본인 공장은 23개(61%)로 전체의 절반을 훌쩍 넘고 있다. 이는 이전부터 자기업 등 요업 분야에 일본인의 진출이 활발하게 이루어졌음을 보여주는 지표이다. 자본금은 조선인 공장이 89,335원(35%), 일본인 공장이 163,350원(65%)으로, 일본인 자본이 많았다. 그런데 생산품 가액을 보면 조선인 공장은 28,716원(11%)에 불과하고, 일본인 공장은 231,936원(89%)에 달한다. 조선인 공장은 개수나 자본력에서 35% 이상을 차지했음에도 불구하고 생산품 가액에서는 11%로 매우 저조한 실적을 나타내 자본 대비 생산성이 낮았다.

요업에 종사하는 기술자는 전체 56명 중 조선인 25명(45%), 일본인 31명(55%)으로, 큰 차이가 없다. 그런데 조선인 기술자는 전원 조선인 공장에 소

<표 1-9> 조선의 요업 공장 수와 자본금 및 생산액(1911)

구분	공장 수	자본금(円)	기술자	직공	생산품 가액價額(円)
계	38개	252,685원	56명	1,396명	260,652원
조선인	15개 (39%)	89,335원 (35%)	25명(45%) • 조선인 공장 소속 : 25	910명(65%) • 일본인 공장 소속 : 700 • 조선인 공장 소속 : 210	28,716원 (11%)
일본인	23개 (61%)	163,350원 (65%)	31명(55%) • 일본인 공장 소속 : 30 • 조선인 공장 소속 : 1	317명(23%) • 일본인 공장 소속 : 310 • 조선인 공장 소속 : 7	231,936원 (89%)
기타 외국인	–	–	–	169명(12%) • 일본인 공장 소속 : 169	–

※ 자료 : 조선총독부, 『조선총독부통계연보』, 명치 44년(1911), 228쪽.
※ 주 : 요업은 도자기를 비롯하여 벽돌·기와 등을 포함하지만, 그 중심은 도자기였다.

속되어 있고, 일본인 기술자는 1명을 제외하고 모두 일본인 공장에 속해 있어 민족별 분리가 확연하게 드러난다. 반면, 노동력을 제공하는 직공 1,396명 가운데, 조선인은 910명(65%), 일본인은 317명(23%), 기타 외국인은 169명(12%)으로, 조선인의 비중이 매우 높다.

일본인의 요업 진출은 러일전쟁 이후에 본격화되었다. 1905년 실시된 화폐개혁에 따라 일본 화폐가 조선 사회에 그대로 통용되어 제조업에 투자할 여건이 용이해졌고, 식민지를 염두에 둔 일본 정부의 지원이 강화되었기 때문이다. 그 결과 1911년 일본인의 요업 공장은 60%를 넘어섰으며, 생산품 가액은 89%로 절대적 비중을 차지했다. 일본인의 도자업 진출로 결국 조선인 자기업은 대부분 몰락의 위기에 직면했고, 1911년 단계에서는 그 명맥마저 유지하기 힘든 상황이 되었다. 이는 이미 조선의 도자업이 붕괴되어 일본인의 요업 체제로 재편되었음을 보여준다.

일본 그릇의 수입 증가와 일본인의 자기업 진출로 조선의 분원 자기업은 치명적 타격을 받아 도산의 위기에 처하였다. 분원에서 그릇을 제작하여 판매해온 업주 지규식은 1906년 남대문 밖에서 그릇을 방매하여 4,169냥 5전을 받았는데, 본값에서 3,500냥 정도를 밑진 가격이었다.[188] 본전을 밑지고 파는, 이른바 덤핑이 행해졌던 것이다.

이처럼 개항 후 도자기 수입은 지속적으로 증가했으며, 러일전쟁 후 폭발적으로 늘어났다. 특히 분원의 영향권 아래 있는 서울·경기에 수입품이 집중됨으로써 분원 자기업의 어려움이 가중되었다. 수입 자기의 확산은 유통시장의 환경 변화와 소비자 기호의 변화를 초래했다. 일본인의 요업 진출로 분원과 조선의 자기업은 더욱 곤경에 빠졌으며, 극심한 자금난에 처한 분원 업주들은 그릇을 헐값으로 처분하기도 했다. 분원의 자기 산업은 수입품의 증가와 일본인의 요업 진출이라는 이중의 압박을 받으면서 쇠락해갔다. 결국 자본과 기술·디자인 등에서 열세를 면치 못했던 조선의 분원과 자기업은 유통시장의 환경 변화와 식민 정책의 장벽을 넘지 못하고 일제의 요업 체제로 재편되어갔다.

(3) 시장 환경 변화에 따른 분원의 대응

도자 산업을 일으키려는 사회적 분위기

조선의 도자 산업이 위기에 처하자, 사회적 차원에서 그 원인을 진단하고 대응 방법을 모색하려는 움직임이 나타났다. 분원 또한 경영 방식의 개선을 꾀하고 채색 도기의 생산을 시도하는 등, 그 나름대로 시장의 변화와 소비자의 기호에 맞추려 노력했다.

일본산 도자기가 한창 밀려들던 1899년, 『황성신문』은 논설에서 "성냥(點火柴)과 사기·지묵·염료를 전적으로 수입에 의존하지 않는 것이 하나도 없으니, 나라가 어찌 약하지 않을 수 있으며, 백성이 어찌 가난하지 않으리오"라고 한탄하며, 공업을 진흥하여 나라와 백성을 부유하게 해야 한다고 주장했다.[189] 이 시기 언론들은 우리나라의 자기 제조가 이웃 나라의 모범이 되어 왔으나 도자업과 장인들을 천시하고 배척하여 쇠락하게 되었다고 분석하면서, 공업 진흥을 통해 몰락의 위기를 극복해야 한다고 강조했다.[190]

자기업에 대한 각계의 관심은 새로운 기술의 도입과 도자기 제조업 진출로 이어졌다. 1902년 궁내부 내장원은 도성 안 대동帶洞에 '사요소砂窯所'를 설치하고 왕실의 어용 자기를 생산했다. 내장원은 분원의 부장釜匠 손치서孫治西 등 관련 장인을 차출하여 가마를 설치하고, 여주·광주 등지에 훈령을 내려 도토를 확보해 와 각종 그릇을 제작했다.[191]

> 내장원 경內藏院卿 이용익李容翊 씨가 작년(1902)부터 사기 제조소를 북장동北壯洞 마대영馬隊營 부근에 건축ᄒ고 러시아인을 기사로 고빙ᄒ야 사기를 제조하더라.[192]

고종의 심복인 내장원 경 이용익은 1902년부터 북장동 마대영 부근에 사기 제조소를 지은 뒤 러시아인 기술자를 불러들여 사기를 제조했다. 북장동은 장동(현 궁정동·효자동·창성동 일대)의 북쪽을 가리키며, 내장원이 사요소를 설치했다는 곳인 대동 또한 지금의 궁정동과 창성동 일대이다.[193] 따라서 북장동의 사기 제조소와 대동의 사요소는 그 위치와 설립 시기, 내장원이 주관했다는 내용으로 미루어 동일한 장소의 자기 제조소일 것이다.[194]

이곳 사기 제조소에서는 서양식 채색 자기를 생산한 것 같다. 러시아인 기사를 고빙했다는 사실과 함께, 왕실 사요소 일을 담당했던 분원의 한보여韓甫如가 '서양의 채색 물감 14종을 따로 봉하여'[195] 분원으로 가져온 기록이 있기 때문이다. 내장원이 주관한 사기 제조소는 1903년까지 운영된 사실이 확인되지만, 이후 어떻게 되었는지는 알 수 없다.

정부 차원에서뿐만 아니라 민간에서도 자기 제조업에 대한 관심이 높아졌다. 예컨대, 1905년 서울에 사는 참봉 박제민朴齊敏이 분원에 찾아와서 사기 제조에 관한 일을 상의했으며, 왕족 완순군完順君 이재완李載完도 개인적으로 사기 제작의 뜻을 갖고 분원에 접촉한 일이 있었다. 1906년 동양용달회사는 어용 사기를 제조할 거라며 무학현에서 도토를 채굴할 수 있는 특허권을 요청하기도 했다.[196]

이러한 분위기를 타고 1906년에 사기·도기·자기를 비롯하여 유리와 벽돌 등을 만드는 대한요업합자회사가 서울에 설립되었다.[197] 대한요업합자회사는 각종 그릇과 토관土管·유리·석회·돌가루·벽돌을 만들어서 판매하는 영업회사로, 제조장은 한강변에 위치했다. 설립 허가를 신청할 때 자본은 10인 이내로 합자하여 마련하고, 세금은 내장원이 아닌 농상공부에 상납하기로 했다.

1908년에는 평양 마산동에 평양자기제조주식회사가 설립되었다. 한삼현韓三賢·윤재명尹在明·정인숙鄭仁叔 등이 발기인으로 참여했고, 자본금은 총 6만 환圜이었으며, 1주에 50환씩 1,200주를 공모했다. 『황성신문』은 평양자기제조주식회사의 설립을 우리나라 '실업 발달의 효시'로 평가하면서 그 성공을 기원했다.[198] 이외에도 같은 해에 양자기제조소洋磁器製造所가 설립되었는데, 그 명칭으로 보아 서양식 채색 자기를 제조했던 것 같다.[199]

도자기 산업에 대한 위기감은 정부와 민간의 도자업 진출을 추동해냈을 뿐 아니라, 도자기 제조 기술에 대한 관심 증대로도 연결되었다. 1906년 조선 정부는 이화동(현 동숭동)에 공업전습소를 세우고 일본인 교사를 초빙하여 도기·염직染織·목공 등 실용 기술을 가르쳤으며, 1907년 2월 1일에 공업전습소 관제를 칙령으로 공포했다. 공업전습소 교사 미즈노水野小助는 여러 형태의 그릇을 실험하며 굽기 위해 자주 분원을 드나들었다.[200]

이처럼 조선의 도자 산업이 위기에 처하자, 식산흥업의 일환으로 자기업에 대한 사회적 관심이 높아졌다. 정부는 도공의 일본 유학을 계획했으며, 공업전습소를 설립하여 새로운 도기 제작 기술을 가르쳤다. 내장원은 서울에 사기 제조소를 설치하여 어용 자기를 생산했으며, 민간에서도 도자회사 설립 움직임이 일어나면서 대한요업합자회사와 평양자기제조주식회사 등이 창립되었다. 한편 사기 제조소에서 어용 자기를 생산한다는 것은 분원 입장에서 보면 왕실이라는 최고의 고객을 상실함을 의미했다. 이 시기 왕실과 민간의 자기 제조업은 큰 성과를 거두지 못했지만, 도자 산업의 위기를 극복하고자 채기彩器 생산과 기술 개발에 노력했던 절박함이 엿보인다.

채색 자기 생산 등 분원의 자구책 모색

분원은 예로부터 백자를 생산했다. 물론 청화백자나 철화백자 등 다양한 종류를 만들어냈지만, 이는 어디까지나 백자 위에 색깔 있는 무늬를 그리는 데 한할 뿐, 채색 자기를 생산하지는 않았다. 그러나 수입품이 늘어나면서 그릇 시장의 환경과 소비자의 기호가 변하고 채색 자기에 대한 사회적 관심이 증대하자, 분원 또한 다양한 색상의 채기를 생산하고 회사 이름을 바꾸는 등 대응책을 강구해 나갔다.

분원에서 채색 자기 생산을 처음으로 시도한 것은 1901년부터다. 1901년 3월에 "남한산성의 박재관朴才官이 여러 가지 빛깔의 안료를 가져와 시험하였으며, 이에 와형瓦形 4개를 만들었다"[201]는 내용으로 보아, 이때 채기 제작을 시도했음을 알 수 있다. 1902년 10월에도 한보여가 서양의 채색 물감 14종을 조금씩 가져왔다는 기록이 있다.[202] 이때 서울 사기 제조소에서 가져온 물감을 이용하여 채기를 만들었을 가능성이 높지만, 이를 뒷받침하는 구체적인 기록은 보이지 않는다. 분원에서 새로운 채색 도자기를 본격적으로 실험하고 생산하기 시작한 때는 1902년 11월이다.[203]

- 1902년 10월 14일(양력 11. 13) : 서울에서 오위장 박일현朴逸鉉(자字 공직公直)이 내려와 말하기를 "일본인 장인 1명에게 150원을 선금으로 주고, 필요한 기계 및 채색彩色과 전문錢文을 모두 가지고서 고마雇馬를 얻어 타고 가라고 먼저 보낸 뒤 뒤떨어져 내려왔다. …"고 하였다.

- 16일 : 경성의 김문규金文圭와 박일현이 일본인을 거느리고 해가 저물 때 내려왔다.

- 17일 : 채요彩窯를 만들기 위해 일을 시작했다.

- 18일 : 일본인 이오스미庵住가 요기窯器를 만들었는데, 기계가 불편하여 진고개(泥峴)에 있는 그의 집으로 특별히 사람을 보냈다.

- 20일 : 역소役所에 기계를 설치하고 일본인 이오스미가 요기를 만들었다.

- 22일 : 채요를 축조했다.

- 27일 : 사기에 채색으로 그림을 그리기 시작했다. 신시申時에 가마에다 넣고 불을 붙였으며, 자시子時에 불에서 꺼냈다.

- 28일 : 채색 도자기를 꺼내어 보니, 화력의 부족으로 반생반숙半生半熟하여 제대로 모양을 갖춘 것이 하나도 없었다. 매우 한탄스럽다. 이오스미가 말하기를 "채기에 필요한 의토衣土(유약)와 조합하는 약품을 가져와야 낭패를 면할 수 있다"고 하였다.

- 11월 22일(양력 12. 21) : 채요에서 구워낸 그릇 1짐을 올려 보냈다. 채요

바닥이 터진 바람에 기울어져서 파손된 기명이 적지 않다. 이오스미가 상
경하고 전 의관, 하 감찰, 이 사과도 길을 떠났다.

서울의 박일현과 김문규는 일본인을 고용하여 분원에서 채색 자기 생산
을 시도했다. 10월 17일(양력 11. 16) 채기 제조를 위한 채요를 축조하기 시작
하여 닷새 만에 완료했다. 채요를 별도로 만든 까닭은 색상과 제조법 등에서
분원의 전통 자기와 다른 새로운 방식을 적용하기 위해서일 것이다. 아마도
일본식 채기 생산을 도모했으리라. 그러나 일본인을 고용하여 시도한 첫 채
색 자기 생산은 실패했다. 이후 의토와 약품을 다시 바꾸고 여러 차례 실패
를 반복한 끝에 모양을 갖춘 채기를 얻었으며, 한 달 후에는 채기 1짐을 서
울로 올려 보냈다.

그런데 박일현과 김문규는 번자회사의 사원도 아니면서 왜, 무슨 자격으로
분원에서 채기 생산을 주도한 것일까? 오위장 박일현의 행적은 특별히 드러
난 것이 없으나, 1909년 『황성신문』에 "청와靑瓦 제조법을 신발명하였다"는
보도로 미루어[204] 요업 분야에 관심을 가졌던 인물로 보인다. 그는 채기 제
작을 위해 일본인과 함께 분원을 자주 드나들었으며, 자본가인 전 의관과 친
분이 두터웠고, 1903년 지규식이 은곡점을 개설할 때 전 의관, 하 의관과 함
께 일했다.

김문규는 박일현과 일본인 이오스미가 분원에 올 때 동행했던 사람으로,
수천 냥의 돈을 빌려줄 정도로 자본력이 있었으며, 지규식이 은곡점을 개설
하고 운영할 때 깊이 관여했다.[205]

전 의관은 채기 제작이 시작된 지 한 달쯤 뒤에 하 감찰, 이 사과와 함께
분원에 와서 머물다 갔는데, 이후 수천 냥의 자금을 빌려주었다. 1903년 지
규식이 은곡점을 개설할 때 적극적으로 개입하여 결정권을 행사하고, 이후

물주로서 자금을 투자한 인물이다.[206]

일기에는 박일현 등이 번자회사 관할인 분원에 와서 채기 제작을 시도한 배경에 대한 언급이 거의 없다. 다만 그 뒤로 분원 사원 지규식이 전 의관 등의 자본을 끌어들여 분원에 가마를 설치하려고 할 때, "회사 기지에 타인을 끼고 가마를 설치하는 것은 만만불가하다"[207]는 서울 사원들의 반대에 부딪혀 뜻을 이루지 못한 내용이 나온다. 그렇다면 아마도 1902년에 채요 설립이 가능했던 것은 이익을 노린 서울의 자본가 김문규 및 전 의관 등과 새로운 채색 도자기 생산을 통해 위기 타개의 돌파구를 마련하고자 했던 지규식의 이해관계가 맞아떨어져 이루어진 듯싶다.

분원 사원들은 일상적인 그릇 외에 전선통을 주문받아 제작, 납품하기도 했다. 전기·통신이 널리 보급되면서 1901년 분원은 정부로부터 수천 개의 전선통 제작을 주문받았다. 처음에는 기술자가 없다는 이유로 거절했으나, 결국 이듬해까지 수천 개의 전선통을 만들어 납품했다.[208]

1903년, 분원은 현재 서울 종로의 광화문 사거리에 있는 고종즉위40년칭경기념비전의 기와와 벽돌도 제작했다.[209] 정부는 1902년 고종의 망육순望六旬(51세)과 즉위 40년을 축하하기 위해 7월에 민영환閔泳煥을 칭경예식사무위원장稱慶禮式事務委員長으로 임명하고 관련 사무를 추진했다. 그러나 1903년 4월 천연두가 유행하여 영친왕이 감염되자 칭경稱慶 예식을 가을로 미루었다.[210] 그에 따라 분원은 1903년 10월 기념비전에 사용할 기와와 벽돌을 만들게 된 것이다.

분원 사원들은 왕실의 국장도감이나 산릉도감에 쓰이는 지석과 명기明器 등도 만들었다. 명성황후를 안장한 홍릉에 사용된 지석 역시 분원에서 만들었다. 1905년에는 좌의정을 지낸 김병국金炳國의 묘에 쓸 지석을 주문 받아 납품했고, 을사조약에 항거해 순국한 민영환의 묘를 옮기는 면례緬禮 때 사

고종 즉위 40년 칭경 기념비
현재, 서울 광화문 사거리에 있는 기념비전의 모습이다. 지금은 사라져서 볼 수 없지만, 대한제국기에
기념비전을 둘러싼 담장의 벽돌과 기와가 보이는 모습은 2부 190쪽에서 확인할 수 있다.

용할 지석도 제작했다. 그 밖에 민영소閔泳韶, 박제순朴齊純 등 당대 명문 세
도가들로부터 집안의 묘지에 사용할 지석을 주문받아 제작했다.[211]

　이렇듯 분원 사원들은 일본인을 고용하고 자본가를 끌어들여 채색 자기의
생산을 시도하고, 전선통과 청기와도 주문받아 제작하는 등 변화하는 시장
환경에 새롭게 대응하려 노력했다. 그러나 자본과 기술력에서 열세를 면치
못한 분원자기가 값싸고 화려한 수입 그릇을 따라잡기에는 역부족이었다.

쇠락하는 분원 자기업

　번자회사는 1906년경 회사 이름을 번사회사燔砂會社로 바꾸었다. 1906년
초 "번사회사에 가마세(釜稅)를 회계하였다"[212]고 하여 갑자기 '번사회사'라는
명칭이 등장한다. 이후 자료에는 '번자회사'는 보이지 않고 '번사회사'라는

이름만 계속 사용된다. 번사회사가 번자회사와 다른 회사일 가능성을 아예 배제할 수는 없지만, 사장과 사원의 구성, 가마세와 수익금의 처리 등에 나타난 운영 방식이 이전의 번자회사와 같다는 점에서 회사 이름을 바꾼 것으로 보는 것이 맞을 듯하다.

그렇다면 번자회사는 왜 회사 이름을 바꾸었을까? 혹시 기울어가는 분원 자기업을 새롭게 되살려보려는 의도로 개명하지 않았을까? 예로부터 분원에서 자기를 구워 만드는 일을 번자라고 했으며, 이에 처음 회사를 설립할 때 그 이름도 번자회사로 지었다. 그런데 사기를 구워 만든다는 의미의 번사회사로 이름을 바꾼 것은 사기 제조를 강조했다는 뜻으로 유추할 수 있다. 대개 사기는 도기와 자기를 총칭하는 용어로 사용되며, 자기는 1200℃ 이상의 고온에서 구운 경질 그릇을 가리킨다.[213] 따라서 번사회사로 개명한 배경에는 왕실 납품이 줄어들고 시장 판매가 늘어나면서 대중적인 다양한 그릇을 생산하게 된 현실, 언론에서 식산흥업을 위한 '사기' 제조를 강조했던 점, 일본인들이 '사기'나 '번사' 등의 용어를 사용했던 점에서 영향을 받았을 것이다.[214]

새롭게 활력을 불어넣으려는 듯 번사회사로 이름을 바꾸었지만 분원 자기업과 회사의 운영은 점점 위축되었다. 1906년 12월 일본인과 함께 분원마을을 방문한 양근 군수 양재익梁在翼은 '번사주식회사를 협동하여 설립하자는 뜻'을 제안했다.[215] 이때 양재익이 말한 번사주식회사가 기존의 번사회사를 주식회사로 전환하자는 것인지, 기존의 번사회사와 다른 주식회사를 새로 설립하자는 것인지는 정확히 알 수 없다. 그러나 '설립'이라는 용어를 사용했으며, 다음 날 번사회사 사원들의 불응을 무릅쓰고 다른 사람들이 주식에 가입하고 있는 것으로 보아, 기존의 번사회사와 다른, 별도의 새로운 주식회사를 세우려 했던 것 같다. 아무튼 어느 경우이건 기존 번사회사의 이해와 연관된 중요한 사안이었다. 지규식은 회사 사원들을 초청하여 양재익의 제안을 알리고, 번사주식회사를 왜 설립해야 하는지 그 연유를 설명했다.[216] 그러나 사원들은 대부분 주식회사에 참여하지 않았다. 번사회사의 사원들이 불응하는 가운데, 양근 군수 2주, 남종 면장 2주, 지규식 2주, 함영섭 등이 주식회사에 입회하고 출자하기로 약정했다.

일진회원이자 양근 군수 양재익의 제안으로 번사주식회사 설립 움직임이 시작되었으나, 이후 번사주식회사의 운영에 관련된 내용은 전혀 나타나지 않는다. 다른 자료를 살펴봐도 번사주식회사에 관한 기록은 등장하지 않는다. 게다가 번사주식회사의 설립을 제안한 양재익도 1907년에 충남 관찰사로 승진 발령되어 떠났다.[217] 아마도 번사주식회사는 기존 번사회사 사원들의 부정적 견해와 마을 주민들의 비협조로 설립 자체가 흐지부지된 듯하다.

개명 후에도 분원의 자기업은 호전되지 않고 악화 일로를 걸었다. 회사의 기지와 행랑도 황폐해져갔다. 1907년에는 분원학교의 담장을 보수한다는 구실로 회사의 석재를 헐어냈고, 회사 옛터에는 학생들의 교련장을 만드는 공사를 진행했다. 1908년에는 양근군의 객사 중건소에서 회사의 3칸짜리 행랑 기와를 뜯어 갔고, 심지어 학교 건물을 짓는다면서 행랑을 철거해버렸다.[218]

1908년 7월, 경기 관찰부에서 경내에 소재한 사기점과 토기점의 실태를 조사했는데, 분원의 번사회사도 이때 점명店名, 지명, 공장工匠 수, 제조 기종과 월평균 매매가 등을 기록하여 제출했다.[219] 이 조사는 전국적으로 실시되었으며, 조선 자기업의 실상을 파악하기 위한 통감부의 의도가 반영된 일이었다.

분원의 자기업이 악화되면서 분원에서 자기업을 운영하던 분원 사원 지규식 역시 쇠락의 길을 걸었다. 그는 자신의 전답을 담보로 빚을 얻어 유지해왔으나, 1908년에 이르러서는 전답마저 채주債主에게 넘겼다.

서울에 사는 이선경李善慶이 유준억柳俊億의 채전債錢 일로 또 찾아와서 "전당 잡은 밭을 팔아서 가려 했으나 사려는 사람이 없으니, 지금부터 소출 곡식을 추심하여 받아가겠다"고 말했으므로 부득이 허락하였다.[220]

지규식은 자본가 유준억으로부터 수천 수만 냥의 돈을 빌려 그릇을 제조하고 판매했으나, 누적된 손실을 감당하지 못해 결국 전당 잡힌 전답은 물론 소출 곡식까지도 채주에게 넘겨주어야 할 지경에 처했다.

이 때문에 업주 지규식의 그릇 제조업은 거의 중단되었다. 1908년 11월에 "사용하던 각령閣令(도자기를 만드는 작업장)이 무너진 지 이미 오래되었다. 며칠 전에 철거하기 시작하여 오늘 일을 마쳤다."[221]고 한 기록을 보면, 이미 오래 전에 자기 제조업을 그만두었을 것이다. 이후로는 이따금 지인들로부터 지석과 연와 등을 주문받아 제작하곤 했다.

1911년에 분원 사원 지규식은 전 번사회사 기지를 영구히 매도한다는 증서를 작성하여 본사의 한용식에게 보냈다. 그러나 한용식은 "전 회사 기지는 방매하지 않는다"는 답장을 보내왔다.[222] 회사 기지가 그 뒤에 어떻게 처리되었는지는 알 수 없다. 다만 자기를 생산·판매하는 회사로서의 기능과 역할은 이미 한계에 다다랐음을 보여준다.

번사회사는 1909년까지 힘들게 명맥을 유지하면서 운영되었다. 이는 가마 세 독촉과 회계, 수입금 균분이 1909년까지 계속된 사실로 미루어 알 수 있다. 그러나 1910년 분원자기주식회사가 설립되자 번사회사는 문을 닫고 말았다.

이상 3장의 내용을 정리하면 다음과 같다.

1897년 설립된 번자회사는 사원 9명이 공동으로 투자·경영하고, 공동 분배하는 합명회사 체제로 운영되었다. 회사의 수익은 나쁘지 않은 편이었지만 유동자금 경색과 수입 그릇의 증가로 어려움에 처하자, 3년간의 공동경영 방식을 청산했다. 그리고 1900년부터는 사원들의 개별 운영 체제로 전환했다. 분원 사원들은 각자 업주가 되어 회사의 가마를 이용하여 그릇을 만들고, 그 대가로 본사에 시설세를 바쳤다. 서울 사원들은 투자와 생산에서 손을 떼고 시설세를 받아 관리하면서 회사 운영을 주도해 나갔다.

분원 업주의 '독립된 사업체'와 서울 본사는 각기 다른 방식으로 작동하는 이원적 체제로 운영되었으며, 시설세를 두고 납세와 수세의 대립적 관계로 길항했지만 수입금은 공동으로 균분하는 이중적 구조를 취하고 있었다. 이는 서울 본사가 분원으로부터 받는 시설세에 기생하는 양상이었는데, 이 시기 각종 회사의 본사가 인허권을 매개로 지사로부터 수수료를 챙겨 기생하는 방식과 비슷했다.

값싸고 화려한 수입 자기의 무차별적 공세와 시장 환경의 변화로 분원 자기업은 큰 타격을 입었다. 러일전쟁 후 본격화된 일본인의 요업 진출 또한 위협적이었다. 이에 번자회사는 분원 사원들 중심으로 채색 자기의 생산을 시도하고 번사회사로 이름을 바꾸는 등 위기 극복을 위해 노력했다. 그러나 자본 부족, 밀려드는 수입 자기와 시장 환경의 변화, 가격 경쟁력 저하라는 문제를 타개하지 못하고 끝내 몰락의 길을 걸었다. 전통적 도자 산업은 약탈적 자본주의 시장 체제 아래 쇠락하여 일제의 요업 체제로 재편되어갔다. 결국 1910년 분원자기주식회사가 설립되자 번자회사는 분원 자기업의 마지막 바통을 넘겨주고 퇴장했다.

4장
분원자기주식회사(1910~1916) : 분원의 마지막 자기업

1. 민족 기업, 분원자기주식회사의 탄생

(1) 재기를 도모하는 분원 사람들

최고의 자기를 생산해온 분원이 문을 닫을 위기에 처하자, 이런 사태를 우려하면서 사회적으로 분원에 대한 관심이 고조되었다. 특히 국권 회복을 위한 실력양성운동이 대대적으로 전개되면서 일제의 경제 침략에 대응할 민족 기업의 양성을 촉구했다. 이에 따라 분원의 쇠퇴에 대한 걱정과 옛날 명성에 걸맞는 재기를 도모하자고 주장하는 목소리가 높아졌다.

언론은 고려자기를 비롯한 한국 자기의 우수성을 상기시키며 분원의 흥왕을 독려했다. 『제국신문』은 1906년 논설에서 "지금은, 유명하던 광주 분원사기가 못된 질그릇 행세와 같이 되었다"[223]고 한탄했다. 『대한매일신보』 또한 「분원사기에 취할 일론一論」이라는 논설을 통해 '폐도閉倒' 위기에 처한 분원의 현실을 탄식하고, 분원사기를 다시 흥왕케 하기 위해서는 분원 사람들에게만 맡겨 놓을 것이 아니라 국내 실업가가 다 같이 힘쓸 것을 주장했다. 그럼으로써 평양자기주식회사와 함께 남북 양대 사기점으로 성장할 수 있도록 하고, 한국 공예의 가치를 세계에 발휘할 수 있기를 희망했다.[224] 이러한 호소는 이후 다양한 세력이 분원자기주식회사에 참여하는 일로 이어졌다.

쇠락해가는 분원의 자기업에 사회적 관심이 증대하자 분원인들은 서울의 애국계몽운동 세력과 연대하여 자기업의 재기를 모색하기 시작했다.

그 무렵 분원 일대에서는 국권 회복을 위한 의병 활동이 치열하게 전개되었으며, 분원마을에도 의병과 일본군이 들이닥쳐 교전이 벌어지거나 쫓고 쫓기는 추격전이 벌어졌다.[225] 분원마을 주민들은 어지러운 시국의 한가운데서 불안한 나날을 보냈다.

의병운동이 한풀 수그러든 1909년에 이르러 분원자기의 개량 문제가 논의되기 시작했다. 1909년 4월 분원 사원 지규식의 아들 지영인池榮仁이 홍재윤洪載潤을 찾아가 사기를 개량하는 문제를 상의했다.[226]

분원마을의 주민들은 1909년 8월 말 동회를 열어 자기 개량에 대한 의견을 수렴하고, 각자 주식 출자금(株金)을 약조했다. 이어 9월 2일 회사를 조직했다.[227] 이때 조직한 회사가 어떤 형태인지, 구성원이 어떤 인물인지는 구체적인 기록이 남아 있지 않아서 알기 어렵다. 그러나 주식 출자금을 약조한 일로 볼 때 주식회사 체제를 구상했던 듯하다. 이처럼 주민들은 자율적으로 회사를 조직하고 재기를 꿈꾸었지만, 그럼에도 불구하고 큰 진전이 없었다.

(2) 애국계몽운동가와 연대

자기 개량 사업이 지지부진하자 지규식은 1909년 9월 9일 서울로 올라가 종로 황성기독교청년회관(YMCA)에서 이상재李商在·여운형呂運亨·김도희金道熙·김경덕金敬德을 만나 사기 개량에 관한 의견을 나누었다.[228] 이들은 교육·계몽 활동 등 실력양성운동에 전념하던 인물로, 기독교에 입교하여 YMCA를 무대로 활동하고 있었다.

이상재는 YMCA 교육부장으로 활동하면서 애국계몽운동에 힘쏟고 있었다. 함경남도 출신인 김경덕은 분원에서 가까운 지평군 창동학교昌東學校의 교사가 되어 민족 교육에 진력했으며, 가끔 분원학교에 와서 연설을 하기도 했다. 김도희는 충청도 임천 출신으로, 1903년 무렵 상경하여 기독교에 입교하고 연동교회에 다녔다. 그는 1908년쯤에 경신학교에서 한문을 가르쳤는데, 그즈음에 우윤기禹允基·지봉균池鳳均·이종억李鍾億 등 분원 청년들의 상당수가 경신학교에 입학했다. 그는 이들 청년을 데리고 분원에 자주 드나들면서 교육과 자기 개량 문제에 깊은 관심을 갖고 지규식 등과 수시로 논의하곤 했다.[229]

양근 출신인 여운형은 1906년 분원에서 가까운 고향에 교회를 세워 전도 활동에 매진하고 있었다.* 분원의 지규식 또한 1905년 이후 기독교에 귀의하여 활동했으므로 여운형과도 안면이 있을 터이며, 자연스럽게 기독교청년회와도 연결되었을 것이다. 그래서인지 여운형은 사기회사 설립에 적극적이었다. 『황성신문』에 '여운형 씨는 사기회사를 설치 차로 목하 주선 중'이라는 기사도 게재되었다. 지규식이 여운형 등을 만나고 며칠 뒤 『대한매일신보』에는 분원의 부흥과 실업가들의 참여를 호소하는 논설이 실렸다.[230]

지규식 등은 대외적인 노력을 기울이면서, 동시에 분원마을 주민들에게도

* 여운형은 지금의 경기도 양평군 양서면 출신인데, 양서면은 조선시대 양근군에 속했으며 분원이 자리했던 남종면과 경계를 맞댄 곳이었다.

사기 개량의 필요성을 역설하고 회사의 주식 출자금을 모으려 애썼다. 그 결과 1910년 2월에 주금株金이 6,000여 냥 들어왔으며, 4월에는 동네의 노소가 모여 그동안 걷힌 회사 주금에 대한 일을 의논하여 결정한 바 있다. 그러나 그 과정에서 물의가 빚어진 탓에 뜻이 맞지 않아 큰 성과를 거두지는 못했다.[231]

1910년 3월, 분원의 변주헌은 평양자기제조주식회사의 발기인이자 총무인 정인숙鄭仁淑을 초청하기 위해 평양의 마산동으로 달려갔다. 이 시기에 평양자기제조주식회사는 자본력을 갖추고 양질의 그릇을 생산해내면서 좋은 실적을 거둬 실업 발달의 효시로 주목받았다.[232] 초청을 받은 정인숙은 4월 5일 분원에 도착했으며, 평양자기제조주식회사의 운영 경험을 바탕으로 분원 자기업에 대해 조언을 해주었다. 이때 그는 주금 1,000원을 준비해 와서 분원 자기업에 투자했는데, 10원짜리 주식 100주를 구입할 수 있는 큰 금액이었다.[233]

또, 같은 해 3월에 이종진李鍾振을 비롯한 분원의 젊은 청년 8명이 사기업을 배우기 위해 서울 공업전습소에 들어갔다. 분원 청년들의 공업전습소 입학에 도움을 준 이는 바로 경신학교의 교사 김도희였다. 4월에는 공업전습소를 졸업한 이돈구李敦九·정지현鄭志衒이 분원에 와서 사기를 개량하는 작업을 시도했다. 이돈구와 정지현은 분원자기주식회사가 설립될 때 발기인으로도 참여했다.[234]

오랫동안 분원 자기업에 종사해온 지규식과 변주헌 등은 분원의 부흥을 위해 부단히 노력하면서 주민들을 설득했지만, 이렇다 할 성과를 내지 못했다. 결국 분원 주민들을 모아 놓고 사기 개량에 관한 문제를 협의하고 그 가부를 물으니, 많은 사람이 부정적으로 답하며 빠져나갔다.[235] 이에 다시 새로운 돌파구를 마련해야 하는 절박한 처지에 내몰렸다.

2. 분원자기주식회사의 설립에서 종말까지

(1) 분원자기주식회사의 출범과 자본금

주식회사의 설립과 등기

지지부진하던 회사 설립 문제는 1910년 7월 30일 분원 사원 지규식과 변주헌이 민준호閔濬鎬를 찾아가 사기회사 조직에 관한 일을 협의하면서 급물살을 탔다. 이들의 만남은 연동교회를 같이 다녔던 김도희의 소개로 이루어진 것 같다. 그리고 바로 이튿날 지규식은 퇴역 군인 황영수黃瑩秀를 찾아가 회사 발기인 문제를 의논하여 정했다.[236]

8월 초 지규식은 발기인 총회 때 들 접대비 20원을 마련하여 서울로 올려 보냈으며, 8월 13일에는 이남구李南九와 안태영安泰瑩이 각 주주에게 발급할 응모금 영수증을 인쇄하여 분원에 내려왔다. 『황성신문』 8월 10일자에는 윤치성尹致晟·민준호 등이 분원자기주식회사를 발기하고 주식 응모증 판매와 현지 조사를 실시한다는 내용이 보도되었다.[237]

분원자기주식회사가 공식 출범한 것은 1910년 8월 중순께로 보인다. 이 회사에 대한 논설이 『황성신문』 8월 18일자에 실렸다.

> … 지금 광주 분원의 자기회사가 발표되었다. 대개 분원의 자기는 종래 저명한 생산품이라. 다만 관리의 침해하는 폐단도 있고, 인민의 지식이 유치한 까닭으로 분원의 자기 영업이 날로 쇠락하여 거의 땅속에 매몰될 지경에 이르렀다. 다행히 대한흥업회장 윤치성 등 여러 사람이 분원에 나아가 자기회사를 조직하고 공업과 졸업생을 초빙하여 제조를 착수함에 품질의 양호함이 타국산보다 우월한 성적이 있다고 한다. 이 회사에 대하여 십분

찬성의 뜻을 표하거니와 이로부터 우리나라 사람의 각종 제조업이 점차 발달하여 백성과 국가를 유족하게 하는 재원을 증식하며, 문명 사업이 계속 증진하여 고대 고려자기를 제조했던 명성을 극복하기를 바란다.[238]

이 논설은 분원자기 회사의 출범을 알리고, 몰락할 위기에 봉착한 분원 자기업이 부흥하여 옛 명성을 되찾기를 희망하는 내용이다. 논설은 먼저 세계 최고의 고려자기를 생산했던 역사를 상기시킨 뒤, 망해가는 분원의 자기업을 실업가들이 다시 일으켜 세워 백성과 국가를 풍족하게 하는 재원을 증식하고, 이와 더불어 문명 사업이 전진하기를 기대하였다. 분원 자기업에 대한 관심이 국권 회복을 위한 실력양성운동의 연장선상에 있음을 알 수 있다.

논설이 실린 바로 그날 『황성신문』에는 '분원자기주식회사 주식 응모 광고'가 실렸다.[239]

분원자기주식회사 주식 응모 광고

● 목적 : 광주 분원자기의 천명, 제조

● 상호 : 분원자기주식회사

● 자본금 : 금 4만 원圓(4,000주)

● 1주 금액 : 금 10원

● 발기인 담당 주수 : 1,600주

● 응모 기일 : 융희 4년(1910) 8월 31일까지

● 본점 : 한성 / 출장소 : 분원分院

● 제1회 지입 금액 : 1주에 대하여 금 2원 50전

● 제1회 지입금 기일 : 융희 4년 9월 30일까지

● 1주에 대한 보증금 : 50전

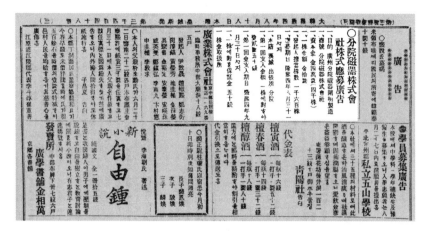

분원자기주식회사 주식 응모 광고

『황성신문』 1910년 8월 18일자에 실린 분원자기주식회사의 '주식 응모 광고'이다.(밝게 처리된 부분)

- 주금株金 취급소 : 광업주식회사. 서울 중부 파조교罷朝橋. 전화 1169번
- 임시 사무소 : 중부 대묘동 18통 5호
- 발기인 : 윤치성尹致晟, 조철희趙轍熙, 정지연鄭志衍, 민준호閔濬鎬, 황영수黃瑩秀, 지규식池圭植, 김수영金洙瑩, 구종서具宗書, 김유정金裕定, 안태형安泰瑩, 안영수安暎洙, 함영섭咸英燮, 정진홍鄭鎭弘, 이남구李南九, 변주헌卞柱憲, 신규식申圭植, 이돈구李敦求

이 광고를 보면 회사의 명칭은 '분원자기주식회사'이고, 목적은 분원자기를 천명하며 제조하는 것이었다. 회사의 본점은 서울에, 출장소는 분원에, 임시 사무소는 대묘동(현 종로3가 일대)에 두었다.

발기인은 윤치성·민준호·황형수·지규식 등 17명으로, 분원의 자기업 종사자와 서울의 실업가, 공업전습소 졸업생, 해산 군인 출신 등 다양한 세력이 참여했다. 지규식과 변주헌 등 분원인의 노력이 다양한 사회 세력과 연대하여 주식회사 설립으로 결실을 거두었다.

분원자기주식회사는 그 산하에 분원자기공소分院磁器工所를 두어 사기장 양성에도 적극 나섰다. 이듬해인 1911년 1월에는 경기도청에 설립 허가를 신청했다. 그러나 일제는 1910년 말 반포한 회사령을 들이대며 다시 청원할 것을 주문하면서 퇴짜를 놓았다.[240] 마침내 회사는 1911년 6월 다시 회사령에 의거하여 설립등기를 마쳤다. 이런 사실이 『조선총독부관보』에 실렸다.

주식회사설립등기 제34호[241]

- 상호 : 분원자기주식회사分院磁器株式會社
- 본점 : 경성 북부 대묘동 17통 9호
- 목적 : 도자기의 제조 판매
- 설립 연월일 : 명치明治 44년 6월 3일
- 자본 총액 : 금 4만 원, 1주 금액 금 50원
- 취체역取締役의 씨명氏名 주소 : 경성 북부 대안동 49통 8호 윤치성, 경성 북부 대묘동 18통 5호 안태영, 경성 북부 대묘동 15통 1호 김수영, 경성 동부 호동 38통 4호 민준호
- 감사역의 씨명 주소 : 경성 북부 교동 25통 12호 윤치소, 경성 동부 황교 5통 8호 김용달
- 존립 시기 : 명치 44년 6월 3일부터 만 30개년

　　　　　　　　　　　—이상. 명치 44년 6월 30일 등기. 경성구 재판소

이에 따르면 회사 설립 목적은 도자기의 제조 판매이고, 본점은 대묘동 17통 9호에 두었다. 설립 연월일은 1911년 6월 3일로 되어 있는데, 아마 등록하면서 날짜를 6월로 맞췄을 것이다. 허가된 회사의 존립 시기는 1911년 6

월 3일부터 30년 동안, 곧 1941년 6월까지로 제한되었다.

상호의 미묘한 변화가 눈에 띄는데, 分院磁器株式會社에서 汾院磁器株式會社로 바뀌었다. 이전에도 분원을 '汾院'으로 표기한 사례가 더러 있지만,[242] 왜 전통적으로 쓰이는 '分院'을 '汾院'으로 바꾸었을까? 아마도 크고 성하게 번창하라는 의미에서 그런 뜻을 담고 있는 동음이의어 '汾' 자로 바꾸지 않았을까?

자본금 4만 원

분원자기주식회사의 자본금은 총 4만 원이었으며, 주식 1주당 금액은 10원씩, 총 4,000주를 발행할 계획이었다. 전체 주식의 40%인 1,600주는 발기인 17명이 부담하기로 했으니, 발기인은 대략 1인당 100주 안팎으로, 금액으로 따지면 1,000원가량을 투자해야 했다. 주식 응모 기한은 8월 31일까지로 정하고, 제1회 지입금은 9월 30일까지 납부하도록 했다. 주식 1주에 대한 보증금은 50전으로 하였다.

총자본금 4만 원은 당시 쌀값으로 환산하면 대략 3,500~5,000석에 달하는 금액이었다. 자본금 규모는 회사마다 천차만별이지만, 10만 원, 20만 원, 25만 원, 30만 원 규모의 자본금을 확보한 회사들에 비하면 분원자기주식회사의 총자본금 4만 원은 결코 많은 액수가 아니었다.[243] 2년 전 설립된 평양자기제조주식회사의 자본금 6만 원에 비해서도 적은 액수였다.[244]

1주당 금액은 쌀 1석에 해당하는 10원으로 책정되었으며, 1회 지입 금액은 2원 50전으로 4회 분할 납부할 수 있도록 했다. 그 무렵 다른 회사의 1주당 가격이 20~50원인 경우가 적지 않았는데,[245] 그에 비하면 분원자기주식회사의 주식가격은 꽤 낮은 편이었다. 아마 분원마을 주민의 참여를 이끌어내기 위해 상대적으로 가격을 낮게 책정하고 분할 납부토록 했을 것이다. 그러나 1911년 관에 등기할 때는 1주당 50원으로 변경되었고, 12원 50전씩 4회에 걸쳐 불입하도록 했다.

주금株金 취급소는 파조교罷朝橋(현 종로 단성사 앞)에 있는 광업주식회사로 정했다. 윤치성의 형인 윤치소尹致昭가 당시 광업주식회사의 사장으로 있기 때문에 그곳으로 정한 듯하다. 회사의 설립 허가를 신청할 때 윤치소는 분원자기주식회사의 감사역으로 등록되었다.[246]

(2) 애국계몽운동가 중심의 운영진

17명의 발기인

1910년 8월에 출범한 분원자기주식회사의 발기인은 모두 17명이었다. 다양한 사회 세력으로 구성된 발기인은 각자 주식 100주(1,000원)를 구입할 수 있을 정도의 경제력을 갖춘 인물들이었다. 그들의 경력과 활동을 간략하게 정리해보면 〈표 1-10〉과 같다.

직업·경력의 측면에서 볼 때 다양한 직업과 경력을 가진 사람들이 참여했음을 알 수 있다. 발기인을 범주화하여 들여다보면 다음과 같다.

첫째, 자기업 관련자는 모두 6명(35%)으로, 그중 3명은 분원에서 오랫동안 자기업에 종사했던 사람들이고, 나머지 3명은 공업전습소에서 도기를 전공한 젊은이들이었다.

분원의 자기업자는 지규식·변주헌·함영섭 3명(17.5%)으로, 본인은 물론 가족도 대부분 도자업 분야에 종사했다. 이전 번자회사의 사원에서 56%를 차지했던 것과 비교하면 매우 낮은 비중이다. 발기인 17명 중 분원인이 3명에 불과하다는 사실은 분원 자기업이 분원인의 수중에서 벗어났음을 의미한다.

〈표 1-10〉 분원자기주식회사 발기인의 인적 사항

	이름	생몰년(나이) 출생지·거주지	경력 및 활동	기타
1	지규식	1851~?(59) 경기도 분원 거주	분원자기공소 공인, 번자회사 설립 주역 및 출자 사원	
2	변주헌	분원 거주	분원자기공소 공인, 번자회사 설립 주역	
3	함영섭咸英燮	분원 거주	분원 자기업 종사, 분원학교에 보조금 기부(1907)	
4	정지현鄭志衒	서울 거주	사립 보광학교 졸업(1908), 공업전습소 도기과 졸업(1910)	
5	이남구李南九	서울 거주	공업전습소 도기과 졸업(1910)	
6	이돈구李敦求	서울 거주	공업전습소 도기과 졸업(1910)	
7	김유정金裕定	1856~?(54) 서울 재동 및 분원 근방 거주	수신사 수행원(1882), 증광시 진사(1885), 탁지부 서무국장(1895), 프랑스 차관 계약(1901), 장련 군수(1907)	
8	민준호	1877~1937 (33) 서울 거주	식년시 진사(1894), 법부 주사(1900), 시종원 시종(1901), 해동신숙海東新塾 교장, 보학원普學院·인창학교 발기인, 만국학생기독교청년대회 참석(1907), 베델 동상 건립 논의(1909), 출판사 동양서원 설립(1910)	1911년 분원자기(주) 취체역
9	정진홍鄭鎭弘	1855~1926 (55) 서울 거주	성균관 진사(1888), 제중원 주사(1891), 회계원會計院 출납 사장(1895), 일본 망명, 농수산부 농무국장(1907), 대한공업회 설립위원(1909)	
10	안태영安泰瑩	서울 거주	영선사 주사(1905), 광덕서관廣德書館 운영(1908), 경성직뉴京城織紐 대표(1910)	1911년 분원자기(주) 취체역
11	김수영金洙暎	서울 거주	궁위령宮闈令 봉시奉侍(1899), 황태자궁 봉시(1904), 협시(1907), 종1품 가자(1907)	1911년 분원자기(주) 취체역

12	윤치성尹致晟	1877~1936 (33) 충남 아산 출신, 서울 거주	유학자 전우田愚에게 사사. 1895년 국비 유학생 선정, 일본 게이오의숙慶應義塾과 육군사관학교 졸업, 육군 참위(1905), 토목건축주식회사 임원(1906), 시종 무관(1907) 해임, 대한공업회 회장(1909)	1911년 분원자기(주) 취체역
13	조철희趙轍熙	1871~?(39) 서울 거주	증광시 진사(1891), 육군 소대장(1896), 원수부 부장副長(1899), 헌병대장(1905), 시위 보병 연대장(1907), 대한협회 회원(1908), 기호흥학회 회원(1908), 대한공업회 의사원(1909)	해산 군인
14	황영수黃瑩秀	1874~?(36) 서울 사직동 거주	육군무관학교 입학(1898), 육군 보병 참위(1900), 육군 기병 부위副尉(1903), 시위기병대대 중대장(1904), 육군유년학교 교관(1906)	해산 군인
15	신규식申圭植	1880~?(30) 충북 청주 출생, 서울 진고개 거주	한어학교漢語學校 입학(1897년경), 무관학교 입학(1900), 육군 보병 참위(1902), 기호흥학회 회원(1908), 대한공업회 의사원(1909), 중국 망명(1911)	해산 군인
16	안영수安暎洙	서울 거주	육군 보병 참위(1902), 해임(1907), 태극학회 회원(1907), 대한흥학회 회원(1909)	해산 군인
17	구종서具宗書	서울 거주	육군무관학교(1900), 참위(1907)	해산 군인

※ 자료 : 『승정원일기』; 『일성록』; 『고종실록』; 『순종실록』; 『대한제국직원록』; 『황성신문』; 『대한매일신보』 등.
※ 주 : 나이는 1910년을 기준으로 계산함.

공업전습소 졸업생 정지현·이남구·이돈구는 모두 도기를 전공했다. 미즈노水野小助 등 일본인 교사의 지도를 받았으며, 그에 따라 일본식 도자기의 제조법도 익혔을 것이다. 이들은 졸업한 뒤 분원의 자기 개량에 관심을 갖고 회사 일에 적극 참여했다. 그러나 실제 현장에서 도자기를 제조한 경험과 연

대한제국 군대
1907년 헤이그 특사 사건을 빌미로 고종을 강제 퇴위시킨 일제는 한일신협약(정미7조약)을 체결하고,
이어 순종으로 하여금 대한제국의 군대를 해산시켰다. 사진은 해산되기 전 훈련원에서 훈련받고 있는
시위대의 모습이다. 분원자기주식회사의 발기인 중에는 해산 군인 출신이 많았다.

류이 많지 않았기 때문에 당장 가시적 성과를 거두기는 어려웠을 것이다.

　둘째, 관료 출신은 김유정·민준호·정진홍·안태영 4명(23.5%)으로, 그 비중
이 아주 낮은 편은 아니었다. 그러나 이전 번자회사에서 차지한 관료의 비중
44%보다는 대폭 낮아졌다.[247] 안태영을 제외한 세 사람은 진사시에 합격하
여 국장 등 고위직을 역임하기도 했지만 정계에 막강한 영향력을 행사할 정
도는 아니었다. 민준호·정진홍·안태영은 국권 회복을 위한 실력양성운동에
앞장섰으며, 교육·출판·학회 활동 등 사회사업에도 힘을 쏟았다. 또한 실업
가로서 각종 회사에 관여했으며, 그 연장선상에서 분원자기주식회사에 동참
했다.

　셋째, 군인 출신은 윤치성·조철희·황영수·신규식·안영수·구종서 6명(35%)

으로, 가장 높은 비중을 차지했다. 이들은 대부분 육군무관학교를 졸업하고 육군에 편입된 자들로, 1907년 대한제국 군대가 해산될 때 해직되었다. 군대가 해산된 뒤 이들은 각종 정치·사회단체에 속해 애국계몽운동을 전개했으며, 그 연장선상에서 분원자기주식회사에 동참했다. 특히 퇴역 군인들이 중심이 되어 창립한 대한공업회大韓工業會에 윤치성·조철희·신규식이 회장과 의사원議事員으로 참여했다.

17명의 발기인 가운데 1910년을 기준으로 나이를 알 수 있는 사람은 절반가량인데, 30대의 비중이 높고 50대는 3명뿐이다. 공업전습소 졸업생은 대략 20~30대, 해직 군인 출신은 30~40대로 추정해본다면, 비교적 젊은 30~40대가 주축을 이루었을 것이라고 유추할 수 있다.

발기인의 거주지를 보면, 분원 거주자는 3명에 불과하고 거의 대부분은 서울 거주자였다. 이제 분원의 자기업이 분원 사람들의 손을 떠나 외지인의 수중으로 넘어가게 되었음을 보여준다.

요컨대 분원자기주식회의 발기인은 분원 자기업자와 공업전습소 졸업생, 군인, 관료 출신, 내시 등 다양한 사회 세력으로 구성되었다. 이러한 인적 구성은 관료와 공인의 합자로 이루어진 번자회사의 구성원과 달랐고, 대한제국기 대부분 회사의 운영 주체가 관료·상인이었던 점과도 차이가 있다.[248] 발기인의 상당수가 대한협회·기호흥학회 등 애국계몽운동 단체에 가입하여 활동했으며, 대한공업회·출판업에 참여하거나 운영하는 등 실업장려운동에도 앞장섰다. 또한 발기인 중에는 육군무관학교·공업전습소·한어학교에서 근대적 실업교육을 받은 이들 또한 많았다. 국운이 다해가는 1910년 8월에 출범한 분원자기주식회사는 당대 왕성히 일어난 애국계몽운동과 실력양성운동의 연장선상에서 다양한 사회 계층이 참여함으로써 사회적 기업의 성격을 띠고 있었다.

등기 이사와 감사

분원자기주식회사는 1911년 6월 일제의 회사령 체제에 맞춰 회사등기를 마쳤다. 『조선총독부관보』에 실린 중역 명단을 보면, 이사(취체역)는 윤치성·안태영·민준호·김수영이고, 감사는 윤치소尹致昭·김용달金容達이었다. 이사 4명은 발기인 중에서 선임되었으며, 감사 2명은 제삼자인 외부 인물로 충당되었다.

회사를 대표하는 이사는 관리·군인·내시 출신으로서 모두 공적 기관에 근무했던 경력을 갖고 있고, 각종 회사와 교육·출판업에 종사한 실업가이기도 했다. 윤치성은 토목회사 임원과 대한공업회 회장을 역임했고, 민준호는 교육과 출판업에 종사하던 인물이며, 안태영은 서점을 운영하면서 많은 책을 발간한 한국의 대표적 출판업자였다. 내시 출신인 김수영은 상당한 자본을 소유한 재력가로 보이나 대외 활동은 드러난 것이 없다.

등기 이사로 기재된 이들이 하나같이 꽤 많은 자산을 소유했던 것으로 보아, 자본력이 이사 선정에서 중요한 기준이 되었음을 알 수 있다. 이들 대부분은 애국계몽운동과 실업양성운동에 적극적으로 참여하여 활동했는데, 그 일환으로 분원자기주식회사의 설립에 동참했을 것이다.

이사진의 인적 구성에서 알 수 있듯이 이사직은 관료 출신 자본가들이 장악하고 자기업 관련자는 배제되었다. 분원의 자기업 종사자와 공업전습소 졸업생이 한 사람도 들지 못했다는 사실은 자본의 논리에 의해 동종 업계 전문가 집단이 소외되었다고 볼 수 있는 지점이다. 분원 자기업의 운영권이 서울의 자본가들 수중에 들어감으로써, 분원 자기업 종사자와 분원마을 주민들의 영향력은 제한적일 수밖에 없는 구조로 재편되었다.

회사 설립 과정에서 핵심 역할을 했던 민준호는 실제 회사 운영권도 주도적으로 행사했다. 1911년 4월, 민준호는 간역看役을 맡았던 분원 사람을 퇴출시키고 공업전습소 도기과 출신인 이돈구로 대체했다.[249] 이는 자기 개량을 위한 인사 발령이라고도 볼 수 있지만, 다른 한편으로는 분원 현장의 인력까지 자신의 측근으로 채우려는 의도로도 볼 수 있다.

회사의 회계와 운영 전반을 감독하는 감사 윤치소와 김용달은 이사진과 밀접한 관계를 맺고 있는 인물들이었다.

윤치소는 이사 윤치성의 둘째 형으로, 윤보선 전 대통령의 아버지다. 그는 1894년 동학농민군을 진압하기 위한 순무영 별군관을 역임했고, 1896년 휘릉徽陵 참봉에 임명되었다가 이틀 뒤 의원면직되었으며, 1901년에는 중추원 의관으로 임용되었다.[250] 사회·경제 등 여러 분야에서 활발하게 활동했으며, 각종 회사에 관여한 실업가로도 널리 알려졌다. 1898년 그의 사촌 형 윤치호尹致昊와 함께 『경성신문』을 창간했으며, 1907년 태극학회 찬성금 모집 발기인, 1909년 대한협회 회원으로 활약했다. 1905년 광장주식회사 감사역, 1909년 대한천일은행 감사역을 맡았고, 1910년에는 황성광업주식회사의 사장에 취임하여 주식 모집에 앞장섰으며, 국민경제회 이사로 활동했다. 일제 강점 후인 1911년에는 조선상업은행 감사를 역임했고, 그해 11월에는 경성직뉴주식회사 사장으로 활동했다. 이후 동양서원과 양화점을 경영하기도 했다. 1924년 총독부의 자문 기구인 중추원 참의에 임명되었고, 1937년에는 2,000원을 국방헌금으로 냈으며, 그 뒤 친일 단체인 조선기독교연합회 평의원 등을 지냈다.[251]

김용달은 1891년 유학幼學으로서 외교문서를 담당하는 승문원의 이문학관吏文學官에 임명되었다. 이를 보면 그의 출신 성분은 양반 유학자였던 것 같다. 1904년에 온릉溫陵 참봉에 임명되었다가 이튿날 의원면직되었다. 1905년 덕릉德陵 비각을 건립한 공로를 인정받아 9품에서 6품으로 승급했다.[252] 애국계몽운동 단체에 가담해서 활동한 이력도 갖고 있다. 1907년 철도권 회수를 위해 설치한 광무사光武社의 발기인으로 참여했으며, 1909년에는 기호홍학회의 회원으로 가입하여 활동했다. 일제 강점 후 1911년에는 경성직뉴주식회사의 발기인으로, 1913년에는 조선무역주식회사의 발기인 및 취체역에 선임되었다. 그는 소안동에 위치한 박영효의 옛집을 사서 넓히고 개량하여 서울에서 가장 멋진 180칸의 한옥을 만들어 주목받았으며, '소문난 낭비벽(notorious spendthrift)'이 있는 인물로 각종 언론에 묘사되기도 했다.[253] 이로 미뤄 볼 때 상당한 자산가였음을 짐작할 수 있다.

감사 윤치소와 김용달은 모두 왕실의 능을 관리하는 참봉 벼슬에 임명되었지만 바로 의원면직된 바 있고, 대한협회·기호홍학회 등 애국계몽운동 단체에 가입하여 활동했다. 1911년에는 경성직뉴주식회사의 사장과 발기인으로 함께 동참했다.

1911년 분원자기주식회사를 등기할 때 이사와 감사로 등록된 인물들은 대부분 애국계몽운동에 참여하여 활동했으며, 재력을 기반으로 각종 회사의 설립과 운영에도 관여했다. 이들 이사와 감사는 모두 공직 관련자라는 공통점을 지니고 있다. 대체로 주사나 참봉 등 하급 관료 출신이고, 군인과 내시 출신도 1명씩 있었다. 내시 출신 김수영을 제외하고는 모두 양반 가문으로서 나이는 대략 30~40대 장년층에 속했다. 이들은 막강한 재력을 가지고 자본을 매개로 서로 연결되는 경우도 적지 않았다. 예컨대 1911년 출범한 경성직뉴주식회사에 안태영·김용달이 발기인으로 참여했으며, 윤치소는 사장으로 임명되었다. 윤치소와 김용달이 분원자기주식회사의 감사역을 맡게 된 것도 이러한 인적 관계가 작용했을 것이다.

자본가 중심으로 이사와 감사진이 꾸려진 것은 다양한 사회 세력으로 이루어진 발기인의 인적 구성과 다르고, 관료자본이 줄어드는 경향과도 아주 무관하지는 않다. 이는 본래 사회적 기업의 성격을 갖고 출발했던 분원자기주식회사가 식민지 회사령 체제에 적응하기 위해 자본 중심으로 재편성되었음을 의미한다.

(3) 분원자기주식회사의 운영과 종말

외지인 자본가 중심 체제

분원자기주식회사가 구체적으로 어떻게 운영되었는지는 자세히 알 수 없다. 그러나 1916년 폐업할 때까지 분원에서 자기업을 계속하면서 분원자기와 조선백자의 맥을 이어가기 위하여 안간힘을 쓰며 노력했던 흔적이 남아 있다.

회사의 경영권은 민준호처럼 출자를 많이 한 외지인 자본가들이 주도적으로 행사했다. 회사등기에 드러난 인적 구성을 보아도 이런 사실을 짐작할 수 있는데, 민준호는 1911년 4월 간역을 맡고 있던 지영인池榮仁(지규식의 아들)을 물러나게 하고 공업전습소 출신의 이돈구로 대체했다.[254]

회사는 주식회사로 설립된 만큼 조직과 구성도 기본적으로 주식회사의 체제를 취하였다. 회사등기에 따르면 이사와 감사는 모두 교육·실업 활동에 관여하던 서울 사람이었으며, 분원의 자기업자는 한 명도 없었다. 이사 4명은 발기인 17명 가운데 재력 있는 관료 출신 자본가들이 선임되었고, 감사 2명은 이사진과 안면이 있는 외부의 실업가들로 채워졌다. 이는 회사령 체제에 맞춰 자본가 중심으로 운영진을 재편하고, 실력양성운동과 연계된 사회적 기업으로서의 성격을 탈각한 것이다. 또한 민준호를 '서울 사원(京社員)'으로 지칭한 것으로 보아, 출자 사원을 기반으로 한 주식회사 체제를 유지했을 것이다.

분원자기주식회사는 출범 이후에 이렇다 할 성과를 거두지 못하고 겨우 명맥만 유지했다. 이런 사실은 1913년 『매일신보』 기사로 유추할 수 있다. 그 기사에 따르면, 분원은 과거 황실에 어용 자기를 납품하는 도업지陶業地로 이름이 났지만, 분원자기주식회사는 이익을 내지 못하여 어려움을 겪었다. 이에 분원 도업陶業을 보호하고 장려하기 위해 약간의 자금을 지원하는 계획에 대해 보도했다.[255]

사기장과 후진 양성

분원자기주식회사는 사기장을 양성하기 위해 분원자기공소分院磁器工所를 두고 운영했다.

① 분원자기공소 : 공업전습소 졸업생 이돈구 씨 등 기인幾人이 양평군 분원에 자기공소를 설립 중인데 …

② 나는 그곳(양구 방산점)에 가서 처음 김완배金完培 씨를 사귀었다. 그는 열세 살 때 광주 분원의 도자기 기술소에 조수로 들어간 이였다. 거기 수년간 있으면서 기술도 어지간히 연마하여 겨우 기술자가 될 무렵 한일합병이 되었다. 국영으로 운영하던 광주 분원도 유야무야되자 화공 몇 사람은 공업전문학교(공업전습소 후신) 도자기과에서 데려갔고, 나머지 사람들도 뿔뿔이 흩어지고 말았다.[256]

자료 ①은 『황성신문』 1910년 8월 10일자 기사로, 공업전습소 졸업생 이돈구 등 몇몇 사람이 분원에 자기공소를 설립 중이라는 내용이다. 그러나 이후 실제로 설립되어 운영되었는지는 기록이 남아 있지 않기 때문에 알기 어렵다. 그런데 식민지 시기에 활동했던 도예가 유근형의 회고록에 그 단서가 퍼즐 조각처럼 드러나 있다. 바로 자료 ②이다.

자료 ②를 보면, 1910년대 유근형이 만났던 분원 출신 김완배는 13세 때 광주 분원 도자기 기술소의 조수로 들어가 수년간 기술을 연마했다. 여기서 말하는 광주 분원의 도자기 기술소는 1910년에 공업전습소 졸업생들이 설립한 자기공소이거나 이름을 달리한 기술 연마소로 추정된다. 김완배가 그 기술소에서 수년 간 기술을 연마했다는 말은 자기공소가 계속 운영되었음을 짐작케 한다.

한편, 자료 ①에서 '양평군 분원'이라 한 것은 1908년 양근군과 지평군이 통합되어 양평군으로 행정구역 이름이 바뀌었기 때문이다. 자료 ②에 보이는 '한일합병', '국영'이라는 표현은 필자 유근형이 수십 년 뒤 회고록을 집필할 때 시대 상황과 분원에 대한 선입견이 이입되어 사용한 단어인 듯하다. 그러나 전반적으로 당대의 구체적 사실을 적시하고 있다는 점에서 사료적 가치가 크다.

앞의 두 자료로 생각건대, 분원자기주식회사가 설립될 때 사기장을 육성하기 위해 분원자기공소를 두었으며, 그곳에서 어린 도제들에게 기예를 가르치고 연마시켰을 것이다. 이때 기술 교육은 전통적 자기 제조 방식에 공업전습소에서 가르치는 새로운 방식을 접목시켰을 것이다. 공소의 설립자와 교육자가 바로 공업전습소 졸업생들이기 때문이다. 공업전습소의 교사들이 대부분 일본인이었다는 사실을 감안한다면, 그 교육에는 일본의 자기 제조 기술도 포함되었을 것이다.

분원자기주식회사가 회사 등록을 추진하고 있던 1911년 2월, 분원의 지규식은 이전 번사회사의 기지를 영구히 매도한다는 증서를 작성하여 서울 사원이었던 한용식에게 보낸 뒤 결정지어줄 것을 요청했다. 그러나 한용식은 방매하지 않겠다고 답변했다.[257] 그 후 기지 처리 문제에 대한 명확한 기록은 나타나지 않지만 분원자기주식회사에 팔아넘겼을 가능성이 크다.

분원자기 제작을 천명하고 후진 양성을 위한 자기공소까지 두어서 재도약을 꿈꾸었던 분원자기주식회사는 1916년 5월에 문을 닫았다.[258] 1911년 회사를 등록할 때 30년의 영업 기간을 설정했지만, 출범 5~6년 만에 폐업한 것이다.

끝까지 남아 전통을 지키려 한 사람들

1916년 분원자기주식회사가 폐업한 뒤, 분원에 남아 있던 장인들은 거의 모두 여기저기로 살길을 찾아 떠났다. 앞의 유근형 회고담에 보이는 것처럼, 광주 분원이 흐지부지해지자 화공 몇 사람은 공업전문학교 도자기과에서 데려갔고, 나머지 사람들은 뿔뿔이 흩어졌다는 내용을 통해 그러한 상황을 짐작할 수 있다. 이 같은 유추는 1903년 분원에 와서 망동요望同窯(반구형의 가마 칸 3개 이상을 나란히 연결한 구조의 가마. 2부 219쪽 참조)를 축조했던 김비안金備安과 그의 아들 김교수金教壽가 분원 생활을 청산하고 1916년 고향인 문경으로 돌아왔다는 회고담을 통해서도 충분히 헤아릴 수 있다.[259] 특히 몇몇 화공을 공업전문학교에서 데려갔다는 내용은 분원자기공소를 세우고 도자공예를 가르쳤던 이들이 공업전습소 졸업생들이라는 점에서 사실일 개연성이 높다.

분원자기주식회사가 문을 닫은 뒤 분원 자기업은 완전히 끝나버렸을까? 1931년 『매일신보』의 기사를 보자.

> 분원자기汾院磁器. 고려조 자기 제조의 일맥을 전통한 곳은 광주군 분원이다. … 거금 20년 전 경성의 유지와 분원의 기술자가 합력하여 주식회사로써 경영하였으나, 자본 문제로 결국 청산의 비운에 함陷하였다. 그러나 세전世傳의 기술자는 인고 중에 오히려 특산을 유지하여 '의고려자기擬高麗磁

罍'까지 제조한다. 수출품으로 활약하는 운에는 지至치 못하였으나 경기도
의 특산품으로 일맥을 유지함은 사실이다.[260]

이를 보면 분원자기주식회사가 결국 자본 문제로 청산되었음을 알 수 있
다. 그러나 '세전世傳의 기술자'는 1931년 초까지도 어려운 세월을 견디면서
'의고려자기'라는 특산품을 만들어 전통적 분원자기의 명맥을 유지해 나갔
다. 세전의 기술자란 대대로 세습되어온 분원 사기장을 가리킨다. 그들은 분
원자기의 전통을 지키기 위해 안간힘을 썼다. 어쩌면 그들은 선대로부터 내
려온 분원 사기장으로서 책무와 자부심을 끝까지 지키려 했던 것은 아니었
을까? 그러나 죽을힘을 다해 명맥을 이으려 했던 노력도 점차 자취를 감추고
말았다.

해방 이후, 폐업 상태에 있던 분원의 자기업을 소생시키려는 움직임이 있
었다. 1947년 남종 면장과 지역 유지들은 100만 원의 자본금을 모아 분원의
사기 제조업을 다시 부흥·발전시키려는 구체적 계획을 세우고 진행했다.[261]
그러나 소기의 성과를 거두지 못하고 흐지부지되었으며, 이미 꺼진 불씨를
되살려내지는 못했다.

한국의 자랑,
조선백자를 만든 분원의 여정

　분원은 수백여 년 동안 조선 국왕의 위엄에 걸맞게 최고의 자기를 생산해 온 관영 자기 제조업소였다. 개항 후 분원은 관영의 틀을 벗고 민영의 길로 접어들었다. 약탈적 자본주의 세계시장과 마주한 분원의 운명은 험난한 가시밭길이 예고되었지만, 위기와 기회가 공존하고 있었다. 왕실 자기를 만들었던 명성과 이미지, 최고의 기예를 자랑하는 사기장과 뛰어난 기술력을 바탕으로 새로운 기예를 접목시켜 시장성을 확보해 나간다면, 민영화된 분원자기업의 승산 가능성도 적지 않았다.

　분원은 대내외적 환경 변화에 따라 새로운 전환을 꾀하면서 자본주의 시장 체제에 대응하기 위해 힘을 기울였다. 사옹원 분원(~1883)에서 분원자기공소(1883~1895), 번자회사(1897~1910), 분원자기주식회사(1910~1916)로 계속 변신하면서 부활을 꿈꾸었다. 조직적 체계를 갖춘 자기 제조업체는 1916년 끝내 막을 내렸지만, 이후 1930년대 초까지도 분원 사람들은 전통적 분원자기의 맥을 잇기 위해 노력했다.

　관영에서 민영의 공소 → 회사 → 주식회사로 변신을 거듭한 분원은 각 단계마다 급변하는 대내외적 환경에 둘러싸여 체제를 정비해야 했다. 이에 따라 경영 주체와 운영 방식이 크게 달라졌으며, 자본금 조달과 수익에서도 차이가 생겼다. 사옹원 분원의 변화 과정에 드러난 몇 가지 특성을 정리해보면 다음과 같다.

첫째, 분원 자기업을 둘러싼 대내외적 환경 변화는 분원의 변화를 추동하는 근본적 촉매가 되었다. 분원의 변화는 조선 말부터 일제강점기에 이르는 격변기 한국의 정세와 맞물려 있기 때문이다. 사옹원 관할 아래의 분원은 세계시장의 변화에 크게 좌우되지 않고 어용 자기 생산에 주력했다. 개항 후 민영의 길로 들어선 분원의 첫 주자인 공소는 시장 체제에 첫발을 내딛고, 왕실 납품과 시장 판매를 통해 이윤을 추구했다. 문호 개방에 따라 조선 시장에는 이미 수입 그릇이 들어와 판매되기 시작했으며, 이에 분원 역시 위기를 감지할 수밖에 없었다. 대한제국기에 출범한 번자회사는 정부의 직접적 지원과 특권 없이 세계시장의 경쟁에 맞서야 했다. 이 무렵 분원자기의 왕실 납품도 대폭 줄었는데, 왕실이 서양산 도자기와 일본제 수입 자기를 선호했기 때문이다. 화려하고 값싼 외국산 도자기가 대량 수입되면서 한국의 그릇 시장을 위협했고, 1905년 이후에는 일본인이 직접 요업에 진출하여 한국의 도자 산업을 장악했다. 그 결과 1911년 한국 요업 생산액의 89%를 일본인이 차지했으며, 한국의 전통적 도자 산업은 설 자리를 잃어버렸다. 분원자기주식회사는 식민지 시기 일본인이 독점한 도자기 시장에서 어려움을 겪다가 몇 년 뒤 문을 닫았다.

둘째, 분원의 운영 주체와 그들의 사회적 위상이 대폭 달라졌다. 운영 주체는 사옹원 관리 → 공인 → 사장과 출자 사원 → 업주 → 이사·대주주로 엄청난 변화를 겪었다. 체제가 전환될 때마다 운영 주체가 달라졌지만, 그들의 신분은 모두 관리 출신이거나 관에 밀착된 사람이라는 특징이 있다.

사옹원 분원의 운영은 사옹원 관료와 서리들이 담당했다. 개항 후 민영화된 공소는 서리 출신의 공인들이 운영을 맡았는데, 그들은 각종 지원과 특권을 매개로 정부 권력에 예속되어 있었다. 번자회사로 탈바꿈한 뒤 경영진은 사장과 출자 사원으로 구성되었다. 사장은 최고위 관료 자본가였고, 사원은 중·하위 관료 자본가로 구성된 서울 사원과 공인 출신의 분원 사원으로 이원화되었다. 이후 분원자기주식회사의 발기인은 분원 사람과 서울의 실업가, 해산 군인 등 애국계몽운동 계열의 다양한 사회 세력으로 구성되었다. 그러나 등기 이사는 모두 관료 출신 자본가였으며, 이들 외지인이 분원 자기업을 주도했다. 분원자기주식회사가 폐업한 1916년 이후에는 분원의 사기장과 자기업자들이 분원 자기업의 잔명을 힘겹게 이어갔다.

셋째, 분원의 운영 방식 또한 획기적 변화를 겪었다. 관영에서 관독상판官督商辦 형태의 공소, 민간 회사, 주식회사로 변신을 거듭했다. 사옹원 분원은 왕실의 그릇을 제작했기 때문에 재료 조달과 사기장의 임금 등 모든 물력과 인력을 정부에서 대주고 관리하는 관영 체제였다. 공소는 공인들이 공동으로 출자해서 운영하는 민영기업이기는 했지만 인력과 물력 조달의 상당 부분을 정부에서 지원받았다. 정부는 여전히 사옹원 소속인 사기장의 임금을 지급했으며 공소에 판매 특권과 재료 조달 특혜를 제공했다. 따라서 공소의 운영 체제는 반관반민의 성격을 벗어나지 못했다. 공소에서 번자회사로 바뀐 뒤 회사의 운영 방식은 두 단계로 나누어진다. 첫 3년(1897~1899)은 사장과 사원 8명이 공동투자하고 공동경영했으며, 그에 따라 이익금도 균분하는 합명회사 체제를 취했다. 그러나 1900년부터는 본사와 분원이 수세 회사와 납세 제조업체 체제로 양분되었다. 즉 분원은 각 사원들이 가마를 비롯한 시설을 사용하여 자기를 제작·판매하고 본사에 시설세를 바치는 개별 업주 체제로, 본사는 분원으로부터 시설세를 받는 수세 회사로 변질했다. 본사가 분원의 시설세에 기대 기생하는 운영 방식은 대한제국기 많은 회사의 본사들이 인허권을 매개로 지사로부터 수수료를 챙겨 기생하는 방식과 일맥상통한다. 분원자기주식회사의 운영 방식은 알려져 있지 않으나 이름처럼 주식회사 체제를 취했던 것으로 보인다. 회사 경영의 주도권은 민준호 등 외지인 자본가들이 행사했다.

넷째, 자본금 조달과 수익에서도 단계별로 차이가 있다. 조선시대 분원의 운영자금은 외방 사기장으로부터 받는 신포身布와 정부가 지정해 놓은 시장柴場에서 받는 세금, 우천강을 통과하는 목물에 대한 수세 등으로 해결해왔다. 이때 생산된 분원자기는 오로지 관용으로만 사용되었기 때문에 이윤 개념은 작동하지 않았다. 공소 체제로 전환된 뒤 자본금은 공인들의 출자금으로 조성되었으며, 총액은 수만에서 많게는 10여만 냥 이상이었다. 공소의 수익은 왕실 납품으로 받는 공가와 시장 판매액이 중심을 이루었는데, 정부에서 받지 못한 공가가 110만 8,300여 냥에 달하면서 재정이 악화되어 결국 폐지 수순을 밟았다. 번자회사의 총자본금은 은행 대출금에 사원들의 공동 출자금을 더한 16만 5,000냥 규모였으며, 수익은 출자금의 2배 이상에 이르렀다. 이렇게 수익률이 높았음에도 유동자금 경색 등으로 운영난에 처하자 회사는 공동경영 방식을 청산했다. 1900년부터 서울의 본사는 투자도 안 하면서 손해도 없는 시설세 수세 체제로 전환했다. 반면 분원은 사원들이 개별적으로 투자하여 자기를 제조해 판매하는 개별 사업 체제로 전환했으나, 대부분 자금난을 극복하지 못하고 수입 자기의 경쟁력에 밀려 쇠락의 길을 걸었다. 이때 눈여겨볼 지점은 상대적으로 자본력이 미약했던 분원 사원들은 계속 투자·생산함으로써 쇠락한 반면, 자본력이 꽤 컸던 서울 사원들은 시설세를 챙겨 회사를 운영하는 기생적 측면이 있었다는 점이다. 분원자기주식회사의 자본금은 4만 원으로, 10원짜리 주식 4,000주를 발행하여 마련했다. 그러나 식민지 시기 조선총독부의 지원을 받는 일본인의 요업에 맞서 분원자기주식회사가 수익을 창출하기는 쉽지 않았으며, 결국 자금난을 겪다가 문을 닫았다.

다섯째, 분원 자기업은 관영이었던 태생적 속성이 마지막까지 다양한 형태로 연결되어 작동했다. 운영 주체는 전·현직 관리와 서리, 공인 등이었으며, 자본 또한 그들의 출자금이 기반을 이루었다. 운영 방식에서도 직간접적으로 정부 권력과 연계되었는데, 이는 민영화된 이후에도 크게 변함이 없어 정부로부터 계속 인적·물적 특권을 부여받았다. 대한제국기에도 왕실 수주와 수세권의 특혜를 챙겼다. 그러나 다른 한편으로는 공가 미수와 관의 수탈로 인한 폐해도 컸다. 정부 권력과 유착된 유대 관계는 득실이 공존했지만, 정작 가장 절실했던 정부의 자금 지원과 보호 시스템이 작동하지 않았다는 점에서 득보다 실이 컸다.

조선시대 후반부터 일제강점기까지 분원은 그간 경험해보지 못한 자본주의 시장경제 아래 혁명적 변신을 거듭하면서 전통적 분원 자기업을 지키려 했으나, 결국 회생하지 못하고 역사 속으로 사라졌다. 분원이 문을 닫게 된 원인은 자본주의 세계경제의 약탈성, 정부의 지원 미흡, 시장 환경의 변화와 소비자의 기호 변화, 기술 개발과 자구 노력의 부족, 자금난 등 여러 가지 요인이 복합적으로 작용했다. 그러나 가장 중요한 핵심은 바로 자금난이었다. 개항 후 관영에서 민영으로 전환한 것도 정부의 재정난에서 비롯되었고, 민영으로 바뀐 공소가 폐지된 이유도 공가 미수로 인한 자금난 때문이었다. 번자회사는 초기에 수익을 남기고도 유동자금 부족으로 운영 체제를 전환했으며, 후반기의 개별 생산 체제 아래서는 생산자들이 자금난과 부채로 쇠락해갔다. 분원자기주식회사의 폐업 역시 자금난이 주원인이었다.

약탈적 자본주의 세계 체제에 편입된 초기 단계에서 조선의 토착 산업이 자본난으로 어려움을 겪는 상황은 실상 예상되는 문제였다. 그렇기 때문에 정부는 진작에 외래 상품의 무차별적 공격으로부터 자국의 산업을 보호하기 위한 제도적 장치를 마련해야 했다. 예컨대 저리의 운영자금과 기술 개발, 시설 확충 자금 등을 지원해야 했다. 그러나 조선 정부는 제도적 지원은 고사하고 심지어 공가를 지급하지 않으면서 관리들의 수탈을 방관만 함으로써 분원 자기업의 성장에 걸림돌이 되었다.

분원 자기업의 몰락은 성공 가능성이 적지 않았던 토착 산업이 자본주의 시장경제 아래 어떻게 무너져 내리는지를 보여주는 대표적 사례다. 한국의 대다수 토착 산업은 개항 후 급격한 환경 변화 속에서 정부의 지원 없이 힘겹게 버티다가 몰락했다.

수백여 년 지탱해온 분원 자기업은 자본주의 세계 체제의 터널을 통과하면서 역사 속으로 사라졌다. 그러나 분원자기의 고유한 제작 기법 및 그 숨결은 전국 각지로 흩어진 사기장들을 통해 그 맥이 이어졌을 것이다.

2부

분원자기를 만드는 재료와 시설
— 백토·화목·청화·가마 …

1장
분원 백자를 만드는 우윳빛 백토

흙에서 탄생한 아름다운 도자기

자기는 흙으로 만들어진 인류 최고의 작품이다. 지구 표면의 흙이 물을 거쳐 정제되고, 물레 위에서 다양한 모습으로 성형되어 다듬어지고, 푸른빛 청화 물감이나 흑갈색 산화철 안료로 화장을 하고, 1,000℃가 넘는 뜨거운 불 가마 속에서 단련되어 탄생한 것이 바로 자기다. 오랜 옛날부터 만물의 근원이라 여겨진 흙과 물과 불, 그리고 공기의 조합으로 만들어진 셈이다. 이들 각각의 물질이 매만져지고 섞이고 재단되어 하나의 작품으로 탄생하기까지는 수많은 재료와 도구와 시설이 필요하다.

좋은 자기는 좋은 흙으로부터 출발한다. 따라서 흙의 중요성은 아무리 강조해도 지나치지 않는다. 자기를 만드는 흙은 입자가 곱고 끈끈한 점성이 있는 점토를 사용했다. 일반적으로 도자기를 만드는 흙을 도토陶土라 하며, 도토의 종류에는 백토白土·수토水土 등이 있다. 자연산 도토를 손질하여 그릇을 빚을 수 있도록 손질한 2차 점토를 태토胎土라고 하며, 질이라고도 일컫는다.

조선의 백자는 우유빛의 점토, 곧 백토를 사용했다. 왕의 그릇을 만드는 분원에서는 전국적으로 가장 질 좋은 도토를 확보하여 사용했다. 분원자기가 조선 최고의 아름다움과 품질을 담보할 수 있던 이유는 좋은 도토를 사용했기 때문이다.

예로부터 백토는 도자기의 재료 외에도 식용·약용·미용으로도 사용되었다. 세종 때는 황해도 백성들이 춘궁기의 굶주림을 모면하기 위해 백토에 쌀가루를 섞어 요기했다는 기록이 있다. 허준의 『동의보감』에 따르면 "백토는 성질이 따뜻하고 맛은 쓰고 맵다. 독이 없고 설사를 멎게 하며 이질을 멈추게 한다."고 했다. 또 백토를 달여 한약재인 녹반綠礬을 만들기도 했다.[1] 오늘날에도 백토는 화장품뿐만 아니라 마사지나 찜질 등에 사용된다.

1. 조선시대, 분원에서 사용한 도토

(1) 전국 최고의 백토로 빚는 분원 백자

조선시대 분원에서는 어느 지역의 어떤 도토를 사용했을까? 조선 전기의 분원에서 사용한 백토에 대한 기록은 많지 않지만, 1530년(중종 25) 중종의 전교 가운데 "사기를 구워 만드는 백점토는 이전에 사현沙峴이나 충청도에서 취하여 썼는데, 지금은 양근 땅에서 파다 쓰고 있다"[2]는 내용이 있다. 중종 때 시인 박상朴祥의 『눌재집訥齋集』에 "백점토는 해마다 중원토中原土를 캐내고"라는 구절이 있으며, 중종 때 발간된 『신증동국여지승람新增東國輿地勝覽』에 "백점토는 양근군 남쪽 15리 부로개촌夫老介村에서 나온다"고 하였다.[3]

이런 기록으로 미루어 조선 전기에는 사현과 충청도, 분원 근방의 부로개촌 등지에서 백토를 가져다 사용했음을 확인할 수 있다. 양근 지역의 백토는 순조 때 발간된 『임원경제지林園經濟志』에도 등장하는 것으로 보아, 분원자기 제조에 꾸준히 사용되었음을 알 수 있다.[4]

조선 후기에는 전국의 질 좋은 백토가 분원으로 운송되었다. 백토가 생산되는 대표적인 곳으로는 강원도의 원주·양구, 경상도의 경주·진주·곤양·하동, 평안도의 선천, 경기도의 광주·양근·가평·이천, 충청도의 서산·충주·음성, 황해도의 선천·봉산 등이 있다. 그 가운데 선천토가 가장 우수하다는 평가를 받았고, 경주토가 그 뒤를 이었다. 선천토와 경주토는 주로 제기祭器와 같은 특수 자기에 사용되었으나 얼마 뒤 토맥土脈이 다하여 사용할 수 없게 되었다. 그 후에는 강원도 양구토가 질 좋은 도토로 거론되었다.[5]

영조 때 발간된 『속대전續大典』에는 "사옹원 번조 자기의 원료로는 광주·양구·진주·곤양의 백토가 가장 적합하다"는 기록이 있다. 1867년(고종 4)에 발간된 『육전조례六典條例』에도 이들 지역의 백토를 사용한다는 기록이 있다.

> 분원은 양근에 있다.【소관 각 읍에 직접 관문을 보낸다.】 광주 수토 1,400석.【본 부本府에서 굴착하여 공급하는데, 배를 정해 운반해 온다.】 양구 백토 510석은 네 곳의 읍에 분정分定한다.【낭천 110석, 춘천 220석, 인제 60석, 홍천 120석이며, 봄가을로 나누어 운납運納한다. 별번別燔할 때는 기명器皿의 다과에 따라 광주 수토는 400석에 한하여, 양구 백토는 300석에 한하여 더 사용할 수 있도록 한다.】 진주 백점토 80석, 곤양 수을토 45석.【이상은 매년 세선稅船에 추가로 실어서 운납한다.】[6]

이 시기 양근 분원에서 쓰는 도토는 1년에 2,035석이었다. 그 가운데 광주 수토가 1,400석(68.8%)으로 2/3 이상, 양구 백토는 510석(25.1%)으로 1/4 정도를 차지했으며, 진주 백점토(3.9%)와 곤양 수을토(2.2%)의 비중은 미미한 수준에 그쳤다. 이는 규정된 원진상元進上 그릇 제작에 쓰이는 도토이고, 규정 이외의 별번진상別燔進上 그릇 제작에 필요한 흙은 광주 수토 400석, 양구 백토 300석을 추가로 공급하여 사용할 수 있도록 했다. 그런데 이 무렵에는 원진상보다 별번진상의 규모가 훨씬 컸다. 따라서 실제 분원에서 소용되는 백토의 양은 이보다 더 많았을 것이다.

물토라 부르는 수토와 수을토는 대개 돌덩어리처럼 딱딱하지만 손으로 만지면 가루처럼 부서지고, 물에 타면 미숫가루처럼 풀어진다고 한다. 이러한 수토는 흔히 자기의 유약으로 사용되지만, 태토에 섞으면 그릇이 단단해지므로 태토에 섞어 쓴다고도 한다.[7] 분원에 공급되는 수토와 수을토의 비중이 매우 크다는 사실을 고려하면, 물토는 단순히 유약을 만드는 보조 재료로 사용되기보다는 태토의 중심을 이룬 흙으로 쓰였을 것이다.

영조 연간에서 고종 때까지 분원에서 사용한 도토는 주로 광주·양구·진주·곤양의 백토와 수토였다. 그런데 1875년(고종 12)에 "백토의 품질이 전과 같지 않아 기색器色이 거칠고 좋지 않다"는 지적이 나왔다.[8] 게다가 도토의 토성土性이 약하여 그릇이 깨지는 일이 자주 발생하자, 토성이 견고하다는 음성 지역에 사람을 보내어 토질을 간품하도록 했다. 위에서 언급한 지역 외에 여주의 청당리에서도 도토를 굴취했다.[9] 이렇게 전국 각지에서 도토를 채굴했으나, 고종 때까지 분원에서 사용한 도토는 양구 백토와 광주 수토가 질적·양적으로 중심을 이루었다.

(2) 도토 채굴로 신음하는 백성들

백토의 채굴과 수송에는 수많은 인력과 물력이 소요되었으며, 그 과정에서 백성이 겪는 희생과 고통이 적지 않았다. 이 때문에 해당 지역의 백성들과 지방관의 불만이 높을 수밖에 없었다. 숙종 때 강원도 양구현에서는 다음과 같이 하소연했다.

> 백점토는 높은 산 가운데에 있는데, 양구에서 역역役에 응하는 민호民戶는 500호에 불과합니다. 500호의 백성을 동원하여 천 길이나 되는 험한 산봉우리를 뚫어 토맥土脈을 겨우 찾아내면, 낭떠러지 언덕이 무너져 내려 압사하는 역부가 없는 해가 없습니다. 수개월간 공력을 들여 겨우 500석의 백점토를 캐낸 뒤에는 춘천·홍천·인제·낭천·양구 다섯 개 읍에서 각기 인력을 차출하고 그들을 시켜 배가 있는 곳으로 운반하여 분원에 상납합니다. 춘천·홍천·인제·낭천 네 고을은 당초 채굴하는 일에는 참여하지 않고 다만 운납하는 노역만 담당하는데도 오히려 견디기 어려워합니다. 하물며 양구 고을은 지토선地土船도 없이 홀로 채굴하는 힘든 일을 떠맡고 있는데, 또 운납하는 큰일을 추가로 맡길 수 있겠습니까?[10]

백점토를 채굴하는 국역國役에 동원된 양구의 500호 백성들은 토맥을 찾아 험준한 산봉우리를 뚫으면서 백토를 캐내는 작업을 했다. 양구에 부과된 500석의 백토를 채우기 위해서는 여러 달 동안 고생을 감내해야 하는 것은 물론이고, 작업하는 과정에 낭떠러지 언덕이 무너져 내릴 수 있으므로 압사하는 위험까지도 무릅써가며 일해야 했다. 그런데 이 일에다 백토를 운반하여 상납하는 일까지 덧붙이려 하자, 양구 백성들이 그 부당함을 호소했던 것이다.

양구 백성들이 캐낸 백토는 양구를 포함하여 인근의 춘천·홍천·인제·낭천의 다섯 읍에서 인력을 동원하여 운반을 시켰다. 이때 양구를 제외한 네 개 읍은 굴토 작업은 하지 않고 운납만 전담했다. 이러한 체제는 고종 대의 분원자기공소 시기까지 계속되었다.

정조 때도 양구 백점토 채굴로 인한 폐단이 공론화되었다. 이에 정조는 양구 백성의 고통을 우선적으로 고려하여 백점토 진상의 수량을 줄여주고 분원의 침탈을 엄격히 금지토록 조치했다.[11] 고종 때도 양구의 백토 채굴 때문에 백성이 겪는 고통은 여전했다. 계속된 장마에도 불구하고 백토 채굴을 감행하자 현장이 붕괴되는 사고가 발생했던 것이다. 이로 인해 흙을 확보하지 못하여 그릇 제작에 차질을 빚은 일이 있었다.[12]

이러한 사정은 곤양과 진주에서도 크게 다르지 않았다. 이 지역에 할당된 백토 분량은 상대적으로 적었지만, 그럼에도 해당 지역 백성의 "원성이 하늘에 닿고 있다"고 할 정도였다.[13]

백토의 생산과 운반은 각 지역에서 분야별로 색리色吏(구실아치)가 담당했다. 색리는 백토색리, 원색리元色吏, 운토색리運土色吏, 방고색리防雇色吏 등으로 나뉘었는데, 백토의 생산과 운반에 관련된 실무를 수행했다.[14] 이들 색리는 대부분 백토 생산지와 분원 근방에 근거지를 두고 간혹 중간에서 부정한 술수를 부리기도 했다. 1873년(고종 10)에는 춘천의 백토색리 자리를 둘러싸고 전·후임 색리 간에 다툼이 벌어진 일도 있다.[15]

이렇듯 도토는 강원도·경상도·경기도에서 운반해 와 사용했는데, 도토의 채굴과 운반에는 많은 노동력이 요구되었고 백성의 희생이 뒤따랐다. 이에 해당 지역 백성들과 지방관은 끊임없이 어려운 사정을 호소하면서 도토 채굴과 운반에 동원되는 데 반발했다. 이와 같은 도토 공급 방식은 분원자기공소 시기에도 유지되다가, 1894년 갑오개혁 때 이르러서야 백토 대신 돈으로 바치게 하는 조치가 내려졌다.[16]

2. 분원자기공소 시기에 사용한 도토

(1) 분원자기 제작에 쓰인 주요 도토

도토 제공에 관한 규정

1883년(고종 20) 분원 경영권이 민간에 넘어간 뒤에도 정부는 우수한 왕실 자기의 확보를 위해 분원에 도토를 제공했다. 정부는 「분원자기공소절목」 전문前文과 첫 조항에 도토의 이정移定과 지급을 규정해 놓았다.

> 곤양토는 원주에 이정하고, 광주토는 여주에 이정한다.【개부표改付標(문서의 수정할 자리에 붙이던 누런색 종이쪽지)하여 복구함.】…
>
> **허락하여 지급하는 것**(허급질許給秩)
> ● 양구 백점토 510석.【동영東營 4읍, 곧 춘천·홍천·낭천·인제는 전례에 따라 봄가을로 나누어 운반한다. 춘천 상납은 임진년(1892)부터 북5읍, 곧 철원·평강·김화·이천·안협에 이정한다.】
> ● 진주 백토 80석.【해당 읍에서 전례에 따라 운반하여 바친다.】
> ● 원주 이정 수을토 200곡斛.【곤양토를 이정한 것이다. 곤양토 회감미會減米(주고받을 것을 셈한 뒤 나머지를 계산하는 쌀) 45석은 즉 원주에서도 45석의 회감 수가受價를 취하여 매년 3월 안에 운반하여 바칠 것.】
>
> 대개 자기를 번조하는 일은 백토가 아니면 그릇을 만들 수 없고, 백토는 세읍(양구, 진주, 원주)이 아니면 취품就品할 수 없으며, 세 읍은 공적인 용도가 아니면 능히 사사로이 채굴할 수 없다.[17]

분원이 민영화되면서 정부는 도토 가격을 계산하기는 했지만, 주문해서 받는 어용 자기의 품격을 유지하기 위해 분원자기공소에 백토 공급의 편의를 제공했다. 「절목」에는 관영에서 민영으로 전환하는 데 따른 도토의 공급과 운반에 관한 구체적 내용이 명기되어 있다.

첫째, 그간 분원에 공급해온 곤양토와 광주토를 원주와 여주로 이정했는데, '복구'한다는 주해로 보아 이전의 지역으로 되돌린 듯하다. 곤양토 45석은 원주 수을토 200곡으로, 광주토 1,400석은 여주로 이정했다. 여주로 이정된 도토의 양은 명시되지 않았지만, 여주의 수토·백토가 공소로 운송되고 있었으니 상당량이 채굴되었을 것이다.

둘째, 공식적으로 지급을 허락한 도토는 양구·진주·원주 세 읍의 백토로, 양구 백점토 510석, 진주 백토 80석, 원주 수을토 200곡이었다. 이때 곡은 석과 같은 용량으로 볼 수 있기 때문에[18] 세 지역의 도토를 모두 합하면 790석이지만, 분량이 명시되지 않은 여주토를 감안하면 그보다 더 많았을 것이다. 참고로 고종 초년에 분원에 공급된 도토는 2,035석이었다.

셋째, 세 읍의 백토는 공적 채굴만 가능했으며 사적 채굴은 금지했다. 그만큼 질 좋은 백토의 산지가 제한적이었기 때문이다.

넷째, 세 읍 가운데 양구에서 채굴된 백점토는 그 지역 부근의 춘천·홍천·낭천·인제에 분담하여 운반을 맡겼다. 이는 채굴과 운송을 이원화한 것으로, 운반을 맡은 네 개 읍은 이전부터 계속 백토 운납을 해왔던 곳이다. 그러나 춘천의 경우에는 1892년(고종 29)부터 북5읍, 곧 철원·평강·김화·이천·안협으로 옮기도록 했으며, 실제로 그때부터 북5읍에서 백토 운반을 담당했다. 백토의 채굴과 운반은 이렇게 인근의 4~5개 고을이 함께 움직여야 할 만큼 부담이 크고 힘든 일이었다.

「절목」의 규정대로 1883년 이후 세 읍에서 채굴한 도토는 분원자기공소에 제공되었다. 도토의 채굴과 운송은 사옹원의 공문에 의거하여 시행되었다. 공소의 공인들은 문서 초안을 작성한 뒤 사옹원에 들어가 결재를 받고 나서 해당 지역으로 발송했다. 공인들은 시시때때로 양구와 원주, 그리고 동영東營 4읍과 북5읍에 공문을 발송하여 도토의 채굴과 운송을 재촉했다. 백토를 바치는 지역의 색리들 또한 사옹원의 '필납畢納' 문서를 받아 가서 증거로 삼았다.[19]

양구 백점토, 진주 백토, 원주 수토

강원도의 높은 산지에서 캐내는 양구 백점토는 예로부터 토질이 좋다는 평가를 받았으며, 그런 까닭에 오랫동안 분원에 상납해왔다. 조선 초·중기 사옹원 관할하의 분원으로 운영되었을 때는 물론 민영화된 분원자기공소 시기에도 어기 제작용으로 공급되었고, 오늘날까지 도예가들이 애용하는 점토 중 하나다.

채굴된 양구 백점토는 「절목」의 규정대로 인근의 춘천·홍천·낭천·인제 네 개 읍에서 봄가을로 나누어 운반했다. 단, 춘천 지역이 맡은 운반 작업은 1892년부터 북5읍, 즉 철원·평강·김화·이천·안협으로 이정하도록 했으며, 규정 그대로 시행되었다.

북5읍 김화·철원·평강·이천·안협으로 백토의 운반 이정移定을 재촉하니, 염령廉令이 말하기를 "상납에 들어갈 분량을 일일이 어림짐작하여 해당 다섯 개 읍에서 돈으로 받아낸 뒤 본원本院에서 직접 백토를 운반하여 납부하는 것이 좋을 듯하다"고 했다. 내가 말하기를 "그렇게 하면 개중에 자연히 남에게 의뢰할 자가 생길 터이니 염령이 맡아서 간검看檢하는 것이 어떻겠소?"라고 하니, 염령이 괜찮다고 했다. 그래서 "그럼 금년(1892) 가굴加掘은 대납하는 것으로 하되 즉시 다섯 읍에 편지를 보내 매 석에 15냥씩 250석을 균등하게 나누어 배정하고, 신속히 분원으로 실어다 바침으로써 왕래하는 데 헛돈이 들지 않도록 하는 것이 어떻겠소?" 하니, 염이 "명령대로 하겠다"고 하였다. 또 "북5읍에 신칙하는 관문을 작성하여 당신에게 보낼 것이니, 염령도 즉시 전하여 신칙하는 것이 어떻겠소?"라고 하니, 염이 "그렇게 하겠다"고 했다.[20]

위 글은 백토 운반에 대한 분원 공인 지규식과 강원 감영의 백토 담당 염령廉令(염석하廉錫夏)의 논의다. 「절목」 규정에 따라 그동안 춘천에서 담당했던 백토 운반을 북5읍으로 이전하는 데는 이견이 없었다. 그런데 강원 감영의 염석하가 돈으로 대신 납부하는 방안을 제시했다. 즉, 북5읍에서 운반하는 일을 돈으로 대신 받고, 본원(분원을 의미함)이 백토를 직접 운반해 가는 방안을 제시했다. 이에 분원 측이 염석하의 간검을 전제로 추가 채굴한 250석의 백점토 운반비를 북5읍에 매 석당 15냥씩 균등하게 나눠 부과하는 방안을 제시하여 타협을 보았다. 그렇다면 250석의 백토 운반에 북5읍에서 부담해야 할 운반비는 총 3,750냥이며, 각 읍은 750냥의 돈으로 백토 운반 문제를 해결하는 셈이다.

1892년 8월 북5읍에 매 석당 15냥씩 운반비를 납부하도록 합의했던 지규식은 9월에 이르러 강원 감영의 염령에게 "북5읍 가굴토 대전代錢을 20냥씩으로 구별하여 알려주라"는 내용의 편지를 다시 보냈다.[21] 아마도 그동안 대전 금액에 대한 공소 공인들의 논의가 벌어졌는데 매 석당 5냥을 올려서 20냥으로 조정한 듯싶다.

이후로 분원은 북5읍에 백토 운반과 관련하여 운반비를 독촉하면서 돈으로 받아냈다. 1893년 김화로부터 상납금 4,172냥짜리 어음과 안협으로부터 상납금 3,500냥짜리 어음을 받아 오라고 한 기록이 있다.[22] 북5읍의 운반 작업에 대한 금전 납부가 어음으로 이루어졌음을 알 수 있다.

진주 백토는 양구 백점토에 비해서 품질이 떨어진다는 평가를 받았지만 분원 도토의 중요한 축을 담당했다. 진주 색리色吏는 채굴한 백토와 함께 여러 가지 명목의 비용과 물품도 배에 실어다가 바쳤다. 1891년 7월의 자료를 보자.

> 곧바로 용산에 가서 진주 색리 손군언孫君彦을 방문했다. 정비情費(수수료) 조로 계산해 받을 돈 합 24냥을 곱절로 48냥을 받고, 역가미役價米 2석은 126냥으로 대신 받고, 청죽靑竹 5개는 7냥 5전으로 대신 받고, 양미糧米 30은 12냥으로 대신 받았다. 인두 3개, 가위 3개, 부채 3자루, 도자刀子(창칼) 5개, 참빗 3개, 초둔草芚(풀로 거적처럼 엮어 만든 물건) 3건, 장목長木 30개를 받아내고, 초둔과 장목은 용산에 사는 이덕주李德周에게 맡겨 두었다. 진토 154석을 바쳤는데, 완석完石은 삼오작三五作하여 1곡斛으로 들이고 불완석不完石은 칠오작七五作하여 1곡으로 들였으며, 절장보단折長補短(많은 쪽을 떼어내 적은 쪽으로 보탬)한 뒤 오오작五五作을 석으로 계산하여 합 30석 사오작四五作을 들였다.[23]

당시 진주에서 공소에 바친 백토는 154석이었다. 이를 완석과 불완석으로 구분한 뒤 곡斛으로 만들어서 계산하였는데, 합 30석 사오작을 바쳤다고 한다. 진주 색리는 도토 외에도 공소 공인에게 수수료(情費) 명목으로 48냥, 역가미 2석 대금 126냥, 청죽 5개 대금 7냥 5전, 양미 대금 12냥, 총 193냥 5전의 돈을 바쳤다. 이때 정비 24냥을 두 배로 받았다는 점이 눈에 띈다. 그밖에도 인두·가위·부채·창칼·참빗·초둔·장목을 현물로 바쳤다.

진주 백토는 1891년부터 1893년까지 매년 한 차례씩 배로 실어 왔다. 그러나 1894년 갑오개혁 때 현물 대신 돈으로 바치도록 조치했다.

사옹원에 바치는 진주의 백토 및 정비情費 몫의 쌀을 돈으로 대신 납부하도록 정하는 문제입니다. 백토는 생산이 점차 귀해지는 데다 세선稅船에 추가로 싣기 어려우니, 백토뿐 아니라 정비 몫의 쌀도 모두 돈으로 대신 바치도록 정하고, 분원의 장인으로 하여금 백토 산지에 가서 사서 쓰도록 분부하는 것이 마땅할 것입니다.[24]

갑오개혁에 따라 공소는 진주토를 직접 공급받는 대신 돈으로 받았다. 이로써 수백여 년 동안 분원에 제공되던 진주토의 공적 지급은 끝났다. 그런데 이후 분원 경영자가 진주토를 구입하여 사용한 기록은 전혀 보이지 않는다. 1895년 분원자기공소가 폐지된 뒤로는 진주 백토의 대전代錢 제도마저 폐지되었다.

원주 수토는 큰 주목을 받지 못하다가 경상도 곤양토 대신 새로 추가된 도토이다. 곤양토가 원주 수토로 이정되면서 곤양토 회감미를 받아 원주에서도 회감 수가를 취해 매년 3월 내에 운반하도록 규정했다. 원주 감영에서는 규정대로 수토를 채취하여 운송했다.

점성이 강한 도토는 매우 무겁기 때문에 생산지에서 캐내고 옮겨서 배로 실어 나르는 데 많은 노동력이 필요했다. 또한 운반 과정에 들어가는 경비와 아전들의 수수료를 비롯해 잡비도 꽤 들어갔다. 이에 더해 하속들의 부정과 횡포도 끊이지 않았다. 도토의 채굴과 운송을 담당한 백성들은 고된 노역과 아전들의 농간으로 이중 삼중의 고통을 겪었다. 이러한 문제가 심각해지자 마침내 도토 운반은 대전代錢 방식으로 전환되었다.

또 다른 곳에서 구한 도토

분원자기공소는 양구, 진주, 원주 세 읍의 도토 이외에 여주의 백토·수토와 광주의 회석灰石도 사용했다. 사옹원은 공문을 발송하여 여주와 광주에서 도토를 채굴하여 분원에 공급하도록 했다. 또한 광주토를 이정하는 문제를 논의하면서 광주 수토를 돈으로 납부토록 지시했다.[25]

하지만 공소는 사옹원으로부터 공적으로 제공받는 도토 외에 토상土商으로부터도 자기를 만드는 데 필요한 흙을 구입하여 사용했다. 1893년 2월, 공소 공인이 배에 수토를 싣고 온 여주 토상 임경해林景海에게서 도토를 구입한 기록이 보인다.[26] 또한 시장에도 백토를 매매하는 백토전白土廛이 있었는데,[27] 이는 백토를 사고파는 거래 시장이 형성되어 있음을 알려준다.

공소에서는 어용 자기뿐 아니라 시장 판매용 자기도 만들었다. 따라서 어용과 판매용 자기를 만들 때 사용하는 도토에 구분을 두었을 것이다. 어용 자기와 값비싼 자기를 제작할 때는 당연히 질 좋은 도토를 사용했을 터다.

(2) 번번이 추가된 가굴과 아전들의 농간

「절목」에 규정된 도토의 제공은 매년 정례대로 바치는 원진상元進上에 따른 자기 생산을 위한 것이다. 그러나 왕실에 애경사 등 특별 행사가 있으면 행사용 자기 제작을 위해 추가로 도토를 공급했다. 이른바 흙을 더 채굴하는 가굴加掘로, 「절목」에는 다음과 같이 규정되어 있다.

> 양구와 원주, 두 읍의 가굴토는 곡斛 수에 따라 가격을 계산할 것.【만약 별번이 생기면 가굴함.】

원진상 이외에 특별히 별번 자기를 제작해야 할 때는 양구와 원주의 도토를 가굴하고, 곡 수에 따라 가격을 계산토록 했다.

원진상에 필요한 도토 공급은 매년 일정한 분량이 정해져 있지만, 별번진상을 위한 가굴은 형편에 따라 수시로 달랐다. 이 때문에 중간에서 관료나 서리가 농간을 부릴 여지가 많았다. 사옹원은 시시때때로 별번을 요구했으며, 이에 따라 공소가 폐지되는 1895년까지 가굴은 계속 이어졌다.

1892년 7월, 공소는 별번진상을 위해 원주 수을토 100곡의 가굴을 요청하는 공문을 보냈다. 그런데 색리 등이 현지에서 500석을 가굴하고, 비용 3,000냥의 청납을 중간에서 막는 농간을 부렸다.[28] 이는 색리와 해당 지역 관리 등이 모의하여 술수를 부린 일이었다.

1893년 7월, 공소는 백토 가굴 문제로 양구의 여덟 개 면을 관할하는 도집강都執綱 이평여李平汝와 아전인 공형公兄을 체포하는 공문을 발송했다. 이평여가 설점設店을 빙자하면서 백토 상납을 평계로 농간을 부렸기 때문이었다. 이에 공소 공인들은 1894년 5월에 이평여와 공형 황기풍黃基豐을 붙잡아 칼을 씌우고 분원 도가都家에 가뒀다가 서울로 올려 보냈다.[29]

1894년에도 공소는 양구 백토와 원주 수토 100석을 가굴하는 공문을 발송했고, 1895년 2월에는 김화·평강·이천의 가굴 대금을 독촉하여 4,500냥 어음을 받아냈다. 1895년 상반기에는 가굴 상납전을 내지 않는 반영식潘永植을 상대로 한성재판소에 소송을 준비했다. 그런데도 반영식은 어음을 지불하지 않고 버텼으며 1897년에 이르러 공채 탕감 조치를 들어 상납전 납부를 거부했다.[30]

도토의 채굴과 운반은 색리가 관리했다. 기록에 따르면 진주 색리, 원주 수을토 색리, 홍천 백토 색리, 원주 색리 등이 있었다. 이들 색리는 도토의 채굴과 운반, 가굴과 대전代錢 일을 도맡아 처리했으며, 그 과정에서 농간을 부려 이익을 챙기기도 했다. 그래서인지 청탁이 오가며 색리를 도모하려는 자들이 줄을 섰고, 그 때문에 원성을 불러일으키기도 했다. 그러나 이들 색리도 1895년 공소가 폐지되면서 사라졌다.

분원자기공소는 양구토·원주토·진주토와 같은 백토를 공적으로 지급받아 자기를 생산했다. 양구토·원주토·진주토 외에도 여주의 백토와 광주의 회토도 제공받았으며, 때로는 토상에게서 도토를 구입하여 사용했다. 백성들에게 부담 지워진 도토의 채굴과 운송은 매우 힘든 일이었다. 그 과정에서 색리의 횡포와 농간도 적지 않았다. 1895년에 공소가 혁파되면서 정부의 도토 공급 또한 종말을 고했다.

3. 번자회사 시기에 사용한 도토

(1) 여주토와 분원 근방의 도토

갑오개혁 과정에서 사용원이 폐지되고 분원자기공소가 혁파되면서 그간 정부에서 분원에 제공하던 도토 공급도 끊겼다. 이제 분원은 백토를 시장에서 구입하거나 직접 채굴하여 사용할 수밖에 없었다. 이후 분원에서 사용한 도토는 정부에서 제공하던 때와는 달랐다. 자료적 제한이 있지만 1896년 이후 분원에서 사용한 도토를 정리해보면 〈표 2-1〉과 같다.

표에서 알 수 있듯이 1896~1906년까지 분원에서 사용한 도토는 주로 여주의 백토와 수토였다. 여주의 도토는 수십에서 수백 석씩 분원으로 들여왔는데 주로 토상으로부터 구입했으며, 현지에 굴토소掘土所를 두고 직접 가서 도토를 채굴하여 가져오기도 했다.

184

〈표 2-1〉 1896년 이후 분원에서 사용한 도토

도토 / 연도	양구	춘천	원주	여주	시흥	과천	고량리	봉안	분원 주변	기타
1896				수토 570석			백토가 100냥		김익준 집의 후원 백토	양토楊土
1897				수토 2선船 백토 ? 수토 163석						
1898	백토 25석	백토 ?석								금사동 백토
1899				여주 토상 왕래			백토 기석幾石			
1900				수토 ? 백토가 지급			백토 125석	백토		양화楊花 수토 130석 왕기旺基 수토 316석
1901			의토 굴취	백토 173석 백토 214석				73부負		강천康川 수토 248석
1902				수토 44석 백토 150석 수토 350석 수토 170석 백토 ?	8석				옹토瓮土 1부負	
1903				백토 600석 익토益土 141석 수토 650석		40석 55석				조원식 수토 1선船 구 생원 수토 750석
1904				백토 400석	67석	165석 백토 210 태駄			후강後崗 백토 북산토北山土	조원식 수토 1선
1905				수토 150석					서강西岡 사토沙土	
1906				백토 515석						

※ 자료: 『하재일기』 1896~1911년.
※ 주: 1907~1911년까지는 도토의 유입 기록이 보이지 않는다.

강원도의 양구토·춘천토·원주토가 1898년과 1901년에 분원에 들어왔지만 한 번에 그쳤을뿐더러 분량도 많지 않았다. 이후 강원도의 도토가 분원에 유입된 기록은 보이지 않는다. 반면, 이전에는 쓰지 않았던 시흥과 과천 등지의 도토를 새롭게 개발하여 사용했음이 눈에 띈다.

번자회사의 운영 체제가 개인별 업주 체제로 전환된 1900년 이후에 분원에서 사용한 도토는 여주와 분원 근방의 백토였다. 분원에서 멀지 않은 고랑리(현 경기도 남양주시 와부읍 조안리)와 과천에서 상당한 분량이 유입되었고, 금사동이나 분원 뒷산 또는 북산 등지에서 도토를 채취하여 사용했다. 도토의 공급이 분원 근방과 경기도 지역으로 좁혀진 까닭은 채굴과 운반에 들어가는 경비를 줄이기 위한 현실적 대안이었다. 이는 그나마 광주·양근 지역에 백토가 많이 분포했던 덕에 가능한 일이었지만, 도토의 품질은 이전에 비해 떨어졌다.

지금까지 살펴보았듯이 분원에서 자기를 빚는 데 사용한 도토는 갑오개혁을 전후로 하여 큰 차이가 나타난다. 이전에는 강원도의 양구토와 원주토가 중심을 이루었다면, 민간 회사로 전환된 이후로는 강원도의 백토가 분원에 거의 들어오지 않았다. 1896년 이후 분원자기를 만드는 도토는 여주토가 중심을 이루었고, 그 외에 고랑리토·봉안토·과천토·시흥토 등 분원에서 멀지 않은 경기도 내의 도토가 이용되었다. 시간이 좀 더 지난 뒤에는 분원의 뒷산·북산·하천 등지에서도 백토를 캐내어 사용했다. 1900년 이후 번자회사의 개별 운영 체제에 따라 업주들이 각기 자기를 생산하던 시기에는 분원 근방으로 더욱더 도토 채굴이 집중되었다. 이런 상황은 도토의 질적 저하와 자기의 품질 저하로 이어졌으며, 수입 그릇이 난무하는 시장에서 분원자기의 경쟁력을 약화한 요인으로 작용했다.

(2) 회사, 업주의 직접 채굴

1897년에 출범한 번자회사는 수십에서 수백 석에 달하는 도토를 구입하여 사용했다. 도토의 가격은 토질이나 수량에 따라 차이가 났지만, 한 번 구입할 때마다 대개 수백에서 수천 냥의 돈을 지불했다. 회사 운영에서 차지하는 도토 구입 부담이 커지자, 회사는 직접 도토를 채굴하여 사용하기도 했다. 1896년 이후 번자회사와 개별 업주들이 도토를 채굴한 내용은 〈표 2-2〉와 같다.

번자회사 출범 후 사원들이 회사를 공동 운영했던 1897~1899년에는 강원도 양구·춘천·원주, 경기도 여주·과천, 그리고 분원 근방의 무갑리와 금사동에서 굴토를 시도했다. 그러나 원주에서는 토맥을 찾지 못해 도토 채굴에 실패했다. 다만 춘천에서 캐낸 백토는 토질이 매우 우수하다는 평가를 받았다. 양구에서는 방산점芳山店 등지에서 백토를 굴취했는데, 1898년 8월 굴토소에서 일하는 사람들이 소란을 일으키는 바람에 굴토 채취를 감독하던 사원이 도망친 일도 있었다.[31]

번자회사는 양구와 여주에 굴토소를 두고 본격적으로 도토를 채굴했다. 1898년 3월 회사에서는 굴토 자금으로 5,000냥이라는 거금을 지출했다.[32] 이때 회사는 해당 지방관에게 내장원內藏院 훈령을 제출하고 협조를 받았다. 내장원이 훈령을 내려보내 회사에 협조한 것은 1897년부터 진행된 명성황후의 국장과 밀접한 관련이 있다. 분원에서 명성왕후의 국장에 소용되는 각종 제기와 지석 등을 만들었기 때문이다.[33]

개별 업주 체제로 전환된 1900년 이후의 도토 굴취는 이전과 또 다른 양상을 보인다. 업주들은 1902년까지는 내장원 훈령을 얻어 원주 의토衣土와 여주·광주의 수토를 굴취했다. 그 밖에 경기도 시흥과 고양, 분원 근방의 쌍

<표 2-2> 번자회사와 업주의 도토 채굴 내용

연도	분원의 도토 채굴
1896	• 분원마을 김익준의 집 후원에서 굴취
1897	• 여주 굴토소掘土所에서 굴토 • 원주에서 굴토 시도 → 토맥이 없어 실패
1898	• 여주 관청에 백토 굴취 훈령 발송, 여주 굴토소에서 굴취 • 춘천 백토 굴취―토질 우수 • 금사동 앞 시내에서 백토 굴취 • 양구 방산점芳山店에서 백토 굴취, 굴토소 백성들의 싸움 • 광주 퇴촌에서 백토 굴취
1899	• 여주 굴토소에서 굴취 • 과천 도토 굴취 • 무갑리 굴토 시도
1900	―
1901	• 원주에 의토衣土 굴취 훈령 • 여주 백토 굴취
1902	• 여주와 광주에 수토 굴취 훈령 • 시흥토 굴취 • 고랑리 백토 간색 • 쌍령雙嶺 백토 간색 • 고양高陽 도토 간색 • 분원 근방에서 사토沙土 굴취
1903	• 과천토 굴취 • 봉안토 굴취 → 토질 불량으로 폐기 • 분원 사토 출취 • 무갑리 굴토 시도 • 금사동 백토 굴취 → 토질 불량으로 폐기 • 팔곡 굴토 → 토질 불량으로 폐기
1904	• 뒤 언덕(後崗) 백토 채굴 • 북산北山 채굴 • 금사동 계곡 탐색 → 토맥이 끊어짐 • 하당현下堂峴 시내 청색토 굴취 • 팔곡 황사토黃沙土 굴취
1905	• 사토 굴취 → 벽석 붕괴로 중단 • 서강西岡 사토 굴취

※ 자료 : 『하재일기』 1896~1910년.
※ 주 : 1906~1910년 사이에는 도토 채굴 관련 기록이 보이지 않는다.

령과 고랑리 등지에서도 흙을 채취하여 간색한 뒤 캐내어 썼다. 그러다가 1903년 이후에는 경기도 내 봉안·과천 지역과 분원 인근에서 도토를 캐내어 사용했다. 특히 분원 근방의 무갑리·금사동·팔곡, 그리고 동네 뒷산에서 굴 토가 집중적으로 이루어졌다. 그러나 금사동과 팔곡의 흙은 품질이 좋지 않 았기 때문에 사용하지 못했다.[34]

1902~1903년 업주들은 분원 근방에서 사토沙土를 굴취했다. 사토는 고종 즉위 40년을 기념하는 칭경비전에 쓸 기와와 벽돌을 만드는 데 사용된 흙이 다. 1903년 10월의 관련 기록을 보면 다음과 같다.

> 한보여韓甫如가 서울에서 내려와 말하기를 "서울 황토현 어비각御碑閣과 담
> 장에 덮을 기와와 벽돌을 청색으로 구워 만들라 하여 척수尺數와 견양지見
> 樣紙를 가지고 왔다. 전 의관全議官이 속히 만들라고 부탁했다."라고 하므로
> 사토를 우선 굴취하였다. … 사토로 벽돌을 만들기 시작했다.[35]

위 자료에 따르면 분원에서는 황토현 어비각, 곧 고종즉위40년칭경기념비 각과 담장에 덮을 기와 및 담장의 벽돌을 만들었음을 알 수 있다. 현재 광화 문 사거리에 위치한 기념비각에는 담장이 남아 있지 않지만(1부 136쪽 사진 참 조), 190쪽의 옛날 사진을 보면 기념비각을 둘러싼 담장과 그 위에 얹힌 기와 가 뚜렷하게 보인다. 그러나 식민지 시기, 일제는 도로 정비를 명목으로 기 념비각의 담장과 만세문을 헐어버렸다. 만세문은 일본인 집의 대문으로 사 용되다가 1954년 기념비전을 복원할 때 제자리를 찾았다. 그러나 분원에서 제작한 벽돌 담장과 그 위에 덮인 기와는 영영 사라져버려 다시는 볼 수 없 게 되었다.

고종 황제 즉위 40주년 칭경기념비전
대한제국기 칭경비전의 모습이다. 위 두 장의 사진은 Waclaw Sieroszewski, 『Korea』(1904)에 실려 있
는데, 기념비각을 둘러싼 담장과 그 위에 얹힌 기와가 눈에 띈다. ⓒ 명지대학교 LG연암문고

2장
도자기를 굽는 연료, 땔나무

1. 조선시대 : 시장柴場의 땔나무와 구입 땔나무

물이 스며들지 않는 단단한 자기를 만들기 위해서는 1200℃ 이상의 높은 온도를 유지해야 한다. 또 장시간 고온을 유지하기 위해서는 많은 양의 땔감이 필요하다. 도자기를 굽는 데 쓸 땔나무(화목火木, 번목燔木)를 조달하는 일 역시 자기 제조에서 매우 중요한 일이다.

실제로 조선시대 분원을 경영하는 데 땔나무 조달 문제는 우선적으로 고려할 사항이었다. 이 때문에 분원은 땔감, 곧 수목을 찾아 수시로 이리저리 옮겨 다녔다. 나무는 성장하기까지 수년 내지 10여 년 이상의 시간이 걸리기 때문에 한번 베고 나면 새로운 산판山坂을 계속 찾아내야 했다.

분원을 운영하던 초기에는 분원 주변을 사용원의 시장柴場으로 지정하여 그곳의 나무를 베어 쓰도록 했다. 시장이란 관아에서 필요한 땔나무를 채취하기 위해 특별히 지정해 놓은 삼림 지역을 말한다. 18세기 전반에는 분원 근방 7개 면, 즉 광주의 6개 면과 양근의 1개 면이 시장으로 지정되어 분원에 땔나무를 공급했다. 분원에서는 이들 시장에 장졸匠卒을 파견하여 직접 나무를 베어 오도록 시켰다. 시장이 분원에서 먼 거리에 있으면 벌목한 나무를 강변까지 운반한 다음, 뗏목을 만들어 수상으로 운송해 왔다.[36]

그러나 분원의 계속된 벌목으로 수목이 줄어들고, 이에 더해 시장 안의 주민들이 몰래 불을 질러 개간하거나 함부로 벌채하여 내다 파는 폐단이 심해졌다. 그 결과 분원 주변의 산이 '민둥산이 되어 번조할 길이 없게' 되자 정부는 여러 가지 방안을 강구했다.[37]

첫째, 한강으로 흘러 내려오는 수상목水上木을 대상으로 1/10세를 받아 땔나무의 구입비로 사용하는 방안이었다. 이 방안은 1725년(영조 1)에 결정되어 시행되었다. 양근 분원으로 정착한 이후에는 우천강변에 수세소를 설치하고 세금을 받았으며, 고종 때도 그대로 지속되었다.

둘째, 시장 안에서 화전을 일구어 사는 백성들로부터 화전세火田稅를 받아 땔나무 구입에 충당하도록 하는 방안이었다. 이 방안이 실시되자 1727년(영조 3) 광주군에서 1년에 거둬들이는 화전세가 1,000석에 다다랐다.[38] 화전세 징수는 분원자기공소가 혁파될 때까지 계속되었다.

셋째, 사용원의 시장을 분원 주변에 한정하지 않고 강원도의 춘천·낭천·양구·인제·홍천 등지로 확대하여 그곳에서 땔나무를 실어다 바치게 하는 방안이었다. 이 방안은 영조 때 잠시 시행되었으나, 폐단이 많고 해당 지역 백성들의 반발이 거세게 일어났기 때문에 곧 폐지되었다.[39]

그 밖에, 시장으로 지정된 곳에서는 방화·개간·도벌 등을 금지하고, 이를 엄격하게 감독하도록 했다. 만약 몰래 나무를 베어 가는 사람이 있다면 '능목투작률陵木偸斫律'(왕릉의 나무를 도벌했을 때 적용하는 법률)로 다스리도록 하였다.[40]

그러나 이러한 조치는 땔나무의 안정적인 공급 문제를 해결하는 근본적

대책이 되지 못했다. 땔나무 조달은 분원을 운영하는 데 가장 큰 숙제였다. 18세기 중엽 분원이 우천강변에 정착한 뒤에는 땔나무를 모두 다른 지역으로부터 구해서 충당해야 했기 때문에, 땔감의 확보는 여전히 난제로 남아 있었다.

분원에서 사용하는 화목은 그 수량이 어마어마하게 많았다. 따라서 땔감을 조달하기 위해 나무를 베어내고 운반하는 일에 많은 인력과 물력을 쏟아부어야 했다. 땔나무를 조달해야 하는 지역의 백성들은 가혹한 부역에 불만이 많았으며, 이 때문에 부역을 피해 도망가는 경우도 자주 나타났다. 1726년(영조 2)의 관련 기록을 살펴보자.

경기 감사 이교악李喬岳이 아뢰기를 "… 이번에 분원 번조목燔造木(땔나무) 4,000겹내迭乃(자래나 나뭇단을 세는 단위)와 가목價木 2동同을 본 군에 강제로 맡겨, 북면 백성들로 하여금 베어서 강변으로 운반토록 했습니다. 북면의 민호는 100여 호에 지나지 않고 1겹내를 짐바리로 실으면 많게는 5, 6태駄에 이르니, 100여 호의 백성으로 4,000겹내의 나무를 운반하자면 한 해가 다하도록 실어내도 다 나를 수 없습니다. 그러므로 북면 백성들은 모두 도망칠 마음을 먹고서 역가役價도 끝내 받아 가지 않고 봄의 환상還上(환곡)도 나와서 받아 가지 않았으니, 대개 장차 흩어질 추세로 경작에 마음이 없기 때문입니다. 본관은 부득이 10개 면에다 분배를 하였는데, 10면의 민호도 겨우 900여 호에 불과하여 1호가 운반할 양이 30~40태가 되며, 험한 곳을 건너고 고개를 넘어서 가까우면 30~40리이고 멀 경우에는 60~70리나 되기 때문에, 가난한 산골에서는 부역에 나가지 않을 뿐 아니라 가족을 이끌고 떠나간 백성이 부지기수입니다. … 방금 본 군의 보장報狀(보고문)을 보니, 민호의 도망한 자가 사흘 사이에 500여 명에 이르고 있습니다."[41]

정부에서 양근군에 분원의 번조목을 작벌시키고 운송하도록 명하자, 군에서는 그 임무를 북면에 배정했다. 그러나 100여 호의 북면 민호로는 한 해가 지나도 할당된 4,000겹내의 나무를 베어내 운반하기 어려운 실정이었다. 상황이 이러하자 북면 백성들은 아예 도망칠 작정으로 역가도 환곡도 받아가지 않고 불만을 표출했다. 이에 할 수 없이 양근군 전체 10면에 그 일을 나누어 분담했는데, 사흘 동안 500여 명이 도망쳤다. 부피가 크고 무게도 많이 나가는 땔나무를 벌목하고 운반하는 작업이 얼마나 고된 노동이었는가를 알 수 있는 대목이다.

양근 주민들의 저항이 수그러들지 않자, 정부는 며칠 뒤 번조목을 염가에 사들여 충당함으로써 백성들이 뿔뿔이 흩어지는 사태를 막으려 했다. 이러한 조치는 '이전에는 원래 없던' 일로서, '사세가 부득이하여' 어쩔 수 없이 취한 방법이었다.[42]

산지에서 번조목을 베어내고 운반하는 작업은 초기에는 부역을 통해 진행했으나 점차 사람을 고용하여 역가를 지불했다. 그러나 노임이 매우 낮았기 때문에 백성들은 이 일을 기피했다. 영조 때 강변에서 분원 번소燔所까지는 10리쯤 되었는데, 이 거리를 옮기는 데 드는 땔감 운반비(駄價)가 1년에 수천 냥에 달했다.[43] 땔나무 운반에 드는 비용 부담이 커지자, 이로 인해 분원 운영도 타격을 받을 수밖에 없었다. 이에 분원 번조소를 우천강변에 고정시키자는 의견이 제시되었던 것이다.

이처럼 도자기를 굽는 데 쓰이는 번조목의 공급은 땔나무 채취 지역의 나무 고갈과 무리한 부역에 대한 주민의 저항에 부딪혀 여러 차례 해결 방안을 모색해왔다. 고종 때는 사옹원에서 번목가燔木價 400냥을 매년 분원에 지급했다.[44] 그러나 이 금액으로는 땔나무 소요량을 충분히 마련할 수 없었기 때문에 계속 현안으로 남게 되었다.

2. 분원자기공소 시기 : 강원·경기 지역의 땔나무

분원자기공소로 전환된 이후 정부는 땔나무 구입비를 별도로 지급하지 않았다. 그러나 이전과 같이 분원 앞 우천강을 지나는 목재(木物)에 대한 수세권을 부여하여 화목 구입 자금으로 충당하고, 차후 계산하도록 했다. 「절목」에 규정된 화목 관련 조항을 보자.

> ● 우천강 수세는 전처럼 봉하捧下하고 사실대로 수를 계산할 것.【한결같이 『대전통편』을 정식으로 삼아 공·사선公私船을 막론하고 목물에 1/10의 세금을 거두며, 연후 수가受價할 때 호조의 공금公貨를 소비하지 않는다. …】
> ● 경안천으로 실어 오는 장작목은 시가대로 번소에서 사 쓸 것.[45]

우천강 수세는 이전과 같이 『대전통편』의 규정을 그대로 적용하도록 했다. 즉 공·사선을 막론하고 목재를 실은 배에 1/10세를 거두고, 이후 수세액을 계산하여 호조와 그릇값을 정산할 때 반영토록 했다. 또한 경안천을 통과하는 장작은 시가대로 구입하여 분원에서 사용토록 했다.

분원자기공소에서 사용한 땔나무는 강원도 춘천·원주, 충청도 청풍, 경기도 여주·귀천 등지에서 공급받았다. 공소에서는 일정한 절차를 밟아 이들 지역의 나무를 공급받았다. 먼저 공소는 벌목을 허용하는 공문을 사용원에 올리고, 결재를 받은 그 공문을 해당 지방관에게 제출했다. 그러면 산판업자가 땔나무 채취가 허용된 곳의 나무를 베어 분원에 판매, 공급했다. 간혹 지방관이 벌목을 허락하지 않는 사례도 있었다.[46]

공소는 땔나무를 얻는 데 수백 냥에서 수천 냥에 이르는 돈을 지불했다. 번조목의 종류와 질에 따라 가격은 차이가 있지만, 1895년 6월 땔나무 1척尺

에 35냥 또는 40냥을 지급했다.[47]

각지에서 벌목한 땔나무는 뗏목의 형태로 한강으로 내려보내거나 선박으로 실어 날랐다. 워낙 부피가 크고 무겁기 때문에 베어낸 화목을 강가에서 작업장까지 옮기는 일도 만만찮았다. 장마나 폭우로 인하여 강가에 쌓아 둔 화목이 휩쓸려 떠내려가는 일도 발생했다. 1895년 여름에는 물난리가 크게 나서 천변에 놓아둔 화목과 도토가 떠내려가 막대한 손해를 입었다.

「절목」 규정에 따르면 나무를 싣고 우천강을 지나는 배는 공·사선의 구분 없이 1/10세를 내야 하지만, 고위 관료와 세도가들은 세전을 내지 않으려고 끊임없이 압력을 행사했다.

> ① 공당公堂 댁에 가서 문안을 드리고 … 또 수세한 서까래(椽木) 10벌과 땔나무(火木) 20벌은 공당 댁에서 사용할 것이니 침범하지 말라는 집리執吏(공소의 사무를 담당한 사옹원 서리)의 연락이 있었으므로, 이에 대해 (공당에게) 여쭈니 "애당초 그런 일은 없었다"고 하교하셨다.[48]
>
> ② "회동會洞 판서 댁의 땔나무를 침범하지 말고 내려보내라"는 내용이 적힌 집리의 편지를 사람을 보내 알려왔으므로 답통을 써서 올려 보냈다. 춘천 유수 댁의 땔나무에 대해 세전 음표稅錢音標를 추심하려고 사람을 보냈는데, 춘류 댁임을 내세우면서 주지 않았기 때문에 그냥 돌아왔다.[49]

자료 ①에 따르면 공소의 일을 담당하는 사옹원 집리가 서까래 10벌과 땔나무 20벌을 공당(사옹원 제조) 댁에서 쓸 것이니 세를 받지 말라고 연락했다. 그래서 분원 공인이 공당에게 직접 물어보니 공당은 그런 일이 없다고 말했다. 담당 서리가 공당을 핑계 삼아 중간에서 농간을 부렸던 것이다.

자료 ②에서는 회동에 사는 판서와 춘천 유수가 세금을 내지 않으려고 압

196

력을 행사하는 모습을 엿볼 수 있다. 이처럼 관료와 향촌의 권세가들이 세금을 내지 않으려고 권력을 동원하는 사례는 비일비재했다.

분원이 민영화된 분원자기공소 시기에도 여전히 궁궐에 어용 자기를 진상했기 때문에 사옹원은 공소에서 필요한 땔나무 구입에 편의를 제공해주었다. 공소는 사옹원에 공문을 보내고 일정한 절차를 거친 뒤 강원도 춘천·원주, 충청도 청평, 경기도 여주 등지에서 질 좋은 땔나무를 공급받았다.

3. 번자회사 시기 : 목상과 산판의 땔나무

분원자기공소 시기를 마감하고 1897년 설립된 번자회사는 분원 근방의 귀천·고랑리·무갑리·쌍령리 등지에서 수백 수천 냥에 이르는 대금을 지불하고 땔나무를 구하여 썼다. 강원도와 충청도에서 땔나무를 확보했던 이전과는 상황이 많이 달라졌다. 이 시기 분원의 자기업자들은 주로 목상木商으로부터 땔나무를 매입하였으며, 때로는 직접 산판山坂을 벌여 확보하기도 했다. 분원에 땔나무를 조달했던 목상으로는 정원회鄭元會, 정도경鄭道京, 진 선달, 안 선달 등이 기록에 나타난다.[50]

이 무렵 분원에서 구입한 땔나무값은 대략 다음과 같다. 1897년 12월에 땔나무 428바리(駄)의 값이 2,141냥에 거래되었으니,[51] 1바리의 값은 평균 5냥 정도였다. 그러나 소량 구입할 때는 더 높은 가격을 지불했다. 1899년 8월에 서빙호西氷湖의 김씨와 거래한 땔나무 가격은 1척에 34냥이었고, 1900년 5월에 서하촌 김원택金元澤에게 치른 땔나무값은 매 장척長尺에 22냥 5전씩이었다.[52]

1901년 6월에는 강원도 춘천의 목상과 땔나무값을 흥정했는데, 1장척에

80냥을 요구했다. 분원 업주가 60냥으로 깎아 구입하려고 하자, 그 목상은 팔지 않고 가버렸다.[53] 춘천의 땔나무가 상당히 높은 가격에 거래되었음을 알 수 있다. 이후에도 회사의 분원 사원이 땔나무의 가격을 매 장척에 20냥씩으로 구매하려 하자 목상은 거래 자체를 거부하면서 일시불 현금으로 요구하기도 했다.[54]

가격 흥정이 잘되지 않았던 이유는 분원에서 시세보다 낮은 가격으로 사려고 했기 때문일 것이다. 매매가 좀처럼 성사되지 않자 분원 사원들은 영친왕궁의 전령傳令을 동원하여 목상에게 땔나무 판매를 강요했으나, 목상은 도리어 재상 집의 월동용 땔감이라고 둘러대면서 분원에 팔지 않았다. 1907년에는 한 목상이 분원으로 들어가는 땔나무를 중간에서 사들여 문제가 되기도 했다.

> 미음 사람 김흥순金興順은 목상인데, 분원으로 실어와 파는 광주 땔나무를 중간에서 도거리로 사들여 모두 우천으로 내갔다. 이에 분원에는 1짐의 땔나무도 없게 되었다. 그래서 내가 교외로 나가 흥순을 동네로 불러들여 도리에 어긋난 죄를 꾸짖고, 다시는 손대지 않겠다는 다짐을 받은 다음에야 석방하여 내보냈다.[55]

위 자료에는 목상 김흥순이 분원으로 들어갈 땔나무를 매점매석하여 분원에 나무가 고갈되자 분원 업주가 목상을 불러다가 단속하는 모습이 그려져 있다.

회사 운용자금에서 땔나무의 구입비가 차지하는 비중이 커지자 분원 사원들은 직접 산판을 꾸려 스스로 조달하기도 했다. 1896년에는 고랑리 진씨의 산판에 자금을 대주고 땔나무를 확보했으며, 시흥과 경안에 목역소木役所를 두고 그곳에서 벌목한 땔나무를 분원으로 들여왔다.[56] 때로는 산판을 통째로 사기도 했는데, 1899년 6월 분원 사원이 설월리 산판을 사려고 흥정하는 내용이 기록에 나온다. 1902년에는 대추나무골(棗木洞) 산판에서 분원 사원들이 직접 벌목하여 분원으로 가져왔다.[57]

땔나무를 사들이거나 산판에서 베어 온 뒤 그 다음의 큰일은 강가에서 가마가 있는 곳으로 옮기는 일이었다. 부피와 무게가 큰 만큼 땔나무를 운반하는 데는 우마와 수십 수백 명에 달하는 일꾼이 동원되었다. 실제로 1897년에 우마와 짐꾼 수백 명이 동원된 기록이 보인다. 이들 일꾼에게 지급할 품삯 역시 수십 냥에서 수백 냥에 이르렀다.[58]

번자회사 시기에 목상을 통한 구입이나 직접 산판을 사들여 벌채하는 방식으로 땔나무를 공급하는 체제는 분원의 자기업이 막을 내릴 때까지 계속되었다.

3장
분원자기 제작에 필요한 시설과 도구

1. 조선시대 : 전통적 시설과 도구

(1) 자기 제작에 필요한 갖가지 물자

자기를 만드는 데는 도토와 땔감 외에도 가마, 유약, 물감 등 다양한 도구와 재료가 필요하다. 또, 그것들을 운반할 선박과 같은 운송 수단과 보관할 창고 시설도 있어야 한다. 조선시대 분원에는 자기 제작에 필요한 재료와 도구들이 그때그때 충당되었고, 시설물은 정기적으로 개조하고 보수했다. 이에 따르는 비용도 당연히 적지 않게 들어갔다.

분원의 운영자금은 대부분 지방 사기장으로부터 거둬들이는 번포番布(부역 대신 받는 베)로 마련되었다. 분원 사기장의 급료와 땔감 구입비, 각종 물료값도 번포에서 지출되었다. 숙종 대의 사료에 따르면, 지방의 번조 장인 882명으로부터 받는 번포 중에서 530명분은 사기장의 임금으로 지급하고, 나머지 352명분은 '내외의 여러 인부와 물종의 값'[59]으로 썼다. 이때 지방 사기장이 신역身役 대신 정부에 바치는 포가 2필이었으니, 총 704필이 각종 재료비로 사용되었던 셈이다.

　그러나 지방 사기장으로부터 거둬들인 번포만으로는 각종 물자의 공급과 시설물의 유지·관리, 인건비를 모두 마련할 수 없었기 때문에 정부는 여러 가지 방안을 강구했다. 그 결과 정부는 분원에서 필요한 각종 물품과 도구를 전국 여러 지역에 배정해서 거두고, 사옹원·선혜청·호조에도 비용을 일부 지출하게끔 했다. 고종 초기에 발간된 『육전조례』에는 다음과 같은 내용이 나온다.[60]

●나무 구유(木槽) 9부, 광판廣板 8립立, 배판排板 3립은 (10년에 한 차례) 관동 12읍으로 하여금 바치게 한다.【춘천·낭천·홍천·인제는 본색本色으로 상납하고, 매 부每部 예운曳運 잡비 30냥이다. 회양·횡성·영월·양구·철원·평창·안협·정선은 매 부 가격 50냥, 예운 잡비 50냥, 배판 예운 잡비 40냥씩 대전代錢으로 경사京司에 상납한다.】

●도기陶器는 경기 내 5읍에 분정分定하고, 속새(木賊) 200근은 관동 10읍에 분정한다.【이상은 매년 시행한다.】강물에 흘러오는 목물木物은 매 1/10세를 거두어 보번비補燔費로 쓴다. …

●돈 2,006냥.【400냥은 번목을 사서 쓰고, 나머지는 장인에게 전례대로 내려준다.】 곤진토고昆晉土庫 개조전改造錢 10냥(기년己年), 수보전修補錢 5냥(갑년甲年), 수토재운선水土載運船 개조전 30냥(무년戊年), 수보전 15냥(계년癸年), 윤대등판輪臺等板 개조전 30냥(임년壬年), 수보전 15냥(정년丁年).【이상은 본원(사옹원)에서 전례대로 내려준다.】

●두 가마집(兩釜家) 개조미 160석(기년), 수보미 80석(갑년), 공해公廨 개조미 120석(신년辛年), 수보미 60석(병년丙年).【이상은 선혜청에서 나누어 지급한다.】 …

●백세저포白細苧布 50척, 정철正鐵 50근, 마미사馬尾篩 6부部, 유둔油芚 4번

番, 소금 15석, 산저모山猪毛 5근, 장피獐皮 2령今.【이상 번조에 필요한 것은 호조
에서 매년 나누어 지급한다.】

먼저, 그릇을 만드는 데 쓰이는 나무 구유, 광판, 배판은 10년에 한 번씩
강원도(關東) 12읍에 배정하여 상납하도록 했다. 그 가운데 춘천 등 4개 지역
은 현물로 바치도록 했으며, 나머지 8개 지역은 돈을 내어 현물의 운반비와
잡비로 사용하도록 했다.

질그릇(陶器)은 매년 경기도 5읍에 배정하고, 속새(木賊) 200근은 강원도 10
읍에 나눠 부담을 지웠다. 속새는 강원도 고산지대에서 많이 나는 풀인데,
석영 성분이 함유되어 있어 이 풀로 그릇을 문지르면 부드러워지고 광택이
났다.

곤양토와 진주토를 보관하는 흙창고(昆晋土庫)의 개조·보수비와 도토를 실
어 나르는 선박의 개조·보수비, 그리고 물레(윤대輪臺) 등 판자의 개조와 보수
비는 사용원에서 지급했다. 다만 갑년甲年·계년癸年과 같이 천간 연도를 지정
하여 10년마다 각 항목별 개조비와 보수비를 지급했다. 수토재운선水土載運船
의 개·보수비를 지급했던 것으로 보아, 분원에서는 도토를 실어 나르는 선박
을 따로 갖고 있었음이 틀림없다.

선혜청에서는 두 가마집(兩釜家)의 개조·보수비로 240석, 건물(公廊)의 개조
·보수비로 180석을 지급했다. 이 역시 각 항목별로 천간을 지정하여 10년마
다 각각 쌀로 제공했다. 이 항목에 따르면 분원이 두 개의 가마를 보유했음
을 알 수 있다.

호조에서는 해마다 희고 가는 모시(백세저포白細苧布) 50척, 정련된 철(정철正
鐵) 50근, 말총체(마미사馬尾篩), 기름종이(유둔油芚), 소금, 멧돼지 털(산저모山猪毛),
노루 가죽(獐皮) 등 도자기를 굽는 데 필요한 물품을 제공했다. 말총체는 유약

을 거르는 데 사용했고, 소금은 유약을 조합할 때 주로 휘발용으로 썼으며, 멧돼지 털은 그림을 그리는 붓의 재료였다. 또, 노루 가죽은 도자기를 빚을 때 배토坏土가 마르지 않도록 축이는 데 사용되었다.[61]

아사카와 다쿠미淺川巧가 쓴 『조선도자명고朝鮮陶磁名考』에 따르면, 이 밖에도 도자기를 만드는 데 수많은 도구와 시설이 필요했다. 시설로는 각령閣令이나 침전지沈澱池 등이 있는데, 각령은 사기장이 그릇을 만들고 다듬고 그림을 그리는 작업장이고, 침전지는 자연산 흙을 물에 풀어 고운 흙이 밑바닥에 가라앉도록 조성한 연못을 가리킨다. 도구로는 안질개(腰掛, 팔걸이가 없는 의자)·잔판棧板(그릇을 굽기 전에 담아 나르는 널빤지)·귀웅(泥水桶, 진흙을 담는 데 쓰는 통)·방망이(打棒)·갑匣 등, 종류가 다양했다.

분원에서 그릇을 만드는 데는 이와 같이 수많은 재료·물자·도구가 사용되었다. 이외에도 분원은 가마와 창고 등의 시설물, 흙을 실어 나르는 선박도 갖추고 있었다. 정부는 어용 자기 생산에 필요한 각종 물자와 도구를 제공하고, 시설물의 설치·보수비 등을 지급해주어 분원이 운영될 수 있도록 했다.

(2) 산등성이 오름가마

순도가 높은 백자를 굽기 위해서는 1,200℃ 이상의 고온을 유지할 수 있는 고도의 기술력이 필요하다. 그러기 위해서는 무엇보다 그 온도를 유지할 수 있는 가마가 필수적이다.

가마의 종류에는 승염식昇焰式·도염식倒焰式 등 여러 가지가 있지만, 조선의 가마는 대부분 오름가마(등요登窯, 등부登釜)였다. 가마가 누워 있다고 하여 누운 가마(와요臥窯, 와부臥釜)라고도 불렀다. 오름가마는 열효율이 좋아서 대량

분원의 오름가마
분원백자자료관에 전시되어 있는 분원 가마의 모형이다. 오르막 산등성이에 세운 가마에 불을 때서 도자기를 굽는 모습을 모형으로 만든 것이다.

의 도자기를 구울 때 효과적이다.

분원의 가마는 산등성이 경사면을 이용하여 세운 오름가마였다. 오름가마는 산자락의 경사지에 계단식으로 가마를 만들어 세우고, 중간에 구멍을 내어 땔나무를 공급할 수 있는 형태이다. 그런데 가마가 누워 있기 때문에 입구에서 불을 때면 불꽃이 직진하지 못하고 꺾여 올라가게 된다. 오름가마는 폐열을 이용하므로 열효율은 좋지만 온도의 균일성은 떨어졌다. 성종 때 사옹원 제조 유자광柳子光은 오름가마의 단점을 지적하고 입부立釜를 사용할 것을 주장했다.

사옹원 제조 유자광이 흙으로 사기를 구워 만드는 입부立釜와 와부臥釜의 형상을 만들어 와서 아뢰기를 "와부는 불꽃이 그 안에서 옆으로 어지러워지기 때문에 사기가 찌그러지기 쉽습니다. 이제 오신손吳愼孫으로부터 중국

204

에서 입부로 구워 만드는 방법을 들었는데, 매우 이치에 맞습니다. 입부는
불기운이 곧게 올라가므로 구운 그릇이 모두 반듯(平正)합니다. 그러나 입부
를 만들려면 이천의 점토를 써야 합니다. 청컨대 부근의 관료로 하여금 사
기소에 흙을 운반토록 하여 시험하소서." 하니, 그대로 따랐다.[62]

유자광은 와부, 즉 오름가마에서 불을 지피면 불꽃이 꺾여 들어가 어지러
워지기 때문에 그릇이 찌그러지기 쉽다는 단점이 있다고 지적했다. 반면 중
국에서 사용하는 입부는 불꽃이 곧게 올라가기 때문에 구워진 그릇이 모두
반듯하다고 평가했다. 그리하여 이천 지방의 점토로 입부를 만들어 시험해
볼 것을 요청했다. 유자광이 입부와 와부의 형상까지 만들어 와서 그 장단점
을 아뢰었을 정도로 새로운 가마 도입에 매우 적극적이었음을 엿볼 수 있다.
  이후 분원에서 입부를 사용했는지의 여부는 사료로 확인되지 않는다. 유
자광이 지적한 것처럼 와부는 불꽃이 균일하게 적용되지 않는 단점이 있음
에도 불구하고 조선 후기뿐 아니라 분원이 종말을 고한 20세기 초까지 계속
사용되었다. 조선 후기 연암燕巖 박지원朴趾源의 제자인 이희경李喜經의 글에
는 다음과 같은 내용이 나온다.

내가 일찍이 분원 포구를 지날 때 자기 굽는 것을 보았는데, 모두 와요로
만들어졌다. 소나무로 불을 때면 화염의 기세가 등등하여 연일 식지 않았
다. 내가 말하기를 "화염은 위로 올라가는데 가마는 누워 있으니 그릇을
구우면 필시 불길이 굽어서 퍼지지 못하고, 화염이 또한 맹렬하면 틀림없
이 찌그러지고 터지는 자기가 많을 것이다. 어찌 입요立窯를 만들어 약한
불을 사용하지 않는가? 중국은 벽돌 가마도 모두 입요다. 자기는 벽돌에 비
해 정교하고 약하므로, 그 가마를 눕혀 맹렬한 불을 사용하는 것은 적당하

지 않다."고 했다. 그러자 번관藩官이 웃으며 말하기를 "지금 나의 한마디 말로 어찌 옛것을 폐지하고 고칠 수 있겠습니까?"라고 했다. 나는 묵묵히 나와서 배를 타고 한강 포구에 이르렀다.[63]

위 글을 통해 18~19세기에도 분원에서는 여전히 와요를 사용했으며, 땔감으로는 소나무를 썼음을 알 수 있다. 중국을 여러 차례 다녀왔던 이희경은 분원 번관에게 와요의 문제점, 즉 불길이 꺾여 고루 퍼지지 않는 점, 그로 인하여 자기의 손상이 많다는 점을 지적하면서, 중국식 입요의 설치를 권유했다. 그러나 번관은 자신이 입요 설치에 대해 말해본들 옛것을 폐지할 수 없다는 회의적 태도를 보였다. 와요와 입요에 대한 이희경의 비교 논리는 조선 전기 유자광의 논리와 거의 같다.

그런데 분원은 왜 입요를 사용하지 않고 문제가 많다는 와요를 계속 썼을까? 물료物料의 문제였을까? 조선 풍토에 적합하지 않았던 것일까? 새로운 기술에 대한 조선 사회의 보수성과 경계심 때문이었을까?

어쨌든 조선의 고유한 독자성과 아름다움을 지닌 분원 백자가 탄생할 수 있었던 것은 바로 오름가마에서 기인했음을 부인하기 어렵다. 어쩌면 실패가 많은 오름가마를 사용했기 때문에 어딘가 살짝 비어 있는 여백과 여유, 자연스런 멋과 아름다움을 담아낼 수 있지 않았을까.

그런데 분원에는 가마를 몇 개나 두었을까? 고종 초기 『육전조례』에 '두 가마집 개조미 160석(기년), 수보미 80석(갑년)'이라는 구절이 있다. 분원에 가마집이 두 개 존재했음을 알려주는 대목이다. '가마집이 두 개'라는 말은 가마가 두 개 있다는 뜻이거나, 혹은 가마가 두 군데에 있다는 의미로 해석할 수 있다.

1883년 분원이 민영화된 이후의 기록에 따르면, 분원에는 윗가마(上釜)와 아랫가마(下釜), 윗가마집(上釜家)과 아랫가마집(下釜家)이 있었다.[64] 이는 『육전조례』의 '두 가마집(兩釜家)' 실체를 확인시켜주는 기록이다.

(3) 도자기 그림의 안료, 청화·철화·진사

대개 백자라고 하면 하얀 바탕에 파란 빛깔의 꽃과 나무와 용무늬 등이 그려진 모습을 떠올린다. 우윳빛 순백의 자기도 더없이 맑고 순수한 아름다움을 풍기지만, 파랗고 붉은 그림이 내려앉은 백자는 사람들의 꿈과 이야기를 담고 있다는 점에서 더욱 매력적이다.

도자기 위에는 해와 달과 구름, 산과 들, 모란·매화·국화, 소나무와 대나무, 호랑이·사슴·학 등이 그려져 있다. 행복을 기원하는 '福복' 자, 오래오래 살라는 '壽수' 자도 서로 다른 모양새로 도자기 위를 수놓는다. 분원자기에서 특히 빠질 수 없는 그림은 바로 왕을 상징하는 용무늬였다. 백자 청화 운룡문 항아리에는 포효하는 용의 형상이 전면을 휘감고 있다. 그릇의 밑바닥 보이지 않는 곳에는 '분원汾院' '운현雲峴' 등의 글자도 새겨져 있다.

그렇다면 분원자기의 그림은 어떤 물감으로 그렸을까? 분원자기에 그려진 그림은 대부분 푸른빛의 청화靑畵지만, 때로는 토속적인 흑갈색과 붉은색을 사용한 그림도 눈에 띄는데, 그 색상이 매우 아름답고 고혹적이다.

강렬한 푸른빛 청화

조선시대 자기 위에 그림을 그리는 물감, 곧 안료의 종류에는 청화靑華·철화鐵華·진사辰砂가 있다. 그중 가장 많이 사용된 안료는 청화였으나 자체 생산하지 못했기 때문에 수입에 의존했다.[65]

청화靑畵는 코발트 성분의 푸른 물감, 즉 회회청回回靑으로 그린 그림을 지칭하며, 청화가 그려진 자기는 청화백자라 일컫는다. 회회청은 이 안료의 원산지가 회회국回回國(아라비아)이기 때문에 붙여진 이름이다.

조선 전기에는 회회청 수입이 제한적이었을 뿐 아니라 가격도 매우 비싸서 청화를 많이 그리지 못했다. 세조 때 강진·밀양·순천 등지에서 회회청과 비슷한 색을 띤 돌을 바쳤지만, 회회청을 대체하지는 못했다.[66] 단지, 그 무렵 분원이 설립되었기 때문에 도자기 안료를 확보하려는 목적으로 회회청 발굴을 장려했던 것이다. 예종도 즉위 후, 회회청을 바치면 상을 내리겠다는 교지를 내렸다.

> 승정원에서 교지를 받들어 전라도 관찰사에게 서신을 보내기를 "강진현에서 생산하는 회회청을 일찍이 채취하여 시험해보았더니 간혹 진실한 것이 있었다. 경은 널리 방문하여 공사公私의 사기를 구워 만들 때 모름지기 회회청과 비슷한 사토沙土를 써서 시험하여 아뢰어라. 읍인邑人이 이러한 채색彩色을 얻어서 바친다면, 혹 관직을 상으로 내리고 품계를 뛰어넘어 등용할 것이며, 혹 베(布) 50필을 상으로 줄 것이니, 널리 도내 주민들에게 유시하여라."고 하고, 또 여러 도에도 유시하도록 했다.[67]

아마 조선 전기부터 정부에서 도자기 안료를 확보하기 위해 회회청을 채취하여 시험해보고, 그와 비슷한 사토沙土로 실험해볼 것을 장려했다. 또한 회회청과 같은 채색을 얻어서 바치면 그 사람에게는 품계를 뛰어넘어 파격적으로 등용하고 베 50필을 상으로 내린다고 했다. 그만큼 도자기 제조에 회회청의 확보가 절실한 과제였다.

그러나 국내에서 회회청을 확보하는 일은 어려웠다. 성종 때 "회회청은 우리나라에서 생산되는 것도 아니고, 민간에서 쓰이는 것도 아니다"[68]라고 한 것을 보면, 결국 자체 생산은 실패하고 공적으로 수입하여 사용했음을 짐작할 수 있다. 회회청은 주로 도자기를 굽는 분원과 왕의 옷을 만드는 상의원에서 사용되었다. 특히 상의원에서 회회청 소비가 매우 많았다.[69]

수입해서 써야 하는데도 소비량이 꽤 많았던 회회청이지만, 그렇다고 그 수입이 원활했던 것도 아니다. 성종 때 역관이자 화원 이계진李季眞이 회회청 구입을 위해 그 값을 받아다가 중국에 갔으나 끝내 사오지 못하여 문제가 된 일도 있다. 중종 때도 회회청을 사오지 못했다는 기록이 보인다. 광해군 때역시 회회청을 수입하지 못하다가 이홍규李弘虬가 통상에 성공하자 그에게 상을 내린 바 있다.[70] 이를 보면 17세기까지도 회회청 수입이 어려웠음을 알 수 있다.

조선 전기에는 이렇듯 회회청의 확보가 어려웠기 때문에 그것을 안료로 써서 만든 청화백자의 생산도 매우 제한적이었다. 그런데 조선에는 외국 사신이 바친 청화백자와 밀무역을 통해 들여온 중국의 청화백자가 적지 않게 들어와 있었다. 세종과 문종 때 명나라 사신이 청화백자종靑畵白磁鍾과 청화대잔靑畵臺盞 등을 바쳤고, 일본과 류큐琉球(현 오키나와)에서도 청자를 바친 사례가 있다.[71]

성종 때는 대신과 왕실 친·인척이 중국의 청화 그릇을 사용하는 것이 사회문제로 대두되었다. 당시 중국 물건(唐物)의 무역을 금하는 법이 있었음에도 대신과 왕실 친·인척은 중국에서 밀수입한 청화 그릇을 다투어 사용했다. 이에 성종은 중국의 청화자기를 단속하도록 지시했다. 그러나 권력자인 대신과 왕실이 관련된지라 사헌부의 금난리禁亂吏가 그들을 직접 조사하기는 힘들었다. 결국 어사를 파견하여 규찰했지만, 역시 실효를 거두지 못했다.[72]

조선 후기에 접어들면서 점차 회회청 수입이 원활해지고 가격도 저렴해지

자, 청화 그림을 그린 백자도 많이 생산되었으며 대중화되어갔다. 영조의 이야기를 들어보자.

하교하기를 "자기의 그림은 예전에는 석간주石間朱를 사용했는데, 지금 들으니 회청으로 그린다고 한다. 이것 또한 사치 풍습이므로, 이후에는 용준龍樽에 그릴 때 외에는 엄금하라."고 했다.[73]

청화백자
18~19기에 만들어진 〈백자 청화 구름 용무늬 항아리(白磁靑畵雲龍文壺)〉이다. 용준은 왕실 의례에서 두 점이 쌍을 이루어 꽃가지를 꽂아 장식하거나 술을 담아 두는 용도로 사용되었다. 이 작품은 크기가 크고 형태가 당당하며, 정교한 문양 표현이 특히 돋보인다. ⓒ국립중앙박물관

영조 때는 이미 도자기 그림에 회청을 널리 사용했다. 그러나 영조는 이를 사치 풍습이라 규정하고, 용준(용이 그려진 술 항아리) 이외에는 회청 사용을 금지했다. 하지만 회회청을 사용하는 사회적 추세를 막을 수는 없었다.

회회청 무역이 활발해지면서 왕릉의 지석誌石에도 푸른빛의 청자가 사용되었다. 1776년(정조 즉위년) 영조가 죽자, 영조의 무덤인 원릉元陵에 청자로 구운 지석이 사용되었다. 이는 처음으로 왕릉의 지석에 청자를 사용한 사례다. 하지만 그 후 정조는 능·원의 지석을 청자로 만들어 사용하는 것을 금했다. 1800년(순조 즉위년) 정조가 사망하자, 그 금령을 따라 정조가 묻힌 건릉健陵의 지석은 오석烏石으로 제작되었다.[74]

그런데 1805년(순조 5) 영조 비 정순왕후가 사망하자, 능의 지석을 청자로 할 것인지, 오석으로 할 것인지를 두고 논란이 일었다. 좌의정 서매수徐邁修

는 청자로 만들 것을 주장하면서 몇 가지 이유를 들었다.[75] 첫째, 청자 지석의 사용 금지는 사치 풍조를 없애기 위한 목적으로, 국장 때 지석을 금한 것이 아니라는 점, 둘째, 앞서 병신년(1776) 때 영조의 능에 청자 지석을 사용했다는 점, 따라서 같은 묘역 안에 다른 지석을 사용할 필요가 없다는 점, 셋째, 청자 지석은 천만년 뒤에도 부식되거나 쪼개질 염려가 없다는 점을 주장했다. 마침내 순조는 영조 능의 전례에 따라 정순왕후 능의 지석에도 청자를 사용하도록 했다.

조선 전기에는 회회청 수입이 어려웠기 때문에 우리나라에서 생산되는 석간주로 도자기에 그림을 그렸다. 그러나 조선 후기에 들어오면서 점차 회회청 무역이 늘어나자 영조 때 이르러서는 분원자기의 그림에 대부분 회회청을 사용했다. 영조는 회회청 사용을 사치 풍습이라 여겨 용준 이외에는 쓰지 말도록 했으나, 이미 회회청을 널리 사용하는 사회적 분위기를 막기는 힘들었다. 이제 분원자기의 그림은 회회청으로 그려지는 일이 일반화되었으며, 왕릉의 지석까지도 청자로 만들어 사용했다.

토속적 아름다움, 흑갈색 철화와 붉은 진사

철화鐵畵는 석간주로 불리는 산화철이 다량 포함된 안료로 그린 그림을 가리키며, 철화가 그려진 자기를 철화백자라고 한다. 우리나라에서는 산화철을 얻기 쉬웠기 때문에 철화는 조선 초기부터 분청사기와 백자에 이르기까지 광범위하게 사용되었다. 그림의 색상은 안료의 농담과 굽는 온도에 따라 차

철화백자

보물 1060호로 지정된 〈백자 철화 끈무늬 병(白磁鐵畵垂紐文瓶)〉이며, 16세기 무렵에 만들어진 것으로 추정하고 있다. 잘록한 목에 한 가닥 끈을 휘감아 늘어뜨려 끝에서 둥글게 말린 모습을 철화 안료로 표현했다. ⓒ국립중앙박물관

이가 있지만, 대체로 흑갈색이나 흑색을 띤다.

진사辰砂는 적갈색 또는 주홍색을 띠는 광물로, 주사朱砂 또는 단사丹砂라고도 한다. 이 광물을 자기의 안료로 쓸 때는 대개 구리를 넣어 무늬를 그리는 데 사용했다. 진사 그림이 새겨진 자기는 진사자기라고 불렀다. 우리나라에서 진사는 고려 때인 12세기부터 사용되기 시작했으며, 조선 후기까지 계속 사용되었다.

흑갈색의 철화백자와 붉은 진사백자는 청화백자와 다른 독특한 아름다움을 내뿜는데 특히 토속적 아름다움이 돋보인다. 생동감 넘치는 푸릇한 청화 줄기와 잎사귀에, 붉은빛이 감도는 진사 꽃이 어우러진 그림은 매우 강렬하고 고혹적인 느낌을 안겨준다.

진사백자
진사백자가 본격적으로 제작된 것은 18~19세기이며, 단순하면서도 파격적인 무늬 표현이 많다. 〈백자 동화 연꽃 무늬 항아리(白磁銅畫蓮花文壺)〉는 별다른 장식 없이 오로지 연꽃무늬만 있으므로 더욱 돋보인다. ⓒ국립중앙박물관

(4) 기술혁명을 불러온 마법의 유약

유약釉藥이란 도자기의 표면에 얇게 덧씌우는 유리질 약품이다. 도자기에 유약을 칠하여 구우면 강도가 높아져 단단해지고 물이 스며들지 않으며, 색채가 아름다워지고 윤기와 광택이 나면서 표면이 매끄러워진다.

유약의 발명은 토기에서 도자기로 발전을 불러온 기술혁명이며, 고도의 문명을 상징하는 자기의 탄생으로 이어졌다. 유약을 입히지 않은 토기는 강도가 약하여 깨지기 쉽고 수분을 흡수하기 때문에 물을 담아 두기 어려웠다.

그런데 그릇 표면에 유약을 입혀 구우면 토기의 약점을 극복할 수 있을 뿐만 아니라 아름답고 실용적이며 위생적인 도자기로 탈바꿈하게 된다. 그런 점에서 유약은 '도자기의 옷'이자, 인류의 문화를 한층 더 향상시킨 마법의 약이라고 할 수 있다.

유약의 기본 원료는 매우 다양하고 많지만, 특히 장석·규석·석회석이 3대 원료로 중시되며, 그 외에 고령토·백토·골회骨灰·나뭇재·황토 등이 사용되었다. 그중 고령토는 유약의 원료와 태토로 많이 사용되는데, 중국 경덕진요 부근의 고령촌高嶺村에서 생산되기 때문에 붙여진 이름이다. 나뭇재는 말 그대로 모든 나무와 식물을 태워 만든 재로서, 우리나라에서는 주로 소나무·떡갈나무·참나무·고사리 등의 재를 유약의 원료로 활용했다.[76]

유약은 세계적으로 볼 때 기원전 수천 년경부터 이미 발명되어 사용되었다. 그러나 우리나라에서 그릇에 유약을 본격적으로 사용한 것은 고려청자 이전 시기로 추정하고 있다.

조선시대 기록에 따르면 유약은 자수磁水·번수燔水·분수粉水 등으로 불렸다. 조선시대 백자에 사용된 유약은 주로 재·석회석·수토를 기반으로 만든 것이라 보고 있다.[77] 분원 백자의 유약 또한 그것들을 기본적으로 사용했을 것이다. 다만 분원에 들어온 수토는 유약뿐 아니라 태토의 용도로도 사용되었을 것이다. 분원에 들어온 수토가 백토의 양보다 훨씬 많았다는 점에서 유약보다는 태토로 더 많이 사용되었을 것이라 추정할 수 있기 때문이다.

우리나라는 예로부터 유약 만드는 방법을 공개하지 않고 비법으로 전수해왔다. 이 때문에 지역별·사기점별·개인별로 유약을 만드는 비결과 방식이 서로 달랐다. 유약을 만드는 일은 계량화된 제조법이 알려지지 않고 사람에서 사람으로 은밀히 전수되었기 때문에 단절되는 경우가 많았다. 분원에서마저도 유약 제조 방법은 기록으로 남겨 두지 않았다. 그래서 분원이 문을 닫고 사기장들이 흩어지자 유약을 만드는 비법 역시도 사기장들과 함께 흩어져서 맥이 끊겨버리고 말았다.

2. 근대(1883~1916) : 새롭게 받아들이고 실험하고

(1) 민영화 이후 자체적인 구입·관리

1883년 분원 경영을 민간에게 이양한 뒤 정부는 그간 분원에 제공해왔던 각종 자원과 물료, 시설 개·보수 비용을 지급하지 않았다. 이에 따라 분원자기공소는 자기 제작에 필요한 재료와 자재를 직접 구입해야 했고, 시설의 개·보수비도 자체 부담해야 했다.

정부는 분원 경영을 맡게 된 공인들과 이 같은 내용에 합의했다. 「절목」에 규정된 내용은 다음과 같다.[78]

영원히 감하는 것(영감질永減秩)

- 가마집(釜家) 수보미修補米 80석 : 갑자년 선혜청 지불 조(上下條)

- 공해 수보미公廨修補米 60석 : 병자년 선혜청 상하조

- 나무 구유(목조木槽)·광판·배판 : 관동 12읍 운납 조

- 속새(木賊) 200근 : 관동 배정 조(卜定條)

- 정철正鐵·저모猪毛·장피獐皮·유둔油芚·마미사馬尾篩·백저포白苧布·백염白鹽 : 호조 상하조

- 토고土庫 영개조永改造와 수보전 : 본원 상하조

- 수토재운선水土載運船 영개조와 수보전 : 본원 상하조

● 윤대輪臺·족대판足臺板 등 비용전 : 본원 상하조

이상 전미錢米와 잡물은 양구·진주·원주 3읍에 허급한 백토를 계산한 가격
이다. 지금부터 영원히 감하여 지불하지 말 것.[79]

「절목」에는 민영화되기 이전 분원에 사옹원과 선혜청·호조에서 지급해주
던 각종 물자와 돈, 시설 개·보수비, 그리고 강원도(관동) 지역에서 운반해왔
던 재료 등을 앞으로는 영원히 지불하지 않는다고 규정했다. 구체적으로 들
여다보면 첫째, 자기 제조에 필요한 나무 구유(木槽)·광판·배판·윤대·족대판
등의 기구와 철·모시·소금 등 재료, 둘째, 가마집(釜家)·건물(公廨)·흙창고(土
庫) 등 시설물의 개·보수 비용, 도토 운반선의 개조·보수비를 지급하지 않도
록 했다. 이런 규정에 따라 분원 운영자들은 더 이상 정부에 기대지 못하고
각종 재료와 기구를 직접 구입하며 시설의 개·보수 비용을 지출해야 했다.

1897년에 출범한 번자회사 시기에도 회사와 업주는 모두 자기 제조에 필
요한 도구를 자체적으로 구입하고 직접 시설을 관리했다. 그러나 분원 자기
업이 쇠락하면서 당연한 수순처럼 관사와 시설들이 여기저기로 찢겨 나갔
고, 기구들 또한 녹슬어갔다. 1910년에 설립된 분원자기주식회사 또한 각종
자재와 시설을 직접 구매하거나 해결했다.

(2) 전통 가마의 운용, 그리고 새로운 채요와 망동요 도입

분원자기공소에서 운영한 가마는 몇 개나 되었을까? 『하재일기』에 등장하
는 가마는 윗가마(上釜)와 아랫가마(下釜), 그리고 윗가마집(上釜家)과 아랫가마

집(下釜家)이 있다. 이에 해당하는 내용은 다음과 같다.

① 위아래 가마(上下釜)의 사토沙土 제거에 여덟 마을이 모두 나와서 부역하
였다.
② 아랫가마집(下釜家)이 기울어 엎어져서 빚어 놓은 날그릇(生器)이 거의 다
파손되었다고 한다.
③ 윗가마집(上釜家)을 고쳐 짓기 위해 동민들에게 알려 부역에 나오도록 하
였다.[80]

　자료 ①을 보면 1892년 분원에는 윗가마(上釜)와 아랫가마(下釜)가 있었으며,
두 가마의 모래흙 제거에 분원 주변 여덟 개 마을의 주민을 모두 동원하여
일을 시켰음을 알 수 있다.
　자료 ②, ③을 보면 분원에 윗가마집(上釜家)과 아랫가마집(下釜家)이 있었고,
가마집(釜家)을 고쳐 지을 때 동민들을 부역에 동원했음을 알 수 있다. 이 자
료를 통해 가마집은 굽기 전의 날그릇을 가마에 넣기 전 보관하는 곳이고,
여러 도구들을 보관하는 가옥이라는 것을 짐작할 수 있다. 가마와 가마집이
위·아래 두 개가 있었다는 서술은 『육전조례』에 나오는 '두 가마집(兩釜家)'의
내용과 합치한다.
　21세기가 문을 연 2001~2002년, 경기도 광주시는 이화여대 박물관에 의
뢰하여 두 차례에 걸쳐 분원리 백자 요지의 발굴 조사를 실시했다.[81] 발굴
조사는 A 지구와 B 지구, 두 개의 구역으로 나눠 진행되었는데, 4기의 가마
와 2기의 공방工房터, 폐기물 퇴적층 등의 유구流寇가 확인되었다. 특히 B 지
구에서는 가마 4기의 유구가 집중 출토되어 주목을 받았다.
　A 지구는 현 분원백자자료관 앞의 공터로, 백자 공방터, 백토 저장공貯藏孔

분원리 백자 요지 B 지구의 발굴 당시 모습

B 지구에서는 가마 4기의 유구가 발견되었고, 특히 가마 2호는 지금까지 발굴된 가마 중에서 가장 규모가 큰 것으로 밝혀졌다.

(저장 구덩이), 백자 폐기물 퇴적층, 백토 등이 발굴되었다. 가마 유구는 발견되지 않았는데, 일제강점기에 학교 운동장을 조성하는 과정에서 파괴되었을 것으로 추정한다.[82]

B 지구는 분원백자자료관으로 들어가는 입구로, 가마 4기(1~4호)와 공방지, 소성실燒成室, 백자 파편들, 폐기물 퇴적 유구 등이 발굴되었다. 특히 20m에 달하는 가마 2호는 지금까지 발굴 조사된 조선백자 가마 가운데 가장 큰 규모로, 한국 최대의 도자기 가마라고 한다.[83] 게다가 거의 훼손되지 않은 채로 발굴되어 분원 가마의 양식을 이해하는 데 매우 중요한 유적이다.

발굴 조사 결과, B 지구에서 가마 유구 4기가 발견되었고, A 지구는 비록 정확히 알기 힘들지만 원래 있던 가마가 파손되었다고 추정한다면, 분원에는 적어도 4개 이상의 가마가 존재했으리라고 유추할 수 있다.

그렇다면 『육전조례』의 '두 가마집(兩釜家)'과 분원자기공소 시기의 '윗가마

(上釜)·아랫가마(下釜) '윗가마집(上釜家)·아랫가마집(下釜家)' 기록을 어떻게 볼 것인가?

첫째, 분원 가마가 원래 두 개 있었다고 본다면, 발굴된 두 개 이상의 가마들은 서로 다른 시기에 만들어져 사용되었을 가능성이 있다. 특히 민간 회사로 전환된 후 각 업자들이 별도의 가마를 조성했을 수 있다. 둘째, 분원 가마는 두 군데에 조성되었는데, 그 각각의 곳에 여러 개의 가마가 설치되었을 가능성도 생각해볼 수 있다.

어느 쪽이든, 분원의 가마는 동고서저東高西低의 산록 경사면을 따라 세워진 오름가마였다. 그것은 중국의 경덕진 가마나 일본의 아리타有田 가마와는 다른, 조선의 전통적 구조로 이루어진 가마였다.

또한 가마집(釜家)은 가마 옆에 자리한 가옥으로, 가마에 넣어 구울 예정인 날그릇이 대기하는 곳이자, 가마 이용에 필요한 공구를 보관하는 장소이며, 가마 불을 관리하는 화장火匠이 쉬는 공간이었을 것이다.

1897년 설립된 번자회사는 왕실과 시장의 수요에 부응하여 자기를 생산하고 판매했다. 그러나 시장에는 이미 값싸고 화려한 수입 도자기가 범람했고, 소비자의 기호도 변화하기 시작했다. 이에 위기감을 느낀 분원자기 생산자들은 새로운 자기를 만들기 위해 종전과 다른 가마를 만들어 시험 생산했다.

1902년 11월 분원에서는 일본인 이오스미庵住를 고용하여 일본식 채요彩窯를 만들고, 색깔 있는 채기彩器를 생산하기 시작했다. 처음에는 여러 차례 시행착오를 겪었지만, 나중에는 상품성 있는 채색 자기를 생산하게 되었다.

1903년에는 경북 문경의 사기장인 김비안金備安이 분원에 와서 근방의 은곡銀谷*에 망동요望同窯 2칸을 설치했다. 문경의 대표적 사기장이자 부장釜匠

---

* '은곡'은 분원에서 가까운 은골을 지칭하는 것으로 짐작된다.

문경 망댕이 가마

망댕이 가마는 길이 20~25cm 굵기로 사람 장딴지와 같은 모양의 진흙덩이 망댕이를 많이 만들어서, 이 것을 가지고 둥글게 원을 그리며 이어짜 올라가 가마 지붕을 둥글게 하며 여러 칸이 이어지도록 만든 가마이다. 위 사진의 망댕이 가마는 2006년 경북민속자료 제135로 지정되었다. 1843년 헌종 때 만들어 진 가마로, 현존하는 가장 오래된 전통 가마이다. 경북 문경읍 관음리 206-1번지 소재.

인 김비안이 분원에 오면서 망동요가 축조되고 소개된 셈이다. 훗날 김비안의 손자 김정옥金正玉이 부친을 통해 들은 이야기에 따르면, 분원의 가마는 메주장 같은 흙벽돌로 만들어져 있었지만, 김비안이 문경식 망댕이(사람의 장딴지 같은 모양으로 만든 진흙덩이)로 가마를 쌓는 망동요를 분원에 선보였다고 한다.[84]

수백 년간 전통적 와요臥窯, 곧 오름가마만 고집했던 분원이 1900년 이후부터는 일본식 채요와 지방의 망동요 등을 적극 수용하여 새로운 자기 생산을 시도했던 점은 눈여겨볼 만하다.

(3) 왜청과 서양 채색 물감의 도입

조선시대 자기 위 그림은 대부분 청에서 수입한 회회청으로 그려졌다. 그러나 개항 후에는 왜청倭靑과 다양한 색깔의 물감이 무역을 통해 조선에 들어오면서 이를 이용한 그림도 그려졌다.

분원자기공소에서는 도자기 그림에 주로 일본에서 수입한 왜청을 사용했다. 왜청은 중국에서 수입한 회회청보다 검푸른빛이 진한 물감이었다. 공소를 운영하는 공인들은 수시로 진고개(泥峴)에 자리한 일본인 다니카와谷川나 사카이坂井 가게를 방문하여 왜청을 구입했다. 일본 무역상들은 왜청을 화륜선에 실어와 제물포에 하역하고, 서울의 일본인 상점에서 판매했다.

분원 운영진은 1891년 2월 왜청 50근에 2,500냥을 지급했다. 왜청 1근에 50냥씩 거래되었음을 알 수 있다. 그런데 같은 해 11월 왜청 40근을 구입할 때는 1근에 100냥씩 지불했다.[85] 10개월 사이에 가격이 두 배로 폭등했다.

번자회사 시기의 분원은 회회청과 왜청에 한정하지 않고 처음으로 다양한 색상의 물감을 가져와 시험하기 시작했다. 1901년 분원은 색깔 있는 물감 몇 가지를 가져와 시험하고, 와형瓦形 4개를 만들어보았다. 성공 여부는 기록상 드러나지 않지만, 채색 자기를 생산하려는 의도를 읽을 수 있다. 1902년에는 서양의 채색 물감 14종을 분원에 들여온 기록이 있으며, 같은 해 일본인 이오스미를 고용하여 채요를 설치하고 채기를 생산하기 시작했다. 이는 분원 역사상 처음으로 다채로운 색상의 그림을 자기에 적용한 것이다.[86]

도약을 꿈꾸며

새롭게 시도한 실험

　분원은 조선 국왕의 위엄과 명분에 걸맞은 그릇을 만들기 위해 전국 최고의 재료를 가져다 썼으며, 수많은 도구와 시설을 구비해 놓고 사용했다. 그러다가 근대에 접어들어서는 외국에서 들여온 새로운 재료와 시설을 받아들여 활용했다.

　조선시대 사용원 관할로 운영될 때 분원에서는 도자기를 만드는 데 가장 중요한 재료인 도토로 강원도·경기도 등지의 최상급 백토와 수토를 제공받아 사용했고, 땔나무 또한 외지의 질 좋은 재목을 구하여 썼다. 그러나 정부의 지원이 단절된 1895년 이후부터는 대부분 여주와 분원 근방의 흙을 썼고, 땔나무도 분원 근방에서 벌목하거나 목상으로부터 구입하여 사용했다. 이는 도토와 땔나무의 질적 저하를 가져왔고, 자기의 품질 저하에도 영향을 미쳤다.

　백자에 그림을 그리는 데 필요한 안료는 주로 청나라에서 수입한 회회청을 사용했으나, 개항 후에는 일본에서 들여온 왜청을 쓰기 시작했으며, 번자회사 시기인 1901년부터는 서양의 채색 물감을 들여와 시험해보기도 했다.

이때 인건비를 줄이기 위해 청화靑畵를 그리는 전문 장인인 화청장畵靑匠 대신 공인 출신이 직접 자기에 그림을 그리는 일도 흔히 있었다.

가마는 예로부터 오름가마(등요)를 사용해왔으나, 1902년 이후 일본인을 고용하여 일본식 채요를 건립하고 채색 자기의 제작을 시도했으며, 1903년에는 문경의 망동요를 축조하여 그릇을 굽기도 했다. 전통적인 오름가마만 고집하지 않고 일본의 채요나 지방의 가마를 도입하여 자기를 굽는 새로운 시도가 이루어졌던 것이다. 새로운 재료와 시설이 도입되면서 각종 도구들도 새로운 것들이 유입되어 사용되기 시작했다.

민영화 이후 분원에서 시도한 일본식 채요와 지방의 망동요 설치, 왜청과 서양 물감의 도입은 도자기 제작의 새로운 길을 찾는 시험대라고 할 수 있다. 조선 최고의 자기를 생산해온 분원의 전통과 강점을 살리면서 새로운 기술을 효과적으로 접목시킨다면, 분원으로서는 도약의 기회가 될 수 있었다. 그러나 분원은 재정난과 재료의 질 저하, 사기장의 약화 등으로 전통적 강점을 잃어갔으며, 새로운 시도는 자본 부족과 기술력의 미흡으로 수입품을 따라잡지 못했다. 분원의 소자본가 업주들이 이러한 상황을 감당하기에는 버거운 일이었다. 결국 분원자기는 자본주의 시장의 본격적 생존경쟁에서 수입품과 일본인 요업에 밀려나 설 자리를 잃고 말았다.

3부

분원을 움직인 사람들

― 관리자와 사기장 이야기

1장
분원을 좌우한 권력자

어기御器를 매개로 연결된 사람들

분원의 주인공은 누구일까? 누가 뭐래도 분원에서 생활하며 질펀한 흙을 반죽하여 그릇 모양을 만들고, 그림을 그리고, 1,000℃가 넘는 불과 씨름하고, 혼을 불어넣어 자기를 만들었던 도공을 빼놓고는 이야기하기 힘들다.

흔히 세계에 자랑할 만한 우리의 찬란한 문화유산으로 고려청자와 조선백자를 꼽는다. 그러나 정작 우리는 청자와 백자를 만든 사기장의 이름과 그들의 이야기는 잘 알지 못한다. 그것은 '천한' 출신인 그들의 삶과 이야기를 담은 기록이 거의 없기 때문이며, 그들에 대한 관심도 별로 없었기 때문이다. 1977년에 이르러서야, 훌륭한 명품 도자기를 남긴 그들의 공적을 기리는 '무명 도공의 비'가 세워져 작은 위로를 보냈을 뿐이다.

이에 비해 임진왜란 때 일본에 끌려간 조선 사기장 이삼평李參平은 일본에서 '도조陶祖'로 추앙받고 있다. 일본 역사상 그가 처음으로 백자를 만들어냈기 때문에 '도자기의 신'으로 받들어져 신사神社에 모셔지기까지 했다. 조선의 사기장과 기술을 약탈한 일본의 자기업은 이후 급속히 성장하여 한때 유럽 시장을 휩쓸었다.

그러나 우리는 분원 옛터에 가보아도 대대로 세습하면서 자기를 만든 그들의 발자취를 찾아볼 수 없다. 다만 분원백자자료관에 전시된 자기와 깨진 도자기 파편들, 모형 가마와 각종 도구를 통해 그들의 작품과 삶의 흔적을 상상해볼 수밖에 없다. 역설적인 사실은, 사기장을 감독했던 양반 권력자들의 송덕비는 줄지어 서 있다는 점이다. 분원 사람들은 자신들의 목줄을 쥐고 흔

무명 도공의 비
조선백자 도요지인 경기도 광주시 쌍령동에 세워져 있다.

들었던 관리들 가운데 그나마 선정을 베풀었던 이의 송덕비를 세우고 그 덕을 칭송했다. 그들은 오히려 자신의 빛나는 솜씨와 기술은 그릇 안에 묻어두고, 본인의 이름을 새길 생각은 하지도 못했다.

조선시대 분원을 움직이는 사람들은 피라미드 구조를 이루고 있었다. 피라미드의 정점에는 절대 권력자인 왕과 왕실이 있고, 그 아래에는 분원을 감독하는 사용원 관료들, 또 그 아래에는 실무와 운영을 담당한 아전과 공인들, 다시 아래에는 그릇을 제작하는 사기장과 일꾼들, 그리고 제일 밑바닥에는 부역에 동원되거나 수세 대상이 된 백성이 자리했다. 각 층계마다 갑과 을의 관계가 성립되었으며, 그 사이사이에 권력의 손길이 작동했다. 각 층에 위치한 사람마다 맡은 소임과 역할은 서로 달랐지만 '왕의 그릇' '분원 백자'라는 공통분모로 연결되었으며, 서로 유기적 관계망을 형성하고 있었다.

1. 조선시대 : 사옹원 관료와 아전

(1) 분원을 바라보는 왕의 시각

분원에서 만든 그릇의 주인은 왕이었다. 지고지존至高至尊 제왕의 위상에 걸맞은 그릇을 만들기 위해 세워진 곳이 바로 분원이기 때문이다. 따라서 분원자기는 단순한 그릇이 아니라 '어기御器'로서 제왕의 권위와 높은 신분을 상징하는 특별한 위상을 갖고 있었다.

분원자기에 대한 왕의 인식이 구체적으로 드러난 자료는 많지 않지만, 특별히 관심을 가졌던 역대 왕들의 생각을 들여다보면 다음과 같다.

분원을 처음 설치한 세조는 신분과 위계에 따른 그릇의 명분을 강조했다. 세조는 "명분은 엄격해야 하거늘, 어제 사옹원에서 어선御膳을 올릴 때 세자 그릇을 섞어 썼으니, 심히 불가한 일이다"[1]라고 하여, 왕과 세자의 그릇을 구분하지 않고 같이 쓰는 일은 옳지 않다고 질타했다. 군신, 부자, 주인과 종이 각자의 도리와 신분에 어울리지 않게, 즉 명분에 맞지 않게 그릇을 같이 쓰는 행태는 오랑캐와 다를 바 없는 야만적 문화라고 지적했다. 조카의 왕위를 찬탈한 세조가 엄격한 명분을 강조하는 모습이 언뜻 아이러니하게 보이지만, 그릇에 대한 이런 생각이야말로 분원을 별도로 설립한 배경이 되었을 것이다.

세조는 왕비의 중궁전에 금잔 대신 자기잔을 쓰도록 했고, 세자궁에도 자기를 사용토록 했다. 또한 진상하는 자기는 왕실 외에 공사처公私處에서 사용하는 것을 금지했으며, 도공이 몰래 자기를 만들어 시장에 내다 팔거나 관리와 서민 집에 사사로이 매매하지 못하게 하면서 만일 적발되면 처벌하도록 했다.[2]

영·정조 시대에는 회회청으로 만든 청화백자가 널리 사용되었다. 양반 사대부뿐만 아니라 부유한 일반 백성도 어렵지 않게 청화백자를 구입하여 썼다. 그러나 실용과 검약을 중시했던 영조와 정조는 사치 풍조를 경계하고 청화백자의 제작과 사용을 제한했다.

영조는 왕위에 오르기 전 사옹원 도제조와 제거提擧를 지낸 적이 있다. 그래서 분원 사정을 비교적 소상하게 알았으며, 도자기에 대한 관심도 높았다.[3] 영조는 잠저 시절 사옹원 제거로 있을 때 하례下隷가 분원 번조소에 간다고 하자, 종이를 여섯 조각으로 잘라 산수와 난초·국화·매화를 그린 수묵화를 건네주고, 그것을 밑그림으로 하여 작은 단지(小壺) 면에 구워 오도록 명령한 바 있다.[4] 자기에 대한 남다른 관심은 물론이고 예술적 감각도 겸비했음을 알 수 있다.

1747년(영조 23) 계속된 흉년 때문에 수포收布가 감소하여 분원 사기장에게 급여를 제대로 지급하지 못한다는 말을 들은 영조는 "사옹원은 다른 아문衙門과 다르므로, 지급할 물건은 비변사의 조치를 기다릴 필요 없이 다시 진휼청에 일러서 즉시 거행토록 하는 것이 좋겠다"고 하였다.[5] 사옹원 분원의 특별한 위상과 분원 사기장의 형편을 헤아린 영조의 특별 조치였다.

영조는 분원에 대한 관심과 지원을 아끼지 않았지만, 다른 한편으로는 분원자기가 지나친 기교와 사치 풍조로 흐르는 경향을 경계했다. 그리하여 1754년(영조 30) 용준龍樽 이외에는 수입 회회청을 사용한 청화백자 제작을 금지했으며, 특교特敎에 의한 별번別燔을 제외하고는 임의로 왕실 자기나 갑기匣器(갑발匣鉢이라는 덮개를 씌워 한 개씩 구워낸 고급 도자기)를 제작하지 못하도록 엄명했다.[6] 그러나 청화백자의 유행을 차단하지는 못했다.

개혁 군주의 대명사로 일컬어지는 정조는 사치 풍조를 배격하고 검소한 생활을 몸소 실천했다. 의복이나 음식뿐 아니라 그릇 또한 화려한 꽃이 그려진 자기나 고급스럽게 만들어진 갑기 대신 보통 그릇(常器)을 사용했다.[7] 그럼으로써 관료와 백성에게 모범을 보이고 근검절약을 권장했다.

정조는 분원의 폐단을 바로잡고자 할 때도 가장 힘없는 백성의 처지를 우선적으로 고려했다. 1791년(정조 15) 강원 도사江原都事가 양구 백점토의 폐단을 아뢰자, 정조는 '가장 나쁜 짓은 분원이 멋대로 침학하는 것'이라고 지적하면서 임의로이 갑기와 화기畵器를 만들어내는 사람을 엄벌에 처하겠다고 경고했다.[8] 어용 자기 제작보다 침탈을 당하는 양구 백성들의 고통을 먼저 헤아린 모습을 보여준 것이다. 1795년(정조 19) 8월 사옹원 제조들이 정례적으로 진상하는 그릇 외에 별도로 기교를 부린 자기 제작을 분원에 요구한다는 말을 듣고, 정조는 다음과 같이 말했다.

> 분원의 폐단으로 말하자면, 비단 백성과 고을이 감당해내지 못하는 데 있을 뿐 아니라 기교함이 날이 갈수록 성하여 백토와 청회靑灰를 사용하여 만들어내는 폐해가 먼 지방에까지 미치고 있다. 몇 해 전 갑甲을 씌워 굽는 것을 금지하는 신칙을 내렸는데, 이는 전교傳敎를 내려 정식으로 삼게 할 줄 몰라서가 아니다. 혹시라도 명령이 확립되지 않을까 염려하여 승선承宣으로 하여금 구전口傳으로 분부하게 했다. 그런데 그 뒤에 온갖 꾀를 부려 주선하면서 '하속下屬들에게 불리하므로 예전대로 거행하자'는 뜻으로 연석筵席에서 발언하는 일이 있었으니, 이보다 더 놀라운 일은 없다고 할 것이다. … 설사 하속들이 잇속을 조금 잃을지라도 백성과 고을의 폐단을 조금이라도 없애주어야 한다. … 신칙하는 분부를 내린 지 얼마 되지도 않았건만, 하속배들만 (백성을) 수탈하는 것이 아니라 관원까지도 명을 위배하였으니, 어찌 이런 도리가 있단 말인가?[9]

백자 청화 모란문 '운현' 명호白磁靑畵牡丹文'雲峴'銘壺
소형의 청화백자 항아리다. 굽바닥에 '雲峴'이라는 명문이 쓰여진 것으로 보아 1863년 이후 운현궁에서
사용한 자기로 추정된다. ⓒ국립고궁박물관

　정조는 분원의 폐단으로 인해 먼 고장의 백성들까지 백토와 청회를 진상
하는 고통을 겪고 있음을 안타깝게 여기고, 갑번匣燔, 곧 갑을 씌어 왕실 도
자기를 하나씩 구워내는 일을 금지하도록 했다. 그런데 이후 관료들이 하속
들의 실리를 들먹이면서 갑번을 복구시키려 했다. 그러나 정조는 관료들의
이러한 움직임을 비판하고, 하속들에게 손해가 있더라도 현지 백성들을 위
해 단호히 갑번을 금지했다. 이어 갑번을 금단하도록 문서화하고, 규정을 위
반할 경우 엄벌에 처하도록 했다. 분원의 폐해를 논의하는 자리에서도 가장
밑바닥 백성의 고통을 줄이고자 했던 정조의 통치 철학과 개혁 군주로서의
면모가 잘 드러나고 있다.

　분원 운영과 관련하여 주목되는 또 한 사람의 인물은 흥선대원군이다. 흥
선대원군은 시문서화에 비상한 재주를 지녔으며, 분원자기와 공예품에도 깊
은 관심을 드러냈다. 그래서인지 대원군 시기에 만들어진 자기의 굽바닥에

는 '雲峴운현'이라는 명문을 새긴 것들이 적지 않게 남아 있다. 분원이 민영화
된 후에도 운현궁에서는 합사발盒沙鉢·항아리·제기 등의 그릇을 분원에 주
문했고, 그릇 견본(本器)를 내려보내곤 했다.[10]

고종은 왕실에서 사용하는 그릇에 군이 분원자기만을 고집하지 않았다.
고종 때는 분원자기뿐만 아니라 일본·중국·러시아·서양에서 수입한 그릇을
다양하게 사용했다. 국립고궁박물관이 소장하고 있는 대한제국기 황실의 그
릇 가운데는 영국·프랑스·일본 등지에서 수입한 도자기가 많다. 이들 그릇
의 대부분에는 대한제국 황실의 상징인 이화李花(오얏꽃) 문양이 새겨져 있어,
주문 제작한 것임을 알 수 있다.(1부 105쪽 사진 참조) 1895년(고종 32)에는 일본
승려가 고종에게 기이하고 찬란한 향로와 화병 등을 선물했고, 1903년에는
러시아인 기사가 내장원에서 설립한 사기 제조소에 고빙되어 사기를 만들기
도 했다.[11]

한편 1897년 명성황후의 장례식을 앞두고 분원에서는 지석誌石을 만들어
상납했는데, 고종은 직접 지석에 쓰인 글자를 살펴보고 능을 둘러쌀 담장의
기와를 구워 보내라고 조칙을 내렸다.[12] 명성황후에 대한 고종의 각별한 애
정과 예우뿐만 아니라 분원 업무에 대한 관심까지도 엿볼 수 있는 대목이다.

처음 분원을 개설한 세조는 그릇에도 명분을 강조했으며 어용 자기 제작
소로서 분원의 정체성을 확립했다. 조선 후기 실학의 전성기였던 영·정조
때는 그릇의 실용성을 강조하고 사치로 흐르는 경향을 경계했다. 자본주의
세계 체제에 들어선 고종 때는 분원을 민영화함으로써 분원자기의 어용적
성격과 특권을 폐지시키고, 왕실에서 각국의 그릇을 수입하여 사용했다. 이
후 분원은 민영화의 이점을 살리지 못하고 조선왕조의 운명과 같이 쇠락의
길을 걸었다.

(2) 분원의 감독자, 사옹원 관리

분원은 어용 자기를 공급받기 위해 국가에서 설립한 자기 제작소였다. 따라서 분원을 운영하는 데 정부의 정책과 관리 감독의 역할이 매우 중요했다. 본원인 사옹원 소속의 관리에게는 분원을 관리 감독하는 책무가 주어졌다.

관리 감독과 수탈의 이중주

분원 운영에 필요한 각종 재원과 물자, 인력을 관리 감독하는 사옹원 관리는 20~30명에 달했다. 도제조·제조 등 당상관의 정원은 『경국대전』 이래 변화가 없었으나, 종5품 이하 관원 수는 고정되지 않고 몇 차례 조정을 거쳤다. 1867년(고종 4) 간행된 『육전조례』에 따르면, 도제조(정1품) 1명, 제조(종2품 이상) 4명, 부제조(정3품) 5명, 정正(정3품) 1명, 제거提擧(종3품) 2명, 제검提檢(정·종4품) 2명, 첨정僉正(종4품) 1명, 주부主簿(종6품) 3명, 직장直長(종7품) 2명, 봉사奉事(종8품) 3명이 있었으니, 모두 24명이었다.

이 가운데 도제조는 주로 왕실의 대군과 왕자군王子君이 임명되었으며, 간혹 대신이 맡기도 했다. 그만큼 국왕의 식사와 식재료 공급을 관할하는 사옹원의 업무가 중요했기 때문이다. 제조는 종친과 관료들 중에서 융통성 있게 차출했다. 부제조는 5명인데, 4명은 왕세자 책봉 이후에 차출토록 했다. 그리고 시장柴場의 감예관監刈官과 번조관燔造官 등 낭청郎廳은 도제조가 선발하도록 했다.

그런데 사옹원 관료라고 해서 모두 분원 일에 관계한 것은 아니었다. 도제조는 사옹원 업무를 총괄하기 때문에 분원 업무에 대해서도 총책의 의무가 있지만 실제 분원을 관리 감독하는 이는 제조 1명과 번조관이었다. 담당 제조는 관리 감독의 책임자로서 분원에 관련된 모든 일을 결정했으며, 번조관은 사옹원(본원)과 분원을 오가면서 자기를 구워 만드는 일을 관리했다. 번조관은 직장과 봉사가 맡았는데, 서리와 하례들을 거느리고 분원 사람들에게 영향력을 행사했다.

　사옹원의 관리로서 분원과 인연을 맺었던 이들은 얼마나 될까? 수백 명을 넘었을 것이다. 우리가 잘 아는 영조를 비롯하여 임해군 등의 종친, 채제공·박규수 등의 관료도 분원 일에 관여했다. 분원을 감독하는 종친·관료와 사기장의 관계는 어떠했을까? 지엄한 신분제의 틀이 작동하던 시대, 사기장들은 권력자들의 수탈과 폭력에 일방적으로 당할 수밖에 없는 처지에 놓여 있었다. 숙종 때의 자료를 보자.

　　사옹원 제조 화창군花昌君 연沇은 매년 어용 사기를 번조할 때 번번이 개인 용도의 그릇(私器)를 번조하여 취하였습니다. 조금이라도 마음에 들지 않으면 성을 내고 침학하는 행태가 끝이 없었으므로 본원 하인들이 고통을 감내하지 못하고 있습니다. 이번 진연에 쓸 별기別器를 번조할 때도 사적 용도의 갑기匣器를 다수 제작하도록 강제로 명령했습니다. 이른바 갑기란 임금이 쓰는 그릇으로, 갑발에 넣어 구워내는 것입니다. 물력이 많이 들어가고 공역도 매우 어렵지만 외원(분원)의 하인들은 그의 위압적인 명령이 두려워서 감히 어기지 못합니다. 어렵게 번조하여 그 집에 실어다 바치면 색과 품질이 좋지 않다고 하면서 전부 도로 물리치고 다시 마련해 오도록 시키고, 사기색리沙器色吏와 외원의 서원書員을 본원에 붙잡아 와서는 입직 관원들로 하여금 무거운 형장을 시행토록 하였습니다. 또 본가에 구류하고, 머리털을 끌어당겨 빙 돌리고, 뺨을 때리고 살쩍을 뽑으며, (악행이) 이르지 않는 데가 없습니다. 서리와 공장工匠 등은 다시 그릇을 마련할 형편이 되지 못하고, 책임 추궁을 견딜 수 없어 장차 뿔뿔이 흩어질 지경입니다. 사적으로 굽는 갑기는 지극히 참람한 일이고, 그 사사로운 이익을 꾀함으로써 하인에게 해를 끼친 상황은 매우 해괴합니다. 청컨대 사옹원 제조 화창군 연을 파직하고 서용하지 않기를 바랍니다.[13]

화창군 이연은 선조의 증손이며 종친으로서, 사옹원 제조를 역임했다. 분원에서 어용 자기를 제조할 때마다 그는 사적으로 사용할 그릇과 갑기 상납을 곧잘 강요했다. 화창군의 요구는 위법이었지만, 아전과 하인들은 직속상관인 종친 대신의 위압적 요구를 거절할 수 없었다. 분원 사람들이 힘들게 만든 그릇을 갖다 바치면, 화창군은 색상과 품질을 트집 잡아 끝없이 성내고 포악하게 굴면서 되돌려 보내고는 다시 만들어 오라며 호통쳤다. 심지어 아전들을 붙잡아 가두고 무거운 형장을 가하며, 뺨을 때리고 살쩍(귀밑털)을 뽑기도 했다. 화창군의 가혹한 처사에 분원 사람들이 도망칠 지경에 이르러서야 이 문제가 공론화되었다.

분원 사람들에 대한 수탈과 학대가 어찌 화창군에 그쳤겠는가? 종친과 대신이라는 권력자들이 힘없는 아전과 사기장들을 얼마나 괴롭혔을지 충분히 짐작할 수 있다.

정조 때도 비슷한 일이 벌어졌는데, 사옹원 제조로 있는 종친 안춘군安春君 이륭李㟳, 서춘군西春君 이엽李爗, 서청군西淸君 이성李煋이 규정된 자기 외에 별도로 기이하고 교묘한 자기를 만들 것을 강요하여 문제가 되었다. 검약을 몸소 실천하고 백성의 부담을 우려했던 정조는 기묘한 그릇의 제작과 갑번 제작을 금지했으며, 규정을 위반한 당상관 관원을 파직하고 낭관은 도태시키도록 했다.[14]

분원을 감독하는 왕자와 종친, 대신과 낭청 등의 관료는 왕과 왕비가 사용할 그릇을 만들어 바치는 책임을 지고 있었다. 그러나 그런 한편에서 자신의

분원리 석비군
분원백자자료관 앞에 늘어서 있는 총 19기의 선정비이다. 사진에서 맨 오른쪽에 있는 비가 능창군 이숙
의 선정비이며, 오른쪽에서 네 번째의 키 작은 비가 채제공 선정비이다.

권력을 내세워 아전과 분원 사람들을 호령하며 수탈하고 학대하기 일쑤였
다. 그들의 횡포는 휘하의 아전과 분원 사기장뿐만 아니라 원료 생산지의 백
성들에게까지 미칠 정도로 심각했다.

선정비의 주인공

사기장들은 권력자의 가렴주구와 폭정에 시달렸지만 간혹 선정을 베푸는
관리를 만나기도 했다. 경기도 광주시 남종면의 분원 옛터에 가보면 조선시
대 분원을 관리 감독했던 관리를 기리는 선정비를 볼 수 있다. 선정을 베푼
도제조와 제조, 번조관의 은혜와 덕을 기리기 위해 분원 사람들이 세운 비석
이다.

선정비는 원래 30여 기가 있었다고 하나 현재는 19기만 남아 있다. 분원
아래 길가에 늘어서 있던 선정비는 일제강점기와 6·25전쟁을 거치면서 상

당수가 파괴되었다. 현재 남아 있는 선정비는 숙종 때부터 일제강점기까지 걸쳐 있다. 사옹원 분원 시절의 선정비는 16기이고, 나머지 3기는 식민지 시기 분원마을에서 교육과 구휼에 힘쓴 전낙규全洛奎와 면장 우윤재禹潤宰, 단산 빈씨丹山斌氏를 기리는 선정비로 분원 자기업과는 거리가 멀다.

분원의 관리 감독을 맡았던 사옹원 관리들 중에서 비교적 공명정대하고 분원 사람들에게 인정과 은혜를 베풀었다고 알려진 송덕비의 주인공 16명을 만나보자.[15]

● 능창군綾昌君 이숙李橚 | ?~1768(영조 44)

능창군 이숙은 선조의 고손高孫이자 화산군花山君 이연李渷의 아들로서, 전주 이씨 종친이며 사옹원 제조를 역임했다.

그의 아버지 화산군 또한 사옹원 제조로 분원을 감독했으니, 부자가 나란히 분원을 관할했던 셈이다. 이연은 제조로 있을 때 분원 사람들을 악랄하게 괴롭히고 수탈한 인물로 알려져 있으나, 그 아들 이숙은 반대로 분원 사람들의 칭송을 받는 선정비의 주인공이 되었다. 사옹원 제조로서 분원에 대한 부자父子의 대조적 행보가 흥미롭다.

능창군 이숙의 선정비는 1755년(영조 31)에 세워졌다. 비문의 전면 중앙에는 '司饔院提調綾昌君淸德善政碑사옹원제조능창군청덕선정비'라는 명문이, 오른쪽 하단에는 '愛恤匠民애휼장민'(장인과 백성을 불쌍히 여겨 은혜를 베풂), 왼쪽 하단에 '永世不忘영세불망'(영원히 잊지 아니함)이라고 새겨져 있다.

이 선정비는 능창군의 '청덕淸德'(맑은 덕)을 칭송하고, 분원 백성들을 불쌍히 여겨 은혜를 베푼 그의 선정을 영원히 잊지 않을 것임을 다짐하는 뜻으로 세워졌다. 과연 분원 사람들에게 잊지 못할 은혜를 베풀었다는 능창군은 어떤 인물일까?

이숙이 사옹원 제조를 역임한 때는 1753년(영조 29) 무렵이다. 이때 사옹원 제조로서, 백어白魚(뱅어)와 살아 있는 게(生蟹)를 진상하는 어부가 균역청에 예속되어 세금으로 납부함으로써 어공御供에 차질을 빚고 있다고 영조에게 아뢰었기 때문이다.[16]

이숙은 사신으로 청나라에 두 차례 다녀왔다. 1739년(영조 15) 11월 동지겸사은정사冬至兼謝恩正使로 청에 갔는데, 이숙을 비롯한 사신 일행이 떠나기에 앞서 영조를 만날 때 영조는 청에서 『명사明史』 전질을 구해오라고 당부했다. 이에 사신 일행은 청에서 『명사』를 반포하기도 전이지만 몰래 사가지고 돌아왔다. 그는 1751년(영조 27) 또 한 차례 사은겸동지정사로 청에 다녀왔다.[17]

그는 불미스런 사건에 연루된 적도 있다. 그의 형 낙창군洛昌君 이탱李樘과 함께 1747년(영조 23) 아버지 묘에 비석을 세우기 위해 도성 밖 치마바위(裳巖)를 깎아내어 귀부를 만들려고 했는데, 그 과정에서 역부役夫 여럿이 압사하는 사고가 발생했다. 당시 한성부는 이숙 형제가 그 같은 변고를 일으켰음과 그들의 횡포를 알았지만, 권력 있는 종신의 불법을 막지 못했다. 결국 사헌부의 상소를 계기로 영조는 창의문 밖에서 돌을 캐내지 못하도록 금지하는 명을 내렸고, 이탱은 귀양을 보냈다. 1754년(영조 30) 이숙은 집안의 노비가 순찰에게 붙잡히자 조카인 병조판서 이익정李益炡에게 부탁하여 사건을 무마하였는데, 이로 인해 영조로부터 힐책을 받기도 했다.[18]

이숙은 너무 궁핍한 나머지 천역賤役에 들기도 하는 일부 종실을 불쌍히 여겨 왕에게 은전을 베풀 것을 아뢰어 도와주었고, 종친부 일에도 관여했다.[19] 비문처럼 그는 분원 백성들 또한 가련하게 여겨 도움을 주었던 것으로 보인다.

● **김계영**金啓永 | 1779(정조 3)~?

번조관을 지낸 김계영은 강릉 김씨로, 자는 경뢰景賴, 아버지는 유학幼學 김유진金裕鎭이다. 한성에 거주했다.[20]

1813년(순조 13) 35세의 나이로 진사시에 합격했으나, 당시 벼슬이 없는 양반을 지칭하는 유학 신분이었다. 실록에는 김계영이 한 번 등장하는데, 홍천현감으로 재직 중인 1842년(헌종 8) 암행어사의 서계에 따라 죄를 받은 기록이 있다.[21]

김계영이 정확히 언제 번조관으로 재직했는지는 알 수 없으며, 다만 선정비가 세워진 1820년(순조 20) 이전이라고 짐작할 뿐이다.

그의 선정비 전면 중앙에는 '燔造官金公啓永善政碑번조관김공계영선정비'라고 새겨져 있고, 그 왼쪽 하단에 '公廉其政공렴기정'(공정하고 청렴하게 정사를 행함), 오른쪽 하단에 '萬世遺愛만세유애'(만세토록 자애를 남김)라는 글귀가 새겨져 있다. 뒷면에는 건립 연도인 '庚辰年경진년'(1820)이라고 각인되어 있다.

그는 번조관으로서 분원 사무를 공정하고 청렴하게 처리하고, 분원 백성의 상황과 형편을 헤아려 아껴주었기 때문에 선정비의 주인공이 되었을 것으로 짐작한다.

● **이시수**李時秀 | 1745(영조 21)~1821(순조 21)

도제조를 역임한 이시수는 연안 이씨로, 좌의정을 지낸 이복원李福源의 아들이다. 당대 최고의 양반 명문가 자제였다.

진사시를 거쳐 문과에 급제하였으며, 순탄한 관료의 길을 걸어갔다. 학식과 덕망이 높은 사람이 맡는 청요직淸要職인 대사성·대사간·대사헌 등을 지내고 병조·이조·호조의 판서를 두루 역임했으며, 순조 대에 우의정·좌의정 그리고 '일인지하 만인지상一人之下萬人之上'이라 불리는 영의정에까지 올랐다. 관료로서 더할 나위 없는 최고의 영예를 누렸던 셈이다. 그만큼 정조와 순조의 총애를 받는 신하였으며, 죽은 뒤 순조의 배향공신으로 종묘에 배향되었다.

이시수가 사옹원 도제조에 언제 임명되었는지는 정확히 알려진 바가 없다. 다만 분원 선정비는 1823년(순조 23)에 설립되었다. 비석의 전면 중앙에는 '司饔院都提調李時秀惠民遺愛碑사옹원도제조이시수혜민유애비'라고 적혀 있으며, 오른쪽 하단에 '隨事斗護수사두호'(모든 일을 돌보아주고), 왼쪽 하단에 '罰每從寬벌매종관'(벌을 줄 때는 늘 관용을 베풀었다)라는 내용이 새겨져 있다. 그는 일을 추진할 때 백성의 형편을 두루 살폈으며, 혹 죄주어야 할 일이 생기면 항상 관용을 베풀어 너그러웠기 때문에 분원 사람들이 그의 애정과 은혜를 기리고자 했던 것이다.

이시수는 정직하고 신의가 있었으며, 무슨 일이든지 치밀하고 기민하게 처리했다고 한다. 또한 의리를 매우 중시했으며, 1804년(순조 4) 정순왕후가 다시 수렴청정을 하려고 하자 대의를 내세워 불가함을 진술하고 끝까지 반대했다. 그의 강직한 기풍과 의연한 절개를 엿볼 수 있다. 그러한 성품은 분원 사람들에게도 전해졌을 것이며, 분원 사람들 또한 그의 온정과 관용의 덕을 칭송하는 비를 세운 것이리라.

㉕ 채제공蔡濟恭 | 1720(숙종 46)~1799(정조 23)

도제조를 지낸 채제공은 평강 채씨로, 지중추부사知中樞府事 채응일蔡膺一의 아들이다. 호는 번암樊巖이며, 저서로는 『번암집』이 있다.

1743년(영조 19) 과거에 급제하면서 관
직 생활을 시작하여 50년이 넘는 긴 세
월 동안 관료의 길을 걸었다. 규장각과
예문관의 제학, 대사헌·대사간, 한성부
판윤, 경기 감사, 수원 유수, 호조·예조·
병조판서, 우의정·좌의정·영의정을 역임
했다. 청요직을 비롯한 중앙 관직과 지방
관을 두루 지내고, 최고의 자리인 영의정
에까지 올랐다. 영조와 정조의 특별한 총
애를 받았으며, 왕의 신임을 독점한다는
평을 들었다.

채제공 선정비
대석이 유실되고 선정비의 하단마저 잘려 나
갔기 때문에 비에 새겨진 전체 내용을 알기
어렵다.

죽음을 무릅쓰고 사도세자의 폐위를
막았으며, 이에 영조는 세손(뒷날 정조)에
게 '채제공은 나의 사심 없는 신하이자 너의 충신'이라 말했다고 한다. 그
는 정조의 개혁을 지원하는 조력자이자 정치적 파트너로서 소임을 다했다.
1799년(정조 23) 채제공이 사망하자, 정조는 친히 제문을 지어 그의 죽음을
애도했다. 제문은 채제공의 넓은 기개와 바다와 같은 도량을 칭송하고, 나라
를 보존하는 데 기여한 공로를 칭송했다.[22] 이듬해 정조 또한 의문스러운 죽
음을 당하여 개혁을 향한 채제공과 정조의 꿈은 스러졌다. 그는 사후에 노론
벽파의 공격으로 추탈관작追奪官爵되었다가 1823년(순조 23)에 신원되었다.

그가 언제 사옹원 도제조를 지냈는지는 명확한 기록이 남아 있지 않아 알
수 없으나, 그의 송덕비가 세워진 시기는 1825년(순조 25)이 분명하다. 이 송
덕비 건립은 그가 세상을 떠난 지 26년이 지난 뒤에 이루어졌는데, 추탈관
작된 그의 신원이 뒤늦게 회복되었기 때문이다. 비석의 전면에는 '司饔院都

提調蔡公濟恭사용원도제조공채공제공 …'이라 새겨져 있으며, 그 오른쪽 하단에 '進獻合진헌합 …' 왼쪽 하단에 '侵漁永침어영 …'이라고 쓴 글씨가 보인다. 그의 선정비는 하단이 잘려져 있기 때문에 비에 새겨진 전체 문장을 알 수 없다. 1970년대 팔당댐을 건설하면서 비가 세워진 원래의 우천리가 수몰됨에 따라 지금의 분원백자자료관 앞으로 옮겨 올 때 이미 대석臺石이 유실된 상태였다. 혹자는 보이지 않는 글자를 '理'와 '絶'로 보아, 그가 주관하여 올리는 진헌이 이치에 맞고(進獻合理), 백성에 대한 침탈을 영원히 없앴다(侵漁永絶)는 뜻으로 해석하기도 한다.

1791년(정조 15) 채제공은 무주부茂朱府의 진상 물품을 백성들이 원하는 방식에 따라 해결하는 방안을 제시한 바 있다.[23] 채제공의 졸기에 기록된 정조의 말처럼, 그는 '백성을 걱정하는 일념(憂民一念)'으로[24] 폐단을 개혁하는 데 힘을 기울였다.

1791년 그는 육의전을 제외한 시전의 금난전권을 폐지하는 건의를 정조에게 제안하여 신해통공辛亥通共의 실시를 이끌어냈다. 그즈음 시전 상인들이 난전을 규제할 수 있는 특권, 곧 금난전권을 무차별적으로 사용했기 때문에 도시경제가 경직되고, 물가 상승과 도시민의 부담도 컸다. 채제공은 시전 상인들과 연계된 노론 세력이 그들로부터 정치자금을 받아 탕평책에 걸림돌로 작용하고 있다는 점, 그리고 당시 성장하고 있는 사상私商 세력을 감안하여 그와 같은 제안을 했던 것이다. 이 때문에 타격을 입은 육의전 이외의 시전 상인들이 불만을 품고 금난전권을 회복하려 했지만, 정부는 통공 정책을 밀고 나갔다. 그 후 시전 상인 수백 명이 채제공의 출근길을 막아서며 자신들의 권리를 찾고자 호소했는데, 채제공은 "너희들도 백성이고 저들도 백성인데, 조정에서 다독여 구휼하는 도리에 어찌 피차의 차이를 두겠는가?"라고 엄히 나무라며 그들을 물리쳤다. 1793년(정조 17) 채제공이 수원 유수로 부임하자 시전 상인 70여 명이 또 수원까지 찾아와 호소했다. 하지만 이때도 그는 바로 그들을 쫓아 보냈다.[25]

이처럼 채제공이 폐단을 바로잡아 백성의 고통과 부담을 덜어주기 위해 노력했던 점을 감안하면, 도제조로서 분원에 대한 합리적 운영과 배려를 아끼지 않았을 것이다. 이에 분원 사람들은 오랜 시간이 흐른 뒤에도 그의 은혜를 잊지 않고 비를 세워 기린 것으로 판단된다.

五 서좌보徐左輔 | 1786(정조 10)~1855(철종 6)

사옹원 제조로 일했던 서좌보는 달성 서씨로, 이조참판 서유문徐有聞의 아들이며, 자는 공필公弼이고 시호는 효정孝靖이다.

1819년(순조 19) 과거에 급제하면서 관료 생활을 시작했다. 성균관 대사성, 사헌부 대사헌, 개성 유수, 한성부 판윤, 예조·병조·형조판서와 판의금부사 등을 역임했다. 1822년 충청좌도 암행어사로 나가 민정을 살펴보고 돌아온 뒤 순조에게 전정·군정·환곡의 폐단과 역참의 병폐 등을 아뢰고 개선 방안을 촉구했다. 1850년(철종 1) 청나라 도광제道光帝가 사망하자, 진위진향사陳慰進香使 정사正使가 되었다.[26]

서좌보는 대략 1843년(헌종 9)쯤 사옹원 제조에 임명된 듯하다. 선정비가 1844년 6월에 세워졌기 때문이다. 비석 전면에는 '司饔院提調徐公左輔善政碑사옹원제조서공좌보선정비'라는 글자가, 후면에는 건립 연월일이 새겨져 있다.

서좌보는 1840~1841년 개성 유수로 재임할 때 백성들의 조세 부담을 줄이는 등 선정을 베풀었다. 개성 백성들은 그가 떠난 뒤에 선정비와 거사대去思臺(감사나 수령이 베푼 선정을 사모하여 백성들이 세운 대)를 세워주었다. 선정비에는 '留守徐左輔淸白善政碑 壬寅六月日 立유수서좌보청백선정비 임인육월일립'이라고

써 있는데, 그의 청렴함과 어진 정치를 기려 1842년(임인년) 6월에 건립했다
는 내용이다. 거사대에는 '仁心仁政 惠我西都 蠲減之澤 小民是蘇인심인정 혜아
서도 견감지택 소민시소'(인자한 마음과 인자한 정사로 우리 서도에 조세 감면의 혜택을 베풀
었으므로 백성들이 이로써 소생하였다)라는 내용이 새겨져 있다.[27] 이로 미루어 보
건대 서좌보는 청렴결백하고 인자한 정사를 펼친 지방관이었을 것이다.

사옹원 제조를 맡아 일할 때도 분원의 어려움을 이해하고 따뜻한 선정을
베풀었기 때문에 분원 사람들이 선정비를 세워주었을 것이다.

六 조인영趙寅永 | 1782(정조 6)~1850(철종 1)

도제조를 지낸 조인영은 풍양 조씨로, 아버지는 이조판서를 지낸 조진관趙
鎭寬이며, 효명세자의 장인인 조만영趙萬永의 동생이다. 호는 운석雲石이고 저
서로 『운석유고』가 있다. 문장과 글씨·그림에 능했고, 금석학에 조예가 깊었
다고 한다.

1819년(순조 19) 과거에 급제하여 벼슬길에 들어섰으며, 함경도 암행어사,
경상도 관찰사, 전라도 관찰사, 수원 유수 등의 지방관을 지냈으며, 이조·호
조·예조·형조판서를 두루 역임하고, 우의정을 거쳐 영의정까지 벼슬이 올랐
다. 화려한 관직을 거치면서 형 조만영과 함께 풍양 조씨의 세도정치 기반을
만들어갔으며, 안동 김씨와 더불어 쌍벽을 이루었다. 죽은 뒤 헌종의 묘정에
배향되었다.

조인영 역시 앞의 다른 사람들처럼 사옹원 도제조를 언제 얼마나 지냈는
지는 알 수 없지만, 그의 선정비는 1847년(헌종 13) 2월에 세워졌다. 비문의
전면에는 '司饔院都提調趙公寅永善政碑사옹원도제조조공인영선정비', 뒷면에는 건
립 연월이 새겨져 있다. 그의 선정비가 세워진 1847년 2월에는 제조 박기수

朴岐壽와 번조관 조행진趙行鎭의 선정비도 함께 건립되었다.

조인영은 지방관으로 있을 때 삼정의 폐단과 지방관의 탐오를 바로잡으려고 노력했다. 또한 백성의 어려움을 헤아려 구제하고 이재민을 구휼하는 데 힘썼다. 아마 사옹원 도제조 시절에도 분원에 그와 같은 선치를 베풀었기에 선정비가 세워졌으리라 짐작할 뿐이다.

❼ 박기수朴岐壽 | 1792(정조 16)~1847(헌종 13)

제조를 지낸 박기수는 반남 박씨로, 자는 봉래鳳來다. 그의 친아버지는 이조판서 박종경朴宗慶이지만 큰아버지 호조판서 박종보朴宗輔에게 입양되었다.

1817년(순조 17) 과거에 급제하여 관직 생활을 시작했다. 세자시강원 설서說書와 홍문관 부교리, 성균관 대사성을 지내고, 경상도·경기도·함경도 관찰사 등 지방관에 임명되었으며, 이조·예조·병조·형조·공조판서를 두루 역임했다. 1847년(헌종 13) 1월 병조판서에 제수되었으나, 병을 앓다가 그해 사망했다.

그가 사옹원 제조로 활동한 것은 『순조실록』에서 1828년(순조 28) 11월과 1829년 2월 기사에 보인다.[28] 제조로서 그는 궁중 잔치에 놓을 술병과 술잔 등 주기酒器와 찬안饌案을 올렸다. 그의 선정비는 1847년(헌종 13) 2월에 세워졌으며, 비문의 전면에는 '司饔院提調朴公岐壽善政碑사옹원제조박공기수선정비'라는 문구가, 뒷면에는 건립 연월일이 새겨져 있다.

박기수는 경상도·경기도 관찰사와 광주 유수 재임 시절 환곡의 문란을 바로잡고 군포軍布와 보포保布를 돈으로 대신 납부하게 했으며, 재난을 당한 이재민에게 휼전恤典을 내리고, 자연재해를 입은 논밭에는 재결災結을 요청하는 등 백성을 위해 노력했다.[29] 이렇게 볼 때 그는 사옹원 제조 시절에도 분원 사람들의 부담을 줄이고 그들에게 도움의 손길을 뻗쳤을 것으로 짐작된다.

⑧ **조행진**趙行鎭 | 1796(정조 2)~?

번조관을 지낸 조행진은 풍양 조씨로, 자는 여민與民이며, 부친은 통덕랑通
德郎 조시존趙時存이다.

1827년(순조 27) 진사시에 합격한 후 관직에 진출했다. 1840년(헌종 6) 전
옥서 참봉, 1843년 사옹원 봉사, 1844년 사포서司圃署 직장直長을 역임히고,
1850년(철종 1) 제천 현감에 임명되었다. 제천 현감으로 있을 때 구군전舊軍錢
을 상납하려는 목적으로 부민富民들에게 강제로 빌려주고 받은 늑대전勒貸錢
때문에 벌을 받은 일이 있다.[30]

조행진이 번조관으로 활동한 것은 1843년(헌종 9) 6월 사옹원 봉사로 임명
되어 이듬해 6월 사포서 직장으로 옮겨 갈 때까지 1년간이었다. 선정비의 전
면에는 '燔造官趙公行鎭善政碑번조관조공행진선정비'라 새겨져 있고, 뒷면에는 건
립 연월일이 새겨져 있다. 그가 어떤 사람인지, 또 관직에 있을 때 어떻게 일
했는지에 대해 알려진 바가 없고, 분원 사람들에게 어떤 도움을 주었는지도
파악하기 어렵다. 다만 그의 호가 '백성과 함께'라는 뜻을 지닌 '여민與民'이
라는 점이 주목된다.

⑨ **김노순**金老淳 | 생몰년 미상

김노순은 순조·헌종 대에 주로 지방관으로 활동한 인물로서 생몰년과 집
안에 대해서는 알려진 바가 없다.

1830년(순조 30) 복온福溫 공주 혼례 때 부마 집안의 사자使者 자격으로 궁

궐을 드나들었는데, 이를 계기로 군직軍職을 받았다.[31] 복온 공주는 순조와 순원왕후 사이에서 태어난 둘째 딸로, 창녕위昌寧尉 김병주金炳疇와 혼인했다. 그렇다면 당시 김노순은 김병주 집안의 사자였을 것이다.

어쨌든 그런 역할 덕에 1843년(헌종 9) 충청도 영동 현감, 이듬해 경기도 양근 군수가 되었고, 1847년 전라도 담양 부사에 임명되었다.[32]

분원을 관할하는 양근 군수가 된 것은 1844년 12월이었다. 그의 선정비는 1847년 6월에 세워졌고, 비문의 전면 중앙에는 '行郡守金公老淳善政碑행군수 김공노순선정비'가, 왼쪽 하단에는 건립 연월이 오목새김 되어 있다. 그런데 안타깝게도 양근의 수령으로서 그가 어떤 선정을 베풀었는지는 자세히 알 길이 없다.

✚ 정학연丁學淵 | 1783(정조 7)~1859(철종 10)

번조관을 지낸 정학연은 나주 정씨로, 실학의 대가 정약용丁若鏞의 맏아들이며, 호는 유산酉山이다. 아버지의 영향을 받아 실학에 눈떠 농업과 축산에 관한 책인 『종축회통種畜會通』을 저술했다. 그는 선조들이 대대로 터전을 잡고 살아온 두릉에 살았는데, 바로 분원 근방이었다.

1852년(철종 3) 가감역假監役으로 관직 생활을 시작했다. 가감역은 토목과 건축·수선을 담당하는 선공감繕工監의 종9품 벼슬이다. 이후 궁중의 제향에 쓸 가축 사육을 담당하는 전생서典牲署 봉사奉事를 거쳐, 분원을 관할하는 사옹원 봉사를 지냈다. 죽은 뒤에는 이조참판에 추층되었다.[33]

그는 아버지의 가르침을 받으면서 성장했으며, 부친의 저술 작업에도 동참했다. 또한 정약용이 강진으로 유배된 후에는 함께 따라가서 그곳의 유학자들과 교유하기도 했다. 추사秋史 김정희金正喜와도 남다른 인연을 맺어 편지를 주고받았고, 정조의 사위인 영명위永明尉 홍현주洪顯周와도 어울려 시를 읊었다. 그 밖에도 화가 허련許鍊, 문인 김재화金在華·김재곤金在崑 형제, 이학규 李學逵, 강진의 유학자 등 수많은 문인 및 학자들과 교류했다.[34]

정학연이 사옹원 번조관이 된 것은 1857년(철종 8) 7월로, 이때 종8품 사옹원 봉사로 임명되어 분원을 관할했다. 그의 선정비는 1859년(철종 10)에 세워졌다. 비문의 전면에는 '燔造官丁公學淵善政碑번조관정공학연선정비', 뒷면에는 건립 연도만 새겨져 있을 뿐이다.

그가 분원 사람들에게 어떤 선정을 베풀었는지는 확인할 길이 없지만, 백성을 위해 관리의 횡포와 폭정을 엄히 다스려야 한다고 주장했던 부친의 가르침을 실천했을 듯싶다. 또한 분원이 자신의 고향 근방에 자리했던 까닭에 그곳에 지닌 애정도 남달랐을 것으로 짐작된다.

⊕ 김흥근金興根 | 1796(정조 20)~1870(고종 7)

도제조를 지낸 김흥근은 세도 가문인 안동 김씨로, 아버지는 이조참판 김명순金明淳, 형은 좌의정 김홍근金弘根이다. 호는 유관游觀이다.

1825년(순조 25) 과거에 급제하여 관직에 진출했다. 검열·대교·직제학·대사헌 등 주요 관직을 두루 지내고, 전라도·평안도·경상도 관찰사, 비변사 당상과 선혜청 당상, 이조·호조·예조·형조판서를 역임했다. 경상도 관찰사로 있을 때 안동 김씨의 세도를 믿고 방자한 행동을 했다는 이유로 탄핵을 받아 유배되기도 했다. 그러나 유배에서 풀려난 뒤 1851년(철종 2) 좌의정을 거쳐 이듬해 영의정에 임명되어 재상의 반열에 올랐다.

사옹원 도제조로 활동한 것은 1857년(철종 8) 무렵이다. 이때 사옹원 도제조이자 판부사였던 그는 왕실 잔치가 끝난 뒤 표범 가죽을 하사받았다.[35] 그

의 선정비는 1865년(고종 2) 4월에 세워졌으며, 비문의 전면에는 '司饔院都提
調金公興根善政碑사용원도제조김공흥근선정비'가, 뒷면에는 건립 연월이 음각되어
있다.

　김흥근이 베풀었던 선정의 내용은 알 수 없지만 도자기에 깊은 관심을 갖
고 있었음은 확인된다. 이유원李裕元의 『임하필기林下筆記』에 따르면, 김흥근
은 운뢰雲雷(구름과 번개) 무늬가 새겨진 아름다운 고기古器를 소중히 간직하고
자랑스러워했다고 한다. 또한 그의 원정園亭에는 다양하게 수집해 놓은 이름
난 거문고가 있었다고 하는데, 이런 사실로 짐작건대 공예품에 대한 관심과
조예가 남달랐을 것이다.[36] 도자기에 지닌 애정과 안목은 아마도 분원에 대
한 선정으로 이어졌을 듯하다.

⊕ 이최응李最應 | 1815(순조 15)~1882(고종 19)

　제조를 지낸 이최응은 전주 이씨 종친으로, 남연군南延君 이구李球의 아들
이며 흥선대원군의 형으로서 고종에게는 큰아버지다. 호는 산향山響이고, 흥
인군興寅君에 봉해졌다. 동생 흥선대원군과는 사이가 좋지 않았다고 한다.

　1865년(고종 2) 경복궁 중건을 위한 영건도감營建都監 제조를 지냈으며, 이
후 판의금부사·호위대장 등을 맡았다. 고종의 친정이 시작된 후 1874년(고종
11) 좌의정에 올랐으며, 이듬해 1875년에는 영의정에 이르렀다. 1876년 조일
수호조규朝日修好條規를 체결할 때 영의정으로서 고종의 개항 의지에 힘을 실
어주었다. 1878년 잠시 영의정을 사임한 바 있으나, 곧바로 다시 재임용되
어 1882년 1월까지 영상領相의 자리에 있었다. 그는 오랜 기간 재상의 자리
에 있으면서 개항 초기의 복잡다단한 정국을 이끌며 고종을 보필했다. 그러
나 1882년 임오군란 때 군민들에게 살해되었다.

이최응이 분원을 관할하는 사용원 관료에 임명된 것은 1866년(고종 3) 무렵이다.[37] 이때 그는 겸임한 관직이 많아 과중한 업무를 감당하기 어렵다는 점을 하소연하고, 호위대장과 종묘·상의원·사용원 제거의 직임을 면직시켜달라고 청하였다. 고종은 사용원 제거직만 임시로 면직하고, 다른 직책은 유지하도록 했다.

그 뒤 영의정을 맡고 있던 1881~1882년에도 사용원의 직무를 겸임한 바 있다.[38] 이때도 그는 겸직하고 있던 사용원·사복시·사역원·훈련도감의 제조 직임과 통리기무아문 총리직에서 면직시켜주기를 호소했으나, 고종은 허락하지 않았다. 결국 1882년 6월 사망할 때까지 사용원 제조로서 분원을 관할했던 것으로 보인다.

이최응의 선정비는 1867년(고종 4) 4월에 세워졌으며, 비문의 전면에는 '司饔院提調興寅君善政碑사용원제조흥인군선정비'라는 글자가, 뒷면에는 건립 연월이 새겨져 있다. 그런데 『승정원일기』에 의하면 선정비가 건립되기 이전에는 1866년 사용원 제거의 직책만 보일 뿐이라, 이후 언제 제조로 승급했는지는 정확히 알 수 없다.

그는 '유유정승唯唯政丞'이라는 별명을 얻었는데,[39] 우유부단한 성격과 결단력 없는 일처리 때문에 붙여졌다고 한다. 그러나 다르게 보면 다른 사람의 말을 잘 경청해준 데서 그러한 별명이 생겨났을 수도 있을 것 같다. 아마도 분원 사람들의 고충도 잘 들어주지 않았을까?

⛺ 심영경沈英慶 | 1809(순조 9)~?

변조관을 지낸 심영경은 청송 심씨로, 아버지는 통덕랑通德郞 심동운沈東雲이다. 자는 백웅伯雄이고, 호는 종산鍾山이다.

1848년(헌종 14) 40세의 나이로 진사시에 합격했으며, 1864년(고종 1) 사용원 봉사를 거쳐 황간 현감, 면천 군수, 원주 판관, 대흥 군수, 삼척 부사 등의 지방관을 지냈다. 대흥 군수로 있을 때 백성들의 재화를 강제로 빼앗은 비리가 적발되어 의금부에 수감되었으나, 일흔 살이 넘은 고령이라는 이유로 석방되었다. 1888년(고종 25)에 80세의 나이로 동지돈녕부사同知敦寧府事에 임명되었다.[40]

심영경이 분원 업무에 관여한 것은 1864년 사용원 봉사로 부임했을 때이며, 이듬해 내자시內資寺 직장으로 발령되기 전까지 번조관의 일을 담당했던 것으로 보인다.[41] 선정비는 1867년 4월에 세워졌으며, 비석 전면에는 '燔造官沈公英慶善政碑번조관심공영경선정비'라는 글귀가, 뒷면에는 건립 연월일이 새겨져 있다.

西 홍대중洪大重 | 1831(순조 31)~?

번조관을 지낸 홍대중은 남양 홍씨로, 부친은 통덕랑 홍병관洪秉觀이고, 자는 치기致器다.[42]

1865년(고종 2) 진사시에 합격한 뒤 목릉穆陵 참봉을 거쳐 1869년 사용원 봉사, 1871년 사용원 직장, 호조좌랑, 신계 현령 등을 지냈다. 1875년(고종 12) 45세의 늦깎이로 문과에 급제한 뒤 병조정랑, 홍문관 부교리, 경상도 암행어사, 동부승지, 성균관 대사성 등을 역임했다. 1876년 일본과 조일수호조규가 체결될 때는 접견 종사관으로 참여했다.

그가 번조관으로서 분원과 인연을 맺은 것은 1869~1872년으로 추정된다. 1869년 사용원 봉사에 임명되었고, 1871년에는 다시 직장으로 승진했으며, 1872년 사재감司宰監 주부로 발령되었기 때문이다.[43]

그의 선정비는 1872년(고종 9)에 세워졌으며, 비문에는 '燔造官洪公大重善政碑번조관홍공대중선정비'라고 새겨져 있다.

그는 1874년 신계 현령으로 있을 때 화속세火粟稅를 감면하고, 서리를 엄하게 단속하고, 송사를 신중하게 처리하여 은상恩賞을 받은 일이 있다. 1876년에는 경상도 암행어사로서, 통영統營 관할의 진鎭에 결전結錢이 지급되지 않아 군졸들이 식량 부족으로 곤란을 겪고 있는 문제점을 지적하고 해결을 촉구했다.[44] 이 같은 이력으로 보면 분원 번조관 재임 시절에도 업무를 공정하게 처리하고 분원 사람들의 부담을 줄여주었을 것으로 짐작된다.

五 박규수朴珪壽 | 1807(순조 7)~1876(고종 13)

도제조를 지낸 박규수는 반남 박씨로, 아버지는 현령을 지낸 바 있는 박종채朴宗采이며, 북학파의 거두 박지원朴趾源의 손자다. 호는 환재桓齋, 시호는 문익文翼이다. 죽은 뒤 종묘의 고종 묘정廟庭에 배향되었다.

어릴 때부터 재주가 특출나서 이름을 떨쳤으며, 실학자인 할아버지의 학문과 사상을 계승하여 조선의 개국론으로 연결시켰다. 스무 살 무렵 순조의 아들 효명세자와 교유하면서 학문과 정사를 논하고 돈독한 관계를 맺었다. 그러나 1832년 효명세자가 죽자, 그 상심을 못 이겨 20여 년간 칩거하면서 학문에만 전념했다.

은둔 생활에서 벗어난 것은 1848년(헌종 14) 42세의 나이로 과거에 급제하여 벼슬길에 나가고부터다. 홍문관 부수찬·교리, 성균관 대사성, 승정원 도승지, 사헌부 대사헌, 한성부 판윤, 경상좌도 암행어사, 진주 안핵사, 평안도 관찰사 등을 지냈으며, 공조·예조·형조판서를 거쳐 우의정에 이르렀다. 1862년 임술민란 때 진주 안핵사였던 그는 부패 관료들의 탐욕과 학정을 비판하고 삼정 개혁을 주장했으며, 평안도 관찰사 시절에는 제너럴셔먼호 사건을 처리했다. 1861년(철종 12)과 1872년(고종 9) 두 차례 사신으로 청에 갔다 왔으며, 그때 서양 세력의 위력과 양무운동의 실상을 목도했다. 이러한 경험을 토대로 그는 고종의 개국론을 적극 지원하고 뒷받침했다.

박규수가 사옹원 도제조를 지낸 것은 1875년(고종 12) 무렵이다. 이때 도제조를 맡고 있던 그는 황해도에서 숭어(秀魚) 알을 조작하여 바친 문제로 죄를 청했다.[45] 그의 선정비는 1877년 7월에 세워졌으며, 비문에는 '司饔院都提調 朴公珪壽善政碑사옹원도제조박공규수선정비'라고 새겨져 있다. 이용후생利用厚生을 중시했던 그는 틀림없이 분원의 자기 제조에도 관심을 기울였을 것이다.

그의 집은 한성 재동(현 서울시 종로구 헌법재판소 내)에 위치했지만, 동생 박선수朴瑄壽는 분원 근방의 남계藍溪에 살았다. 박규수도 연고가 있는 분원 근방을 종종 내왕했을 것이다.

✖ 민영달閔泳達 | 1859(철종 10)~1924

제조를 지낸 민영달은 조선 말기의 세도 가문인 여흥 민씨로, 아버지는 군수를 지낸 바 있는 민관호閔觀鎬이다. 호는 우당藕堂이다.

1885년(고종 22) 과거에 급제한 뒤 세자시강원 문학, 규장각 직각, 승정원 승지, 성균관 대사성, 이조참판, 형조·예조·호조판서 등을 역임했다. 1894년 (고종 31) 갑오개혁 때 김홍집金弘集 내각에서 내부아문 대신에 임명되었다. 그러나 1895년 을미사변으로 명성왕후가 시해되자 사직했다. 1910년 조선을 강점한 일제가 작위를 내렸으나 받지 않았다고 한다.

민영달이 사옹원 제조에 임명된 것은 1890년(고종 27) 3월이며, 1893년 8월까지 분원을 관할했다.[46] 그 기간에 약원藥院(내의원) 제조와 공조·예조판서 등을 겸임했다. 그의 선정비는 1890년 8월에 세워졌으며, 비문은 '司饔院提調閔公泳達善政碑사용원제조민공영달선정비'로 되어 있다.

그가 물러날 때, 분원을 경영하던 공인 지규식은 "직책이 갈려 떠나는 공당公堂께 입은 혜택이 하해보다도 크다. (제조가) 갑자기 교체되었으니 공소의 형세를 보존하기 어려울 것임은 따라서 알 수 있다. 이 일을 어찌해야 하는가?"[47]라고 한탄했다. 아마 그의 은혜를 입은 분원 사람들이 그 고마움을 기리기 위해 선정비를 세웠으리라. 민영달은 두뇌가 명석하고 수완이 비범했으며, 다른 민씨 척족과 달리 상대적으로 공평하고 부패하지 않은 인물로 알려져 있다.

지금까지 살펴보았듯이, 선정비의 주인공들은 분원을 관리하는 사용원의 도제조·제조와 번조관이었으며, 행정구역상 분원을 관할하는 양근 군수도 있었다. 선정비의 주인공 16명 가운데 14명은 관료이고, 왕실 종친은 능창군 이숙과 흥인군 이최응 두 사람뿐이며, 대군이나 왕자는 한 사람도 없다. 분원 백성들이 선정을 체감하여 선정비를 세워준 이들은 비교적 공명정대하고 자신들을 보살펴주는 관료에 한했다. 반면 화창군 등 왕실의 몇몇 종친은 악명 높은 수탈자로서 기록을 남기고 있다.

도제조는 이시수·채제공·조인영·김흥근·박규수로, 5명 모두 당대 정계에서 내로라하는 최고의 권력자였다. 이들 도제조는 모두 정승을 지냈는데, 국사를 총괄하는 최고위직인 영의정에 오른 인물이 4명이고, 박규수는 우의정을 지냈다. 조인영과 김흥근은 세도정치 가문으로 유명한 풍양 조씨와 안동 김씨의 대표 정객이었고, 채제공과 박규수는 실학적 전통에 기반을 둔 개혁적 관료였다.

원래 도제조란 관직은 왕실의 대군이나 왕자, 또는 대신大臣이 맡도록 되어 있으며, 실제로 수많은 대군과 왕자가 도제조를 지냈다. 하지만 그들 가운데 분원에 세워진 선정비의 주인공이 된 사람은 한 명도 없었다.

사옹원의 도제조 아래 관직에는 제조가 있는데, 제조로서 분원에 선정을 베풀었던 인물은 이숙·서좌보·박기수·이최응·민영달로, 모두 5명이다. 도제조가 수장으로서 총책임자라 하지만 분원의 운영을 실질적으로 총괄한 이는 제조였으며, 그만큼 분원에 대한 영향력도 컸다.

대체로 제조는 종친이나 조정 관리들 중에서 뽑았다. 선정비의 주인공 가운데 이숙과 이최응만 왕실 종친이고, 서좌보와 박기수는 달성 서씨와 반남 박씨로 명문가 출신이며, 민영달은 세도 가문인 민씨 척족의 일원이었다.

번조관으로서 선정비의 주인공이 된 사람은 조행진·정학연·심영경·홍대중·김계영으로, 모두 5명이다. 이들은 대부분 참봉이나 봉사, 지방관을 역임했으며 대부분 당하관에 머물렀다. 다만, 홍대중은 명문가인 남양 홍씨 집안으로 성균관 대사성까지 역임했다.

선정비의 주인공들은 조선 후기 체제 모순과 세도정치의 와중에서 공권력을 남용하여 수탈과 폭력을 일삼던 벼슬아치들에 비해 상대적으로 청렴하고 공정한 관리로서, 분원 주민들의 고충을 헤아려 도움의 손길을 내밀었다. 그랬기에 분원 백성들이 그들의 은혜와 덕을 기리고자 정성을 모아 선정비를 세웠던 것이리라.

(3) 분원의 온갖 업무를 처리한 아전

도자기를 만드는 분원 현장에서 막강한 영향력을 행사한 존재는 원역員役, 곧 아전이었다. 그들은 사옹원 관리의 지시를 받으면서 분원의 '제반 업무와 제반 거행'을 담당했다. 그릇을 만들어 진상하는 분원의 각종 행정 업무를 도맡아 처리했으며, 도토와 땔나무 등 물력 공급에 관한 일도 수행했다.

원역의 구성과 역할

분원의 실무를 관장하는 원역은 분원에 이청吏廳을 설치하고 그곳에서 업무를 처리했으며, 수장인 도리都吏가 이들과 함께 모든 사무를 총괄했다. 분원 원역의 자리는 대부분 후손과 친족이 세습했다. 고종 때 자료에 "분원 서리의 관례는 한번 도리를 지내고 물러나면 그 아들이나 조카로 대신 채우며, 곧 이를 금석과 같이 중히 여긴다"[48]고 했기 때문이다. 그들은 "본래 경사京司의 직분으로, 외읍과는 차이가 있다"[49]고 했으니 중앙 관서인 사용원에 소속되었음을 알 수 있다.

분원 이속吏屬은 자기의 생산과 진상 업무를 추진할 때 사기장을 대표하는 변수邊首와 공조 체제를 취하였다. 그러나 변수가 각종 물력을 제때 조달하지 못해 자기 진상이 자꾸 지체되자, 1836년(헌종 2)에 이르러 변수를 도리에 배속하는 조치가 내려졌고, '갑인년'(1854)에는 도리와 변수가 돌아가면서 자기 진상의 일을 거행하도록 정식定式을 만들었다.[50] 그 결과 원역이 변수의 일까지 도맡아 처리했으며, 분원 업무에서 주도적 위상을 확고히 했다.

원역이 변수의 업무까지 총괄하게 되면서 이속들의 장졸匠卒 수탈도 나타났으며, 그로 인해 서로 간에 끊임없이 마찰이 빚어졌다. 변수를 복설하려는 장졸들의 움직임도 계속되었다. 결국 1874년(고종 11)에 변수가 다시 복설되었으나 자기를 진상하는 일은 여전히 지체되었고, 원역과 변수·장졸 간의 알력도 사라지지 않았다. 급기야 1875년 말부터 변수가 물력을 제대로 준비하지 못하여 그릇 만드는 일이 중지되기까지 하자[51] 원역들이 다시 분원의 일을 주도하게 되었다.

19세기 무렵 원역들은 자기 제작에 필요한 물력을 확보하기 위해 일정한 자금을 공동출자하여 사용했다. 그들의 자금은 한때 3, 4만 냥을 넘기도 했지만, 고종 초기에는 3,000여 냥 정도였다. "이청의 돈은 3,000여 금(冷)이고 매년 도리에게 맡겨 자기를 굽는 일에 사용하도록 한다"[52]라는 기록으로 미뤄 볼 때, 매년 출번出番하는 원역들이 공동출자한 돈을 도리에게 맡기면 그 돈으로 번조에 필요한 물력을 마련했을 것이다. 1인당 출자 금액은 시기에 따라 달랐겠지만, 이와 관련해 주목할 만한 사실은 1875년(고종 12) 가설加設 원역을 해임할 때 각자에게 400여 냥을 환급해주었다는 점이다.[53]

분원의 원역은 전반적으로 줄어드는 추세가 역력했다. 간혹 필요에 따라 임시로 가설하여 그 수가 늘어난 때도 있지만, 1875년에 이르러서는 모두 없애버렸다.

> 분원의 원역이 번番을 네 차례 돌아가며 섰던 전례는 증거할 만한 것이 없고, 그 후 27명이 세 차례 윤회 거행하였습니다. 무오년에 3명을 줄여 24명이 매년 8명씩 차례대로 번조 시장燔造柴場에 분속分屬되었습니다. … 신유년에 번소燔所의 논보論報에 따라 또 8명을 감하여 16명이 두 차례 윤회 거행하였습니다. … 경오년에 하락호색下落戶色 2명을 가설하였고, 임신년에 관부색官釜色 2명을 가설하였으며, 금년(1875)에 곤토색昆土色 2명을 가설하여 모두 이전 규례를 따라 두 차례로 나누어서 거행하고 있습니다.[54]

위 자료에서 보는 바와 같이 원역은 분원의 실정과 그들의 요구에 따라 그 수와 번차番次가 달라졌다. 시기와 그 수는 알 수 없지만 4번으로 나누어 근무한 적이 있고, 그 후에는 27명이 9명씩 3번으로, 24명이 8명씩 3번으로, 16명이 8명씩 2번으로, 18명이 9명씩 2번으로, 20명이 10명씩 2번으로, 22

<표 3-1> 사옹원 분원의 원역 변동

시기	변동 상황	인원수, 번수	비고
?		4번 윤회 거행	증거 없음(無徵)
그 후		27명→9명씩 3번 윤회 거행	
무오년	3명 감원	24명→8명씩 3번 윤회 거행	
신유년	8명 감원	16명→8명씩 2번 윤회 거행	
병신년(1836)			변수 폐지하고 도리에 소속시킴
경오년(1870)	하락호색 2명 기설	18명→9명씩 2번 윤회 거행	가설 : 이기택李基宅·정동○鄭東○
임신년(1872)	관부색 2명 가설	20명→10명씩 2번 윤회 거행	가설 : 유○식柳○植·장유○張有○
갑술년(1874)			변수 복설
을해년(1875)	곤토색 2명 가설	22명→11명씩 2번 윤회 거행	가설 : 김영환金永煥·한정권韓正權 곤토색은 가설 후 곧바로 폐지됨
을해년(1875) 6월	낙호색·관부색·곤토색 없앰	16명→8명씩 2번 윤회 거행	

※ 자료 : 「분원각항문부초록分院各項文簿抄錄」 계유(1873) 10월 일, 을해(1875) 6월 일.
※ 주 : 이름에 '○' 표시는 알 수 없는 글자임.

명이 11명씩 2번으로 변화해왔다. 1873년에는 분원 이속 20명이 '매년' '윤회 거행'한다고 했는데,[55] 그렇다면 그때는 1년 단위로 번을 갈마들었다는 말이 된다. 자료를 바탕으로 정리한 분원 원역의 변동 사항은 <표 3-1>과 같다.

원역의 인원은 30여 명에서 16명으로 계속 감소했다. 그런 와중에 분야별로 하락호색·관부색·곤토색이 가설되어 인원수가 늘어나기도 했지만, 가설한 원역은 실상 정원 외의 이속이었다.[56] 전반적으로 분원 이속의 정원은 큰 폭의 감소 추세를 보였다. 번을 드는 횟수 또한 원역 수의 감소와 맞물려 네 차례에서 세 차례로, 다시 두 차례로 줄어들었다.

그런데 분원의 자기 생산 규모가 줄어들지 않은 상황에서 왜 원역의 수는 줄어들었을까? 24명이던 원역을 신유년에 16명으로 대폭 줄였는데, "번조관이 상부에 보고하여 8명을 감하고 16명으로써 번을 두 차례로 만들어 거행하였다"[57]고 한 내용을 주시할 필요가 있다. 곧 분원 번조관의 요구에 따라 인력 감축이 이루어졌다는 점이다. 이때 번조관은 "한가하게 노는 자들이 대부분이어서 의지할 데가 없다"[58]는 점을 지적하며 감원을 요청했는데, 이는 그간 업무에 비해 원역의 수가 많았음을 시사한다.

전체 원역의 수는 크게 줄었지만 실제로 번을 서는 원역은 8명이기 때문에, 정확히 말하면 정원 감소와 상관이 없었다. 다만 원역의 번차가 3년을 단위로 돌아가던 것에서 2년을 단위로 윤회 거행하게 되었다. 따라서 원역 감소의 효과는 일차적으로 번차의 단축으로 나타났다. 원역들이 3년 주기보다는 2년 주기로 번 드는 것을 선호했음을 알려주는 사실이다. 이후 하락호색·관부색 등의 이름으로 원역을 가설하여 이전 수준의 인원을 거의 회복했지만, 2년마다 윤회 거행하는 원칙은 계속 지켜졌다.

그러다가 1875년 6월 "분원 원역 중 가설한 6명은 모두 그만두게 하라"[59]는 명령에 따라 가설 원역이 모두 물러났다. 그런데 당시 도리가 5년 전 가설된 이속인 데다 출자금의 환급 문제도 있어 설왕설래가 일었다.[60]

분원 원역에게 지급하는 급료는 사용원 이속에 준했으리라 보인다. 고종 초년에 사용원 이속들에게 매달 지불한 급여는 〈표 3-2〉와 같다.[61]

분원에는 원역 외에도 통인通引이라는 존재가 있었다. 통인이란 지방 관아에 소속되어 수령의 잔심부름을 맡은 이속이다. 분원의 통인은 경사京司에 속한 원역과 달리 그 소속이 없는 탓에 자퇴하는 경우가 적지 않았다. 이 문제가 불거지자 1863년에 "통인 명색을 영원히 혁파하여 이청에 붙이고 낙호

<표 3-2> 사옹원 이속들의 급료(고종 초년)

구분	매월 급료
제원諸員	각 4냥, 쌀 13두, 대전代錢 4냥 3전 3푼
장무제원掌務諸員·고지기·당상사령 13명, 가출加出사령	각 6냥
낭청사령 8명	각 4냥
구종驅從 2명 3명	각 4냥 각 2냥
기별서리	8냥, 지채紙債 2냥
분발의막군사分撥依幕軍士 2명, 수공水工	각 4냥
방지기	2냥

※ 자료 : 『육전조례』 권2, 이전吏典, 사옹원 조.

색의 폐단을 구하도록"[62] 하였다. 한편 "통인 명색은 본래 이속의 자손(子姪)이 거행하였다"[63]라고 한 기록으로 보아, 통인의 직임은 주로 이속의 자손과 친족이 맡았을 것이다.

통인이 혁파되고 난 뒤 이전에 통인의 업무를 수행했던 '광주 거주민과 분원 아래 백성'[64]이 통인의 복설을 주장하는 소장을 올렸다. 복설되었다는 기록은 보이지 않지만, 아마 그 무렵 통인이 복설되었던 것 같다. 왜냐하면 1876년 5월에 이르러 다시 '통인 명색 혁파'[65]의 제음題音(백성이 관아에 제출한 소장에 대해 관아에서 써주는 판결문)이 내려왔기 때문이다.

1876년 5월 분원 이청에서 관문에 의거하여 '잡류를 엄칙 금단'하는 조치를 취하자, 동임인 한창권韓昌權·한창식韓昌植·함화진咸和眞·함동희咸東義 형제가 이청에 돌입하여 원역들을 힐난하며 욕보인 사건이 일어났다.[66] 이청에서는 이들을 붙잡아 광주부로 올려 보내려고 했는데, 그 사이 한창권 형제가 이청에 난입하여 공문을 빼앗고 수리首吏를 끌어내 의관을 찢으며 구타했다.

이 사건을 계기로 "통인 명색을 혁파하라"는 명령이 내려졌던 것이다. 이에 불만을 품은 다른 통인들이 "한창권의 죄로 인해 통인 명색을 영원히 혁파하라"고 한 명령은 원통하고 부당하다고 호소했다. 그렇다면 동임 한창권은 통인으로서 원역들과 대립했음이 틀림없다.

분원에서 원역들은 자기 제조에 필요한 물자 조달, 그리고 완성된 자기의 진상에 따른 행정과 실무를 담당했으며, 실권을 장악하여 행사했다. 그들은 분원에 이청을 두고 도리를 선출하여 분원 운영의 총책을 맡겼으며, 결원이 생기면 자신들의 자손으로 충당했다. 원역의 정원은 30여 명에서 16명으로 계속 줄어들었고, 이에 따라 번차 또한 4번에서 2번으로 축소되었다. 이는 근무 주기를 단축시킨 조치로, 분원 근무에 얽힌 이해관계와 밀접한 연관이 있다. 정원 이외에 가설 원역과 통인이 설치되기도 했지만 곧 폐지되었다. 분원의 원역들은 자본을 공동출자하여 도리에게 맡기고 물력의 조달 등 분원 운영에 사용하도록 했다. 이러한 출자 체제는 1883년 분원이 민간 운영으로 바뀐 뒤에도 이어졌다.

관리와 백성들 사이, 중간자의 양면성

사용원 제조였던 화창군의 사례에서 보듯이,(232쪽 참조) 사적으로 사용할 그릇의 상납 요구가 설령 법에 저촉된다고 할지라도 상관이 요구하고 폭력을 행사하면 원역과 하례는 감히 맞서지 못하고 명령에 복종하면서 일방적으로 고통을 감내해야 했다. 그런 반면에 그들은 화속세를 바치는 백성들과 도토를 채굴하고 운반하는 자들에 대해서는 부당한 수탈을 자행하는 권력자로 군림하여 이중적 면모를 갖고 있었다.

1779년(정조 3) 4월 경기 감사는 분원에 소속된 광주부 6개 면의 수천 호가 부당하게 침탈당하는 폐단을 보고했다. 그러자 정조는 하속下屬들의 폐단을 근절하고 그에 따른 서리들의 보복을 경계하도록 지시했다.

> 전교하기를 … "이같이 폐단을 시정하고, 또 이 같은 내용을 정식으로 하면
> 분원의 하속들이 필시 무고한 백성들에게 유감을 품고, 크고 작은 일을 막
> 론하고 도처에서 분풀이를 할 것이다. 만약 이러한 폐단이 있어 적발된 자
> 는, 하례下隸의 경우에는 들은 바에 따라 법대로 조치하고, 해당 관원 또한
> 중형으로 다스리되 결코 용서하지 말도록 일체 분부하여라."고 하였다.[67]

정조는 백성들에 대한 분원 하속들의 수탈 방지책을 마련하고, 그들이 무
고한 백성들에게 분풀이하는 폐단을 막기 위해 엄중한 법의 잣대를 적용하
려 했다. 또한 관리의 권력 남용과 수탈로 고통받는 백성들을 위해 분원의
갑기 생산 금지와 더불어 하속들의 가렴주구를 엄단하도록 했다.[68]

이처럼 분원의 실질적 업무를 관할하는 서리와 하례들은 자신들의 상관인
도제조·제조에게는 부당한 명령에도 굴복할 수밖에 없고 희생의 대상이 되
기도 했지만, 반대로 그들이 영향력을 행사할 수 있는 백성들에게는 수탈과
폭력을 행사하기도 했다. 그들은 관리와 백성들 사이에서 양면적 입장을 보
였으며, 사옹원과 분원의 업무를 조율하는 매개자로서 역할을 했다.

2. 분원자기공소 시기 : 사옹원 제조와 공인

(1) 공문 결재권을 가진 사옹원 제조

분원자기공소는 1883~1895년까지 관영 체제에서 회사 체제로 넘어가는

과도기에 12년간 운영된 체제였다. 민영화되었다고는 하나, 특권을 매개로 여전히 사옹원 관리와 아전들의 영향력이 분원 운영을 좌지우지했다.

분원자기공소 시기에 사옹원 도제조를 맡은 사람은 몇 차례 바뀌었는데, 1890~1894년까지는 판중추부사 김홍집金弘集이 계속 맡았다.[69] 분원 사람들은 도제조를 '도상都相 대감'이라 불렀다.

분원을 실질적으로 총괄하는 이는 제조이므로 그 운영에 대한 도제조의 입김은 그리 크지 않았다. 다만 1891년 10월 사옹원 낭청이 공인들에게 부당한 요구와 태형을 남발하자, 도제조는 다시는 그런 일이 발생하지 않도록 책임을 추궁하고 재발할 경우에는 낭청을 교체하라는 엄명을 내렸다.

분원자기공소의 특권 행사와 갖가지 사안을 결정하는 결재권은 담당 제조에게 있었다. 분원에 필요한 도토와 땔나무의 확보, 화속세와 우천강 수세 등에 대한 공소의 특권은 제조의 결재를 얻어야만 비로소 시행되었다. 따라서 사옹원 제조는 공소와 공인에게 막강한 영향력을 행사하는 권력자였다. 분원 사람들은 제조를 '공당公堂'이라 불렀다.

공소 시기의 공당도 도제조와 마찬가지로 여러 차례 갈마들었다. 자료에 공당으로 확인된 인물은 민영달閔泳達(재임 : 1890. 3~1893. 8), 민영소閔泳韶(재임 : 1893. 8~1897. 7), 의화군義和君 이강李堈(재임 : 1894. 7~1894. 9), 김종한金宗漢(재임 : 1894. 9~1895)이 있다.[70]

민영달은 민씨 척족의 일원이지만, 재임 기간에 분원 사람들의 형편을 고려하여 일을 처리했고, 가급적 그들의 요구를 수용하려는 자세를 견지했다. 분원 주민들은 민영달이 제조로 발령받은 지 얼마 안 되는 시점인 1890년 8월에 선정비를 세웠는데, 아마 부임 직후부터 공소에 온정을 베풀고 일을 잘 돌보아주었던 것 같다. 그러나 이와는 별개로 그의 집 수청방隨廳房에 머무는 집사들이 공소 공인에게 자행한 가렴주구는 적지 않았다.

민영소는 민씨 척족의 실세로, 임오군란 때 그의 집은 군민들의 공격을 받아 파괴되기도 했다. 1894년 병조판서를 맡고 있을 때, 일본으로 망명한 김옥균金玉均의 살해를 교사한 일도 있다. 민영소가 공당에 임명되자, 공인들은 그의 부임을 우려하고 공소의 앞날을 걱정했다. 공소에서 그가 남긴 행적에 대한 기록은 그리 우호적이지 않다.[71]

의화군(의친왕) 이강은 1894년 7월 사옹원 제조로 임명되었다. 같은 해 8월 공소에서 집리執吏의 부당한 수탈을 하소연하는 서찰을 의화군 집에 보낸 것으로 미루어, 분원 일을 담당했던 것으로 보인다. 고종의 다섯째 아들인 의화군은 당시 17세의 나이로 그해 9월 청일전쟁에서 승리한 일본을 축하하기 위해 보빙대사報聘大使로 일본을 방문했으며, 1895년에는 특파대사로 영국·독일·러시아 등 유럽을 방문했다.

김종한은 1894년 9월 사옹원·내의원 제거에 낙점된 기록이 있고, 이후 공소 관련 업무를 주관하였으며, 공인들이 그를 '공당'이라 지칭하는 것으로 보아 제조의 직임을 수행했던 듯하다. 김종한은 1895년 3월 궁내부 서리대신이 되어 공소의 마지막 정리를 돕고 밀린 공가 지급을 위해 힘썼다. 이후 1897년 번자회사 설립을 도모하여 사장으로 취임하고 분원 자기업에 관여했다. 1906년 분원학교가 개교한 후에는 교장으로 취임하여 분원마을과 인연을 이어갔다.[72]

공소의 공인들은 의례적으로 도제조와 제조의 집에 분원에서 만든 그릇을 갖다 바치고, 때로는 특별히 요구하는 그릇이나 지석도 제작하여 주었다. 돈을 받은 기록이 없기 때문에 아마도 무료로 제공했을 터다. 공인들이 공무를 보기 위해 찾아가는 곳은 주로 공당의 집이었고, 공당을 만나기 전 정보를 얻고 사전 협의하기 위해 어김없이 들르는 곳이 수청방이었다. 당시 공인과 제조 사이의 공적 업무는 궁궐 내 사옹원이 아니라, 주로 제조의 사저에서 이루어졌다.

사옹원의 도제조와 제조 외에도 그릇 납품과 검열 과정에서 공소에 영향력을 행사하는 관계자는 많았다. 앞에서 살펴본 바와 같이, 사옹원의 당하관과 아전들, 궁궐 관속들, 분원이 속한 광주부·양근군의 관리와 구실아치가 바로 그들이었다.

(2) 공소 운영의 주역, 공인들

공인의 구성과 사회경제적 위상

공인은 분원자기공소의 운영 주체이다. 1883년 분원자기의 민간 번조를 허용한 이래 공인들은 자본을 출자하여 분원의 자기 제조와 궁궐 납품, 시장 판매를 주관해왔다.

공소 출범 당시에 공인의 수는 12명이었으나, 이후 계속 늘어나 30명에 달했다. 공인들은 각자 수천 냥의 자본금을 출자하여 총 10여만 냥 이상의 자본금을 확보하고 공소를 운영했다. 과연 공인들은 어떤 사람으로 구성되었으며, 그들의 사회경제적 위상은 어느 정도였을까?

1893년 8월 기준 전·현직 공인은 45명이지만, 공소가 폐지된 1895년까지 확인되거나 짐작되는 공인은 〈표 3-3〉에 정리한 48명이다.

먼저, 공인들의 사회적 지위를 살펴보자. 공인 가운데 오위장五衛將이나 선달로 호칭되는 사람은 사회적 신분을 가늠할 수 있는 경우이다. 오위장은 이원유·함경빈·정도경 3명이고, 선달은 정현도·정원경·금순교·이종필·김군행·이천유·이경필이며, 1893년 무과에 급제한 김익준도 선달로 볼 수 있으므로 모두 8명이다. 오위장은 실직實職은 아니지만 양반 대접을 받았고, 선

〈표 3-3〉 분원자기공소 공인들의 직임과 사회경제적 위상

	이름	공방 직임 및 활동	비고
1	유춘식柳春植	수석首席 재임, 수간역首看役 겸임, 백토 관련 철원 출장, 도중都中의 가용전 미납으로 탈퇴 (1894)	
2	김익준金益俊	대행례大行禮, 경소임京所任, 무과 급제(1893), 전답 다수 소유	
3	함동기咸東基	대행례, 수행隨行, 공문 성첩 왕래, 야반도주 (1893)	함경빈의 형
4	함장섭咸章燮	대행례, 서당 개선(1895), 번자회사 설립 후 불만 토로	
5	이성도李成道	대행례, 어음 추심, 서울 왕래, 번자회사 설립 후 불만 토로	
6	정현도鄭玄道	선달, 재입속(1891), 상장上掌, 변간역邊看役, 자퇴와 재입속 번복	1838년생
7	함동희咸東羲	상장, 전답 다수 소유	번자회사 사원
8	지규식池圭植	하장下掌, 무과 응시(1891), 우천 수세, 화속세 수세, 각종 문서 작성, 그릇 판매 주관, 전답 다수 소유	1851년생, 번자회사 사원, 지윤근池允根과 동일인으로 추정
9	이충구李忠求	경소임	사망(1893. 8. 18)
10	이기웅李基雄	수간역, 우산동 답험, 우천 수세, 번자회사 설립 후 불만 토로	활쏘기
11	변주헌卞柱憲	변간역, 자재 구입, 외읍 사점기 단속, 채전 수납, 공문서 전달, 관료 상대	번자회사 사원
12	이희태李熙台	공원公員	사망(1892. 6. 23)
13	함경빈咸景賓	오위장, 재입속(1891), 소 9마리 구입	번자회사 사원 활쏘기, 함동기의 동생
14	이원유李元裕	오위장, 입속(1893), 부유층	번자회사 사원 지규식의 친구
15	정도경鄭道京	오위장, 신발 가게, 도문연	정현도 집안
16	정원경鄭元京	선달, 도중의 가용전 과다로 자퇴(1891), 재입속(1893), 번자회사 설립 후 불만 토로	'선생' 호칭 지규식의 친구
17	금순교琴舜教	선달, 백토 문제로 강원도 출장	사망(1897. 9. 21)

18	이종필李鍾弼	선달, 문서 대조, 마군馬軍 소속	이규완의 사촌형 사망(1895. 윤5. 27)
19	김군행金君行	선달, 회사 설립 후 500냥 받음	
20	이천유李天裕	선달	이일선의 아버지 사망(1891. 9. 20)
21	이경필李京必	선달, 수세收稅 간검, 도토 관련 낭천 방문	사망(1893. 8. 22)
22	한정권韓正權	과거 응시(1891), 부채 미납, 방헌房憲 위배로 축출됨	
23	천세영千世榮	선생 자손, 입속(1893), 외읍 사점기私店器 단 속, 회사 설립 후 500냥 받음.	
24	정문한鄭文漢	김익준과 함께 서울 왕래	
25	이정진李廷鎭	기명 상납, 화속세 답험, 도중의 가용전 미납으 로 탈퇴(1894)	활쏘기 사망(1904. 10. 27)
26	함동헌咸東獻	시곡전柴穀錢 운반, 화목 관련, 문서 전달	이름을 '咸東憲'으로도 씀
27	우상옥禹相玉	서울 왕래, 가게(대추·광목 등) 운영, 자퇴(1895)	정현도의 사위
28	변삼만卞三萬	입속(1892), 입속 시 5,000냥 납입	사망(1893. 10. 29)
29	변삼봉卞三奉	회사 설립 후 500냥 받음	
30	이일선李一先	입속 허가 요청	이천유의 아들
31	이호필李鎬弼	공소 형편 논의	
32	김병관金炳觀	외읍 사점 기명 조사	활쏘기
33	변주국卞柱國	우천 장시 문제 연계	
34	이덕룡李德龍	공방 입속(1892), 번자회사 설립 후 불만 토로	
35	함춘백咸春伯	공방 입속(1893), 우산동 답험	
36	이인구李仁求	형 대신 입속(1993), 회사 설립 후 500냥 받음	
37	이희정李熙貞	사점기 단속 때 뇌물 수수 → 거방(1893)	
38	이희돈李熙敦	서울 왕래, 도중 돈 범용	
39	변주은卞柱殷	서울 왕래, 사점기 단속 때 뇌물 수수로 거방 (1893)	
40	이행준李幸俊	입속(1892)	
41	김주현金柱玄	입속(1891), 수세 간검, 외읍 사점 기명 조사	

42	김창달金昌達	입속(1891)	
43	천종국千宗國	회사 설립 후 500냥 받음	
44	이재국李才國	회사 설립 후 500냥 받음, 번자회사 설립 후 불만 토로	
45	김군항金君恒	환전 일로 설전, 번자회사 설립 후 불만 토로	
46	정경섭鄭京燮	번자회사 설립 후 불만 토로	
47	박창하朴昌夏	입속(1893)	
48	함계우咸啓禹	입참(1893)	

※ 자료: 『하재일기』 1891년 1월 1일~1898년 12월 29일 ; 규장각, 「각도각군소장各道各郡訴狀」 '분원자기공인
등 발괄(分院磁器貢人等白活)' 개국 504년(1895) [규 19164].

달은 무과 급제 후 현직에 나아가지는 못했어도 무반武班 축에 들었다. 따라
서 오위장 또는 선달로 호칭된 11명(23%)은 하층 양반의 범주로 볼 수 있다.

나머지 공인은 대부분 중인이거나 상민으로 짐작된다. 공소 출범 시 원역
에서 공인으로 탈바꿈한 12명은 중인으로 볼 수 있는데, 금순교·김익준처럼
무과를 통해 하층 양반으로 편입된 이도 있었다. 금순교가 1891년 무과에
합격하자, 동료들은 그에 대한 호칭을 '금 선생'에서 '금 선달'로 바꾸어 불렀
다. 이렇다 보니 지규식과 한정권 등 상당수 공인들도 무반에 들기 위해 계
속 무과에 응시했으며, 사계射契(활쏘기 회원들의 모임)에 가입하여 활쏘기 연습
을 했다.[73]

원역 출신의 공인은 대부분 글을 알고 문서 작성에 능숙했다. 그들 중에는
꽤 높은 수준의 유교적 교양을 갖추고 뛰어난 글재주를 자랑하는 사람도 있
었다. 예컨대 지규식은 양반과 교류하면서 함께 시를 짓고 글솜씨를 인정받
았다. 함장섭은 1895년에 학당을 개설했다.[74]

주목할 만한 사실은 공방도중貢房都中에서 차지하는 비중과 영향력이 사회
적 신분에 비례하지 않는다는 점이다. 〈표 3-3〉에서 1~12번의 인물은 도중

都中의 임원을 지냈는데, 대부분 중인이거나 상민이다. 물론 정현도와 김익준은 선달로 불렸지만 정현도는 자퇴와 재입속을 되풀이했고, 김익준은 무과에 급제하기 전부터 이미 중요 직임을 맡고 있었다. 상당한 토지와 재력을 갖춘 지규식·함동회는 비록 양반 신분은 아니지만 공방도중에서 중요 직임을 맡아 실세로서 활동했다. 그렇다면 공인 조직 내의 위상과 영향력은 경제력과 업무 능력, 인간관계 등이 더욱 중시되었음을 알 수 있다.

공소 공인들의 경제력은 어느 정도의 수준이었을까? 개별적인 경제력에 편차가 있기는 하지만, 기본적으로 수천 냥에 달하는 출자금을 낼 만큼 재력을 갖추었으며, 전답을 제법 많이 소유한 지주도 적지 않았다. 1895년 8월 공소의 빚 때문에 채주에게 전당 잡힌 공인의 전답 문건을 통해 그들의 재력을 가늠해보자.

● **우리 집(지규식) 전권**田券 : 양근 우천평 척자尺字 하루 반 갈이 문기文記 6장 28, 밭 46복卜 1속束, 광주 오리현五里峴 목화밭 1, 금사동 향목곡香木谷 논 8 야미夜味 1두락, 가전加田 아침 반나절 갈이 1, 금사동 지자之字 39, 밭 5복 6속 문기 12장.

● **김익준 집** : 광주 정촌면正村面 범연평泛然坪 성자盛字 논 5마지기 문기 3 장, 내삼정동內三政洞 불자不字 논 3마지기 문기 6장, 금사동 지자之字 17, 밭 문기 7장, 범연평 성자 34, 밭과 동자同字 논 1마지기 문기 3장, 금사동 지자之字 21, 밭과 동 논 2마지기 문기 2장, 양근 언곡彦谷 인자因字 91, 밭 문기 2장.

● **함동희** : 우천평 적자積字 35 문기 8장, 33문기 5장, 연자緣字 3, 밭 문기 6 장, 보자寶字 16, 밭 문기 5장, 광주 퇴촌면 금사동 지자 37·38 문기 10장, 송자松字 69 문기 6장, 지위支渭 청자淸字 43 논 문기 6장.

사실 위 자료를 통해 지규식·김익준·함동희 세 사람의 정확한 총재산을 알기 어렵다. 그러나 이 문건만으로도 이들이 꽤 많은 논밭을 소유했음을 알 수 있다. 그들의 전답은 분원 근방의 양근군과 광주군 일대에 걸쳐 있으며, 전당 잡힌 문서만으로도 자못 많은 땅을 소유한 지주였음을 짐작할 수 있다.

이들 외에 이원유도 동네에서 부유한 유지로 알려졌으며, 함경빈 또한 소 9마리를 구입할 정도로 재력을 갖추었다. 공인들 중에는 주위 사람들에게 돈을 빌려주고 이자놀이를 하여 자본을 불려 나간 이도 있었다.

전반적으로 공인들은 출자금을 충당할 수 있을 만큼 재산을 소유한 자들이라고 보아도 무리가 없다. 그러나 공방도중에서 가용加用한 돈을 갚지 못해 자퇴하는 공인 또한 있었으니, 경제적으로 어려움을 겪거나 쇠락해간 이들도 없지 않았다.

공인들은 권력자를 동원하여 조세의 징수와 상납을 담당하는 자리를 차지하려고 했다. 대행례였던 김익준은 1891년 6월에 평구의 둔전을 관리하는 둔감屯監 자리를 얻으려고 도모하였으나 성공하지 못했으며, 대신 도봉원답道峰院畓 마름(舍音) 자리를 얻었다. 정원경은 1891년 11월에 음죽 지역 시장의 싸전(米廛) 도감고都監考 자리를 얻고자 진력했고, 1893년 10월 진령군眞靈君과 친분 있는 여인을 거간으로 삼아 충청·전라·경상의 삼도 대동미를 운반하는 화륜선 도선주都船主 자리를 얻으려고 했다.[75] 진령군은 명성왕후가 총애하던 무당이었다.

다음으로, 분원 공인의 성씨 분포를 보면 이씨 17명(35%), 함씨 7명(15%), 김씨 6명(13%), 정씨 5명(10%), 변씨 5명(10%)이 중심을 이루고, 그 외에 천씨·금씨·유씨·한씨·우씨 등이 있다. 본관으로 보자면 함씨는 양근 함씨, 정씨는 경주 정씨, 우씨는 단양 우씨였다. 특히 경주 정씨는 양경공파良景公派로서 분원 출신들만 따로 족보를 기록할 만큼 분원에서 크게 활약했다. 분원마을에 거주하는 몇몇 씨족 집안은 공인이 되어 영향력을 행사했다.

분원 공인들은 대부분 중인·상민 계급이었으나 오위장이나 선달로서 양반 대우를 받는 사람도 약 1/5을 차지했다. 분원자기공소가 출범할 때 그들은 수천 냥의 출자금을 낼 정도로 상당한 재산을 보유하고 있었으며, 그중에는 논밭을 다수 소유한 지주도 몇몇 있었다. 그러나 분원 자기업이 쇠락하면서 이에 몸담은 대다수 공인의 재산과 살림살이도 쪼그라들었다. 공인의 신분은 대체로 양반과 상민의 중간적 지위라 할 수 있는데, 마을 내 사기장이나 일반 백성에 비해 사회경제적으로 우월한 위상을 점하고 영향력을 행사했다.

공인의 특권 행사와 '갑질'

공인은 상층 권력자의 압력과 수탈에 시달리면서 분노했지만, 재료 공급자와 상인 등에게는 권력자로서 행세했다. 그들은 자신의 특권과 기득권을 지키기 위해 온갖 권력을 앞세우고, 때로는 수탈자로 변신하기도 했다.

1891년 1월 공인들은 우천강 목물 수세를 거부하는 뱃사공들의 저항을, 사용원 권력을 동원하여 억눌렀다. 1892년 3월 공인 지규식은 양구 백토의 운납運納 책임을 지고 있는 홍천 관아에 찾아가 백토 납기를 어긴 일에 대해 책망하면서 담당 아전을 압송하려 했다. 그들이 온 힘을 다해 애걸하고 노자와 경비 450여 냥을 마련해오자, 그제서야 눈감아주고 일단락 지었다.[76] 또 지규식은 같은 해 8월, 분원에 도토를 바치는 원주 관아에 가서 아전들의 과도한 토색질 여부를 조사했다.

문안 인사를 마치고 수을토 일에 관해 말하였다. "당초 100곡斛으로 공문을 내보냈는데, 지금 500석石을 가굴加掘하고, 해당 읍에서 3,000냥을 청납

請納하려는 것을 막은 까닭은 무엇인가?"라고 물으니, 조趙가 말하기를 "본 주州에서 해당 읍에 공문을 보낼 때 500석을 배정하지 않을 수 없었습니다. 그래야 마감할 수 있으므로 배정했던 것이고, 3,000냥 청납과 관련된 말은 그 곡절을 알 수 없습니다."라고 운운하였다. 내가 곰곰이 생각해보니, 이는 필시 해당 읍에서 함부로 토색질하여 잉여 자본을 만들려다가 돈 액수가 적지 않아 숨길 수 없었기 때문으로 여겨졌다. 이에 "처음부터 관문을 보낸 일은 도중都中을 기만한 것이고, 지금 일이 이미 탄로되어 내가 봉변을 당할 지경이다. 이 액수는 도중에서 추심하지 않을 수 없으며, 그런 연후에야 무사할 것이다."라고 말하고 대단히 두렵게 하니, 조 생趙生이 크게 겁을 먹고 나에게 애걸하기를 "거둬들인 물건은 이미 건몰乾沒한 탓에 지금은 변통할 길이 없으니, 죽이든 살리든 오로지 처분만 믿겠습니다"라고 운운하였다. 여러 가지로 궁리해보았으나, 책임을 추궁하고 받아낼 뾰족한 계책이 없어 결말을 짓지 못하고 돌아갔다.[77]

분원에서 원주에 수을토 100곡을 요청했지만, 정작 원주에서는 해당 읍에 500석 가굴을 명령했다. 공인 지규식이 이를 문제 삼자, 담당자는 오히려 500석을 마련해야 요청한 일의 아퀴를 지을 수 있었다면서 터무니없는 답변을 내놓았다. 공인이 잘못을 비판하면서 추심할 것이라고 압박하자, 담당자는 이미 거둬들인 도토는 변통할 수 없으니 '죽이든 살리든' 처분에 따르겠다고 했다. 그들이 술과 식사를 대접하고 노자와 여비를 제공하자, 공인은 고쳐 쓴 서류를 다시 작성하도록 하는 선에서 일을 마무리 지었다.

공인들은 지방의 외점外店과 사점私店에서 그릇을 만들어 판매하는 상황을 조사하고, 이를 방지하기 위해 힘썼다. 또한 자신들이 거래하는 그릇 가게에 다른 곳에서 만든 그릇이 납품되고 있지는 않은지, 일본 자기 등 외국에서 수입된 그릇을 판매하고 있지는 않은지를 조사하여 적절한 조치를 강구했다.

관료의 착취와 횡포에 시달리던 공인이지만, 이처럼 재료 공급자나 그릇 판매상 등에게는 권력자로 행사했다. 자신들의 특권을 지키기 위해 공권력을 동원하고, 도토 공급자들에게 압력을 넣고 잡비를 수탈했으며, 때로는 분원에 가두는 일도 서슴지 않았다. 그러나 공인의 이 같은 특권과 실력 행사도 1895년 공소 폐지와 함께 사라졌다.

3. 민간 회사 시기(1897~1916) : 회사를 경영한 사람들

(1) 번자회사의 사장과 출자 사원

번자회사는 사원들이 공동출자하고 공동으로 운영하는 합명회사 체제를 취하였다. 회사의 운영자는 사장과 사원 8명이었으며, 사원은 서울 사원과 분원 사원으로 이원화되어 있었다. 이를 간략하게 정리한 내용이 〈표 3-4〉이다.

사장은 당시 조선 정계에서 막대한 영향력을 행사할 수 있는 거물급 관료인 김종한이 맡았다. 김종한은 1894년 10월 사옹원에 부임했고, 왕실 사무를 관장하는 장례원 경掌禮院卿과 명성황후 산릉도감 제조를 겸직하고 있었다.[78] 분원 사정을 잘 아는 김종한은 번자회사 설립 초기부터 자금 대출과 「절목」 작성에 적극 관여했으며, 중요한 안건에 대해서는 결정권을 행사했다. 그러나 회사 운영에 직접 관여하지는 않았다. 사장은 수익금을 공동 분배 받을 수 있는 사원의 일원이기도 했으므로 다른 사원들과 균등하게 수익

〈표 3-4〉 번자회사의 인적 구성

직임	이름(생몰년)	경력 및 활동	비고
사장	김종한金宗漢 (1844~1932)	• 문과 급제, 대사간, 예조판서, 군국기무처 회의원 역임 • 독립협회 위원, 조선은행·한성은행 발기인	사원 겸직
사원 / 서울 사원	한용식韓龍植	• 지사知事, 통신사 주사, 중추원 의관, 군부 참서관 역임 • 경성양조 중역(1906), 공동무역共同貿易의 대주주 • 은행 자금 대출자, 회사 재정 운영에 주도적 역할	종교宗橋 거주
	안중기安重基	• 사용司勇, 통신사 주사, 탁지부 지세파원地稅派員 역임 • 중앙은행 창설 사무위원 • 은행 자금 보증인	광교 거주
	이영균李永均	• 참의, 군부 참령, 육군 보병 부위, 장례원 전사典祀 역임 • 번자회사 자금 융통에 협조	
분원 사원	지규식池圭植 (1851~?)	• 공소 공인 출신, 공소 하장下掌 역임 • 번자회사 설립 주역, 자기의 생산·판매 책임	
	이원유李元裕	• 오위장五衛將, 공소 공인 출신 • 번자회사의 상장上掌과 간무원幹務員 역임	지규식의 친구
	함경빈咸敬賓	• 오위장, 공소 공인 출신, 번조 담당	
	함동희咸東羲	• 공소 공인 출신, 회사 상장, 번조 담당	
	변주헌卞柱憲	• 공소 공인 출신, 도토 확보와 번조 담당	
실무 관련자	안정기安鼎基 (1839~1905)	• 선달, 우천 장시 궁감宮監, 회계장부 검토, 땔나무 조달	
	안영기安永基	• 통신사 주사, 주전원主殿院 서무과장 역임 • 정부·왕실과 연락, 회사 재정 운용, 왕실 그릇 수주 등	안중기의 동생으로 추정
	최동환崔東煥 (1839~?)	• 한용식의 장인, 자기 제조 검사	
	김익준金益俊	• 공소 공인 출신, 왕실 자기의 발기와 전달 • 전당포, 짚신 가게 운영	

※ 자료 : 『하재일기』 ; 『고종실록』 ; 『승정원일기』 ; 『각사등록』 근대편 ; 『황성신문』

금을 배분받았다.

서울 사원 한용식은 지사知事 관직을 지냈는데, 이전부터 분원을 내왕했다. 회사 설립에 따른 필요 자금을 은행에서 대출받을 때 그는 충청도 비인에 있는 자신의 논문서를 전당 잡히고 대출자로서 책임을 짊어졌다. 회사 설립 이후에도 회사의 경영과 재정 관리에서 주도적 역할을 했다. 1899년 12월에 통신사 전화과 주사에 임명되었고, 1900년에는 중추원 의관을, 1903년 11월에는 군부 참서관을 지냈다. 1906년 합명회사 경성양조京城釀造의 중역으로 동참했고, 일제강점기에는 공동무역共同貿易에 대주주로 참여하는 등 실업가로서 적극 활동했다.[79]

안중기는 번자회사 설립이 본격화되던 시점인 1897년 1월에 분원과 인연을 맺었다. 회사 설립 초기, 은행에서 자금을 빌릴 때 그 역시도 자신의 여주 논을 전당 잡히고 보증인이 되어 자금을 확보하는 데 중요한 역할을 했다. 또한 회사의 자금을 관리하고, 기가器價 수납과 화속세 징수 등 궁내부 관련 일을 지원했다. 그의 집은 광교와 다동茶洞(현 중구 다동), 두 군데 있었는데, 광교 집은 서점을 경영하면서 회사 사무실로 사용했던 것 같다. 1899년 5월 이영균과 함께 황해도 포사庖肆(푸줏간) 봉세파원捧稅派員을 지냈으며, 1900년 4월에는 통신사 전화과 주사에 임명되었다가 그 이튿날에 의원면직했다. 1900년 9월 인천에 우선회사郵船會社를 설립했으며, 이후 탁지부 지세파원地稅派員을 지냈고, 1903년 9월에는 중앙은행 창설 사무위원에 임명되어 활동했다.[80]

이영균은 회사 설립이 진행되던 1897년 초에 자본전 1만 5,000냥을 내고 회사에 들어왔다. 그는 궁궐에서 주문받는 그릇을 분원에 제작 요청하고, 회사의 자금 조달과 운영 문제에서 중요한 역할을 맡았다. 그는 참의·부위로 지칭되었으며, 1895년 6월 군부 참령, 1902년 육군 보병 부위, 1907년 장례원 전사典祀에 임명된 바 있다. 1899년 5월 안중기와 함께 황해도 포사 봉세 파원이 되어 세금 징수를 담당했으며, 1900년에는 인천에 우선회사를 설립 했다.[81]

서울 사원은 모두 회사 출범 당시에 대한제국의 중·하위 관료 출신으로서, 주로 군부나 통신사 등의 관서에서 근무했고 탁지부의 수세파원으로 활동하 기도 했다. 한용식·안중기·이영균 세 사람 모두 자본력이 있는 재력가로서 번자회사에 출자하여 경영에 적극 참여했으며, 은행과 양조회사·우선회사 등에도 투자하여 자본가로서 이익을 도모했다. 한용식과 이영균은 일제강점 기에도 무역·제사製絲회사에 동참하는 등 여전히 실업가로서 활발하게 활동 했다.

분원 사원 지규식은 번자회사 설립에 가장 중요한 역할을 한 사람으로, 1883년 공소의 공인이 된 이래 분원자기 제조업 운영에 깊이 관여해왔다. 그는 분원을 대표하는 사원으로서 회사의 운영과 자본 조달, 생산·판매에 지 대한 영향력을 행사했다. 1906년 분원에 학교가 개설된 이후에는 학교교육 에 전념했다.

변주헌 또한 공인 출신으로, 동료 지규식과 함께 번자회사 설립에 많은 힘 을 보탰다. 그는 회사에서 주로 도토의 굴취와 확보에 관련된 사무를 담당했 으며, 가마를 관리하고 그릇 생산에 적극 관여했다.

이원유는 오위장五衛將 출신이자 공인으로서, 지규식이 그를 가리켜 친구 라고 한 것으로 보아 동년배인 듯하다. 그는 회사가 설립된 후 2년여가 지 난 1899년 3월에 비로소 회사 상장上蚌으로 편입했다.[82] 분원 일대에서 자본 가로 널리 알려진 까닭에 동료 사원들이 그에게 종종 돈을 빌렸고, 의병들이 군자금 지원을 요청했던 인물이기도 하다.

함경빈도 이원유와 마찬가지로 오위장 출신의 공인이었으며, 번자회사 설립 후에 사원으로 동참했다. 그는 주로 번조에 관련된 일을 담당했으며, 왕실 소용 자기의 제작과 납품을 관할했다. 1905년 3월 이원유와 함께 분원 번조 업무의 관리 감독을 맡은 간무원幹務員에 임명되었다.[83]

함동희는 공소의 공인 출신으로서 번자회사의 상장 직임을 맡았다.[84] 그는 주로 분원의 번조 관련 업무를 담당했다.

분원 사원은 하나같이 분원자기공소의 공인 출신으로, 현장에서 생산 라인을 관리하며 도자기 제조와 판매를 주관했다. 자본과 사회적 위상으로 비교할 때 그들은 서울 사원에 미치지 못했으며, 사장과 서울 사원에게 종속적이었다.

당시 공소의 공인 30명 가운데 번자회사의 사원으로 편입된 사람은 5명에 불과했다. 이 때문에 나머지 공인들은 회사에 찾아가 생업을 잃고 내쫓긴 원통함을 호소했다. 사원으로 편입된 자와 그렇지 못한 자 사이에는 알력과 다툼이 벌어지기도 했다.[85]

이와 같이 번자회사의 운영진은 사장 1명, 사원 8명으로 총 9명이었으며, 그때 시점의 연령으로 볼 때 비교적 노년층에 속하는 40~50대가 주류를 이루었다. 사장은 고종의 신임을 받는 최고위 관료로서 정·관계에 막강한 영향력을 행사할 수 있는 인물이었다. 서울 사원 세 사람은 모두 중·하위 관료 출신의 자본가로서 회사의 관리와 운영을 총괄했으며, 이익을 좇아 미곡을 사 모으고 다른 회사의 경영에도 참여하는 투자자였다. 분원 사원 다섯 사람은 모두 공인 출신으로서 도자기의 생산과 판매를 주관했으며, 서울 사원에 비해 사회적 지위와 자본력에서 뒤처졌다. 전반적으로 회사 경영의 주도권은 사장과 서울 사원이 장악했으며, 실무진 또한 서울 사원의 인척과 지인들로 채워져 있었다.

(2) 분원자기주식회사의 발기인

번자회사가 문을 닫은 뒤, 총 17명의 발기인이 모여 1910년 8월 분원자기주식회사를 출범했다. 발기인은 분원 자기업자 3명, 공업전습소에서 도자를 전공한 젊은이 3명, 관료 출신 4명, 내시 출신 1명, 군인 출신 6명으로 구성되었다.(1부 151쪽 〈표 1–10〉 '분원자기주식회사 발기인의 인적 사항' 참조) 이들 가운데 4명이 등기 이사로 공식 등록되었다.

발기인 가운데 분원에서 오랫동안 자기업에 종사해온 자기업 관련자는 지규식·변주헌·함영섭咸英燮이었다. 함영섭은 초기에는 분원의 소소한 일을 거들다가 자기 제조에 나섰다. 1906년 양근 군수 양재익梁在翼의 제안으로 지규식과 함께 번사燔砂주식회사 설립에 동참했으며, 분원학교에 50원의 보조금을 냈다. 분원의 사기 개량에도 관심을 갖고 활동했다.[86]

공업전습소 졸업생으로는 정지현鄭志衒·이남구李南九·이돈구李敦求가 있는데, 이들은 분원에 드나들면서 도자기 굽는 일을 배우고 공업전습소에서 익힌 새로운 기술과 방식을 시도했다.

정지현은 사립 보광학교에 입학하여 근대적 중등교육을 이수하고 1908년 졸업했다. 그 후 2년 과정의 관립 공업전습소 도기과에 입학했다. 1910년 4월에 졸업한 뒤 분원에 드나들면서 사기 개량을 논의하였다. 1910년 그가 단군교 포명서佈明書를 분원에 가져온 것으로 미루어 볼 때 단군교에 가입하여 활동했을 가능성도 있다.[87]

이남구는 1910년 4월 정지현·이돈구와 함께 2년 과정의 공업전습소 도기과를 졸업했다. 이후 서울에 있는 회사 본점과 분원의 출장소를 오가면서 연락을 취하고, 발기인 총회 때는 취지서를 인쇄하여 갖고 오기도 했다. 1905년 개성 전보사 주사에 임명되었고, 1907년 국채보상운동에 동참하여 의연

금을 낸 기록이 있다.[88]

이돈구도 공업전습소 도기과를 졸업했다. 그 역시 1907년 국채보상운동 때 공주보통학교 소속으로 의연금을 낸 기록이 있다. 공업전습소의 다른 졸업생들과 더불어 분원의 자기 개량에 관한 일을 논의하고, 1911년에는 분원자기주식회사의 간역看役을 맡았다.[89]

관료 출신은 김유정金裕定·민준호閔濬鎬·정진홍鄭鎭弘·안태영安泰瑩이 있다. 탁지부 서무국장을 지낸 김유정을 제외하면 정계에서 이들이 차지하는 영향력은 그리 크지 않았다.

김유정은 분원 근방의 구천歸川에 살았던 세도 가문 출신으로, 분원 자기업에 관심을 갖고 후원했다. 김광식金光植의 아들이자 김윤식金允植의 종질從姪이며, 1885년 증광시 진사에 합격했다. 1882년 임오군란을 수습하기 위해 정부에서 일본으로 수신사를 파견할 때 당숙인 부사 김만식金晩植을 수행하여 일본의 변화와 신문명을 시찰했다. 1895년 탁지부 서무국장에 임명되었으며, 1901년 프랑스로부터 차관을 도입할 때 계약 체결에 주도적 역할을 했다. 탁지부 국장 시절에는 공소의 공가貢價를 청산하는 데 도움을 주었고, 분원공립보통학교의 총무장總務長을 맡기도 했다.[90]

민준호는 여흥 민씨로 1894년 식년시에 합격하여 진사가 되었으며, 1900년 법부法部 주사로 임명되었고, 1901년 시종원侍從院 시종에 서임되어 국왕을 가까이에서 모셨다. 이후 국권 회복을 위한 애국계몽운동과 식산흥업을 위한 실업 활동에 몰두했다. 그리하여 1906년 8월 사립 해동신숙海東新塾의 교장이 되어 학생들을 모집했으며, 동년 12월 보학원普學院의 발기인으로, 1907년 인창학교仁昌學校 발기인으로 참여했다. 1909년 『대한매일신보』를 운영하던 베델이 죽자, 양기탁梁起鐸 등과 함께 베델 동상을 종로에 세우기로 합의하고 기부금 100원을 내는 데 약정했다. 또한 연동교회를 무대로 종교 활동을 전개했는데, 1907년 일본 도쿄에서 개최된 만국학생기독교청년 대회에 윤치호·김규식 등과 함께 참석했다. 출판에도 많은 관심을 기울여서 1910년 종로에 동양서원東洋書院을 설립하고 교양 및 종교 서적과 소설책을 펴냈으며, 이후 한국의 대표적 출판인으로서 명성을 떨쳤다.[91]

정진홍은 1888년 성균관 진사시에 합격했으며, 1891년 제중원 주사에 임명되었고, 1895년에 회계원 출납 사장을 지냈다. 을미사변에 연루되어 1896년 초 면직된 후 일본으로 망명했으며, 그곳에서 제염製鹽 시험장을 돌아보고 감옥 사무와 경시청 사무를 익히고, 야마구치山口 고등상업학교의 교사 촉탁으로 근무했다. 1906년 특별사면을 받아 귀국한 뒤 통감부 촉탁으로 일하다가, 1907년 농수산부 농무국장, 1908년 수산국장을 역임했다. 1909년 윤치성·조철희 등과 함께 대한공업회의 설립 위원으로 참여했고, 서북학회 부회장을 맡았다. 일제강점기에는 중추원 부찬의副贊議 등을 역임했다. 『친일인명사전』에 수록된 친일파이다.[92]

안태영은 1905년 왕실의 토목·건축을 관할하는 영선사營繕司 주사로 봉직했으며, 1907년 명성황후 혼전魂殿인 경효전景孝殿의 기신제忌辰祭에 참여하여 종2품에 올랐다. 이후 출판에 전념했는데, 파조교罷朝橋(현 종로3가)에 광덕서관廣德書館을 설립하고 각종 서적과 교과서, 학교에 필요한 물품을 판매했다. 광덕서관에서는 『신찬초등역사新撰初等歷史』 등 학부學部의 검정을 받는 교과서는 물론이고 『이충무실기李忠武實記』나 『신찬측량학전新撰測量學全』 등 다양한 분야에 걸친 수많은 책을 발간했다. 그는 식산흥업에도 관심을 기울여 경성직뉴京城織紐와 분원자기주식회사의 임원으로 참여했다.[93]

분원자기주식회사의 발기인 가운데 김수영金洙暎은 내신 출신이라는 이력을 갖고 있다. 그는 1899년 궁위령宮闈令 봉시奉侍를 지냈고, 1904년 황태자궁 봉시에 임명되었으며, 1907년 협시挾侍로서 고종을 측근에서 모셨다.

1907년 10월, 홍릉에서 친제親祭가 끝난 뒤 종1품의 작위를 받았다.*[94] 그가 어떤 계기로 분원자기주식회사의 발기인으로 참여했는지는 알 수 없다. 다만 옛날부터 분원의 자기가 왕실에 진상될 때마다 궁녀와 내시 등이 참관했는데, 아마 이와 무관하지 않을 듯싶다.

군인 출신으로는 윤치성尹致晟·조철희趙轍熙·황영수黃瑩秀·신규식申圭植·안영수安暎洙·구종서具宗書가 있다.

윤치성은 윤영렬尹英烈의 아들로 1877년 충남 아산에서 태어났으며, 해방 후 초대 내무부장관을 지낸 윤치영尹致暎의 형이다. 어린 시절, 서정순徐政淳과 전우田愚에게 한학을 배웠다. 1895년 박영효가 주도하는 관비 유학생으로 선발되어 노백린盧伯麟·이갑李甲 등과 함께 일본 유학길에 올라 게이오의 숙慶應義塾에 입학했으며 이듬해 졸업했다. 유학 직후, 박영효가 역모죄에 몰려 일본으로 망명하자, 윤치성과 유학생들도 역당의 무리로 간주되기도 했다. 1898년 다시 일본 육군사관학교에 입학하여 다음 해 졸업했으며, 졸업 후 견습을 거쳐 일본 기병8연대에 배속되어 러일전쟁에 참전했다. 1905년 귀국한 뒤에는 육군 참위에 임명되었으며, 1907년에는 시종 무관이 되어 황제 호위 임무를 맡았다. 군대 해산 때 면직되었으나, 1907년 10월 군부의 군무국 교육과장을 하다가 1909년 법부 친위부 보직에서 예비역으로 편입된 것을 보면, 군대 해산 후에도 여전히 군에 직임을 갖고 있었음을 알 수 있다. 그는 실력양성운동에도 관심을 기울여 1906년 토목건축주식회사 임원을, 1909년 대한공업회 회장을 거쳐 1910년에 분원자기주식회사의 발기인으로 참여했다.[95]

* 이때 종1품으로 가자加資된 사람의 동명이인 가능성을 전혀 배제할 수 없기 때문에 작위를 받은 김수영金洙暎이 내시 김수영이라고 확정지을 수는 없지만, 그럴 개연성이 아주 높다.

조철희는 만 20세가 되던 해인 1891년 증광시에 합격하여 진사가 되었으나, 이후 무인의 길을 걸었다. 1896년 육군 보병 소대장, 1897년 시위1대 중대장 정위正尉, 1899년 황제 직속의 최고 군통수 기관인 원수부 검사국元帥府檢査局 부장副長 참령을 거쳐, 1902년에는 임시혼성여단 보병 제2연대장을 겸직했다. 1905년 무관 학도 양성을 위한 육군유년학교陸軍幼年學校의 교장과 육군 헌병대장에 임명되었으며, 1906년 군법회의 판사, 1907년에는 시위 보병 제2연대장을 역임했다.[96] 그러나 1907년 대한제국 군대가 해산되자 9월 3일자로 해면 조치되었다.[97] 군복을 벗은 뒤에는 애국계몽운동 단체인 대한협회·기호흥학회의 회원이 되어 국권 회복을 위한 정치 활동과 교육·산업장려운동에 참여했다. 1909년에는 해산 군인들이 설립한 대한공업회에 참여하여 의사원議事員으로 활동했다.[98] 분원자기주식회사의 발기인으로 참여한 것은 윤치성의 권유 때문으로 보인다.

황영수는 25세이던 1898년에 육군 장교를 양성하는 육군무관학교의 학도로 입학하여 근대적 군사교육을 받고 1900년 1월에 졸업했다. 무관학교를 졸업하자마자 1900년 1월에 육군 보병 참위에 임명되었으며, 1903년 육군 기병 부위副尉, 1904년 시위기병대대 중대장, 1906년 육군유년학교의 교관을 역임했다. 1907년 군대 해산 때 해임되었다. 이후 기호흥학회 회원으로 가입하여 신규식·조철희 등과 함께 애국계몽활동을 전개했다.[99]

신규식은 1880년 청주에서 태어났으며, 1897년 무렵 중국어 통역관을 양성하는 한어학교漢語學校에 들어가 수학했다. 이때 익힌 중국어는 훗날 중국에서 독립운동을 할 때 현지인과 소통하는 데 크게 도움되었다. 21세 되던 1900년에 무관학교에 들어가 수학했으며, 졸업 후 육군 보병 참위에 임명되어 군인이 되었다. 그러나 군대가 해산되면서 1907년 9월 3일자로 육군 부위의 직임에서 해임되었다. 1905년 을사조약이 체결되자 대한자강회·대한협회 등 애국계몽운동 단체에 가입하여 활동했으며, 1909년에는 해산 군인들과 함께 대한공업회의 설립 위원이 되었다. 1909년 대종교에 가입하여 국권회복운동에 동참했다. 국권을 빼앗긴 뒤 1911년, 그는 중국으로 망명하여 험난한 독립운동의 길을 걸었다.[100]

안영수는 1902년 6월 육군 보병 참위에 임명되었으며, 1903년 육군 기병 참위를 거쳐 보병 정위로 승진했다. 1907년 군대 해산 때 9월 3일자로 참위의 직임에서 해임되었다. 이후 일본 유학생 단체인 태극학회·대한학회에 가입하여 활동했으며, 1909년 태극학회·대한학회 등이 통합되어 설립된 대한흥학회의 회원으로 활동했다.*[101] 그가 가입한 학회는 일본 유학생들이 중심이 되어 설립한 단체로 애국계몽운동과 독립운동을 전개했다.

구종서는 1900년 육군무관학교의 생도로 입학했으며, 이후 군인이 되어 1907년 견습 참위에서 승진하여 참위가 되었다. 1907년 군대 해산 때 다른 군인들과 마찬가지로 9월 3일자로 해임되었으며, 당시 직위는 참위였다.[102] 1910년 분원자기주식회사에 발기인으로 참여한 데는 조철희 등 해산 군인의 인맥이 작용했던 것 같다.

분원자기주식회사의 발기인은 이전과는 달리 다양한 사회 세력으로 구성되었다. 발기인 명단에서 알 수 있듯이 분원 자기업자는 막상 소수에 불과하고, 오히려 외부의 관료·군인 출신이 발기인의 중심을 이루었다. 대한제국이 식민지로 접어들면서 분원자기주식회사에는 애국계몽운동 계열의 인사가 다수 참여했다.

---

* 안영수가 일본 유학생들이 조직한 단체인 태극학회·대한학회·대한흥학회에 1907년부터 가입하여 활동한 것을 보면, 서울에 설치된 지부에서 활동했거나 1907년 이후 일본으로 유학을 떠났을 가능성도 있다. 또한 군인 안영수와 유학생 안영수가 원래 다른 사람, 곧 동명이인일 가능성도 배제할 수 없다.

회사를 대표하는 등기 이사에는 발기인 가운데 윤치성·안태영·민준호·김수영이 되었다. 이사는 정부의 관리와 군인 및 내시 출신으로, 각종 회사와 교육·출판업에 관여했던 실업가였다.

지금까지 살펴본 것처럼 분원 자기업의 관리자와 경영자는 시기별로 차이가 있다. 조선시대 분원은 사옹원 관료와 아전들이 관리 감독자로서 재료의 조달과 어기의 제작, 진상에 이르기까지 전 과정을 주관했다. 개항 후 1883년 정부가 분원 운영권을 분원자기공소에 이양한 뒤에는 공인들이 분원 운영의 주체가 되어서 자기 제작과 왕실 납품, 시장 판매를 관할했다. 1897년 번자회사 시기에는 사장과 출자 사원이 분원 자기업을 주관했는데, 이때 관료 출신인 사장과 서울 사원은 회사 운영에 주력했고, 공인 출신인 분원 사원은 자기의 생산과 판매를 주도했다. 1910년 분원자기주식회사가 설립된 뒤에는 공인 출신보다 외부의 애국계몽운동 계열 실업가가 분원 자기업을 이끌었다.

분원 경영권은 정부(사옹원)에서 공인으로, 출자 사원으로, 실업가의 손으로 넘어갔다. 특히 개항 후 자본주의 경제체제가 작동되면서 분원 경영권은 자본가의 수중으로 집중되었다. 계속 갈마든 분원 경영자의 사회경제적 위상은 각 단계마다 서로 달랐지만, 신분적 속성에서 관통하는 사실은 그들 모두 관료 또는 아전 출신이라는 점이다. 즉 정부의 권력과 연관된 이들이 분원 경영에 관여했다.

2장
조선의 혼을 담아 백자를 만든 사기장

세계 최고의 백자를 만든 이름 없는 주인공

분원 사기장*은 조선의 예술혼을 빛낸 백자와 왕실 자기를 만들어왔던 주인공이다. 그러나 기술을 업신여기고 멸시하는 조선 사회에서 분원 사기장은 천한 공장工匠에 지나지 않았다. 그 때문인지 그들에 대한 기록은 미미하다. 우리는 그들이 만든 그릇의 세계에 감탄하고 칭송할 뿐, 그들의 이름과이야기는 모른다.

사기장이라는 이름 외에 장인匠人·장졸匠卒·장공匠工·도공陶工 등으로도 불렸던 그들은 조선 초부터 고종 때까지 대략 380명 규모를 유지하였으며, 분야별로 나뉘어 각종 그릇을 생산했다. 사기장은 노역의 대가로 일정한 노임

---

* 분원 사기장은 장인匠人, 장졸匠卒, 공장工匠으로도 불렸다. 『경국대전』을 비롯한 법전에는 모두 '사기장沙器匠'으로 기록되어 있으나, 실록 등 관찬 자료에는 장인·장졸·공장 등으로 표기되어 있다. 이 가운데 장졸은 공장과 졸도卒徒, 곧 기술직 장인과 단순노동에 종사하는 짐꾼을 합한 개념이다. 개항 후 기록인 『하재일기』에는 거의 대부분 '장졸'로 표기되어 있다.

을 받았으며, 자손 대대로 직역 세습을 강요받았다. 조선 후기 세제稅制 변화 과정에서 사기장에게 지급하는 임금이 줄어들어 그들의 생계 유지가 어려워지자, 정부는 분원 일대 시장柴場에서 세미稅米를 거둬들일 수 있도록 해주고, 장시場市 수세권도 부여했다.

정부가 관리하면서 관영으로 운영해온 도자기 제조업은 개항 후 분원 운영 운영권을 아전 출신의 공인에게 이양함으로써 분원자기공소로 거듭났다. 따라서 1883~1895년까지 지속된 공소 시기에 분원 사기장은 공인의 지휘를 받아야 했고, 구조조정 과정에서 그 수가 줄어들었다. 민간 운영으로 바뀌었다고는 하나 분원 사기장들은 여전히 정부에서 임금을 받고 특권 또한 보장되었다. 이 시기 분원 사기장은 정부 소속으로서 민간인의 지휘를 받는 이중적 체제 아래 놓여 있었으며, 고립雇立(돈을 주고 역役을 시키는 것) 노동자에서 계약 임노동자로 전환하기 이전의 과도기적 양상을 보였다.

1895년 사용원 분원이 폐지되자, 대대로 국가에 예속되었던 분원 사기장은 마침내 정부의 속박에서 벗어나 자유로운 임노동자의 길에 들어섰다. 갑작스럽게 노동시장에 내던져진 그들은 일자리를 찾아 분원과 경기도·충청도 등지를 오갔다. 핵심 분야에서 숙련된 기술을 가진 사기장은 이전에 비해 높은 임금을 받았으나, 그렇지 못한 사기장은 도태되어 단순 임노동자가 되거나 다른 일을 꾀할 수밖에 없는 상황에 내몰림으로써 사기장 내에서도 다양한 분화가 일어났다.

분원의 사기장들은 시장의 변화와 사용자의 요구로 새로운 도자기 제작 기법을 도입하기도 했다. 이를테면 1902년 일본식 채색 자기 제조법을 도입하여 생산했으며, 지방 사기장의 기법도 수용했다. 1910년에는 분원의 젊은이들이 공업전습소에 들어가 여러 다른 기법을 공부하면서 분원자기 제작에 새로운 돌파구를 찾으려 했다. 그러나 분원의 마지막 분원자기주식회사가 1916년에 결국 문을 닫으면서 수백여 년 전승된 백자의 전통 제조 기법과 분원 사기장의 맥도 끊어졌다.

1. 조선시대 : 천시받고 대물림되는 사기장

자기를 생산할 때 가장 중요한 일을 맡은 사람은 누가 뭐래도 자연의 백토에 생명력을 불어넣어 그릇을 만들어내는 사기장이다. 사기장의 정성과 재주 여하에 따라 자기의 아름다움과 품격이 결정되기 때문에 우수한 장인의 확보와 육성은 무엇보다 중요한 과제다.

그러나 명분과 의리를 강조하는 조선 사회에서 장인은 매우 천시되었다. 조선 사회에는 오랫동안 '공상工商은 말업末業'[103]이라는 인식이 지배했으며, 장인은 사회적으로 홀대받는 신분에 속했다. 그릇 만드는 사기장 또한 '점店사람' '점놈'이라 멸시받았고, 혼인도 끼리끼리 할 수밖에 없었다. 왕실 그릇을 만드는 분원의 사기장이라 해서 예외는 아니었다. 그들이 받는 대우는 너무나 보잘것없어 생계 유지에 곤란을 겪을 정도였으며, 때로는 수십 명이 굶어 죽을 정도로 열악한 환경에서 벗어나지 못했다.

(1) 사기장의 규모와 직역의 세습

왕의 그릇을 만드는 이는 분원 사기장이었다. 사옹원은 솜씨 좋은 도공을 확보하여 국왕의 품격에 걸맞은 그릇을 만들어내게 했다.

『경국대전』에 등록된 '사기장'은 모두 484명인데, 사옹원에 380명, 내수사에 6명, 각 지방에 98명이 소속되어 있었다.[104] 그중 사옹원 소속이 분원에 배속되었으므로 어기御器 제작을 담당하는 분원 사기장은 380명 규모였다.

임진왜란을 겪으면서 도공들이 사방으로 흩어지자 어용 자기 생산에도 크게 차질이 빚어졌다. 이에 정부는 강권을 발동하여 사기장 확보에 주력했다. 1625년(인조 3) 사옹원은 "법전 내 호戶와 봉족奉足은 모두 1,140명인데, 해마다 뿔뿔이 흩어지고 핑계 대어 빠져나가는 바람에 남은 자는 821명 뿐"[105]이며, 장차 그 수가 더욱 감소할 것이라고 보고했다.

숙종 때는 전국적으로 1,234명의 번조燔造 장인을 확보했는데, 그 가운데 352명은 분원에 소속되었고, 나머지 882명은 외방에 속하였다. 이때 분원에 속한 장인이 "3번番의 입역立役(군역이나 노역에 동원되는 일) 장인과 운토運土·재목載木에 종종 응역應役하는 사람을 모두 통틀어 352명"[106]이라고 한 기록으로 보아, 기술직 장인과 단순 운반꾼을 포함한 숫자임을 알 수 있다.

1833년(순조 33) 분원 공장안工匠案에 등록된 자는 500명이었다. 그런데 1865년(고종 2) 발간된 『대전회통』에 따르면, '사옹원 사기장 380명'[107]으로 규정되어 있다. 그렇다면 분원 사기장 규모는 조선 초기부터 380명으로 유지하려 했지만 시기에 따라 증감이 있었다는 말이 된다.

눈여겨볼 점은 『경국대전』에 등록된 외방 장인은 98명인데 비해 숙종 때 이르러 882명으로 9배나 폭증했다는 사실이다. 이는 사기장의 수가 실제로 늘어난 현실을 반영하는 측면도 있지만, 그보다는 등록 사기장의 숫자를 늘림으로써 번포番布 수입을 올려 분원의 운영자금을 확보하려는 의도가 강하게 내포된 듯하다. 외방 장인은 역役을 피해 도망가는 이들이 속출함에 따라 점차 줄어들어서 고종 초기에 이르면 대전代錢을 받는 장인이 494명에 머물렀다.

분원 사기장은 세습이 원칙이었다. 1543년(중종 38)에 발간된 『대전후속록

^{大典後續錄}」에 "사옹원 사기장의 자손은 다른 역을 정하지 말고 그 업을 세전世傳하도록 한다"고 규정했다. 이후 영조 때 발간된『속대전』과 고종 초의 『대전회통』에도 세습의 원칙은 그대로 적용되었다.[108]

사기장의 세습은 언제부터 이루어졌을까?『경국대전』에 분원 사기장의 수를 380명으로 규정해 놓은 것을 보면, 분원이 설립된 15세기부터 세전을 원칙으로 삼았던 것 같다. 그리고 적어도 16세기 중엽에는 사기장의 세습이 법적으로 규정되었다. 이렇듯 사기장의 세습을 원칙으로 하고 다른 역을 시키지 말도록 했음에도 간혹 솜씨 좋은 장인이 다른 부서로 이속되어 자기 생산에 문제가 생기기도 했는데, 그럴 때면 다시 환원 조치하는 일도 벌어졌다. 조선 정부가 사기장의 세전을 법에 명시한 것은 "그릇을 굽는 일은 아무나 할 수 없으며, 반드시 선대로부터 전해오는 업을 익혀야만 재목이 될 수 있기 때문"[109]이었다.

(2) 분원 사기장의 구성과 임무

자기를 만드는 작업은 매우 복잡한 과정을 거치기 때문에 사기장은 각각의 분야별로 세분화되어 있었다. 하나의 자기가 완성되기까지 장인들은 저마다 자신의 영역에서 흙을 손질하여 그릇을 빚고 그림을 새기고 가마에 구워내는 일을 했다. 분원자기 생산의 전성기였던 사옹원 관할 분원 시절에 장인의 구성과 임무를 정리한 것이 〈표 3-5〉이다.[110]

분원 종사자는 크게 관리직, 기술직 장인, 단순 잡역꾼으로 구성되었다. 장인은 '대정'이라고 불렸다. 〈표 3-5〉에 드러난 분원 종사자는 552명으로, 순조 때 분원 공장안에 등록된 숫자인 500명 규모와 비슷하다.

〈표 3-5〉 분원 사기장의 구성과 임무(1883년 이전)

구분	담당 분야	인원(명)	역할과 임무
행정 관리 27명(5%)	감관監官	1	분원 감독관
	원역員役	20	행정 실무
	사령使令	6	심부름 연락 등 잡무
장공匠工 108명(20%)	변수邊首	2	사기장의 우두머리
	조기장造器匠	10	사발 대정, 그릇 모양을 만듦
	마조장磨造匠	10	굽 대정, 그릇 모양 손질
	건화장乾火匠	10	그릇 건조
	수비水飛	10	뻘물(精土), 흙 손질
	연정鍊正	10	꼬박(흙을 곱게 정선), 잿물 올림
	참역站役	18	가마 수리
	화장火匠	7	불 대정, 가마에 불 때는 일
	조역助役	7	수습공 조수
	부호수釜戶首	2	가마 불 대정, 화장의 두목
	남화장覽火匠	2	가마의 온도 관찰
	화청장畵靑匠	14	그릇에 그림 그리는 일
	연정鍊正	2	꼬박, 그릇에 잿물 올리는 일
	착수장着水匠	2	잿물 대정
	파기破器	2	그릇 선별
잡역雜役 417명(75%)	공초군工抄軍	186	도토 운반
	허대군許代軍	202	대기 잡역
	운회군運灰軍	1	초목회 운반
	부회군浮灰軍	1	잿물 수비
	수토재군水土載軍	10	도토 하선下船
	수토감관水土監官	1	서토暑土 관리관
	수세고직收稅庫直	1	수세 고지기
	노복군路卜軍	2	도로 수리
	감고監考	3	출납 이도吏陶
	진상결복군進上結卜軍	10	제품 진상
합계		552	

288

분원 종사자의 구성을 구체적으로 살펴보면, 행정 관리직 27명(5%), 장공匠工 108명(20%), 잡역꾼 417명(75%)으로, 전문 기술을 가진 장인에 비해 운반이나 하역에 종사하는 잡역꾼의 비중이 4배가량 높다. 각 분야별 장인의 역할과 임무는 다음과 같다.

그릇을 빚기 위해서는 먼저 자연산 도토를 곱게 손질해야 한다. 이때 제일 먼저 수비장水飛匠이 흙을 잘게 빻아 물에 담가서 잡물을 없애고 곱게 거르는 일을 한다. 잘 수비된 흙은 매우 부드럽고 질감이 좋아 그릇 빚기에 안성맞춤이다.

수비된 흙에서 어느 정도 물기가 빠지면 이 흙을 이겨 덩어리를 만드는데, 이 일을 '꼬박'이라 하고 이 작업을 하는 장인을 연장鍊匠·연정鍊正이라고 한다. 연장은 꼬박뿐만 아니라 도자기 위에 잿물을 올리는 작업도 했다.

조기장造器匠은 잘 다져진 덩어리 흙을 물레(윤대輪臺) 위에 올려놓고 그릇 모양을 만든다. 이것을 조기造器 또는 성형成形한다고 했다. 빙빙 도는 물레 위에서 흙덩어리가 순식간에 꽃병이나 술병이 되기도 하고 찻잔과 접시로 둔갑하는 모습을 보면 마치 한 편의 마술을 보는 듯하다. 이때 자기의 입과 목선, 부드러운 어깨선, 잘록한 허리선, 풍만한 엉덩이선 등 그 형태와 선이 결정된다. 그릇의 모양을 만들 때 가장 중요한 도구인 물레는 떡갈나무로 만든 분원산이 유명했다.

조기장이 만든 그릇이 어느 정도 마르면, 그 다음으로 마조장磨造匠이 자기의 모양을 다듬고 굽을 깎는 일을 했다. 그의 감각적인 손놀림으로 자기의 맵시는 제대로 살아난다.

건화장乾火匠은 그릇을 말리는 일을 담당했다. 가마에 넣기 전 그릇이 완전히 마를 때까지 관리했다.

부화장釜火匠은 가마에 불 때는 일의 총책을 맡았으며, 남화장覽火匠은 가마의 온도를 점검하고 관리했다. 부화장과 남화장은 한 조가 되어 가마에 불을 때고 불 온도를 체크했다. 자기는 가마에서 두 번 굽는데, 초벌구이는 800℃ 정도의 온도로 굽고, 재벌구이는 1200~1300℃까지 온도를 높였다. 가마의 불꽃은 온도가 높아질수록 붉은색—파란색—노란색—흰색으로 변하며, 1000℃가 넘으면 맑고 깨끗한 흰색의 불꽃이 가마 안을 지배하게 된다. 가마 안의 자기는 처음에는 시커멓게 그을리나, 600~700℃ 이상으로 올라가면 그을음이 벗겨져 자기 본래의 색을 띠기 시작한다. 불을 때고 온도를 맞추는 일은 도자기의 색상과 질을 좌우하는 중요한 마무리 과정이었다. 그래서 도자기를 '불의 예술'이라고도 한다.

화청장畵靑匠은 초벌구이가 된 도자기에 그림을 그렸다. 분원자기의 그림은 화청장이 전문적으로 담당했지만, 간혹 도화서 화원이 그려 넣기도 했다. 그림은 도자기의 얼굴이 되고, 이름이 되었다. 예컨대 구름과 용이 그려지면 '청화백자운룡문항아리靑華白磁雲龍文壺', 포도가 그려지면 '백자철화포도문항아리白磁鐵畵葡萄文壺', 물고기가 그려지면 '분청사기조화어문편병粉靑沙器彫花魚文扁甁' 등과 같이 자기의 정체성을 상징하는 이름의 모태가 되었다. 그림은 자칫 밋밋할 수 있는 자기의 몸체에 아름다움과 품격을 입히고, 예술적 혼을 불어넣어 명품으로 탄생시켰다.

초벌구이가 끝난 도자기에 화청장이 그림을 그려 넣으면, 다음으로 의토착수장衣土着水匠이 전체적으로 유약(의토衣土)을 입혔다. 의토착수장은 보통 착수장이라고도 부른다. 분원에서 유약의 원료로 쓰이는 의토는 강원도 원주 등지에서 채굴해 와 사용했다.[111] 유약을 입힌 자기는 다시 가마 안으로 넣어 재벌구이를 했다.

분원에는 위에서 정리한 장인들 외에, 그릇을 선별하고 불량품을 깨버리는 작업을 맡은 파기破器, 도토를 운반하는 공초군工抄軍, 땔감으로 쓸 화목을 베는 용사군春士軍·작목군斫木軍 등 잡역에 종사하는 일꾼이 있었다.

자기를 만드는 장인을 대략적으로 살펴보았는데도 작업 공정 자체가 굉장히 여러 과정으로 나뉘어 있음을 알 수 있다. 분원에서 각 분야별로 숙련된 장인은 최고의 기량과 솜씨를 발휘했다. 이렇게 세분화된 각각의 작업이 유기적으로 연결되어 접합됨으로써 아름다운 도자기가 탄생했다.

(3) 사기장 조직의 우두머리, 변수

분원자기는 수백 명의 사기장들이 전문 분야별로 나뉘어 작업하고 유기적으로 연결하는 과정을 거쳐 완성되었다. 따라서 각기 다른 기술을 가진 사기장을 하나로 통합할 수 있는 조직과 그들을 이끌 지도자의 존재는 필수적이었다.

분원 사기장들은 변방邊房이라는 조직을 두고 그들의 이익과 친목을 도모했다. 그러나 변방의 조직 체계와 운영을 알 수 있는 자료가 거의 없기에 구체적 내용을 파악하기는 어렵다.

분원 현장에서는 변수邊首가 장졸을 지도하는 우두머리였다. 변수는 '어떤 장색匠色이든 상관없이 반드시 장색 중에서 수단이 노련하여 두목이 된 자'를 가리키며, 편수編首라고도 했다. 분원의 번조燔造 변수는 곧 사기장들 가운데 뽑힌 '노련한 두목'을 일컫는다.[112] 전문성과 통솔력을 겸비한 변수는 수백 명의 장졸을 거느리고 자기를 만드는 책임을 다하였다.

변수는 언제부터 존재했을까? 고종 때 자료에 "분원이 처음 설치되었을 때 과연 변수 명색邊首名色이 있었으며, 변수는 변방 장졸에 관련된 일을 관리했다"[113]고 했다. 그렇다면 확실히 변수는 분원이 설치된 초기부터 존재했고,

분원 장졸들을 관할하는 임무를 맡고 있었을 터다.

분원의 변수는 몇 명이었을까? 사용원 시절에 분원 운영은 "이청吏廳의 도리都吏와 변방邊房의 두(兩) 변수가 돌아가면서 분반 거행한다"[114]고 했으니, 2명의 변수가 있었음을 알 수 있다. 분원이 한창 잘될 때도 2명이었으니, 예로부터 변수는 2명을 유지하면서 그보다 더 늘어나지는 않았을 것이다. 2명 중 한 사람은 사기장들 가운데 선임한 '번조 변수'이고, 다른 한 사람은 '백토감굴변수白土監掘邊首'이다.[115] 번조 변수는 분원 내에서 사기장을 지휘하여 자기를 생산하는 임무를, 백토감굴변수는 도토의 채굴과 감독을 담당했다.

분원의 업무는 변수와 아전의 협조 아래 추진되었다. 기록에 따르면 "당초에 변수가 마땅히 (그릇을 궁궐에) 진상하고, 제반 업무를 거행하였다"[116]라고 했으니, 분원에서 자기 제조에 관한 온갖 업무를 오랫동안 주관해온 이는 변수였다. 특히 도토와 땔나무 등의 물력을 조달하고, 수백 명의 사기장을 적재적소에 배치하고 관리하며, 분업과 협업을 효율적으로 운용하여 자기를 생산하고 납품하는 임무를 총책임졌다. 다시 말해 자기 생산을 위한 인적 물적 자원을 관리하는 매우 중요한 직책이었다.

그러나 조선 후기 상품화폐경제가 발달하면서 분원의 자기 제조업에도 변화의 바람이 일었다. 상인 자본가들이 분원에 자본을 투자하고 변수 자리를 꿰차기도 했으며, 원역들도 분원의 운영권을 차지하기 위해 변수와 대립하였다. 재산이 많은 상인이 물주로 들어와 자본과 물력을 분원에 대주면서 변수의 일을 간섭하기 시작했다. 물주는 그릇 만드는 기예와 이치를 몰랐지만 점차 자본을 내세워 변수 자리를 차지했다. 변수 자리에 앉은 물주는 품질 좋은 그릇을 빼돌려 종종 모리의 수단으로 삼았기 때문에 '관요官窯의 설치가 곧 사상私商의 업'으로 전락할 지경이었다.[117] 자본가 물주는 자기의 제작과 진상에 관여하면서 사용원 원역들과 대립했다. 이러한 폐단을 시정하기 위해 정부는 수차례 변수를 혁파하고 다시 복설하는 조치를 반복했다.

변수 자리를 둘러싼 잡음이 그치지 않는 가운데 사옹원 원역들이 분원 운영의 주도권을 장악하려 했다. 결국 1836년(헌종 2) 자기의 진상이 지체되고 장졸이 이리저리 흩어졌음을 문제 삼아 변수 명목을 폐지하고, 변수를 이청의 도리 아래 두어 그 지휘를 받도록 했다.[118] 이로써 분원 운영권은 사옹원 소속의 원역에게 넘어갔으며, 원역의 우두머리인 도리가 물자 조달과 자기 생산의 주도권을 장악했다.

장졸들의 우두머리 자리로 설치한 변수가 폐지되고 원역에게 분영 운영의 주도권까지 빼앗기자, 장졸의 불만이 고조되어 원역과 대립하고 충돌하는 일이 빈번히 일어났다.[119] 1873년(고종 10) 8월 분원 장졸들은 소장을 올려 원역의 수탈과 자신들의 어려운 현실을 하소연하면서 '변수는 구례舊例를 회복하여 변방에 다시 돌려줄 것'을 요청했다.[120] 1874년 8월에도 변방의 장졸들이 원역들과 충돌하고, 급기야 그릇 만드는 일을 중단하기도 했다.[121]

장졸들의 불만과 파업으로 분원 운영에 차질이 빚어지자, 마침내 정부는 폐지했던 변수를 1874년에 다시 복설했다. 다만 폐단 방지를 위해, 또 한 번 분란을 일으킬 경우에는 변수를 혁파하고 관련자를 치죄할 것이라고 했다.[122] 그럼으로써 그들의 도산逃散을 방지하여 자기의 제조와 진상을 원활하게 하려는 뜻이었다.

그러나 1874년 변수가 복설된 이후에도 폐단은 여전했다. 1875년 변수 조성복趙聖福이 기명 진상을 멈추고 자퇴하여 문제가 된 일이 있다.[123] 그런데 「분원자기공소절목」에 "도리가 한번 해당 직임을 지내면 대부분 재산을 탕진했다"[124]라고 한 것을 보면, 1883년 민영화 직전에는 변수가 아닌 도리가 분원 운영권을 행사했던 것 같다. 분원 운영을 둘러싼 모순과 폐단의 심화는 결국 분원의 민영화를 재촉했다.

(4) 점점 줄어드는 사기장 임금

광주 분원은 도자기를 굽는 데 꼭 필요한 땔나무를 가까이에서 구하기 위해 10여 년마다 이곳저곳으로 옮겨 다녔으며, 이전할 때마다 다시 작업장을 만들고 가마를 설치하는 등 번거로움이 많았다. 이 때문에 사기장들도 생활의 불안정을 호소하고 정붙인 곳을 떠나기 싫어했다.[125] 18세기 중엽 이후 분원은 양근군 우천강변으로 자리를 옮겨 정착했다. 이후 150여 년 동안 '양근 분원' 시대가 지속되었다.

1833년(순조 33) 순조 때 기록에 의하면, 분원 공장안에 등록된 사기장 500명이 매년 150명씩 돌아가면서 노역에 응하였다.[126] 매년 150명씩 노역을 했다면, 대략 3개조로 나누어 차례로 돌아가면서 근무했을 것이다. 장인은 노역한 기간에 따라 정부로부터 일정한 노임을 받았다. 그 임금은 지방 사기장들로부터 거둬들인 번포番布에서 마련한 것이었다. 이와 관련된 숙종 때의 기록을 보자.

> 사옹원 관원이 도제조의 뜻을 받아 아뢰기를 "본원의 옛 규례에 따르면 외방에 거주하는 번조 장인의 신역身役은 전례대로 3필을 받는데, 이로부터 원수元數 내 530명분은 분원 입역立役 장인이 그 거두어지는 만큼 노임으로 받고, 그 나머지 352명분은 내외 여러 일꾼과 각종 물건값으로 충당하며, 계속 통용되어 바뀌지 않았습니다. 작년(1706)에 이정청釐正廳 「절목」에 따라 3필 납부하던 신포를 모두 1필을 감하였는데, 그 결과 역가役價를 계속 쓸 수 없을 뿐만 아니라 고립雇立한 장인의 임금을 책정한 대로 지급할 수가 없습니다."[127]

본래 외방의 번조 장인은 신역 대신 포 3필을 바쳤다. 외방 장인 882명이 바치는 번포는 모두 2,646필이었다. 그중 530명분 1,590필은 분원 장인의 노임으로, 352명분 1,056필은 갖가지 잡일을 수행하는 일꾼의 품삯과 물건을 사들이는 데 사용되었다. 다만 장인과 짐꾼을 똑같이 대우하지는 않았을 터이므로 임금은 차등 지급되었을 것이다.

그런데 1706년(숙종 32) 이정청에서 양역良役을 변통할 때 지방 사기장의 신포를 3필에서 1필을 감하여 2필로 줄였다. 이 조치로 사옹원의 수입이 줄어들면서 분원 장인의 고가雇價 지급도 감소했다. 이때 분원 장인을 입역 장인 또는 고립 장인으로 표현했는데, 이는 '입역' 개념에 입각한 고립 노동자를 의미한다. 번포 수입이 줄어들자, 1718년(숙종 44) 사옹원은 본원本院 소속의 시장柴場과 세미稅米를 분할하여 분원에 소속시키되, 절반은 장인의 급료로, 절반은 땔나무(柴木)를 구입하는 데 쓰도록 했다.[128] 이렇게 함으로써 장인의 모자라는 임금을 메꾸고자 했다.

그러나 1751년(영조 27) 백성의 군역 부담을 줄이기 위해 군포를 2필에서 1필로 감해 징수하는 균역법이 실시되자 지방 사기장에게서 거두는 번포도 2필에서 1필로 줄어들었다. 1754년에 "균역 때 감필減疋(세금으로 거두는 포布의 양을 줄임)한 후, 그에 따라 사옹원 장졸에게 지급하는 포 역시 1필을 줄였더니 태반이 (힘든 생활을 견디지 못하고) 뿔뿔이 도망치고 흩어졌다"[129]는 기록으로 보아, 균역법 실시와 동시에 지방 사기장으로부터 거둬들이는 번포도 감소하여 재정이 축소됨에 따라 분원 사기장의 임금이 낮아졌음을 알 수 있다.

임금 감소로 분원 사기장의 생계 유지가 어려워지자, 철종 때 정부는 "장시場市의 갖가지 물건과 소금·젓갈(醢)에 대한 수세收稅를 장졸방匠卒房에 맡겨 영원히 세금을 징수하도록"[130] 하였다. 이에 따라 1852년(철종 3)부터 분원 사기장은 근방의 우천牛川 장시에 대한 수세권을 행사했다. 그러다가 1874년

(고종 11) 양근군에서 장졸들에게 부여했던 장시 수세권 중 젓갈에 대한 세금, 곧 해세鹽稅를 폐지하려 하자, 장졸들은 크게 반발했다. 결국 분원의 사기장에게 제공한 우천 장시에 대한 수세권은 1895년 사옹원이 폐지될 때까지 계속되었다.

1867년(고종 4)에 간행된 『육전조례』에는 분원 장인들의 급료를 마련하기 위한 방안과 지급액이 구체적으로 제시되어 있다.[131]

① 사기색沙器色은 각 읍으로부터 가포價布를 받는다.【신천 56명, 공주 50명, 김천 36명, 울진 7명, 곤양 27명, 태인 127명, 의성 119명, 순흥 60명, 하동 1명, 개성 11명】대전代錢【한 사람당 2냥】988냥, 예천醴泉 둔세전屯稅錢 671냥 8전 6푼, 균역청 급대給代 530냥.【분원 역장役匠 예급例給 1,606냥, 번목가燔木價 400냥, 잡비 예하유재雜費例下遺在 171냥 4전은 수시로 별하別下함. ○ 진토선가舜土船價 감토굴역가減土掘役價 등 미米 96석 7두 5승, 응용 6석 12두 5승, 여미餘米 87석 10두, 제원색諸員色의 이송은 보료미補料米로써 한다.】

② 광주 6면과 양근 1면의 시곡柴穀은【반일경半日耕 콩 2말 조전경朝前耕 콩 1두, 반조전경 콩 5되 ○ 매 호미戶米 1말 5되 ○ 7면 가세加稅 콩 13석】매년 수세하여 장인의 급료로 지급한다.【외읍 사환·서원은 각 사람마다 1냥을 춘추로 분봉한다. 석전釋奠 소용 기명의 진배와 사기운납선 태가駄價는 용하用下한다.】

③ 돈 2,006냥.【400냥은 번목燔木을 사서 쓰고, 나머지는 장인에게 전례대로 내려준다.】곤진토고昆晋土庫 개조전改造錢 10냥(기년己年), 수보전修補錢 5냥(갑년甲年), 수토재운선水土載運船 개조전 30냥(무년戊年), 수보전 15냥(계년癸年), 윤대등판輪臺等板 개조전 30냥(임년壬年), 수보전 15냥(정년丁年).【이상 본원(사옹원)에서 전례대로 내려준다.】… 점심미 48석.【가까운 읍에서 구획하여 와서 공장에게 분급한다. 윤달이 있으면 더 내려준다.】

자료 ①은 사옹원의 사기색이 1년에 받아들이는 재원인데 총 2,189냥 8전 6푼이다. 수입 세목을 보면, 지방 사기장 494명으로부터 번포 대신 받는 돈이 1명당 2냥씩 988냥, 예천 둔세가 671냥 8전 6푼, 균역청 급대는 530냥이었다. 수입금 중 1,606냥은 분원 장인의 몫으로, 400냥은 땔감(번목燔木) 비용으로 지급했다.

자료 ②는 분원 주변 7개 면에서 매년 수세하는 시곡柴穀을 분원 장인들에게 지급하는 내용이다. 광주의 6개 면과 양근의 1개 면은 분원의 시장柴場으로[132] 지정된 지역이었는데, 그렇다면 분원 근방의 7개 면에서 거둬들이는 시곡이란 바로 이들 시장 지역 내에서 징수한 세곡이 틀림없다.

자료 ③은 자료 ①의 수입금을 분원에 지급하는 내역으로, 장인 몫 1,606냥, 땔감값 400냥, 그 외 흙창고(토고土庫)를 개조하는 데 필요한 돈 등이었다. 매년 장인들의 점심 식사용 쌀 48석은 가까운 읍에서 나눠 조달하도록 했다.

이 시기에 분원의 장인들이 노역한 대가로 받는 보수는 1년을 단위로 사옹원에서 내려주는 1,606냥과 시곡, 점심미 48석, 그리고 우천 장시에서 거둬들이는 수입에서 마련되었다. 이때 분원 사기장이 총 380명이었으니 장졸 한 사람이 받을 수 있는 급료는 평균 연봉 4냥 2전(사옹원 지급액)과 시곡 얼마간, 그리고 우천 장시 수세액 얼마에 불과했다. 시곡 및 장시에서 거둔 세금이 장졸에게 얼마나 지급되었는지는 알 수 없지만, 가족을 부양하기에는 턱없이 부족했을 것이다.

마침내 1874년(고종 14년), 분원 사기장에게 "가마 하나를 허급하여, 번조 진상하고 난 뒤의 여가에 (스스로) 의지할 밑천을 얻도록"[133] 함으로써 열악한 사기장의 생계를 돕도록 했다. 이는 공적인 분원 가마 한 개를 장인들에게 제공하여 사적인 매매를 허락한 조치로, 제한적이나마 분원에서 사적인 제조·판매를 인정해준 셈이다.

조선 후기에 분원 사기장은 정부 소속의 고립雇立 노동자로서 일정한 임금을 받았다. 이들이 받는 임금은 17세기까지 지방 사기장으로부터 거둬들이는 번포로 충당되었다. 그러나 18세기에 접어들어 양역변통과 균역법 시행 과정에서 지방 사기장이 부담하는 번포가 3필에서 2필로, 다시 1필로 줄어들자, 정부는 분원 사기장에게 번포 외에 분원 인근 지역에서 거둔 시곡을 지급하고 우천 장시 수세권을 부여함으로써 사기장의 임금을 보전토록 했다. 번포 감소와 정부에서 지급해야 하는 고가雇價 부담 증가는 분원 사기장의 임노동자화를 촉진했다. 이러한 변화는 고립제와 고용 노동의 발달, 상품화폐경제의 발달 및 민중의 조세 저항과 맞물려 진행되었다.

(5) 아사지경까지 이른 사기장

조선시대 분원 사기장의 생활 형편은 근근이 먹고사는 정도였다. 장인匠人의 경우 생산 활동이 어려운 겨울을 제외하고 장기간 국가의 부역에 동원되었으므로 다른 일은 거의 할 수 없었다. 그러나 번番에 들지 않는 때는 사사로이 그릇을 굽거나 농사를 짓기도 했으며, 때로는 행상을 나가기도 했다.[134]

영조 때 분원의 장졸들에게 지급하는 급료가 줄어들어 도산할 지경에 처하자, 장졸들은 스스로 생계를 유지하기 위해 진상하고 남은 그릇을 짊어지고 다니면서 팔았으며, 가가假家(가게)를 세워 그릇을 진열해 놓고 판매하기도 했다.[135] 이로 인해 손님을 빼앗긴 사기전 상인들이 강력하게 항의하자, 영조는 장인이 가게를 열어(설전設廛) 그릇을 판매하는 것을 금지하되 봄·가을 진상 후에는 1개월에 한하여 매매 행위를 허용했다.

사기장들은 밤낮으로 그릇을 만들었으나 생활은 더욱 곤궁해졌다. 나라에서 거둬들이는 번포가 줄어듦에 따라 그들이 받는 임금도 줄었기 때문이다. 특히 흉년이 들거나 전염병이라도 돌면 지방 장인들의 번포가 잘 걷히지 않았으며, 그에 따른 연쇄 파급 효과로 분원 장인들 또한 임금을 제대로 받지 못하고 굶어 죽거나 뿔뿔이 흩어지는 경우가 허다했다.

1697년(숙종 23) 윤3월 춘궁기에는 352명의 분원 사기장 가운데 굶어 죽은 자가 하루 사이에 39명이고, 병과 기아로 집 밖을 나설 수 없는 자가 63명, 가난을 이기지 못해 흩어진 자가 24호에 달했다. 남아 있는 장인들 또한 물레를 돌릴 기력조차 없어 그릇 모양을 만들 수 없을 정도로 쇠잔한 몸 상태였다. 이 사건으로 광주 부윤 박태순朴泰淳이 문책을 당했다.[136]

19세기 순조 때도 흉년이 들어 사기장들이 흩어지고 굶어 죽는 자들이 속출하자 진휼하여 구제하도록 했다.

> 행대호군行大護軍 이광문李光文이 아뢰기를 "분원 공장안에 속해 있는 자가 500명인데, 매년 150명씩 돌아가면서 역에 응하고 있습니다. 이들은 오로지 그릇 굽는 일을 업으로 삼고 농사를 짓지 않기 때문에, 한번 흉년을 만나면 손을 놓고 죽음을 기다리는 것이 필연의 형세입니다. … 작년의 기근은 갑진년보다 심한데, 근래 들으니 계속 흩어지고 굶어 죽는 자도 많다고 합니다. 그릇 굽는 일이 박두하여 일이 매우 걱정스럽습니다. 이번 춘궁기에 대략 구휼을 시행하여 역에 힘쓰도록 하지 않을 수 없습니다."[137]

1876년(고종 13)에도 가뭄이 심한 탓에 "수백 명의 장졸이 아사지경을 면치 못하여 한 푼의 돈도 한 톨의 쌀도 지급할 방도가 전혀 없다"[138]고 하는 형편이었다.

자연재해나 돌림병으로 사기장들이 사방으로 흩어지면 정부는 다시 분원

도공을 모집하여 채웠다. 그러나 새로 충원된 공장은 일에 서툰 경우가 많아 어기 제작에 차질이 빚어지기 일쑤였다.[139]

분원 사기장은 세계적으로 인정받는 조선 최고의 백자를 만들었지만 정작 조선 사회에서는 천한 장인으로서 업신여김을 받았다. 대대로 세습을 강요당했던 그들은 『경국대전』에 380명으로 규정되어 있지만, 시대에 따라 늘어나거나 줄기도 해서 증감이 나타났고, 분원이 한창 왕성하게 운영될 때는 500명 이상의 규모가 유지되었다. 그릇 만드는 작업은 여러 과정으로 세분화되어 진행되었는데, 각각의 장인은 자신이 맡은 분야에서 솜씨를 발휘했다. 그들은 변방이라는 조직을 만들고 변수라는 대표자를 뽑아 자신들을 대변하도록 했다. 도공들은 노동의 대가로 일정한 급여를 받았으나 겨우 입에 풀칠할 수 있는 정도였다. 정부에서는 이들의 저임금을 보충해주고자 장시에 대한 수세권을 부여했다. 그러나 이 역시 근본적인 대책은 아니었기 때문에 흉년이 들면 굶어 죽거나 도망가는 사기장이 잇따랐다. 이처럼 도공의 삶은 천대와 가난의 연속이고 대물림되었지만, 그런 생활 속에서도 자신의 혼을 불어넣은 아름다운 도자기를 만들어냈다.

2. 분원자기공소 시기 : 세습과 계약 사이에 선 사기장

분원의 운영권이 민간에 이양된 분원자기공소 시절, 분원 사기장은 정부 관료 대신 공인의 지휘를 받으면서 그릇을 만들었다. 그러나 이 시기에도 사기장들은 여전히 사용원으로부터 임금을 받았으며, 특권 또한 보장되었다.

이 시기의 분원 사기장은 정부 소속이지만 민간인의 지휘를 받는 이원적 시스템 아래 놓여 있었으며, 고립 노동자에서 계약 임노동자로 전환해가는 과도기적 양상을 보였다. 그들은 우천 장시에 대한 수세권을 둘러싸고 근방의 양반 세도가와 싸웠으며, 동학농민전쟁 때는 농민군에 가담하여 활동하기도 했다.

(1) 사기장에 관한 규정

분원자기공소 체제 아래 사기장의 위상에 관한 내용은 「분원자기공소절목 分院磁器貢所節目」에 규정되어 있다. 「절목」 가운데 장인 관련 규정은 다음과 같다.

지급 조목과 가격 계산 (응하조계가질應下條計價秩)

● 장졸匠卒의 점심미 48석【윤년 50여 석】은 호조에서 전처럼 부근 읍으로부터 획급劃給하고 값을 계산할 것.

● 하송전下送錢 2,006냥은 본원에서 전처럼 지불하여 장졸의 삭료朔料로 삼을 것.

● 광주 6면과 양근 1면 시장柴場의 미두米豆는 전례대로 내려주어 장졸의 삭료로 삼고, 실수實數(실제 금액)에 따라 값을 계산할 것.【시곡 상납분 가운데 본원의 서리와 사령에게 내려주는 콩의 합 10석 8두는 계산하여 원곡元穀에서 제외하고, 회계에 넣지 말 것.】

각종 시행 정식 (각양응행정식질各樣應行定式秩)

● 허대군許代軍 명색은 영원히 혁파할 것.

● 양근과 광주의 관례官隷는 분원 백성과 공인을 체포하지 말 것이며, 만약

저지른 죄가 있으면 먼저 본원에 보고하여 조사를 기다려서 처분할 것.

장졸匠卒에 관한 규정은 크게 두 가지로 구분할 수 있는데, 하나는 장졸의 임금 지급과 관련된 내용이고, 다른 하나는 구조조정과 지방관 탐학으로부터 보호하는 조치였다.

첫째, 장졸의 임금 규정을 살펴보면, 사옹원은 돈 2,006냥을 지급하여 사기장의 월급으로 지출토록 했다.* 또한 분원 주변 7개 면의 시장柴場에서 세금으로 거둔 쌀과 콩을 내려줌으로써 이 역시 장졸의 급료로 삼도록 했으며, 점심미 48석도 부근 읍으로부터 거둬 호조에서 나눠 주도록 했다. 그런데 점심미와 시장 미두는 나중에 그 값을 계산하도록 했다. 어떤 식으로 계산했는지는 알 수 없지만, 예전처럼 무상으로 제공하지 않았음을 알 수 있다.

둘째, 정부는 분원 운영권을 민간에 이양하면서 단순 잡역에 종사하는 허대군을 혁파하여 장졸의 수를 줄였다. 이 무렵 허대군의 정확한 인원은 기록에 없으나, 분원이 가장 잘될 때 202명이었던 것을 감안하면(288쪽 〈표 3-5〉 참조), 100명 이상이 해고되었을 것이다. 그렇다면 전체 장졸 수도 고종 초기의 『대전회통』에 규정된 380명보다 많이 줄었을 테고, 총인원은 200~300명쯤 되었을 것이다. 이러한 인원 감축의 구조조정과 동시에, 분원을 관할하는 양근군과 광주부의 관례官隷가 함부로 분원의 장졸과 공인을 체포하지 못하도록 규정했다. 이는 그들을 보호하려는 조치였다.

분원자기공소 체제로 운영될 때 분원 장졸의 급료 수준은 어느 정도였을까? 일단 단순하게 사옹원에서 내려준 2,006냥을 200~300명분으로 나누면

---

* 2,006냥은 고종 초기에 지급한 1,606냥보다 증가한 액수인데, 땔감값(燔木價)으로 책정된 400냥이 합산되었기 때문이다.

연평균 1인당 장졸이 받는 금액은 7~10냥쯤 되며, 이를 다시 다달이 지급하는 액수로 환산하면 1냥이 채 되지 않는다. 1883년 무렵 쌀값이 1되에 대략 6전이었으니,[140] 분원 장졸은 급료로 매달 쌀 1~2되를 받는 데 불과했다. 이정도 급여로는 생활이 불가능했을 것이다. 게다가 모든 장인이 똑같은 급여를 받았을 리는 만무하다. 분원 사기장이 기술직 장인과 단순 잡역꾼으로 구분되었던 점을 감안한다면 장졸 간의 임금도 틀림없이 차등을 두었을 가능성이 높고, 고용 형태에도 이를 반영했을 것이다.

사용원에서 내려주는 돈 외에 급료로 제공하는 시장 세곡도 그리 많지는 않았을 것이다. 참고로, 고종 초기에 분원 근방의 시장에서 수세한 화속세 1,000냥(쌀 200석)과 호세戶稅가 분원의 원역에게 지급되었다는 연구가 있는데,[141] 원역에게 지급했던 이 돈은 이즈음 사기장의 급료로 전환되었을 가능성이 크다. 왜냐하면 분원 원역은 공소 출범 후에 폐지되었기 때문이다.

그리고 「절목」에는 드러나 있지 않지만, 예전부터 우천 장시에서 받던 장세場稅도 사기장에게 부여했다. 그 무렵 구천龜川마을의 김씨 집안이 장시를 사들이고 210냥을 분원에 주기로 약정했는데[142] 이를 쌀값으로 환산하면 대략 1가마니에 불과했으니,[143] 이로써 추정건대 장세 징수를 통해 장졸들의 수중에 들어갈 액수는 매우 적었다. 따라서 분원 장졸들은 생계를 위해 자기를 만드는 일 외에 다른 일을 겸할 수밖에 없었을 것이다.

정리하자면 1883년 정부의 구조조정 과정에서 분원 경영권은 민간에 이양되고 사기장의 인력은 감축되었다. 이제 분원 사기장은 정부(사용원)가 아니라 민간 신분인 공인의 지휘를 받았지만, 그럼에도 불구하고 정부 소속의 사기장으로서 계속 지위를 유지했다. 그들이 받는 임금은 매우 적기 때문에 한 가족의 생계를 꾸려 나가기에는 형편없이 부족했다. 정부 소속이면서 민간인의 지휘를 받는 이원적 시스템은 세습의 예속성과 입역立役의 성격을 약화하고, 점차 고용 노동자의 성격을 강화시켜갔다.

(2) 사기장의 조직, 변방도중

이 시기에 들어와, 미약하나마 사기장의 이름과 구체적 활동, 그들의 조직
이 모습을 드러내기 시작했다. 바로 분원 공인 지규식이 쓴 『하재일기』를 통
해서다.

공소로 전환된 뒤에 분원 사기장은 구조조정을 거치면서 줄어들었지만
200~300명 규모를 유지했다. 그러나 『하재일기』에 등장하는 사기장은 많지
않으며 두목 장성화張聖化를 비롯하여 이덕유李德有·홍경호洪景浩·박문약朴文
約 등이 보인다. 재주가 뛰어난 장인은 왕의 교지를 받기도 했다.

> 김정윤金貞潤이 장인득張仁得과 이연식李連植의 첨지僉知 교지를 얻어내 가지
> 고 왔다. … 김정윤이 얻어 온 장인득·이덕유李德有의 첨지 교지 2장을 아
> 울러 내려보냈다.[144]

위 자료는 1891년(고종 28) 기록인데, 분원의 장인득과 이연식이 국왕이 내
리는 첨지 교지를 받았음을 알 수 있다. 첨지는 중추부中樞府에 소속된 정3품
첨지사僉知事로서, 비록 소임이 없는 명예직이지만 엄연히 고위 당상관의 품
계를 띠는 자리인 만큼 이 교지를 받는다는 것은 장인으로서는 최고의 영예
였다. 교지를 받은 이유는 구체적으로 드러나 있지 않지만 아마도 자기를 만
든 공적과 통솔력 등을 인정하여 내린 듯싶다.

그런데 처음 기록에는 장인득과 이연식으로 표기되어 있는데, 이틀 뒤에는

장인득과 이덕유로 바뀌어 있다. 이때 '교지 2장'이라고 분명히 명기되어 있으니 이연식과 이덕유는 동일인으로 판단된다. 장인득은 장성화와 동일인이라는 견해가 있는데,[145] 장성화가 사기장의 두목이었고 최고의 장인이었다는 점에서 같은 사람일 개연성이 크다.

분원 사기장들은 분원자기공소 체제 아래서도 이전처럼 변방도중邊房都中을 두고 우두머리를 뽑아 조직을 운영했다. 변방도중의 조직 체제는 다른 도중과 유사했을 것으로 보인다.

변방도중은 구성원의 친목과 이익을 도모하고, 규율을 위배하거나 조직의 이익에 반하는 행위에 대해서는 일정한 제재를 가했다. 1892년 우천 장시에서 미전米廛 승장升匠(말감고)이 됫박을 속여 쌀을 계량하자, 변방도중에서는 그를 체포하여 태형의 벌을 내렸다.[146]

분원 사기장을 대표하는 변방 우두머리는 이전의 변수邊首에 해당하는 직임으로, 이 시기에는 '두목'이라 불렀다. 두목은 일정한 급료를 받고 임기제에 따라 선출되었을 가능성이 높지만, 자료에는 드러나 있지 않다.

두목 장성화는 중요한 문제가 생기면 사기장을 이끌고 서울로 올라가 등소等訴하기도 했으며, 종로 시전의 기전 상인들 계契에 가입하기도 했다. 우천 장시 수세권을 둘러싸고 인근의 세도가 집안과 대립했을 때는 분원 사람들과 함께 맞섰으며, 그로 인해 끌려가서 태형을 맞기도 했다. 장인득과 이덕유는 우천 장시 이전 문제로 분쟁이 일어났을 때, 이전에 반대하는 마을 백성들의 타도 대상이 되어 협박을 받은 일도 있다. 그뿐만 아니라 양근군 서리들의 토색질을 막기 위한 등소를 주관하기도 했다. 이들 두 사람은 교지를 받을 만큼 기예도 뛰어났을뿐더러 장인들에게 큰 영향력을 미치는 인물이었다.[147]

지규식의 일기에는 또 다른 사기장인 홍대길洪大吉·김판석金判石·이장백李

長伯·유광용柳光用·남득금南得金·김순필金順必·김윤근金允斤·윤학수尹學守·김성로金成老 등의 이름도 보이지만, 구체적 활동 내용은 거의 나타나 있지 않다.[148] 1898년 궁내부 「완문」에 수록된 분원 사기장들은 대부분 공소 시기부터 분원에서 일했던 사람들로 판단된다.

장인들은 관청에 수감되거나 분쟁이 일어날 경우 사옹원의 힘을 동원하여 해결하곤 했다. 1891년 6월 화청장畵靑匠 이공윤李公允이 분쟁을 일으킨 일로 수감되자 동료 장인들이 사옹원에 그의 석방을 요청했고, 1893년에는 두목 장성화가 다툼을 벌인 김성윤을 사옹원에 고발하여 분란이 일기도 했다.[149]

장인은 분원 경영자인 공인과 밀접한 관계를 유지할 수밖에 없다. 분원 운영권이 공인에게 넘어간 이상 장인은 공인의 지휘와 감독을 받아야 하고, 역으로 공인은 장인 없이는 그릇을 생산할 수 없기 때문이다. 두 집단은 대체로 협조적 관계를 유지했지만, 때로는 불편한 관계에 놓이기도 했다.

사기장과 공인은 애경사가 있을 때마다 서로 거들고 도와주었으며, 서울에 올라갈 일이 생기면 상대방에게 필요한 생활용품을 사다주기도 했다. 사기장은 소장訴狀이나 문서가 필요하면 공인에게 요청하여 처리하기도 했다.

1891년 4월 장졸들이 공해미公廨米 일로 본원에 소지所志를 올리려 하자, 공인은 감생청 「절목」을 읽어주면서 소란을 피우지 못하도록 질타했다.[150] 1892년에는 장인과 공인이 포목에 대한 구전口錢의 소유를 두고 서로 갈등을 빚은 일도 있다. 장인들이 공인들에게 "포목 구문口文 조항은 앞으로 변방에서 주관할 것이니 다시 간섭하지 말라"고 통고하자, 공인들은 전례를 들어 이의를 제기했다. 그러나 공인은 결국 10냥을 장인들에게 보내주기로 하고 타협을 보았다.[151]

사기장과 공인은 이해관계가 엇갈릴 경우 다툼도 벌였지만, 외부의 압력이나 분원의 이해가 걸린 문제에 대해서는 상호 협조했다. 그럼으로써 선택적 공생의 길을 모색했다.

(3) 사기장의 저항운동과 동학농민전쟁 참여

장시 수세권을 둘러싼 갈등과 저항운동

분원 장졸은 낮은 임금을 받으면서 수백 수천 죽竹에 달하는 그릇을 만들었으며, 어떤 때는 과도한 진상 요구로 밤을 새워 일했다. 열악한 근무 환경 때문에 고단한 삶을 이어갔지만 사실 그들을 더욱 힘들게 한 것은 권력을 가진 자들의 일방적인 횡포였다.

1891년 6월 양근군 아전들이 마땅한 명분도 딱히 없는 돈을 매년 50냥씩 바치라고 분원에 독촉하며 닦달하자, 분원 사기장들은 사옹원에 그들의 수탈을 금지해달라고 호소했다.[152]

그보다 앞서 같은 해 1월, 우천 장시의 이전 문제를 둘러싸고 사기장들과 근방 주민들 간에 한바탕 소동이 벌어졌다. 우천 장시는 본래 우천에 설치되어 있었는데, 분원자기공소가 권력을 동원하여 분원 아래로 옮겨버렸다. 그러자 1891년 1월 9일 우천동민 200~300명이 분원을 습격하여 장시를 다시 우천으로 옮겼다. 그들은 사기장 이덕유를 붙잡아 협박하면서 분원으로부터 재발 방지의 다짐을 받았다. 이 사건은 매우 과격하게 전개되어, 심지어 동민들이 '한보여와 장인득을 붙잡아 불에 태워 죽였다'는 소문이 나돌기도 했다. 이 일로 한때 사기장들이 흩어져 그릇 만드는 일이 중단되기도 했다. 분원자기공소는 사건의 전말을 사옹원에 보고하고, 공무 봉행을 내세워 우천동민을 엄중히 처벌할 것을 요구했다. 결국 우천동 동임洞任 등이 소환되어 책임 추궁을 받았다.[153]

분원 사기장들은 예로부터 우천 장시에 대한 수세권을 행사했다. 그런데 근방의 구천마을 김 교리 집안에서 우천 장시를 사들여 장시와 장세場稅를 관할하면서부터 갈등이 심화되었다.[154] 1891년 6월 사기장들은 그간 자신들이 관할해온 승장升匠 구문ロ文이 김씨 집안으로 넘어가 관리되자, 사옹원에 김씨가의 침탈 방지를 요청했다. 1892년 1월에 접어들어 우천 장시의 미전米廛 승장이 되를 속인 일이 발각되자 변방도중에서 그를 불러다가 조사하고 벌을 가하였다. 장시를 관할하는 김씨 집안도 가만있지 않았다. 사기장 두목 장성화를 끌고 와서 태형을 가하고 동임을 난타했다.[155] 김씨가에 대한 사기장의 분노는 2월에 폭발했다.

변방 장졸들이 구천(김씨 집안)의 침학을 견디지 못해 일제히 모여 의견을 수렴했는데, 도중都中을 파하고 각각 해산할 뜻을 공방貢房에 통지하였다. 이는 우천 장시 때문이다. 만일 이 일을 잘 처리하지 못하면 앞으로 불화가 어느 지경에 이를지 알 수 없다. 이에 한 가지 계책을 모색했는데, 장시를 도로 우천으로 보내는 한편 그들의 원대로 각항 봉세捧稅는 예전처럼 장졸방匠卒房에서 주관한다는 뜻을 담아 완문完文을 작성하여 뒷날 증거로 삼게 하면 양편에 모두 편리할 것이다. 곧이어 글을 만들어서 분원 동임 및 우천 동임에게 전령을 보냈다. 또 완문을 수정하여 며칠 안으로 사유를 갖추어 공당께 급히 고한 다음, 이를 통촉하게 하고 성첩해 오고자 정서正書를 모두 끝내고 밤이 깊어서야 나왔다. … 변방 장졸들이 장시의 일로 역을 폐하고 모두 상경하였다.[156]

변방이 주관해온 장세場稅 세렴 일을 김씨 집안에서 침탈하자 사기장들은 변방도중을 파하고 파업·해산을 결의한 뒤 그 사실을 분원 경영자인 공인들에게 통보했다.

이로 인해 분원자기공소 운영에 미칠 파장을 우려한 공인들은 장시를 원래 있던 우천으로 이전하고, 대신 장세는 장졸이 주관하는 방안을 마련했다. 장시 이전과 장졸 수세권을 맞바꾸는 거래인 셈이다. 그리고 이러한 내용을 문서로 작성하여 분원 동임과 우천 동임에게 보내고, 공당(사옹원 제조)에게 보고하여 결재를 받으려 했다.

그러나 공인의 제안이 마음에 들지 않았는지 장졸들은 이틀 뒤 번조 일을 멈추고 모두 상경하여 사옹원으로 몰려가 등소했다. 공인들은 장졸들의 상경과 등소를 매우 못마땅하게 여기고 만류하며 탄식했다. 이 사건은 3월 하순까지 끌었는데, 결국 공인의 중재안대로 장시를 다시 우천으로 내보내고, 그 대신에 장시 수세는 관례대로 시행하기로 합의했다. 그러고서 김씨가의 증표를 받은 뒤 일이 마무리되었다.[157]

하지만 이듬해인 1892년 6월 김씨 집안에서 약속한 장세를 주지 않자, 장졸들은 분통을 터뜨리며 또다시 일제히 상경하여 등소했다. 1893년 7월과 1894년 9월에도 장졸들은 서울로 올라가, 김씨 집안이 세전稅錢을 주지 않는다면서 하소연했다.[158]

우천 수세를 둘러싸고 장졸들의 파업과 등소가 계속되자, 1893년 7월 공인들은 우천 장시를 다시 분원 아래로 옮겨 설치하는 방안을 사옹원에 건의했다. 사옹원 제조는 당초에 많은 원성을 무릅쓰고 분원 아래로 장시를 옮겼다가 이후 분원의 요청을 받아들여 우천으로 이전했는데, 또다시 분원 아래쪽으로 옮기자는 주장은 받아들일 수 없다며 일축했다. 다만 장세는 관례대로 장졸이 받도록 조치하겠다면서 다시는 번거롭게 소장을 올리지 말라고 경고했다.[159]

이렇듯 분원 사기장들은 우천 장시 이전 문제를 놓고 근방의 주민들과 다투고, 수세권을 지키기 위해 양반 세도가에 맞서 싸웠다. 수세권이 걸려 있는 민감한 문제이기에 장시를 둘러싼 갈등은 1895년 분원자기공소가 폐지될 때까지 계속되었다.

동학농민전쟁에 동참한 사기장들

1894년 벽두부터 동학농민전쟁이 일어나 전국을 뒤흔들었다. 그해 하반기에는 분원도 동학농민전쟁의 영향권에 들어갔다.[160] 이때는 동학교단의 북접北接이 동학농민전쟁 2차 봉기에 동참을 결정하면서 경기도 일대의 동학교도들이 합세한 시기였다. 1894년 9월 봉기에 양근군에서는 신재준辛在俊이, 이웃한 지평군에서는 김태열金泰悅이 중심이 되어 기병했다.[161] 바야흐로 분원 일대에도 동학이 성행했다. 동학군은 반일反日 항쟁의 깃발을 높이 들고, 국권 수호와 자신들이 제시한 내정 개혁의 실천을 정부에 요구했다.[162]

공인 지규식은 9월 7일(양력 10. 5)에 "요즈음 동학이 크게 치성하여 없는 곳이 없으므로 장차 폐단이 무궁할 것"이라고 하면서 우려를 감추지 않았다. 동학교도들이 분원에 들이닥친 9월 23일(양력 10. 21), 지규식은 이렇게 기록했다.

> 경빈의 편지를 뜯어보니 "이달 20일 동도東徒가 무리지어 분원 변방의 장졸 도가都家에 들어와 장졸들을 위협하여 대부분 입도入道하고, 온 분원이 소란스럽다"고 했다. 돌아서서 박 도정朴都正의 거처로 가니, 석촌·남계·분원의 양반가 사람들이 대부분 상경했는데, 동도를 피하여 도망쳐왔다고 했다. 매우 놀랍고 괴이한 일이다. … 경빈의 편지를 보니 "동도가 변방에 접소를 설치하고 동장洞長을 불러 협박하기를 '분원에서 수천 명이 일제히 입도해야 무사할 수 있다'고 했는데, 동장이 마음을 굳건히 하고 불허하여 다

행히 곤욕을 면하였다. 그러나 저간에 무릅쓰고 가입한 자가 100여 명이다."라고 하였다.

동학교도들이 분원에 들어가 을러대는 바람에 장졸들 대부분이 동학에 가입했으며, 또한 동장을 불러다가 분원 사람 수천 명의 가입을 종용했으나 동장이 허락하지 않았다는 내용이다. 하지만 그런 와중에도 동학에 가입한 자가 100여 명에 달했다고 한다. 이에 반해 분원 일대의 양반들은 동학농민전쟁을 피해 서울로 도망갔다.

9월 30일(양력 10. 28) 지규식은 맹 감역孟監役과 함께 관령官令으로 주민들을 효유하고 동학을 금지하도록 권유했다. 그러자 동학에 가입한 사람의 대부분이 배도背道하고 소장을 바치면서 일단락되었다고 한다. 지규식은 이를 매우 다행스럽게 여기고 비로소 안도의 한숨을 내쉬었다. 이때 맹 감역은 동학군 토벌에 앞장섰던 맹영재孟英在로, 소모관召募官을 겸하고 있었다.[163]

갑오년 동학농민전쟁 때 양근 일대는 동학교도의 피해가 컸던 지역이다. 오지영은 『동학사』에 "경기도로 말하면, 수원·용인·안성·죽산·양근·지평 등지에서 살육이 많이 났다"[164]라고 기록했다. 분원이 속한 양근 및 그곳과 경계를 맞댄 지평 일대에서 동학이 활발하게 전개되었으며, 그 피해 또한 막심했다.

분원마을이 동학농민전쟁의 영향권에 들어선 것은 1894년 8월 하순부터 9월 하순까지 1개월가량이었다. 하층의 장인 등은 반외세를 주장하는 동학에 가입하여 합세했던 반면, 상층의 양반 유생과 동장·공인 등은 동학을 매우 부정적으로 바라보고 반反동학의 입장을 고수했다. 동학에 대한 관점은 이렇듯 신분 계층을 경계로 달랐다. 상층의 양반을 비롯하여 공소 공인들까지 관령을 들이대며 배교를 강요함으로써 분원마을의 동학운동은 수면 아래로 가라앉았다.

양반과 공인들은 동학농민전쟁을 '환난'이라 규정하고, 마을 간에 연대하여 동학을 탄압하기 시작했다. 8월 하순부터 본격적으로 마을 사람들을 불러 모아 대응 방안을 협의하고 구체적인 준비를 해나갔다.

> ① 온 분원 사람이 모여 각 동구洞口의 요긴한 곳에 돌을 모아 쌓아 두고 뜻밖의 일에 대비하였다. 내기 세 마을의 민정民丁들에게 점심을 마련해 주었다(8월 25일).
>
> ② 구천에서 김 적성金積城과 김 아산金牙山 등 여러 사람이 내려와 동네 도가都家에 자리를 마련하고, 부로父老들이 일제히 모여 두 동네가 서로 긴밀히 협조하면서 환난에 상호 구제하기로 약정하고 갔다(8월 26일).
>
> ③ 저녁에 철공소(冶所)에 가서 창을 만들라고 단단히 일러두었다. 요즈음 동학이 크게 치성하여 없는 곳이 없다. 장차 폐단이 무궁할 것이니, 어찌할 것인가, 어찌할 것인가?(9월 7일). 창 13개를 만들어서 세 마을의 빈곤한 집에 나누어 주었다(9월 9일).

동학도에 맞서기 위해 공인과 분원 주민들은 동네 어귀에 돌을 쌓고, 창을 제작하여 가난한 일반 백성의 집에까지 나누어 주었다. 또한 이웃 마을인 구천과 연대하여 환난에 대비하기로 약속했는데, 이는 향약의 환난상휼患難相恤 강령을 상기시킨다.

분원과 구천 두 마을의 연대를 주도한 김 적성과 김 아산은 각각 적성 현감을 지낸 김기형金基衡과 아산 현감을 역임한 김기룡金基龍으로, 그 지역에서 위세를 떨치던 세도 가문 김만식金晚植의 집안 사람들이다.[165] 구천마을은 판서·교리 등을 지낸 양반이 많이 거주하고 있었으며, 특히 김씨 집안은 분원의 장인들이 관할한 우천 장시 수세권을 침탈하여 마찰이 빚어지곤 했다.

분원 일대의 사족과 부로 등 향촌 지배층이 환난에 대비하기 위해 마을 간 협력 체제를 구축한 일은 동학농민전쟁에 대한 대응이라는 점에서, 그리고 향약 규정의 현실적 적용이라는 점에서 주목된다. 이러한 정서가 그대로 반영된 것이 바로 동학군 토벌에 앞장섰던 향약소 중심의 자위 활동이었다.

분원 일대의 향촌 양반들은 정작 일본의 침략과 경복궁 점령 사건에 대해서는 침묵했지만, 동학농민전쟁에 대해서는 철저한 방어막을 구축했다. 그들은 공인을 앞세워 나라의 명이라면서 동학교도에게 배교를 강요하고, 주민들을 동원하여 돌을 쌓고 창을 만들어 동학농민군과의 일전에 대비했으며, 향약을 명분으로 마을 간 연대를 꾀하고, 양근 향약소를 중심으로 동학교도의 토벌에 나섰다. 그들은 동학의 평등사상과 사회개혁론이 향촌 사회에 작동하는 양반 중심의 지배 질서와 기득권을 위협할 수 있다는 판단 아래 동학운동을 모질게 탄압했다.

이 시기 분원 사기장들은 양반 세도가의 침학에 맞서 수시로 집단 파업을 단행하고, 서울로 올라가 등소하여 문제 해결을 도모했다. 동학농민전쟁 때는 상당수 사기장이 위험을 무릅쓰고 동학에 가입하여 활동했다. 장졸의 파업·등소와 농민전쟁 참여는 자신들을 둘러싼 환경과 사회체제에 대한 불만이자 저항 의식의 표출이면서, 나아가 초기 노동운동의 양상을 띠었다.

3. 1895년 이후 : 자유해방과 계약 노동자의 길

갑오개혁 과정에서 1895년 사옹원이 혁파되고 분원자기공소 또한 폐지되었다. 이로써 분원 사기장은 대대로 국가에 종속된 고립雇立 노동자의 굴레에서 벗어나 자유해방을 맞이했다. 이제 분원 사기장은 더 이상 정부 소속이 아니며, 관권의 보호나 특권도 향유할 수 없게 되었다.

사기장들은 준비 없이 일방적 해고를 당함으로써 치열한 생존경쟁의 노동시장에 던져졌다. 좋든 싫든 정부의 임금체계 내에 안주했던 장인들은 이제 각자 자신의 기예와 솜씨를 상품화하여 생계를 도모해야만 했다. 그들은 약육강식의 자본주의 시장을 무대로 계약 임노동자로서 새로운 길을 모색하지 않을 수 없었다.

공소 폐지 후 사기장들은 뿔뿔이 흩어졌다. 분원에 남아서 업주들에게 고용된 자도 있는 반면, 새로운 일자리를 찾아 경기도·강원도 등지로 떠나는 자들도 적지 않았다. 어디 사기장뿐이었겠는가? 분원의 공인과 일꾼 등도 일거리를 찾아 하나둘 분원을 떠났다. 그리하여 10여 년 후 분원 인구는 1/2 정도로 줄어들었다.

지금부터는 분원 사기장의 마지막 여정을 들여다보자. 그들의 조직 해체와 해산·이동, 근로 여건과 고용 관계, 지방의 사기장이나 일본 사기장과 교류, 일본 요업 공장 노동자로의 편입 등을 살펴볼 것이다.

(1) 국가의 종속에서 벗어난 사기장

노동시장으로 떠밀리는 사기장들

1895년 분원자기공소가 폐지되자 분원 사기장은 수백 년 세습되어온 관속官屬의 굴레에서 벗어나 자유 임노동자의 길을 걷기 시작했다. 정부로부터 더 이상 임금을 받을 수 없음은 물론이요, 각종 특권의 혜택도 사라졌다. 그들은 자유해방과 생계 불안이 교차하는 현실에서 흔들리고 있었다.

분원자기공소가 혁파되었다고 해서 분원의 자기 생산까지 중단되었던 것은 아니다. 정부 지원은 끊겼지만, 분원을 운영하는 공인들은 사기장에게 임금을 지불하고 변함없이 그릇을 만들어 판매했다. 그러나 임금 지출을 줄이기 위해 공인들은 전문 사기장 대신 비전문가를 동원하는 경우가 허다했다. 예컨대 그간 도자기에 그림을 그리는 일은 화청장이 담당했으나, 1896년 초 화청장과 임금 문제로 시비가 벌어진 뒤에는 공인이었던 지규식·함경빈·이기웅 등이 직접 그림을 그렸다.[166]

1895년 정부가 분원에서 완전히 손을 떼자, 자기업에 관심을 가진 사람들이 분원을 드나들면서 정탐하고 여러 상황을 저울질했다. 1895년 8월 말에는 사과司果 주성렬朱成烈이 일본인 3명을 분원에 데리고 와서 살펴보고 가마설립 계획을 협의했다.[167] 일본인이 벌써 분원 자기업에 눈독을 들이고 설요設窯를 기획했던 점이 눈길을 끈다.

공소 폐지에 따라 분원까지 혁파될 것을 우려한 분원 사람들은 그에 대비하기 위해 다른 일을 도모했다. 공인 함장섭은 학당을 개설했으며, 지규식은 세감稅監 자리를 얻는 데 공들였다.[168] 사기장 두목이었던 장성화는 1895년 5월 장시에 푸줏간(場庖)을 개설하기 위해 손썼으나, 장시의 푸줏간을 환수하라는 내무부의 명령으로 성사되지는 못했다.[169] 모두 불안한 앞날에 대비하기 위한 노력이었다.

그러나 대다수 분원 사기장은 준비 없이 갑작스럽게 해고되었기 때문에 각자 일을 찾아 이곳저곳을 기웃거렸다. 조기장 홍경호는 양근읍으로, 김선희金先喜는 여주 양화陽化로 거주지를 옮긴 뒤, 자신을 찾는 분원과 여주의 오금동점梧琴洞店 등지를 드나들었다. 마조장 이호준李好俊, 건화장 허낙현許洛玄도 분원과 그 근방의 문호점汶湖店 및 여주 봉안점奉安店을 오가면서 일했다.[170] 그나마 분원의 유능한 사기장은 이렇게 자신의 기예를 밑천으로 일을 찾아 다른 곳으로 이주하거나 여기저기를 떠돌아다니며 사용자를 선택하고 임금을 교섭할 수 있었다. 그들은 자신의 기술과 노동력을 상품화한 임노동자로서 막 발걸음을 떼기 시작했다. 그리고 각자 지닌 전문성과 숙련 정도에 따라 임금과 근무 조건에서 차별화·등급화를 적용받았다.

이런 가운데 을미사변 후 명성왕후 국상國喪이 발표되자 분원은 제기 제작을 주문받아 분주해졌다. 그러나 이것도 잠깐, 1896년 초 국왕이 러시아 공사관으로 옮겨 가자 어용 지기 납품도 줄어들었고, 외국산 수입 그릇과 지방산 그릇이 서울·경기 지역에 밀려들어 분원자기의 시장 경쟁력 또한 약화되었다. 이에 따라 분원의 자기 생산도 감소했으며, 사기장의 입지 또한 좁아졌다.

그러다가 1897년 번자회사燔磁會社가 설립되자 분원에서도 활발하게 자기를 생산하기 시작했다. 그 무렵 고종이 덕수궁으로 환궁했으며, 분원자기의 왕실 납품도 재기되었다. 또한 연기되었던 명성황후 상례喪禮가 본격화되면서 그릇을 만드는 사기장들의 손길도 바빠졌다. 번자회사는 왕실 소용의 그릇과 제기 등을 제작·납품했으며, 이를 평계로 조기장 김선희 등 유능한 사기장을 데려오기 위해 공권력을 동원하기도 했다.

분원자기공소 혁파 후 사기장들이 일거리를 찾아 흩어지자 그동안 분원에서 사기장의 구심점 역할을 했던 변방도중邊房都中 조직 역시 폐지되고, 그들이 친목을 도모했던 공간인 변방도 매각되었다. 1898년 3월 번자회사는 사기장들의 모임 장소였던 변방을 이웃 마을의 김 진사에게 3,400냥을 받고 팔아버렸다. 곧이어 변방이 철거됨으로써 그들의 공간도 사라졌다.[171] 이 같은 일련의 일은 분원 사기장들이 노동자로서의 자각과 집단행동을 기대하기 어렵게 만들었다.

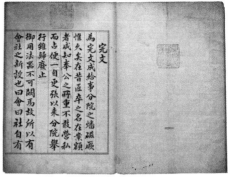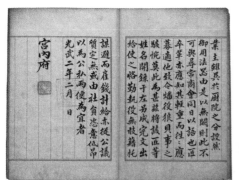

궁내부 「완문」
1895년 분원자기공소가 폐지된 후 사기장들이 사방으로 흩어지자, 어용 자기 조달에 차질을 우려한 궁
내부가 1898년 우수한 사기장을 확보하기 위해 분야별 사기장 명단을 등재한 문서다. ⓒ서울대학교 규
장각한국학연구원

유능한 사기장을 확보하려는 시도

분원자기공소가 폐지된 후 사기장들이 좀 더 나은 대우를 좇아 분원에서
나가 흩어지자 자기 생산에 차질이 빚어졌다. 새로 설립된 번자회사는 유능
한 사기장을 확보하기 위해 궁내부의 공권력을 동원했다. 1898년 2월 궁내
부는 분원 사기장의 명단을 기록한 「완문完文」을 발송하고, 해당 사기장으로
하여금 분원의 자기업에 충실히 임할 것을 요구했다. 다음은 이 「완문」의 서
문이다.

> 경장更張(1894년의 갑오개혁) 이래로 분원 거행은 비록 폐지되었지만, 어용 법
> 기는 빠뜨릴 수 없으므로 회사를 신설하였다. … 장졸들도 마땅히 그 경중
> 을 알아야 하는데, 왕왕 모집에 응하여 다른 곳으로 가서 (분원의) 번역燔役
> 이 낭패하기에 이르렀다. 일이 매우 놀랍고 한탄스럽다. 이에 해당 장인(匠)
> 등의 성명을 적어 「완문」을 만들고 출급하니, 부지런히 집역執役에 힘써 감

히 평계를 대어 피하지 말지어다. 고전雇錢(임금, 품삯)의 지급은 공의公議에 따라 결정하고, 혹시라도 사원社員이 자의로 올리거나 내리지 못하게 해야 한다. 이로써 공사公私 양편에 편의토록 한다.

—광무 2년(1898) 2월 궁내부[172]

궁내부는 번자회사 설립이 어용 법기의 확보와도 밀접한 관련이 있음을 밝히고, 사기장이 분원을 떠나 흩어지는 데 따른 자기 생산 차질에 우려를 표명했다. 그리하여 분원 사기장의 이름을 기록한 「완문」을 발송하여 해당 장인으로 하여금 분원자기 생산에 힘쓸 것을 명했다. 또한 그들에게 지급하는 임금(雇錢)은 공론에 따라 정하고, 회사에서 멋대로 금액을 올리거나 내리지 못하도록 했다. 궁내부 「완문」에 기록된 분원 사기장의 이름과 그 수를 정리해보면 〈표 3-6〉과 같다.

「완문」은 조기·마조·건화 등 전문 분야별로 사기장의 이름을 기록해 놓았다. 그런데 단순노동에 종사하는 용사군과 작목군 등에는 이름 없이 그 숫자만 적혀 있다. 대체로 성명이 명기된 자들은 전문 기술을 가진 숙련공이다. 사기장은 전부 116명인데, 고종 초기 『대전회통』에 규정된 380명에 비해 1/3 이하로 줄어든 수치다. 그중 이름이 분명히 적시된 사기장은 53명(46%)이고, 이름 없는 자는 63명(54%)이다.

분원 종사자는 크게 관리직, 전문 장인, 단순노동꾼으로 나뉘며, 분원의 자기 제조업은 이들 관리직과 기술을 보유한 장인, 재료를 운반하는 단순노동자의 힘이 합쳐져 운영되었다. 분원 사기장의 작업은 각 공정별로 세분화되어 있었으며, 분업과 협업이 유기적으로 접합됨으로써 아름다운 자기가 완성되었다.[173]

앞에서 살펴보았듯이 조선시대 사옹원에서 관할하던 분원의 전성기에 사

분야	명단	인원
조기造器	장성화張聖化, 홍경호洪景浩, 박문약朴文約, 김선희金先喜, 김성로金토老, 김영순金英順, 김백원金伯元	7
마조磨造	이덕유李德有, 이문유李文有, 유용현柳用玄, 장동순張同順, 이영배李英培, 이호준李好俊	6
건화乾火	김윤근金允根, 변치덕卜致德, 허낙현許洛玄, 이윤경李允景, 김경문金景文, 박광적朴廣積	6
부화釜火	홍택선洪宅先, 민득신閔得信, 손치서孫致西, 김진국金鎭國	4
수리修理	박인산朴仁山, 박귀남朴貴男	2
조역助役	박봉선朴奉先, 변치학卜致學, 박덕심朴德心	3
의토착수衣土着水	박순회朴順回	1
수종隨從	이오돌李五乭, 박귀봉朴貴奉, 박유성朴有成, 민구봉閔九奉	4
화청畵靑	정영필鄭永必, 정대섭鄭大燮	2
부군負軍	송봉안宋奉安, 조용보趙用甫, 이경로李景老, 박길동朴吉同	4
수비水飛	이종국李鍾國, 김순기金順基, 함순관咸順官, 박성업朴聖業, 박원보朴元甫, 정관봉鄭官奉, 이명희李命喜, 엄응첨嚴應添, 김재근金才根	9
연정鍊正	금시현琴詩絃, 금순도琴舜道, 정광한鄭光漢, 이영진李永辰, 서시오徐時五	5
용사군舂士軍		20
작목군斫木軍		20
마군馬軍		10
결복군結卜軍		10
사환		2
거관居管		1
합계		116

기장은 총 552명으로, 행정 관리직 27명(5%), 장인 108명(20%), 잡역꾼 417명(75%)으로 구성되었다. 전문 기술을 가진 장인에 비해 운반이나 하역에 종사하는 잡역꾼의 비중이 매우 높았다. 관리직을 제외한 장졸 525명 규모는 성종 때 『경국대전』과 고종 때 『대전회통』에 규정된 380명보다 훨씬 많은 규

모였다.

1898년 번자회사의 구성원은 운영진 9명(7%), 그리고 분원에서 일하는 장공 53명(43%)과 잡역꾼 63명(50%)이었다. 전성기와 비교하면 종사자 수가 1/4 이상 대폭 줄어든 규모다. 전문적 장인은 전성기의 1/2가량이 남아 있었으나, 잡역은 1/7 정도만 유지된 꼴이었다. 핵심적인 기술을 보유한 조기장·수비장·마조장·건화장의 경우에는 각 10명 가운데 6~9명이 남아 있어 감소폭이 적은 편이었다. 이는 전문 기술을 가진 장인은 일정하게 유지되었지만, 단순노동자는 대부분 퇴출되었음을 알려준다.

「완문」에 등재된 장인은 이전에 분원 사기장으로 등록되어 있던 자들로 판단된다. 그들의 면면을 분야별로 들여다보면 다음과 같다.

먼저, 기술직 장인 가운데 가장 많은 수를 차지하는 수비장은 이종국 등 9명이었다. 그러나 이들의 작업 과정에 대한 기록은 거의 없고, 마을의 산통계算筒契와 소장訴狀에 관한 일 등 작업 외적인 내용이 대부분이다. 박원보는 가마에서 구워낸 그릇을 대량으로 가져갔는데, 이로 짐작건대 그릇 장수를 했던 모양이다.

조기장은 흙을 빚어 그릇의 모양을 만드는 장인으로 모두 7명이었다. 장성화는 분원자기공소 폐지 뒤에도 번자회사에 고용되어 분원에서 그릇을 만들었으며, 개별 생산 체제에 들어간 1900년 이후에는 업주 변주헌에게 고용되어 계속 자기를 빚었다. 그릇 만드는 재주가 워낙 뛰어난 숙련공이라 왕실에 바치는 용준이 수주될 때는 특별히 그가 만들었다.

홍경호는 분원자기공소가 혁파되자 거주지를 양근읍으로 이전하고 여러 곳을 옮겨 다니면서 일했으며, 1900년 이후에는 업주 지규식에게 고용되어 그릇을 만들었다. 박문약은 사기장의 장시 수세권 획득과 서리 토색을 하소연하는 데 앞장섰으며 공소가 폐지된 후에도 분원에 남아 그릇을 만들었다.

김선희는 홍경호와 마찬가지로 공소가 혁파된 뒤 여주로 거주지를 옮기고, 분원과 오금동점·문호점 등을 오가면서 그릇을 만들었다. 김성로는 공소가 폐지된 상황에도 여전히 분원에서 그릇 만드는 일을 멈추지 않았다. 이외에 김영순과 김백원에 대한 기록은 전혀 보이지 않는다. 또 하나 특기할 점은 홍경호·박문약·김선희·김성로 관련 기록이 1902년경부터 눈에 띄지 않는다는 사실이다. 아마도 다른 지역으로 일자리를 옮겼을 가능성이 있다.

마조장은 그릇 모양을 다듬는 장인으로서 모두 7명이었으나, 어떤 작업을 했는지는 거의 보이지 않는다. 이덕유는 1891년 우천 장시 이전 문제로 분쟁이 일어났을 때 장시 이전에 반대하는 이웃 동네 사람들에게 끌려 가 협박을 당한 일이 있고, 서리의 토색 금지를 요청하는 등소를 주관했다. 1891년에 첨지 교지를 받았는데, 첨지는 비록 명예직에 불과한 벼슬이지만 고위 관원의 품계로서 장인으로는 최고의 영예를 얻었다고 할 수 있다. 그는 1898년 궁내부의 「완문」에 마조장으로 등재되어 있지만, 1902년 내장원 훈령에는 '조기 공장造器工匠'으로 기록되어 있다.[174] 나중에 조기장으로 전환한 듯하다.

이문유는 관련 기록이 거의 없으며, 1902년 사망했다는 사실만 전해진다.[175] 유용현은 분원에 거주했지만 여주 오금동점에 가서 일하기도 했는데, 1907년 사망했다.[176] 장동순은 돈거래 관련 사실이 보이고, 이호준은 문호점에 갔다는 기록이 있는 반면, 이영배에 대해서는 기록이 없다.[177]

건화장은 6명이 있었으나 이들에 관한 기록은 매우 소략하다. 변치덕은 1902년 서울에 왕실 가마가 설립되었을 때 이덕유·장성화와 함께 불려갔다.[178] 김윤근은 연락 관계로, 허낙현은 돈거래로, 이윤경은 가정사로 잠깐 등장할 뿐이며, 김경문에 대해서는 기록이 보이지 않는다. 박광적은 「완문」에 건화장으로 등재되어 있으나 1901년부터 조기장으로 바뀌어 활동했다.[179]

부화장은 가마에 불을 때고 관리하는 장인인데 4명이 있었다. 손치서는 1902년 내장원이 주관하여 서울에 사기 제조소를 세울 때 가마 쌓는 일에 차출되었다.[180] 홍택선·민득신·김진국에 대한 기록은 거의 없다.

화청장은 도자기에 그림을 그리는 장인으로, 정영필과 정대섭 2명만 있었다. 분원 회의에서 정대섭이 문건 초안을 정서했다는 내용만 등장할 뿐, 화청과 관련하여 두 사람이 작업한 기록은 보이지 않는다.

도자기에 잿물(유약)을 입히는 의토착수장으로는 박순회 1명만 기록되어 있는데, 그에 관한 내용은 전혀 드러나지 않는다.

연정은 5명이 등재되어 있지만, 작업한 내용은 보이지 않는다. 금시현은 화속세 수납과 가정사 관련 내용이 있을 뿐이고, 나머지 금순도·정광한·이영진·서시오에 대한 기록은 거의 없다.

수리장으로는 박인산과 박귀남이 있었으나, 역시 작업 관련 기록이 없다. 조역으로 등록된 박봉선·변치학·박덕심과 수종으로 등록된 이오돌·박귀봉·박유성·민구봉에 대한 기록도 보이지 않는다.

부군은 그릇을 짊어지고 옮기는 작업을 했으며, 4명이 있었다. 조용보는 초벌구이된 그릇을 가마까지 옮기는 일뿐만 아니라 각종 그릇을 운반하는 일도 했다. 박길동 또한 온갖 그릇을 날랐는데 1900년 6월 그만두었다. 그가 나간 빈자리는 장성실張聖實이 대신했다.[181] 송봉안과 이경로에 대한 기록은 보이지 않는다.

궁내부 「완문」에 이름이 등록된 사기장은 50명이 넘지만, 회사 운영자의 관심은 핵심 기술을 가진 조기장에게 집중되었다. 조기장을 제외한 다른 사기장의 작업을 기록한 내용은 거의 없고 단지 마을 일과 가정사 등 사적 영역에 국한된 기록이 대부분이었다.

당시 궁내부 「완문」이 사기장들에게 얼마나 큰 영향력을 발휘했는지는 알 수 없다. 「완문」이 발송되고 두 달이 지난 1898년 4월, 번자회사는 여주에 훈령을 내려 조기장 김선희를 체포하여 수감하도록 했고, 12월에는 다른 곳에서 일하고 있는 조기장 김선희와 홍경호, 마조장 이호준, 건화장 허낙현에게 분원으로 돌아오도록 통지했다.[182] 이는 관권을 동원하지 않으면 사기장들이 움직이지 않을 정도로 호락호락하지 않았음을 보여준다. 그만큼 궁내부 「완문」의 효력이 제한적이었다는 사실을 알려주는 방증이 아닐까? 사기장들은 이미 그들을 채용하려는 고용 시장에 적응하여 임노동자의 길을 걷고 있었으며, 관권 동원으로는 그 흐름을 되돌리거나 막기 어려웠다.

하루 천 개의 백자를 빚은 신의 손, 장성화

사기장 장성화는 정3품 첨지 벼슬의 교지를 받았을 정도로 그릇 만드는 재주가 뛰어났다. 그는 당대 최고의 기예와 솜씨를 자랑하는 장인으로 손꼽혔으며, 분원 사기장을 통솔하는 두목의 역할도 수행했다. 예로부터 분원에서는 뛰어난 재주를 지닌 노숙한 사기장을 변수邊首로 선임하여 그들의 조직을 이끌도록 했는데, 장성화는 공소 시기에 바로 변수의 지위에 해당되는 변방도중의 두목을 맡았다.

두목 장성화는 세분화된 사기장의 업무를 파악하여 지휘하고 동료들의 권익을 위해 노력했다. 1892년 사기장들이 우천 장시에서 되질을 속인 상인(미전米廛 승장升匠)을 잡아들여 태형을 가한 일이 벌어졌다. 그러자 시장을 관리하는 세도가 김씨 집안에서 사기장들의 두목인 장성화를 불러들여 함부로 태형을 가하며 보복했다. 1893년 김씨 집안에서 변방邊房에 지급하기로 약속한 장세를 주지 않자, 장성화는 동료 사기장들을 이끌고 상경해서 사옹원에 억울함을 호소하며 등소했다. 사옹원 제조 민영달은 장성화를 불러 타이르고 효유하여 돌려보냈다.[183] 이렇듯 장성화는 왕의 교지를 받고 사기장을 대표하는 영광을 누리기도 했지만, 사기장의 두목으로 맡은 소임을 수행하면서 수모와 형벌을 당하기도 했다.

장성화는 상당한 재력을 갖추고 자녀 교육에도 힘썼던 것으로 보인다. 서울에 올라갈 때 적잖은 비용이 드는 가마를 타고 간다거나, 서당에 50냥을 지출한 기록이 보이기 때문이다. 서울의 양반 관료가 장성화의 집에서 머물기도 했는데, 이로 짐작건대 주거 환경 또한 좋았던 것 같다.[184]

당대 최고의 장인이자 사기장 대표로 인정받았지만 그는 끊임없이 다른 일을 모색했다. 1891년 당정리(현 경기도 하남시 당정동으로 추정)의 도장 감관道庄監官 자리를 얻기 위해 공인에게 문서 작성을 부탁한 바 있고, 1895년 5월에는 장시에 푸줏간(場庖)을 새로 내려고 경기 감영에 청탁한 일도 있다.[185] 당대 최고의 장인으로 꼽히는 그가 왜 다른 일을 도모했을까? 그릇 만드는 일이 너무 힘들었기 때문일까? 아니면 돈을 벌기 위해, 천한 사기장의 신분에서 벗어남으로써 자신의 직역을 자손에게 물려주고 싶지 않았기 때문일까?

1895년 분원자기공소가 폐지되고 세습의 굴레에서 해방된 후 장성화는 다른 사기장들과 마찬가지로 임노동자의 길을 걸었다. 그는 타의 추종을 불허하는 실력으로 자기업자들에게 환영을 받았으며, 그런 능력은 많은 돈을 벌수 있는 기회로 이어졌다.

장성화는 공소 폐지 후 분원에 그대로 남아 그릇을 만들었으나, 이따금 충청도 태안까지 불려가 일을 했다.[186] 1897년 번자회사가 설립된 후에는 회사에 고용되어 일했고, 1900년 이후에는 분원 업주 변주헌에게 전속 고용되어 자기를 만들었다. 개별 업주 체제하에서 많은 업주가 각기 사기장을 고용하여 그릇을 만들었으나, 고도의 기술이 필요한 왕실 그릇을 주문받을 때면 특별히 장성화에게 부탁했다. 1901년 업주 지규식은 궁중 연회에 사용할 용준

龍樽을 장성화에게 만들어달라고 부탁했는데, 업주 변주헌이 꺼리고 허락하지 않은 적도 있다.[187] 그만큼 장성화의 실력은 특출했다.

그는 사기장들 사이에서도 명망이 높았다. 그래서인지 분원 업주 지규식은 송파에 사는 조기장 김남이金南伊를 끌어들이려 할 때 장성화와 이덕유의 편지를 가져가기도 했다.[188] 1903년 분원에 와서 망동요를 쌓았던 김비안金備安이라는 사기장이 있는데, 그의 손자 김정옥金正玉이 전하는 이야기에도 장성화에 관한 일화가 있다.

> 이를테면 분원 가마에 장성화라는 장인이 있었는데, 백자 사발을 하루에 천 개나 빚었다는 것도 있다. 그런 재주로 나중에 민간 사기막에서 일하기도 하여 돈도 많이 벌었건만, 주색에 곯아 만년이 비참했다 하더라고 했다.[189]

김정옥이 아버지 김교수金敎壽에게서 전해 들은 할아버지의 이야기로, 장성화가 하루에 백자 사발 천 개를 빚었다는 전설이다. 장성화의 재주가 뛰어나고 돈을 많이 벌었다는 내용은 지규식의 일기 내용으로 미뤄보아도 충분히 수긍할 만하다. 김정옥은 자신의 할아버지 김비안 역시 실력이 출중했지만 장성화에게 미치지 못했으며, 할아버지가 장성화를 '존경하는 모습'이었다고 전했다.[190]

비록 우리가 그릇을 빚은 장인의 이름과 작품을 다 찾아내거나 기억하지는 못한다고 해도 분원에는 뛰어난 사기장이 많았음이 틀림없다. 그중에서도 장성화는 신화적 존재였다. 사기장 두목을 맡고, 정3품 교지를 받고, 특별히 용준을 만들고……. 그에 대한 전설은 동료 사기장의 후손에게까지 전해졌다.

(2) 분원 업주의 사기장 고용 방식

개별 고용과 전속 계약

번자회사의 운영 방식이 개별 생산 체제로 전환한 1900년 이후 분원 사원들은 분원의 가마를 각기 따로 차지하고 사기장을 고용하여 그릇을 생산하고 판매했다. 따라서 이 시기 분원의 사기장들은 회사 차원이 아니라 개별 업주에게 고용되어 그릇을 만들었다. 1901년의 다음 자료를 보자.

> 진찬進饌에 사용할 용준을 장성화에게 만들게 했는데, 그 업주 변주헌이 여러 가지로 꺼리어 허락하지 않으니 매우 한탄스럽다.[191]

사원 지규식이 궁중 잔치에 쓸 용준을 장성화에게 맡기려 했지만, 장성화를 고용한 업주 변주헌은 허락하지 않았다. 변주헌이 분원에서 제일가는 조기장 장성화와 전속 계약을 체결했기 때문에 가능한 일이었다. 이는 그간 회사에 집단적으로 고용되었던 분원 사기장이 개별 업주와 전속 계약을 체결하면서 나타난 현상이었다. 그 무렵 업주 지규식에게 고용된 조기장은 홍경호였다.

번자회사에서 자본력을 갖춘 분원 사원들은 개별 업주가 되면서 이렇듯 특정 사기장을 고용하고 독점적으로 영향력을 행사했다. 그러나 이러한 고용 관계는 고착화된 것이 아니라 계약 조건에 따라 유동적이었다.

이 시기 분원 업주들은 사방으로 흩어진 사기장을 불러 모으고, 우수한 사기장을 확보하기 위해 지방에 사람을 파견하거나 공권력을 이용하여 불러들이기도 했다.

① 해주 맥현점麥峴店에 있는 박창호朴昌浩는 그릇 만드는 솜씨가 뛰어나다고 한다. 이에 그를 붙잡으려고 안영기安永基에게 궁내부 훈령을 얻어오라며 편지하고, 영의榮義를 서울로 보냈다. … 해주 훈령이 도착했다. 김수경金洙景을 불러 단단히 이르면서 내일 즉시 출발하여 서울로 올라가 인천항으로 나가서 화륜선을 타라고 얘기하고, 노자 350냥을 주어 보냈다. … 김수경이 해주에서 돌아왔다. "박창호는 명령이 있기 이전에 다른 곳으로 가버렸기에, 살고 있는 곳을 몰라 헛걸음했다"고 운운하였다.[192]

② 영의를 또 서울로 보내고 김 주사에게 편지하였다. 김화 여파점餘坡店의 조기장 임완서林完西를 붙잡아 올려 보내라는 궁내부 훈령을 얻어내서 보내달라고 신신부탁하였다. … 김화 여파점의 조기장 임완서를 붙잡기 위해 천 상궁의 편지를 얻어왔다. … 임완서를 붙잡아 오는 일을 잠시 중지했다.[193]

　자료 ①을 보면, 업주 지규식은 1901년 황해도 해주의 명장名匠 박창호를 불러오기 위해 서울 본사의 힘을 동원하여 궁내부 훈령을 얻어냈다. 곧이어 해주에 사람을 파견해서 박창호를 데려오도록 했으나, 박창호가 훈령을 받기 이전에 이미 다른 곳으로 가버린 탓에 헛걸음만 하고 말았다. 이때 심부름꾼에게 노자 350냥을 줘서 화륜선을 이용해 해주로 가라고 할 만큼 절실했던 사정을 들여다볼 수 있다.

　자료 ②는 지규식이 1903년 강원도 김화의 조기장 임완서를 데려오기 위해 궁내부 훈령을 도모하다가 중단한 내용이다.

　위 자료를 통해 알 수 있듯이 분원의 자본가 업주들은 실력 있는 사기장을 확보하기 위해 궁내부 훈령을 얻어내어 힘을 행사하고, 그들을 데려오기 수백 냥의 노잣돈 지출도 감수했다. 그러나 지방의 명장을 분원으로 불러들이는 일은 쉽지 않았다. 각 지방의 사기점에서도 솜씨 좋은 도공을 확보하려는 것은 매한가지였으며, 지방의 세도가들도 종종 이 일에 개입했기 때문이었다. 분원자기공소 시절에도 지방의 탁월한 사기장을 분원에 불러들이려 시도했으나, 향촌 권세가가 그를 숨기는 바람에 실패한 적이 있었다.[194]

개별 생산 체제로 운영되는 상황에서 분원의 업주들은 더 좋은 도자기를 생산해내고자 우수한 도공 확보에 심혈을 기울였다. 실력이 뛰어난 사기장과 계약하여 고용하면 업주는 그에게 그럴듯한 주택을 제공하고, 여비를 지급하거나 음식을 대접하는 등 처우 개선에도 신경을 썼다. 작업 중에는 수시로 술과 안주를 마련하여 위무하는 일도 잊지 않았다. 서울에 가면 신발을 사다 주고, 학질 치료제인 금계랍을 나눠 가졌으며, 애경사가 있을 때면 꼬박꼬박 부조도 했다.[195] 사기장이 분원에 안착하여 그릇 만드는 일에 전념할 수 있는 환경을 조성함으로써 생산성을 높이려는 방편이었다.

자본가 업주와 계약 체제로 일을 진행하게 되면서 사기장들은 좀 더 좋은 조건을 찾아 업주를 선택하고 옮겨 다니는 경우가 잦았다. 숙련된 전문 사기장은 업주들의 스카우트 대상이 되어 좋은 조건을 선택할 수 있었지만, 솜씨를 인정받지 못한 사기장은 그 선택권이 제한적일 수밖에 없었다.

업주 지규식에게 고용된 사기장들

조선시대 사기장은 대대로 국가에 고립雇立되어 정해진 고가雇價를 받아 생활했으나, 1895년 공소 폐지 후에는 자신을 고용하는 업주를 비롯하여 임금과 고용 환경 등을 저울질하면서 계약할 수 있게 되었다. 그러나 그들의 고용 관계와 임금 수준은 구체적으로 드러나 있지 않다. 번자회사의 경영이 사원 개별 생산 체제로 전환된 1900년 이후에 가서야 비로소 자본가 업주의 고용 방식과 임금에 대한 기록이 단편적으로 드러나고 있을 뿐이다.

분원의 업주 지규식에게 고용되어 일했던 조기장 홍경호·신성국辛聖國·전창오全昌五에 대한 기록에서 사기장 고용 방식과 임금 수준을 알 수 있다.(〈표 3-7〉 참조)

먼저, 홍경호는 궁내부 「완문」에 게재된 분원 조기장이다. 1895년 이전에는 그에 관한 기록이 일상을 언급하는 내용으로 두 차례 있을 뿐이나, 이후 그에 대한 언급이 부쩍 늘어났다. 그는 분원 혁파 후 양근읍으로 거주지를 옮기고, 양근읍과 분원을 오가면서 일했다. 1895년 6~12월의 행적을 보면, 대개 그는 한 달에 20여 일 이상 분원에서 일하고 3~6일쯤 양근읍에 머물다가 다시 분원으로 돌아오곤 했다. 그러나 임금에 대한 기록은 보이지 않는다. 아마 그 시기에는 공인들의 집단 운영 체제가 계속되었기 때문에 개별적으로 임금을 지급하지 않았을 듯싶다. 1898년 12월 그가 봉안점에 간 것으로 보아, 번자회사 시기에는 분원과 봉안점 등지를 오가며 일했던 것 같다.

1900년에 번자회사의 운영 방식이 개별 생산 체제로 돌입하면서 홍경호는 업주 지규식에게 고용되었다. 지규식은 1900년 5월 특별히 사람을 보내어 홍경호를 고빙하였으며, 그날 홍경호의 가인家人이 분원에 도착했다. 홍경호가 지규식과 함께 일한 것은 1900년 5월부터 1901년 6월까지 1년여 동안이었다. 그는 매월 분원에서 10~25일간 머물며 그릇을 만들었고, 양근 본가에 가서 5~10일 동안 있다가 돌아왔다. 그가 1년여 동안 받은 돈은 기록상 397냥 5전으로 그리 많은 액수는 아니었다.* 물론 기록되지 않은 임금이 있을 수 있기 때문에 더 많은 돈을 받았을 가능성도 충분히 있다.

---

* 397냥 5전을 당시 분원 일대의 쌀값으로 환산하면 1가마에도 미치지 못하고 고작 7~8말에 불과하다. 그러나 보리로 환산하면 3가마가량 되는 금액이었다. 『하재일기』 1900년 7월 7일(양 8. 1), 1901년 5월 24일(양 7. 9), 1902년 8월 13일(양 9. 14).

〈표 3-7〉 업주 지규식의 사기장 고용 기록

인명	연월일	내용	기타
홍경호	1895. 5. 23 (양 6. 15)	본읍에 들어감	본읍 = 양근읍
	1895. 윤5. 13 (양 7. 5)	체설로 일을 중지함	
	1895. 7. 17 (양 9. 5)	본읍으로 감	
	1895. 7. 20 (양 9. 8)	본읍에서 나옴	
	1895. 8. 13 (양 10. 1)	본읍으로 들어감	
	1895. 8. 19 (양 10. 7)	본읍에서 나옴	
	1895. 10. 1 (양 11. 17)	양근에서 돌아옴	
	1895. 10. 3 (양 11. 19)	조기造器 장소를 새로운 각령閣令으로 옮김	
	1895. 10. 21 (양 12. 7)	어제 양근에서 나옴	
	1895. 11. 15 (양 12. 30)	양근으로 들어감	
	1895. 11. 20 (양 1896. 1. 4)	양근에서 나옴	
	1898. 10. 29 (양 12. 12)	봉안점에 감	
	1900. 4. 12 (양 5. 10)	그의 가인家人을 데려옴	홍경호 집으로 사람 파견
	1900. 5. 6 (양 6. 2)	그릇을 만듦	
	1900. 6. 13 (양 7. 9)	정역停役	
	1900. 7. 17 (양 8. 11)	양근에 들어감, 100냥 지급	
	1900. 7. 22 (양 8. 16)	양근에서 나옴	
	1900. 8. 12 (양 9. 5)	양근에 감, 97냥 5전 지급	
	1900. 8. 19 (양 9. 12)	양근에서 나옴	
	1900. 12. 16 (양 1901. 2. 4)	그릇 만들기 시작	
	1900. 12. 27 (양 1901. 2. 15)	과세過歲 비용으로 100냥 지급	
	1901. 1. 8 (양 2. 26)	양근에서 나옴	
	1901. 2. 3 (양 3. 22)	그릇 만들기 시작	

1901. 2. 24 (양 4. 12)	양근 본가에 감, 100냥 지급	
1901. 3. 2 (양 4. 20)	양근에서 돌아옴	
1901. 3. 3 (양 4. 21)	그릇 만들기 시작	
1901. 4. 19 (양 6. 5)	병 조섭	
1901. 4. 26 (양 6. 12)	데려옴	이후 홍경호 기록 없음
신성국	1901. 1. 9 (양 2. 27)	해서海西 고향으로 감	신성국 첫 등장
	1901. 6. 11 (양 7. 26)	여주 오금동점 조기장 신성국 도착	지규식과 일하기로 약속
	1901. 6. 13 (양 7. 28)	그릇 만들기 시작	
	1901. 6. 20 (양 8. 4)	여주에 갈 때 430냥 지급	
	1901. 6. 27 (양 8. 11)	여주에서 돌아옴	
	1901. 7. 15 (양 8. 28)	담수痰祟로 고통 호소	웅담 사다 줌
	1901. 7. 18 (양 8. 31)	병으로 일 중단, 박광적朴廣積이 대신 일함	
	1901. 7. 19 (양 9. 1)	여주에 감, 노자 20냥 지급	
	1901. 8. 10 (양 9. 22)	여주에 감, 20냥 지급	
	1901. 9. 27 (양 11 .7)	여주에서 돌아옴	
	1901. 9. 28 (양 11. 8)	그릇 만들기 시작	
	1901. 10. 23 (양 12. 3)	여주에 감	
	1901. 12. 8 (양 1902. 1. 17)	여주에 감, 110냥 지급	
	1901. 12. 23 (양 1902. 2. 1)	여주에 감, 105냥 지급, 일 중단	
	1902. 1. 8 (양 2. 15)	여주에서 내려옴	
	1902. 1. 11 (양 2. 18)	그릇 만들기 시작	
	1902. 3. 3 (양 4. 10)	그릇 만들기 시작, 어제 도착	집 미정, 임시 임대
	1902. 6. 19 (양 7. 23)	일 중지	
	1903. 2. 18 (양 3. 16)	가옥 구입 제공	가옥 매입비 350냥
	1904. 9. 25 (양 11. 2)	배추 10포기 줌	

	1905. 1. 20 (양 2. 23)	여주에 감	이후 신성국 기록 없음
전창오	1901. 4. 7 (양 5. 24)	여주 오금동점 조기장 전창오에게 백토 굴취를 허용하는 훈령 초안 작성	
	1901. 4. 19 (양 6. 5)	붙잡아 데려왔다가 사정상 돌려보냄	
	1903. 9. 17 (양 11. 5)	전창오를 데려오기 위해 그의 모친 등을 보냄	노자 200냥 지급
	1903. 9. 24 (양 11. 12)	여주에서 식솔을 거느리고 내려옴	뱃삯 150냥 지급
	1903. 9. 26 (양 11. 14)	가옥을 구입하여 제공	가옥 구입비 300냥
	1903. 9. 27 (양 11. 15)	그릇 만들기 시작	
	1904. 3. 7 (양 4. 22)	서울에서 돌아옴	
	1904. 3. 17 (양 5. 2)	남쪽 각령에서 그릇 만듦	
	1904. 5. 21 (양 7. 4)	그의 그릇값 1,000냥 도착	이후 전창오 기록 없음

※ 자료 : 『하재일기』 1894~1910년.

신성국은 홍경호의 뒤를 이어 지규식에게 고용되었다. 그의 고향은 황해도지만, 1901년께는 여주 오금동점에 자리를 잡고 조기장으로 일했다. 1901년 7월에 그는 지규식으로부터 함께 일하자는 제안을 받아들이고 분원에서 그릇을 만들기 시작했다. 정확히 얼마 동안 지규식과 함께 일했는지는 알 수 없지만 그에 대한 기록이 1905년 2월까지 보이므로 적어도 그때까지는 분원에 거주했을 것이다. 그는 분원에서 짧게는 7일, 보통 20~25일 일하고, 여주에 가서 1~2주 있다가 돌아오곤 했다. 지규식은 1903년 3월 분원마을의 한 가옥을 350냥에 구입하여 신성국에게 주었다. 신성국을 분원에 묶어 두기 위한 포석일 터다. 신성국은 고향인 황해도에서 일을 찾아 여주로 이주했다가 지규식에게 고용되어 다시 분원에 정착하게 된 경우이다.

그는 분원에 도착하여 1901년 7월 28일 그릇을 만들기 시작한 지 1주일

만인 8월 4일 430냥을 받았고, 같은 해 9월 여주에 갈 때 노자로 20냥씩 40냥을, 1902년 1월에 110냥, 2월에 105냥을 받았다. 그가 받은 돈은 임금 645냥, 여비 40냥으로, 총 685냥이었다. 처음에 받은 430냥은 선불일 것이며, 1902년 1월과 2월에 각각 한 차례씩 두 번 받은 돈은 나머지 임금으로 짐작된다. 기록에 등장한 금액만 따져도 6개월 동안 685냥을 수령했는데, 이는 적지 않은 돈이었다.* 이 돈 외에 더 받았을 가능성을 고려하면, 임금이 상당히 높았던 것으로 보인다.

전창오全昌五는 여주 오금동점의 전담 조기장으로, 1903년 11월부터 지규식과 함께 일했다. 두 사람은 이전부터 아는 사이였다. 지규식은 이미 1901년 5월에 오금동점의 전창오에게 백토 굴취를 허용하는 훈령을 작성하여 보낸 바 있고, 지규식에게 고용된 전담 조기장 홍경호가 병으로 쉬게 되었을 때 여주에서 전창오를 데려왔다가 오금동점의 딱한 사정을 듣고 돌려보낸 일이 있다.

1903년 지규식은 전창오를 데려오기 위해 부장釜匠 허성許成에게 노자 200냥을 들여서 전창오의 모친과 함께 여주에 보내고 전창오가 식솔을 거느리고 올 때는 뱃삯 150냥을 지급할 정도로 특별 대우했다. 이어 곧바로 300냥에 가옥을 구입하여 전창오에게 제공했다.

지규식이 그를 불러오기 위해 노자와 가옥 구입에 650냥을 지출했을 정도라면, 임금 또한 적지 않았을 것이다. 그런데 임금을 따로 지급한 기록은 보이지 않는다. 다만 1904년 7월에 "전창오의 그릇값 1,000냥이 왔다"는 내용

---

* 신성국이 받은 685냥을 이 무렵의 쌀값으로 계산하면 8~13말에 해당하며, 보리로는 5가마에 달한다. 1901년은 가뭄이 심하여 쌀값이 폭등한 시기였다. 1901년 6월 초까지만 해도 쌀 1되에 5냥 4전하던 것이 1901년 11월에는 8냥 6전까지 치솟았다.[일기 1901년 6월 4일(양 7. 19), 11월 4일(양 12. 14), 1902년 8월 13일(양 9. 14)]

<표 3-8> 업주 지규식에게 고용된 조기장의 고용 기간과 임금

성명	거주지	고용 기간	임금 지급	부대 비용	합계
홍경호	양근읍 (원거주-분원)	1900. 5~ 1901. 6?	397냥 5전+?	과세 비용 100냥	397.5냥+?
신성국	여주 (고향-황해도)	1901. 7~?	645냥+?	390냥(여비 40냥, 가옥 구입 350냥)	1,035냥+?
전창오	여주→분원	1903. 11~ 1904. 7?	?	650냥(노자 200냥, 뱃삯 150냥, 가옥 구입 300냥)	650+?

※ 주 : 일을 그만둔 시점이 명확하지 않기 때문에 마지막 기록과 짐작되는 시기를 적고 '?'를 덧붙였다.

이 있는데, 혹 그가 지규식 점에서 만든 그릇을 가져다 판매한 대금을 보낸 것이 아닐까 추정하지만 확실한 사정은 알 수 없다. 어쨌든 이를 끝으로 전창오에 대한 기록은 보이지 않는다.

업주 지규식에게 고용된 세 사람의 고용 기간과 임금, 부대 비용을 정리해보면 〈표 3-8〉과 같다. 홍경호는 1년여, 신성국은 2년 이상, 전창오는 1년 이하 지규식과 함께 일했다. 이들은 모두 일정 기간 전속 계약의 형태로 업주인 지규식에게 고용되었다. 이 무렵 사기장들이 일을 찾아 이곳저곳을 옮겨 다녔는데, 이런 상황을 염두에 둔다면 자본가 업주와 일정 기간 전속 계약하는 방식이 일반화되었으리라 본다.

홍경호·신성국·전창오는 지규식과 일하기 전에 양근읍·여주 등 타지에 거주했다. 그들은 도자기 만드는 기술을 밑천으로 도요지가 있는 여주 등지에서 일하다가 분원으로 와서 일했다. 분원에서 계약이 끝나거나 특별한 일이 생기면 다시 다른 사기점으로 옮겨 갔다. 외지에 거주했던 홍경호와 신성국은 한 달에 대략 10~25일 동안 분원에서 일하고, 5~10일 정도 집에 갔다가 돌아오곤 했다.

그들이 업주에게 받은 돈은 기록상 홍경호는 397냥 5전, 신성국은 645냥이었다. 신성국은 처음 6개월 동안 받은 돈이므로 이후 더 받았을 것이며, 홍경호도 더 받았을 가능성이 높다. 전창오의 임금에 대한 기록은 비록 없긴 하지만 업주 지규식이 부대 비용으로 650냥을 지출했으니, 상당히 많은 돈을 받았을 것으로 짐작된다. 참고로 1902년 분원에 와서 채색 자기를 만들었던 일본인은 선불로 150원(3,750냥)이라는 거금을 받았다.[196]

이들 세 사람의 조기장이 업주로부터 받은 임금은 과거 정부에서 지급받았던 임금에 비하면 매우 높은 수준이었다. 1895년 이전에 분원 사기장 200~300명이 일괄적으로 정부에서 받는 급여는 연간 돈 2,006냥, 쌀과 콩 얼마간이었다. 정부에서 제공하는 액수를 단순하게 균분하면 1인당 연평균 7~10냥의 돈, 그리고 쌀과 콩 약간을 받는 데서 크게 벗어나지 않았다.[197] 물론 일류 사기장과 단순노동자 간에는 액수의 차이가 나겠지만, 한 사람이 많은 돈을 받기는 어려웠을 것이다. 이러한 점을 감안하면, 홍경호 등이 받은 임금은 이전에 비해 훨씬 오른 셈이다. 물가 상승률을 고려한다 해도 정부에서 받았던 액수와는 비교할 수 없을 정도로 많았다.

한 가지 더 눈여겨볼 지점은 이들 조기장을 데려오기 위해 업주가 지출한 부대 비용의 규모. 업주는 신성국에게 여주와 분원을 오가는 데 드는 노자와 집 구입비를 합하여 390냥을, 전창오에게 노자와 집 구입비를 합하여 650냥을 지출했다. 이때 업주가 가옥 구입비로 쓴 돈은 각각 350냥과 300냥인데, 이후 같은 마을의 초가 2칸짜리 집이 130냥에 거래된 것으로 보아[198] 상당히 좋은 집을 마련해 주었음이 분명하다. 임금 이외에 많은 액수를 투자했다는 사실은 그만큼 우수한 조기장의 확보가 상품의 경쟁력과 직결되었기 때문이리라.

그런데 지규식은 왜 높은 부대 비용까지 부담하면서 외지인을 고용했을까? 일단 그들의 솜씨가 출중했기 때문이라고 할 수 있으나, 분원 조기장에 비해 상대적으로 임금이 낮았을 가능성도 생각해볼 수 있다.

이들 세 사람 외에도 지규식의 사기점에는 김성로·박문약·박광적·김선희·함사훈咸士勳·김수명金守明·김남이金南伊·허성許成·이희유李熙裕 등 많은 사기장이 드나들었다. 김성로·박문약·김선희·박광적은 분원의 조기장이었으며, 허성은 가마의 불을 책임지는 부장釜匠으로 분원과 인근 봉안점을 오가며 일했다. 김남이는 송파에 거주하는 조기장이었고, 이희유는 부간역釜看役이었다. 함사훈과 김수명은 어떤 일을 했는지 확실하지 않다.

지규식이 운영한 분원의 사기점에는 지방의 사기장들도 출입했다. 1903년 경북 문경의 부장 김비안이 분원에 와서 가마를 축조했고, 같은 해 8월에는 문경점 강운서姜云西가 와서 그릇을 빚었다. 1905년에는 해주의 조기장 김사득金士得이 분원에 와서 그릇을 빚었다.[199]

김비안은 본명이 김운희金雲熙이고, 문경 출신이기 때문에 김문경金聞慶으로도 불렸다. 고향인 문경 관음리에서 선대로부터 그릇 만드는 가업을 이어받아 사기장의 길을 걸었다. 그는 그릇 만드는 솜씨가 훌륭했을 뿐만 아니라, 망동요를 쌓는 기술도 뛰어났다고 한다. 그의 뛰어난 재주가 소문이 났던지, 후손의 말에 따르면 분원에 발탁되어 올라갔다고 한다. 1903년 김비안이 분원에 망동요를 축조했는데, 아마 그즈음 가족과 함께 분원으로 이주했던 것 같다. 이후 그는 분원에서 계속 그릇을 만들다가 일제 때 고향으로 돌아왔다고 한다.[200]

이와 같이 분원에는 인근의 여주 등지에서 일하는 사기장을 비롯하여 멀리 황해도 해주의 조기장과 경상도 문경의 부장 등 외지의 사기장들이 드나들었다. 분원의 사기장들 또한 타지의 사기점을 오갔다. 사기장들이 자유해방된 이후 계약 조건에 따라 자연스럽게 교류가 일어나는 현상이었다. 이러한 현상은 단순히 인적 교류에 그치지 않고 기술적 교류와도 연결되어 도자

·가마 제조법에도 영향을 미쳤다.

1900년 이후 분원의 업주 지규식에게 고용된 사기장은 분원 출신과 외지의 숙련된 조기장이었다. 뛰어난 기술을 보유한 전문 조기장은 임금뿐만 아니라 오가는 여비와 괜찮은 집을 제공받을 정도로 좋은 대우를 받았다. 그들은 대개 1~2년 단위로 전속 계약을 맺어 고용되었으며, 기한이 지나면 다른 사기점으로 옮겨 갔다. 그들이 업주로부터 받는 임금은 적어도 정부에서 받았던 액수보다 훨씬 컸다. 또 정해진 휴일이 있지는 않았지만, 대략 한 달에 열흘쯤 쉬었다. 전문성과 숙련도를 갖춘 사기장의 피고용 방식과 임금 수준은 다른 지역의 경우에도 비슷했을 것이다. 다만, 전문성이 약하거나 솜씨가 빼어나지 못한 사기장은 비용을 줄이기 위한 구조조정 과정에서 도태되었을 것이다.

외지 사기장을 통한 새로운 기술 도입

분원 사기장은 오랫동안 전통 기법으로 각종 도자기를 만들어왔다. 전통 백자를 빚은 그들의 기예는 대대로 세습되면서 전승되었다. 그런데 개항 후 화려한 수입 그릇이 밀려들어와 시장 환경과 소비자의 기호가 변하면서 분원의 도자기 제조 기법에도 변화의 바람이 불었다.

1895년 탁지부 대신 어윤중은 "분원 소년 10여 명을 선발하여 일본으로 파견해서 기예를 배우도록 하라"[201]고 하여 일본의 사기 제조법을 배워 오도록 했지만, 실행되지는 못했다.

1902년 분원에서는 일본인 도공 이오스미庵住를 일시 고용하여 채요彩窯를 세우고 채기彩器 생산을 시도했다. 이오스미는 일본 기계를 가져와 설치하고 그릇을 빚었으며, 의토衣土와 조합하는 약도 따로 가져와서 사용했다. 그러나 화력과 시간이 맞지 않아 낭패를 보았다. 여러 차례 시행착오를 거친 뒤 마침내 일본식 채색 자기 생산에 성공했다.[202] 이후 분원에서는 그 기법을 익혀 계속 채기를 생산했다. 1909년에는 서울 사는 사람들이 분원에 찾아와 채기를 시험하고 간색看色했다.[203]

또한 황해도·경상도 등지의 조기장과 부장釜匠이 분원에 드나들면서 지방의 자기 제조법과 가마 축조법도 도입되었다. 특히 1903년 경북 문경의 김비안이 지규식의 사기점에 망동요 2칸을 축조했다는 사실은 주목할 만하다.[204] 망동요는 문경 사기점에서 사용하는 가마였다. 외지 사기장의 유입과 교류는 분원의 도자 제조법과 가마 축조 방식에 변화를 가져왔을 가능성이 크다.

시장과 소비자의 요구에 부응하기 위한 이 같은 다양한 노력에도 불구하고 분원 자기업은 회복하기 어려운 국면으로 접어들었다. 1908년 11월, 업주 지규식은 오래전 무너진 각령閣令을 끝내 철거해버렸다.[205]

분원 자기업이 서서히 몰락으로 치달아갔지만 그즈음 사회적으로 전개된 사기개량운동에 힘입어 1910년 3월에 이종진李鍾振 등 분원의 젊은 청년 8명이 서울의 공업전습소에 들어갔다. 같은 해 4월에도 공업전습소에 들어가기를 원하는 학생을 지규식이 서울의 지인에게 부탁한 바 있다.[206] 공업전습소는 1906년 조선 정부가 이화동(현 동숭동)에 세운 근대적 공업교육 기관으로, 도자기·염직·목공 등 실용 기술을 가르쳤다. 당시 공업전습소에는 분원에 드나들던 일본인 교사 미즈노水野小助가 있었으므로 분원의 젊은이들이 비교적 쉽게 그에게 접근하여 새로운 도기 제조 기술을 익혔을 것이다.[207]

공업전습소에서 도기를 전공한 학생들도 분원에 종종 드나들었다. 특히 정지현·이남구·이돈구는 분원의 자기 개량에 관심을 갖고 자주 분원을 오갔다. 그러나 아직 학생으로서 배우는 단계였기 때문에 당장 현장에서 가시적 성과를 거두기는 어려웠을 것이다. 이들 세 사람은 모두 공업전습소를 졸업한 뒤 1910년 8월에 출범한 분원자기주식회사의 발기인으로 참여했으며, 그 중 이돈구는 분원자기주식회사의 간역看役을 맡았다.[208]

그러나 1916년 분원의 마지막 분원자기주식회사가 무너짐으로써 수백여 년 전승되어온 전통적 도자기법 또한 그 맥이 끊겼고, 분원 사기장의 계보도 단절되었으며, 새로운 기술 도입을 통한 도자업의 재기 움직임도 스러졌다.

(3) 식민지 시기, 분원 사기장의 발자취

1910년 분업 자기업을 다시 일으키려는 희망을 안고 출범했던 분원자기주식회사는 자본난을 극복하지 못해 그 꿈을 이루지 못하고 1916년 결국 문을 닫았다. 이후 분원 사기장들은 분원을 떠나 강원도·경기도·경상도 등지의 사기점으로 옮겨 가거나 뿔뿔이 흩어졌다.

이런 상황에서도 몇몇 사기장은 1930년대 초까지 분원에 남아 전통 분원 자기의 맥을 유지하기 위해 안간힘을 쏟았다. 그러나 점차 그들마저도 자취를 감추었고, 해방 무렵에는 그 흔적조차 찾아보기 어렵게 되었다. 마지막까지 분원에 남아 그릇을 만들었던 사기장이 누구인지, 또 최후의 그들이 어디로 갔는지는 자세히 알 수 없다. 다만 식민지 시기에 활동했던 도예가들의 회고록 속에서 희미한 단서들이 포착된다.

1903년 분원에 문경식 망동요를 축조하고 전파했던 김비안은 분원에 계속 남아 자기를 만들었으며, 그의 아들 김교수도 부친과 함께 분원에서 사기장 일을 했다. 아마 이들 부자는 분원자기주식회사에 고용되어 줄곧 그릇을 빚은 듯하다. 그러다가 김교수가 열아홉 살이 되던 1916년, 즉 분원자기주식회사가 폐업한 해에 김비안은 온 가족을 거느리고 다시 고향인 문경 관음리로 돌아갔다.

문경으로 돌아온 김비안 부자는 계속 그릇을 만들었다. 고향에 안착한 김 비안은 10여 년 뒤에 사망했고, 김교수는 막사발과 사기그릇 등을 만들었다 고 한다. 그러나 사기장 신정희申正熙(1930~2007)의 회고록에 따르면, 1968년 그가 문경으로 김교수를 찾아갔을 때 주로 백자를 빚는 모습이었다고 진술 했다.[209]

어쨌든 김교수의 그릇 만드는 비법은 막내아들 김정옥에게 계승되었다. 김정옥은 18세부터 부친에게서 사기 제작 기술을 배워 전통적 청화백자와 막사발·대접·탕기 등의 사기그릇을 만들었다. 김정옥은 1991년 최초로 도 예 명장에 선정되었고, 1996년 중요무형문화재 제105호 사기장으로 지정되 어 집안 대대로 계승된 도자업의 맥을 이어가고 있다. 분원자기의 한 지류가 김정옥으로 이어지고 있는 셈이다.

도예가 유근형柳根瀅(1894~1993)의 회고록에 따르면, 그는 일제 강점 직후인 1911년에 일본인이 운영하는 한양고려소에 취직하여 조각사로 일하면서 본 격적인 도공의 길을 걸었다.[210] 서울 묵정동에 위치했던 한양고려소는 일본 인 도미타 기사쿠富田儀作가 경영하는 청자 제조 공장이었다. 서울에 생긴 자 기 공장에 젊은이들이 취직했던 것을 보면 분원 도공들도 일자리를 찾아 일 본인 자기 제작소나 요업 공장으로 편입되었을 가능성이 있다.

얼마 후 유근형은 유약 만드는 비법을 배우기 위해 강원도 양구 방산점에 갔는데, 그곳에서 분원 출신 김완배金完培라는 사기장을 만났다고 한다.

그는 분원에 있을 때 방산토로 상납하는 갑번匣燔을 만들었기 때문에 방산 토가 좋은 줄 알고 그곳에 왔다는 것이었다. 그동안 배운 기술도 있거니와 정성껏 만들어 가지고 서울에 가면 일본 사람들이 사기 때문에, 윤택한 생

활은 아니지만 근근이 식생활은 해 나간다는 거였다.[211]

회고록에 따르면 김완배는 13세에 벌써 분원에서 도자기 기술을 배우기 시작했다. 그 시기에 사기장 일은 세습하는 경우가 많았는데, 아마도 그의 아버지나 집안이 분원 사기장으로 일했기 때문에 어린 나이에 시작했던 것이 아닐까.

김완배가 분원의 도자기 기술소에 조수로 들어갔다는 내용은 아마도 1910년 분원에 설립된 분원자기공소分院磁器工所에 들어가 그릇 만드는 기술을 배웠다는 말로 추정된다. 또한 그가 그곳에 수년간 있으면서 기술을 연마하다가 분원이 유야무야될 때 흩어졌다고 했는데, 이 시기는 분원자기주식회사가 문을 닫을 무렵일 것이다. 앞에서 살펴본 김비안·김교수 부자의 경우에도 분원자기주식회사가 문을 닫은 1916년에 분원을 떠났기 때문이다.

유근형이 김완배에 대해 말하면서 광주 분원의 운영이 흐지부지 잘 안 될 때 공업전문학교 도자기과에서 화공 몇 사람을 데려갔다는 언급도 했는데, 이 역시 신빙성 있는 이야기다. 당시 분원 청년들이 공업전습소에 들어가 기술을 익혔고, 공업전습소 졸업생 이돈구 등이 분원자기공소를 만들어 기술자를 양성했기 때문이다.[212]

또한 유근형에 따르면, 여주의 김춘배金春培와 함경도 회령의 최면재崔勉在는 공업전습소 요업과 1회 졸업생이었다. 그들은 졸업 후 각기 여주와 회령에서 도자기를 만들었다.[213] 그렇다면 새로운 도자 기법을 익힌 공업전습소 졸업생들이 각지에 흩어져서 도자기를 만들며 생계를 이어갔으리라고 짐작할 수 있다.

1931년 초 『매일신보』 기사에 따르면, 분원 사기장들은 그때까지도 전통 분원자기의 명맥을 잇기 위해 인고의 세월을 견디고 있었다.[214] 그러나 마지막까지 분원자기를 지키려 했던 그들의 자취도 점차 사라져갔다.

현재 경기도 광주시 남종면 분원리에 살고 있는 이순길(1922년생)의 회고담에 따르면,[215] 자신이 어렸을 때 분원 사기장 가운데 일부는 여주로 갔고, 일본으로 건너간 자도 있다고 했다. 특히 그는, 일본인들이 솜씨 좋은 사기장을 일본으로 데려갔다고 여러 차례 강조했다. 분원 사기장들이 여주로 갔다는 것은 1895년 이후부터 나타난 사실이고, 일본으로 건너갔다는 말은 처음 듣는 이야기이나 아주 근거 없는 말도 아닌 것 같다. 그럴 가능성도 충분히 생각해볼 수 있다.

또한 그가 기억하기를, 분원의 어떤 솜씨 좋은 사기장이 만든 술잔 가운데 술을 따르면 그림이 나타났다가 술을 다 마시면 그림이 없어지는 신기한 그릇도 있었다고 했다. 덧붙여서 분원에는 호랑이 그림을 잘 그리는 사기장도 있었다고 기억했다.

김비안·김완배 등의 사례를 보건대, 상당수 분원 사기장들은 분원자기주식회사가 종말을 고한 1916년 무렵까지 분원에서 계속 그릇을 빚었음을 알수 있다. 그러나 이 회사가 문을 닫자 분원에서 일하던 사기장들은 각자 연고가 있거나 비교적 사기 제작 정보가 많은 여주·양구·문경 등지의 사기점으로 자리를 옮겨 생계를 도모했다. 일부 사기장들은 1930년대 초까지도 분원에 남아 전통 자기를 되살리려고 안간힘을 썼으나, 세월이 흐르면서 그 희미한 명맥마저 완전히 끊겼다.

분원을 움직인 사람들,
관리자와 노동자의 관계 변화

분원을 움직인 사람들은 크게 관리자(사용자)와 노동자로 나뉘며, 이들이 위치한 각 영역 사이사이에는 서열과 권력의 관계가 작용했다.

조선시대는 사옹원 관리와 아전들이 관리자로서 분원을 관리 감독했으며, 일방적으로 공권력을 행사하여 사기장을 수족처럼 부렸다. 1883년 민영으로 출범한 분원자기공소 시기에는 공인들이 자본을 출자하여 관리자로 분원을 운영했으나 공가와 특권을 빌미로 정부 권력에 예속되어 있었다. 1897년 출범한 번자회사는 사장과 출자 사원이, 1910년 출범한 분원자기주식회사는 이사진이 노동자를 고용하여 회사를 운영했으며, 부르주아적 사용자의 성격이 드러났다.

분원의 운영 주체로 말하자면 조선시대는 정부 관료와 아전, 민영화 이후에는 출자 공인에서 사장과 출자 사원, 이사로 변화되었다. 운영 형태는 국영에서 관독상판官督商辦형의 단계를 거쳐 합명회사, 주식회사로 변전을 거듭했다. 자본주의 경제체제 아래 분원의 운영자는 자본가 중심으로 재편되었고, 사용자로서 성격도 강화되어갔다.

노동력을 제공한 분원 사기장도 1876년 개항 이후 혁명적 변화를 경험했다. 조선시대 사기장을 동원하여 그릇을 만드는 일은 부역의 개념에서 고립雇立의 개념으로 변화했으며, 그들의 직역은 자손 대대로 세습되었다. 공소 시절, 공인의 지휘를 받지만 정부 소속이던 사기장은 양자 사이에서 어중간한 위상을 점했으며, 고립과 고용의 과도기에 서 있었다. 1895년 공인 제도가 혁파되고 분원자기공소가 폐지되면서 관 소속에서 해방된 사기장들은 자유 임노동자의 길을 걸었다. 분원 사기장들은 임금과 고용 조건을 저울질하면서 회사·업주 등의 사용자와 계약을 체결하고 일할 수 있는 선택권을 갖게 되었다. 명망 있는 숙련된 사기장은 높은 임금에 더하여 거주지와 분원을 오가는 여비, 분원 인근에서 살 수 있는 집까지 제공받으면서 좋은 대우를 받았으나, 상대적으로 실력이 떨어지는 사기장들은 도태되기도 했다. 자본주의 고용 시장에서 숙련도와 분야에 따라 사기장의 등급화·차별화가 진행되었다.

예속의 굴레에서 해방된 분원 사기장은 일자리도 분원뿐만 아니라 경기도나 강원도 등지로 보폭을 넓혔다. 분원의 토착 사기장이 떠난 자리에는 황해도나 경상도 등지에서 온 사기장이 메꾸었다. 각지의 사기장들이 서로 오가면서 분원 사람들은 문경의 망동요 축조 방식을 도입했고, 일본인 사기장으로부터 채색 자기 제조법을 배웠다. 근대적 공업교육 기관인 공업전습소의 학생들도 분원에 드나들면서 새로운 자기 제조법을 실험하기도 했다. 분원에는 사기장의 인적 교류가 활발하게 진행되었으며, 그에 따라 외지의 가마 축조법과 자기 제조법 등 새로운 기술이 도입되었다.

조선시대 분원 운영자와 사기장의 관계는 일방적 상하 관계였지만, 공소가 설립된 뒤에는 분원 운영자인 공인과 사기장이 공조 체제를 취하였다. 공소가 폐지되고 사기장이 신분의 예속에서 벗어난 1895년 이후 분원 경영자와 사기장은 임금을 포함하여 근무 조건을 협의하면서 상대방을 선택할 수 있는 사용자와 노동자의 관계로 전환되었다. 그러나 일제강점기에 분원 자기업이 막을 내리자 이러한 관계도 더 이상 볼 수 없게 되었고, 점차 공장 생산에 따른 사용자-노동자의 또 다른 종속 관계로 편입되었다.

미주

시작하는 글

1 유홍준·윤용이, 『알기 쉬운 한국도자사』, 학고재, 2001, 37쪽.
2 일기 1895년 5월 9일.
3 『주한일본공사관기록』 12권 本省往復報告. "楊根 戶數 4,203, 人口 14,259, 男 7,866, 女 6,393"
4 일기 1907년 10월 16일 "洞內戶口調査成冊修正 戶合三百二十也 人口合一千四百九十六名"
5 『조선일보』 1927년 3월 16일, '西間島 가는 동포 一洞內만 5백여 명, 광주 분원리' ; 2016년 4월 24일, 필자가 분원 거주민 정기석鄭基錫〔분원 공인 정현도鄭玄道(1838~?) 집안의 후손〕과 면담한 내용.

1부 : 분원의 역사적 변천과 그 여정

1 『세조실록』 세조 8년(1462) 11월 30일 경신.
2 『승정원일기』 인조 3년(1625) 8월 3일.
3 『세종실록지리지』 경기도 광주목, 경상도 상주목 ; 이병희, 「조선전기 도자기 수공업의 편제와 운영」, 『역사와 현실』 33호, 1999, 50~51쪽.
4 이병희, 「조선 전기 도자기 수공업의 편제와 운영」, 『역사와 현실』 33호, 1999, 62~66쪽 ; 김영원, 『조선시대 도자기』, 서울대학교출판문화원, 2014(초판 2003), 100~105쪽.
5 『경국대전』 권6, 공전, '공장工匠'.
6 성현成俔, 『용재총화慵齋叢話』 권10. "外方各道 多有造之者 惟高靈所造最精 然不若廣州之尤爲精也"
7 『비변사등록』 영조 1년(1725) 1월 7일.
8 『비변사등록』 영조 1년(1725) 1월 7일.
9 강만길, 「분원연구 ― 17~18세기 조선왕조 관영수공업체의 운영실태」, 『아세아연구』 8권 4호, 1965.
10 『경국대전』 권 1, 이전吏典, 정3품 아문, 사옹원 조 "掌供御膳及闕內供饋等事"
11 『육전조례』 권2, 이전吏典, 사옹원 조. "都提調無大君王子君時大臣備擬 提調宗親朝官通融差出"
12 『중종실록』 중종 35년(1540) 5월 11일.
13 「분원변수복설절목分院邊首復設節目」(규장각 古大4256-10), 동치 13년(1874). 11월. "本所諸般事務諸般擧行 旣有郞官之監董 員役之分掌"

14 「분원각항문부초록分院各項文簿抄錄」(규장각 상백 古352.051B886) '보첩報牒' 계유(1873) 8월 일. "凡磁器進上之法 吏廳都吏與邊房兩邊首 輪回分半擧行"

15 「분원자기공소절목分院磁器貢所節目」(규장각 古4256-11).

16 『승정원일기』 숙종 20년(1694) 2월 13일.

17 「분원각항문부초록」 '보첩' 계유(1873) 3월 일.

18 일기 1893년 9월 초3일. "進饌器皿 合五千餘竹 晝夜燔納事申飭截嚴"

19 『승정원일기』 효종 8년(1657) 1월 9일. "則司饔院一年兩度燔造 退器之數 倍於進上 分半爲提調分兒 分半送于工曹 亦似便當 以此議處 永爲恒式"

20 『승정원일기』 숙종 3년(1677) 11월 21일.

21 『승정원일기』 영조 30년(1754) 1월 16일. "均役減疋之後 司饔院匠卒 亦減一疋 故太半逃散 每以進上餘器 負行以賣 以補其若干糧費而已 實無設廛之事 而沙器廛 以不得稅錢之故 輒以設廛之意 誣訴諸處 至於筵白永罷 所謂設廛云者 卽作假家列器皿以賣之謂 而今此匠卒 不過負賣其餘器 此不可以設廛論 而今絶其生理 以至盡爲逃散 則豈不可憫乎"

22 「분원변수복설절목」, 동치 13년(1874). 11. "不意官萪之設 便爲私商之業"

23 강만길, 「분원연구―17~18세기 조선왕조 관영수공업체의 운영실태」, 『아세아연구』 8권 4호, 1965, 112~115쪽 ; 권병탁, 「광주 분원경영의 실체」, 『민족문화논총』 5집, 영남대 민족문화연구소, 1983, 63~66쪽.

24 『일성록』 고종 12년(1875) 10월 25일.

25 『고종실록』 권1, 고종 1년(1864) 8월 20일(무자) ; 『일성록』 고종 11년 8월 29일.

26 『고종실록』 권19, 고종 19년(1882) 8월 23일.

27 황현, 『매천야록』 권1, 상, 갑오(1894) 이전 ; 정교, 『대한계년사』 권1, 임오(1882).

28 『고종실록』 권19, 고종 19년(1882) 12월 29일.

29 『고종실록』 권19, 고종 19년(1882) 12월 29일.

30 일기 1894년 9월 11일.

31 일기 1894년 9월 22일. "少頃入府中 佇立軒前 大臣招余引前 分付曰 汝之癸未作貢時 不聽吾言 願爲貢人矣 十餘年進排 其所利宜何如"

32 「분원자기공소절목」(규장각 古4256-11).

33 『육전조례』 권2, 이전吏典 사옹원 분원.

34 『한성순보』 제10호(1884-0103), 제11호(1884-0111), 12호(1884-0121).

35 일기 1891년 7월 17일. "而權昌仁三月分貢所先入文二千兩內 器十竹價一千五百十四兩七錢五分除 餘文四百八十五兩二錢五分"

36 『한성순보』 제10호(1884-0103), 제11호(1884-0111), 12호(1884-0121) ; 일기 1891년 2월 29일, 10월 5일.

37 『한성주보』 1887년 1월 24일 ; 일기 1891년 10월 5일, 1892년 1월 14일, 1894년 10월 4일,

1895년 6월 29일.

38 일기 1892년 8월 7일, 1895년 2월 9일.

39 일기 1892년 4월 21일.

40 『고종실록』 고종 23년(1886) 9월 10일, 10월 16일, 고종 29년(1892) 7월 6일.

41 일기 1892년 4월 21일.

42 일기 1892년 8월 17일, 1893년 6월 2일.

43 「분원자기공소절목」 ; 일기 1891년 8월 7일 "故執吏例給五百兩除給二千兩以初十日更成音標 以爲用賂之資", 11월 9일.

44 일기 1891년 6월 10일·19일, 10월 11·19일, 11월 11일·14일.

45 일기 1891년 11월 9일.

46 일기 1891년 2월 15일, 3월 8일, 11월 9일·10일·14일.

47 일기 1891년 6월 7~9일, 10월 20~23일.

48 일기 1894년 6월 15일, 8월 2일.

49 일기 1891년 2월 13일, 3월 8일, 5월 1일, 8월 12일

50 일기 1891년 5월 2~3일, 20일, 6월 4일, 9~10일.

51 일기 1891년 6월 25일·28일·30일, 1894년 1월 11~14일.

52 일기 1891년 11월 2일·4일·11일, 26~28일, 1895년 2월 23일.

53 「분원자기공소절목」(규장각 古4256-11).

54 일기 1891년 4월 22일·24일, 1892년 11월 17일.

55 일기 1893년 3월 29일.

56 김동철, 『朝鮮後期 貢人硏究』, 한국연구원, 1993, 100~103쪽.

57 일기 1892년 1월 20일·23일, 1893년 1월 8일, 2월 1일·13일.

58 일기 1891년 2월 25일.

59 일기 1891년 1월 8일. "金柱玄入屬賣器 放入一千五百三十一兩"

60 김동철, 『朝鮮後期 貢人硏究』, 한국연구원, 1993, 86~89쪽.

61 일기 1891년 1월 5일, 1892년 1월 7일, 2월 15~16일, 1894년 1월 11일.

62 일기 1893년 2월 12일, 8월 5일·21일.

63 일기 1892년 8월 30일, 1893년 6월 1일, 1894년 1월 3일.

64 일기 1892년 윤6월 25일. "柳永道自退 本錢二分邊計給"

65 일기 1891년 4월 23일.

66 일기 1891년 12월 23·25일, 1892년 1월 7일, 12월 14·25일.

67 일기 1893년 7월 15일, 8월 18일, 1894년 6월 12·13일.

68 김동철, 『朝鮮後期 貢人硏究』, 한국연구원, 1993, 90쪽 ; 박기주, 「공인에 대한 경제제도적 이해」 『경제학연구』 56-4, 2008, 181~182쪽.

69 일기 1894년 1월 11일.

70 일기 1894년 6월 21일.

71 일기 1891년 1월 6일. 2월 22일.

72 일기 1896년 1월 21일.

73 일기 1893년 8월 17~18일.

74 일기 1891년 7월 17일.

75 일기 1893년 4월 7일. "咸景賓在上房 余在下房 共守貢房"

76 『육전조례』 권2, 이전吏典 사옹원.

77 일기 1894년 9월 25일.

78 일기 1891년 7월 17일, 8월 11일, 9월 6일.

79 일기 1891년 1월 22일.

80 일기 1891년 4월 10일.

81 일기 1893년 2월 3일, 3월 14일.

82 일기 1893년 6월 1일.

83 일기 1892년 8월 30일.

84 일기 1891년 1월 29일, 5월 27일, 7월 1일·16일.

85 일기 1891년 1월 8일.

86 일기 1891년 9월 2일.

87 강만길, 「분원연구―17~18세기 조선왕조 관영수공업체의 운영실태」, 『아세아연구』 8권 4 호, 1965, 116쪽.

88 「分院磁器貢人等白活」(규장각 소장, 문서번호 '규19164'), 1895년 10월. "自癸未作貢以後로 進排磁器受價未上下錢이 爲一百十萬八千三百餘兩而尙未蒙措劃之處分이옵고 如干計除之物 을 見奪於他人則豈不抑冤乎잇가 …上項柴場與水稅를 依前還付於貢所하야 使一院支保之地 를 千萬伏望함"

89 일기 1894년 9월 22일.

90 일기 1891년 4월 15일, 5월 19일, 1893년 9월 13일.

91 일기 1894년 8월 19일, 1895년 1월 8일.

92 일기 1895년 3월 18일 ; 『고종실록』 1895년 4월 2일.

93 일기 1895년 11월 16일·20일.

94 일기 1895년 12월 19일.

95 『독립신문』 건양 원년(1896) 4월 28일 논설 ; 일기 1895년 11월 16일·20일

96 『고종실록』 1895년 4월 1일 ; 일기 1895년 4월 12일.

97 일기 1894년 10월 25일.

98 일기 1898년 1월 4일. "貢人鄭元京李成道李基雄李才國咸章燮金君恒鄭京燮李德龍禹相玉等

敢生非分之心 受價條六十餘萬兩 分半推食之意謀議 將欲害我 齊進入會社發言"

99 「前典牲署貢人等白活」(규장각 소장, 규19164, 1895년 9월) "今春各貢革罷之後"; 「進供氷庫人等白活」(규장각 소장, 규19164, 1895년 9월).

100 일기 1895년 3월 16일.

101 『고종실록』 고종 32년(1895) 5월 19일, 6월 12일.

102 『고종실록』 권33, 32년(1895) 4월 2일(양 4. 26)

103 일기 1896년 6월 2일(양 7. 12)

104 「완문完文」 1898. 2 (규장각 古4259-44) "一自更張以來 分院擧行 雖歸廢止 御用法器 不可闕焉"

105 조기준, 『한국자본주의성립사론』, 대왕사, 1985(초판 1973), 286~293쪽; 전우용, 『한국 회사의 탄생』, 서울대학교출판문화원, 2011, 430~453쪽과 부록 참조.

106 『통상휘찬通商彙纂』 한국편(1987, 여강출판사), 1896년 8월 京城商況(4권), 1898년 12월 京城商況(7권), 1899년 12월 京城商況(8권) 참조; 조선총독부, 『조선총독부통계연보』, 1911, 228쪽.

107 일기 1896년 11월 10일(양 12. 14)·13일(양 12. 17).

108 일기 1896년 11월 19일(양 12. 23), 12월 8일(양 1897. 1. 10)·12일(양 1897. 1. 14).

109 『고종실록』 고종 33년(1896) 2월 22일, 고종 34년(1897) 4월 30일.

110 「완문」, 1898. 2(규장각 古4259-44). "一自更張以來 分院擧行 雖歸廢止 御用法器 不可闕焉 故所以有會社之新設也 曰會曰社 自有業主 雖異於廚院之分設 然御用法器 由是以無闕"

111 『승정원일기』 1896년 11월 5일(양 12. 9).

112 일기 1896년 12월 19일(양 1897. 1. 22) "韓爲貸者 安爲保人 成手票三萬兩 以一分五里邊先限明年三月晦日爲限"

113 일기 1898년 1월 3일(양 1. 24).

114 일기 1897년 1월 14일(양 2. 15)~1월 16일(양 2. 17).

115 일기 1897년 1월 21일(양 2. 22), 2월 3일(양 3. 5).

116 일기 1896년 12월 26일(양 1897. 1. 28). "見柱憲書 … 而李參議永均以會社文蹟事沮戱 不得已一萬五千兩資本錢捧上之許入云"

117 전우용, 『한국 회사의 탄생』, 서울대학교출판문화원, 2011, 부록 참조.

118 일기 1898년 1월 3일(양 1. 24).

119 일기 1899년 12월 7일(양 1900. 1. 7).

120 일기 1900년 3월 8일(양 4. 7). "會社文簿會計錢合十七萬餘兩 九員各分一萬八千七百兩式"

121 일기 1901년 2월 15일(양 4. 3).

122 필자는 이전 논문(박은숙, 「대한제국기 번자회사의 설립과 운영」, 『한국사연구』 149, 2010, 297쪽)에서 자료 ①, ②, ③을 합쳐 전체 수익금을 40,940냥으로 보았는데, 자료 ①의 수익

금은 자료 ②에 합산된 것으로 판단되므로 이번 글에서 수정하였다.

123 일기 1897년 6월 6일(양 7. 5) "社中京社員安重基李永均下來"

124 일기 1899년 1월 17일(양 2. 26)~1.25(양 3. 6), 1899년 2월 14일(양 3. 25).

125 일기 1898년 12월 27일(양 1. 19), 1899년 10월 2일(양 11. 4).

126 일기 1903년 2월 21일(양 3. 19), 7월 15일(양 9. 6).

127 일기 1900년 3월 8일(양 4. 7).

128 일기 1897년 7월 25일(양 8. 22).

129 일기 1897년 8월 21일(양 9. 17).

130 일기 1897년 5월 20일(양 6. 17).

131 일기 1897년 2월 19일(양 3. 21)·28일(양 3. 30).

132 『고종실록』 고종 34년(1897) 8월 2일 ; 일기 1897년 7월 11일(양 8. 7)~7월 18일(양 8. 14),
9월 25일(양 10. 20)~10월 24일(양 11. 18).

133 국립고궁박물관, 『100년 전의 기억, 대한제국』 특별전 도록, 2010, 225쪽 ; 국립고궁박물관,
『국립고궁박물관 전시안내도록』, 2011, 211·215쪽.

134 일기 1898년 12월 23일(양 1899. 2. 3), 1899년 1월 11일(양 2. 20).

135 『통상휘찬』 한국편(1987, 여강출판사) 1896년 8월 京城商況(4권), 1898년 12월 京城商況(7
권), 1899년 12월 京城商況(8권).

136 일기 1899년 11월 20일(양 12. 22).

137 일기 1898년 11월 15일(양 12. 27).

138 일기 1898년 11월 23일(양 1899. 1. 4).

139 일기 1898년 11월 6일(양 12. 18), 1899년 12월 30일(양 1900. 1. 30).

140 일기 1897년 9월 1일(양 9. 26).

141 일기 1899년 2월 14일(양 3. 25).

142 일기 1898년 11월 22일(양 1899. 1. 3).

143 일기 1900년 1월 25일(양 2. 24)

144 일기 1897년 3월 28일(양 4. 29)

145 일기 1897년 8월 21일(양 9. 17)·24일(양 9. 20), 11월 5일(양 11. 28), 1898년 1월 20일(양
2. 10), 2월 14일(양 3. 6), 8월 4일(양 9. 19), 12월 24일(양 1899. 2. 4).

146 일기 1899년 4월 5일(양 5. 14)·22일(양 5. 31), 1901년 8월 5일(양 9. 17), 11월 18일(양
12. 28).

147 일기 1899년 1월 23일(양 3. 4).

148 일기 1899년 1월 24일(양 3. 5)~3월 10일(양 4. 19).

149 일기 1899년 2월 20일(양 3. 31), 4월 19일(양 5. 28).

150 일기 1899년 5월 9일(양 6. 16)·11일(양 6. 18).

151 일기 1899년 12월 7일(양 1900. 1. 7).

152 일기 1900년 5월 10일(양 6. 6)·23일(양 6. 19), 6월 26일(양 7. 22).

153 일기 1900년 6월 28일(양 7. 24)·29일(양 7. 25).

154 일기 1905년 7월 5일(양 8. 5).

155 일기 1900년 4월 15일(양 5. 13), 1902년 3월 7일(양 4. 14), 1903년 2월 6일(양 3. 14).

156 일기 1901년 4월 23일(양 6. 9). "進饌所用龍樽使張聖〈化〉造成而其業主卞柱憲多般靳許"

157 박은숙, 「분원 사기장의 자유해방과 계약 노동자의 길(1895~1910)」, 『역사와 현실』 93, 2014, 363~364쪽.

158 박은숙, 「대한제국기 번자회사의 설립과 운영」, 『한국사연구』 149, 2010, 297~303쪽.

159 『고종실록』 고종 37년(1900) 1월 16일, 고종 41년(1904) 1월 11일 ; 일기 1903년 2월 26일 (양 3. 24), 1906년 4월 11일(양 5. 4) ; 『황성신문』 1907년 6월 11일.

160 일기 1903년 12월 10일(양 1904. 1. 26).

161 『승정원일기』 1903년 11월 15일(양 1904. 1. 2) ; 『고종실록』 1904년 1월 2일.

162 박은숙, 「대한제국기 번자회사의 설립과 운영」, 『한국사연구』 149, 2010, 299~300쪽.

163 일기 1900년 6월 28일(양 7. 24)·29일(양 7. 25), 1901년 5월 6일(양 6. 21).

164 일기 1904년 11월 1일(양 12. 7), 11월 10일(양 12. 16)~13일(양 12. 19).

165 일기 1902년 2월 18일(양 3. 27).

166 일기 1905년 2월 15일(양 3. 20).

167 일기 1905년 3월 27일(양 5. 1).

168 박은숙, 「대한제국무본보험회사의 조직과 운영」, 『역사와현실』 83, 한국역사연구회, 2012, 330쪽.

169 일기 1903년 2월 22일(양 3. 20).

170 일기 1905년 2월 15일(양 3. 20).

171 일기 1902년 2월 28일(양 4. 6).

172 일기 1904년 4월 12일(양 5. 26).

173 일기 1905년 1월 22일(양 2. 25).

174 일기 1911년 5월 1일(양 5. 28).

175 일기 1909년 7월 18일(양 9. 2)·25일(양 9. 9) ; 『황성신문』 1910년 8월 18일 논설, 광고. 1910년에 설립된 분원자기주식회사는 1916년까지 운영되었다(국사편찬위원회, 한국사 연표. http://www.history.go.kr).

176 일기 1904년 8월 19일(양 9. 28).

177 『황성신문』 1907년 6월 11일(음 5. 1) ; 일기 1906년 4월 11일(양 5. 4)·23일(양 5. 16).

178 일기 1907년 6월 1일(양 7. 10).

179 이규경李圭景, 『오주연문장전산고五洲衍文長箋散稿』 권27, 古今甆窯辨證說(영인본 상권, 동국

문화사, 1959, 774~775쪽). "大抵我東瓷窯質朴堅固 然比諸燕窯倭磁麤劣太甚 中國窯又不如倭窯之精妙 倭瓷則其薄如㿻 其白如玉"

180 G.W. 길모어 지음, 신복룡 역주, 『서울풍물지』, 집문당, 1999, 166~167쪽. 집필자 길모어는 1886년 육영공원의 교사로 부임하여 1889년까지 재임했던 미국인이다.

181 『통상휘찬』 한국편 1권 13쪽, 7권 78쪽, 8권 24쪽, 9권 53쪽(여강출판사, 1987년 영인본)

182 『제국신문』 1899년 1월 17일 광고, 1901년 3월 23일 광고, 1902년 8월 11일 광고 ; 『황성신문』 1900년 5월 18일 잡보, 1904년 10월 10일 잡보.

183 『제국신문』 1900년 5월 25일 논설.

184 일기 1894년 12월 16일(양 1895. 1. 11), 1904년 12월 28일(양 1905. 2. 2), 1905년 5월 23일(양 6. 25)·30일(양 7. 2).

185 일기 1895년 12월 15일(양 1896. 1. 29) "夜深見益俊書 受價事日間決末云 國葬器皿受價事 日窯新設 李弘順中間圖奪沮戲請囑云可謂好事多魔也", 1897년 5월 20일(양 6. 19).

186 『황성신문』 1905년 8월 31일 잡보.

187 『황성신문』 1906년 3월 1일 잡보.

188 일기 1906년 4월 20일(양 5. 13).

189 『황성신문』 1899년 4월 25일 논설 '制民之産'

190 『태극학보』 제24호, 1908년 9월 24일 「實業 발전의 方針」 ; 『황성신문』 1909년 9월 11일 논설 '工業會'

191 일기 1902년 7월 2일(양 8. 5)·4일(양 8. 7)·10일(양 8. 13), 8월 3일(양 9. 4).

192 『황성신문』 1903년 3월 31일 잡보.

193 서울특별시사편찬위원회, 『동명연혁고』 종로구편, 1992, 81~104쪽 ; 『황성신문』 1906년 11월 6일 잡보.

194 『황성신문』 1906년 11월 6일 잡보.

195 일기 1902년 9월 8일(양 10. 9).

196 일기 1905년 5월 15일(양 6. 17), 6월 3일(양 7. 5)·10일(양 7. 12) ; 『황성신문』 1906년 11월 6일 잡보.

197 『황성신문』 1906년 3월 1일 잡보.

198 『황성신문』 1908년 10월 14일~10월 31일 광고.

199 전우용, 『한국 회사의 탄생』, 서울대학교출판문화원, 2011, 257쪽.

200 『고종실록』 고종 44년(1907) 2월 1일 ; 일기 1906년 5월 2일(양 6. 23), 1908년 3월 24일(양 4. 24) ; 『황성신문』 1910년 4월 20일.

201 일기 1901년 2월 6일(양 3. 25).

202 일기 1902년 9월 8일(양 10. 9).

203 일기 1902년 10월 14일(양 11. 13), 16~18일, 20일·22일, 27~28일, 11월 22일(양 12. 21).

204 『황성신문』 1909년 9월 3일 잡보 ; 황현, 『매천야록』 권6, 융희 3년(1909).

205 일기 1902년 10월 16일(양 11. 15)·17일, 12월 3일(양 1903. 1. 1)·16일(양 1. 14), 1903년 2월 6일(양 3. 4).

206 일기 1902년 11월 19일(양 12. 18)·26일, 1903년 2월 27일(양 3. 25), 3월 11일(양 4. 8).

207 일기 1903년 2월 26일(양 3. 24).

208 일기 1901년 4월 8일(양 5. 25), 1901년 9월 17일(양 10. 28) 1902년 7월 13일(양 8. 16).

209 일기 1903년 9월 8일(양 10. 27)·13일

210 『승정원일기』 고종 39년(1902) 6월 20일(양 7. 24), 고종 40년(1903) 3월 13일(양 4. 10).

211 일기 1904년 9월 24일(양 11. 1), 11월 5일(양 12. 11), 1905년 1월 9일(양 2. 12), 1908년 9월 7일(양 10. 1).

212 일기 1906년 1월 27일(양 2. 20).

213 한국학중앙연구원, 『한국민족문화대백과사전』 '요업'(http://encykorea.aks.ac.kr).

214 『황성신문』 1899년 4월 25일(음 3. 16), 1900년 12월 26일(음 11. 5) ; 일기 1904년 12월 28일(양 1905. 2. 2). "日人曰吾在本國以燔砂爲業矣 今出韓國聞分院燔砂精妙欲爲觀光"

215 일기 1906년 10월 21일(양 12. 6) "本倅以燔砂株式會社協同設立之意有敎"

216 일기 1906년 10월 22일(양 12. 7)·23일.

217 『고종실록』 고종 44년(1907) 6월 7일(음 4. 27).

218 일기 1907년 4월 1일(양 5. 12), 6월 5일(양 7. 14), 1908년 5월 25일(양 6. 23), 6월 6일(양 7. 4), 7월 21일(양 8. 17).

219 일기 1908년 6월 22일(양 7. 20).

220 일기 1908년 5월 3일(양 6. 1).

221 일기 1908년 10월 29일(양 11. 22).

222 일기 1911년 1월 22일(양 2. 20)·29일(양 2. 27).

223 『제국신문』 1906년 5월 11일 논설.

224 『대한매일신보』 1909년 9월 17일.

225 김헌주, 「마을 주민의 시선에서 본 의병운동(1894~1909)」, 『한국사학보』 49, 고려사학회, 2012.

226 일기 1909년 윤2월 15일(양 4. 15), 1905년 4월 14일(양 5. 17).

227 일기 1909년 윤2월 15일(양 4. 5), 7월 10일(양 8. 25)·18일(양 9. 2).

228 일기 1909년 7월 25일(양 9. 9).

229 일기 1909년 5월 9일(양 6. 26)·10일(양 6. 27) ; 『동아일보』 1925년 9월 27일 「추모, 고 誠菴 金道熙 선생을 추도함」.

230 일기 1909년 7월 25일(양 9. 9) ; 『황성신문』 1909년 11월 3일 ; 『대한매일신보』 1909년 9월 17일 논설.

231 일기 1910년 1월 13일(양 2. 22)·28일(양 3. 9), 3월 8일(양 4. 17).

232 『황성신문』 1909년 5월 27일 잡보, 1910년 10월 16일 논설.

233 일기 1910년 1월 28일(양 3. 9), 2월 9일(양 3. 19)·26일(양 4. 5), 3월 7일(양 4. 16).

234 일기 1910년 2월 9일(양 3. 19), 3월 7일(양 4. 16).

235 일기 1910년 3월 8일(양 4. 17), 4월 10일(양 5. 18).

236 일기 1910년 6월 24일(양 7. 30)·25일.

237 일기 1910년 6월 22일(양 7. 28)~25일(양 7. 31), 7월 1일(양 8. 5)·9일(양 8. 13) ; 『황성신문』 1910년 8월 10일 잡보.

238 『황성신문』 1910년 8월 18일 논설.

239 『황성신문』 1910년 8월 18일 '광고'.

240 『매일신보』 1911년 1월 18일 ; 국사편찬위원회, 한국사 연표(http://db.history.go.kr/).

241 『조선총독부관보』 258호, 1911년 7월 10일.

242 『황성신문』 1908년 2월 18일 ; 『매일신보』 1911년 1월 18일.

243 『제국신문』 1906년 1월 29일, 1906년 3월 24일 농공은행, 1906년 5월 1일 잡보 공업주식회사, 1906년 5월 7일 광고 한성농공회사 ; 『황성신문』 1908년 10월 14일 광고, 1910년 5월 18일 잡보.

244 『황성신문』 1910년 8월 18일 논설 ; 『조선총독부관보』 1864호(1918년 10월 24일).

245 『제국신문』 1906년 3월 24일 잡보, 1906년 5월 1일 잡보, 1906년 5월 7일 광고 '한성농공회사'.

246 『황성신문』 1910년 2월 8일 잡보 ; 민족문제연구소, 『친일인명사전』 2009, '윤치소' 참조.

247 박은숙, 「대한제국기 번자회사의 설립과 운영」, 『한국사연구』 149, 2010, 297~298쪽.

248 박은숙, 「대한제국기 번자회사의 설립과 운영」, 『한국사연구』 149, 2010, 298쪽 ; 전우용, 『한국 회사의 탄생』, 서울대학교출판문화원, 2011, 393~394쪽.

249 일기 1911년 3월 20일(양 4. 18).

250 『승정원일기』 1896년 5월 10일(양 6. 20)·12일, 1901년 9월 2일(양 10. 13).

251 민족문제연구소, 『친일인명사전』, '윤치소'.

252 『승정원일기』 1891년 1월 6일(양 2. 14)·7일, 1904년 10월 27일(양 12. 3)·28일, 1905년 12월 25일(양 1906. 1. 19).

253 『대한자강회월보』 제9호(1907년 3월 25일) ; 『기호흥학회월보』 제7호(1909년 2월 25일) ; 『매일신보』 1914년 7월 6일, 1914년 5월 7일 ; 『윤치호일기』 1918년 3rd. Monday.

254 일기 1911년 3월 20일(양 4. 18).

255 『매일신보』 1913년 6월 6일, 「汾院陶業保護獎勵」

256 유근형, 『고려청자 : 청자도공 해강 유근형 자서전』, 도서출판 오른사, 1982, 191~192쪽.

257 일기 1911년 1월 22일(양 2. 20)·29일(양 2. 27).

258 국사편찬위원회, 한국사 연표(http://db.history.go.kr/).

259 한창기, 「조선백자 가마가 하나 남아 있다」, 『뿌리 깊은 나무』 1987년 11월 ; 『금강신문』 2013년 7월 26일 '김정옥 사기장(중요무형문화재 제105호)'; 문경시 인터넷 홈페이지(http:// tour.gbmg.go.kr/).

260 『매일신보』 1931년 1월 1일.

261 『동아일보』 1947년 5월 14일.

2부 : 분원자기를 만드는 재료와 시설 — 백토·화목·청화·가마

1 『세종실록』 세종 5년(1423) 4월 21일, 9년(1427) 5월 22일 ; 허준, 『동의보감』 「탕액편湯液篇」 '백악白堊'(『원본 동의보감』, 남산당, 1976, 681쪽).

2 『중종실록』 중종 25년(1530) 2월 5일.

3 『신증동국여지승람』 권8, 「양근군 토산조土産條」. "白粘土出郡南十五里夫老介村"; 방병선, 『조선 후기 백자 연구』, 일지사, 2000, 209쪽.

4 방병선, 위의 책, 208~209쪽.

5 강만길, 「분원 연구 — 17~18세기 조선왕조 관영수공업체의 운영 실태」, 『아세아연구』 8권 4호, 1965, 88~94쪽 ; 권병탁, 「광주 분원 경영의 실체」, 『민족문화논총』 5집, 영남대 민족문화연구소, 1983, 50~53쪽.

6 『육전조례』 권2, 이전吏典 사용원 분원 조. "分院在楊根所管各邑直關 廣州水土一千四百石本府掘給則定船運來 楊口白土五百十石 分定四邑狼川一百十石 春川二百二十石 麟蹄六十石 洪川一百二十石 分春秋運納 ○ 別燔時隨器皿多寡 廣土限四百石 楊土限三百石加用 晋州白粘土八十石 昆陽水乙土四十五石 已上每年稅船添載運納"

7 신한균, 『사기장 신한균의 우리 사발 이야기』, 가야넷, 2005, 332쪽.

8 「분원각항문부초록分院各項文簿抄錄」(규장각 상백 古352.051B886) '移文抄' 乙亥(1875) 9월.

9 「분원각항문부초록」 '移文抄' 癸酉(1873) 3월 일. '關陰城'. 자료에 '呂州'로 표기되어 있는데, 이는 경기도 여주驪州를 가리킨다.

10 『숙종실록』 숙종 40년(1714) 8월 23일.

11 『정조실록』 정조 15년(1791) 9월 24일.

12 「분원각항문부초록」(규장각 상백 古352.051 B886) '移文抄' 癸酉(1873) 10월.

13 『비변사등록』 숙종 42년(1716) 8월 20일.

14 「분원각항문부초록」 '보첩' '이문초移文抄' 등 참조.

15 「분원각항문부초록」 '보첩' 계유(1873) 10월 일, 같은 자료 12월 일, 같은 자료 '移文抄' 癸

酉(1873) 10월.

16 『승정원일기』 고종 31년(1894) 12월 27일 ; 『고종실록』 고종 31년(1894) 12월 27일.

17 「분원공소절목分院貢所節目」(서울대 규장각, 古4256—11).

18 국립민속박물관, 『한국의 도량형』, 1997, 90쪽.

19 일기 1891년 10월 23일, 1894년 7월 8일.

20 일기 1892년 8월 27일.

21 일기 1892년 9월 16일.

22 일기 1893년 1월 24일·25일, 5월 4일·8일·24일.

23 일기 1891년 7월 25일.

24 『고종실록』 고종 31년(1894) 12월 27일.

25 일기 1891년 1월 13일·25일, 8월 7일, 1892년 1월 25일, 8월 18일.

26 일기 1893년 2월 16일.

27 일기 1892년 7월 11일.

28 일기 1892년 7월 9일·23일, 8월 25일.

29 일기 1893년 7월 10일·16일, 1894년 5월 5일·16일.

30 일기 1894년 2월 3일, 4월 11일, 1895년 2월 14일, 4월 25일, 5월 4일·6일, 1897년 1월 12
일.

31 일기 1898년 6월 22일(양 8. 9).

32 일기 1897년 5월 21일(양 6. 20), 1898년 2월 11일(양 3. 3), 3월 8일(양 3. 29), 6월 22일
(양 8. 9).

33 박은숙, 「대한제국기 燔磁會社의 설립과 운영」, 『한국사연구』 149, 2010, 303~305쪽 ; 『공
문편안公文編案』 81, 광무 2년(1898) 2월 24일, 3월 15일.

34 일기 1903년 10월 13일, 10월 15일·16일·25일, 11월 28일.

35 일기 1903년 9월 8일(양 10. 27)·13일.

36 『비변사등록』 영조 1년(1725) 4월 8일, 영조 2년(1726) 2월 22일.

37 『비변사등록』 영조 1년(1725) 1월 7일, 4월 8일, 영조 2년(1726) 1월 19일.

38 『승정원일기』 영조 3년(1727) 5월 25일 "廣州火田稅一年所捧, 將至近千石云"

39 『비변사등록』 영조 1년(1725) 4월 8일, 영조 2년(1726) 1월 19일, 2월 14일·19일, 영조 3년
(1727) 6월 4일.

40 『육전조례』 권2, 이전吏典 사옹원 조 "柴場犯斫者 依陵木偸斫律"

41 『비변사등록』 영조 2년(1726) 2월 14일.

42 『비변사등록』 영조 2년(1726) 2월 19일·22일.

43 『비변사등록』 영조 2년(1726) 2월 19일.

44 『육전조례』 사옹원 사기색沙器色 조.

45 「분원공소절목」.

46 일기 1891년 2월 14일, 6월 17일, 12월 15일, 1892년 2월 3일.

47 일기 1895년 6월 3일·22일.

48 일기 1891년 4월 30일.

49 일기 1892년 윤6월 13일.

50 일기 1896년 4월 24일, 1897년 1월 20일, 6월 29일, 1899년 7월 5일, 1900년 6월 20일, 6월 22일, 7월 5일, 1902년 6월 20일, 1903년 2월 9일.

51 일기 1897년 12월 5일(양 12. 28).

52 일기 1899년 7월 26일(양 8. 31)·27일, 1900년 4월 23일(양 5. 21).

53 일기 1901년 4월 19일(양 6. 5).

54 일기 1901년 10월 26일(양 12. 6), 1902년 11월 24일(양 12. 23)·28일·29일, 12월 4일(양 1903. 1. 2).

55 일기 1907년 10월 4일(양 11. 9).

56 일기 1896년 4월 14일(양 5. 26), 1897년 3월 1일(양 4. 2)·6일·8일.

57 일기 1899년 4월 24(양 6. 2)~26일, 1902년 9월 25일(양 10. 29)·26일·27일, 10월 5일(양 11. 4).

58 일기 1897년 6월 26일(양 7. 25), 1899년 8월 4일(양 9. 8).

59 『비변사등록』 숙종 33년(1707) 2월 2일.

60 『육전조례』 권2, 이전吏典 사옹원 분원 조.

61 아사카와 다쿠미淺川巧 지음, 정명호 옮김, 『조선도자명고朝鮮陶磁名考』, 경인문화사, 1991, 92~96쪽.

62 『성종실록』 성종 24년(1493) 5월 18일.

63 이희경李喜經, 『설수외사雪岫外史』(이우성 편, 『설수외사(외 2종)』, 아세아문화사 1986).

64 일기 1892년 1월 23일, 5월 2일, 1894년 11월 11일, 1895년 9월 27일, 1899년 4월 26일.

65 방병선, 『조선 후기 백자 연구』, 일지사, 2000, 223~231쪽 ; 한국학중앙연구원, 『한국민족문화대백과사전』 등.

66 『세조실록』 세조 9년(1463). 5월 24일, 윤7월 3일, 세조 10년(1464) 8월 7일.

67 『예종실록』 예종 1년(1469) 10월 5일.

68 『성종실록』 성종 19년(1488) 1월 23일. "以回回靑 非我國所産 亦非民間所用"

69 『성종실록』 성종 9년(1478) 8월 11일.

70 『성종실록』 성종 10년(1488) 1월 23일, 『중종실록』 중종 36년(1541) 12월 28일, 『광해군일기』 광해군 11년(1619) 4월 17일.

71 『세종실록』 세종 즉위년(1418) 8월 14일, 세종 11년(1429) 1월 27일 ; 『문종실록』 문종 즉위년(1450) 8월 6일.

72 『성종실록』 성종 8년(1477) 윤2월 10일·13일.

73 『영조실록』 영조 30년(1754) 7월 17일. "教曰磁器之畫 古用石間朱 今聞以回靑畫之云 此亦侈風 此後則畫龍樽外 一切嚴禁"

74 『순조실록』 순조 5년(1805) 2월 13일.

75 『순조실록』 순조 5년(1805) 2월 13일.

76 정동훈, 『도예가를 위한 유약 연구―고온소성용』, 도서출판 디자인하우스, 1992, 13~20쪽.

77 방병선, 『조선 후기 백자 연구』, 일지사, 2000, 218~219쪽.

78 「분원공소절목」.

79 「분원공소절목」.

80 일기 1892년 5월 2일, 1891년 1월 23일, 1894년 11월 11일.

81 이화여대 박물관, 경기도 광주시, 『발굴조사보고서 ― 조선시대 마지막 官窯 광주 분원리 白磁窯址』, 2006.

82 위의 자료, 93~94쪽.

83 위의 자료, 328~329쪽.

84 한창기, 「조선백자 가마가 하나 남아 있다」, 『뿌리깊은 나무』, 1987. 11. 1.

85 일기 1891년 2월 15일, 11월 6일.

86 일기 1901년 2월 6일, 1902년 9월 8일, 10월 14일·18일·20일·22일·28일.

3부 : 분원을 움직인 사람들 ― 관리자와 사기장 이야기

1 『세조실록』 세조 8년(1426) 11월 30일 경신.

2 『세조실록』 세조 1년(1455) 윤6월 19일, 세조 12년(1466) 6월 7일.

3 『승정원일기』 숙종 36년(1710) 4월 28일 ; 방병선, 『조선 후기 백자 연구』, 일지사, 2000, 168쪽.

4 김시민, 『동포집東圃集』 권7, 謹題御畵帖子後.

5 『비변사등록』 영조 23년(1747) 3월 8일.

6 『영조실록』 영조 30년(1754) 4월 29일.

7 『순조실록』 순조 32년(1832) 9월 15일.

8 『정조실록』 정조 15년(1791) 9월 24일.

9 『정조실록』 정조 19년(1795) 8월 6일.

10 일기 1894년 7월 16일.

11 일기 1895년 2월 23일 ; 『황성신문』 1903년 3월 31일 잡보.

12 일기 1897년 7월 15일.

13 『승정원일기』 숙종 3년(1677) 11월 21일.

14 『정조실록』 정조 19년(1795) 8월 6일.

15 선정비의 비문은 필자가 2015년 10월 24일 현장을 답사한 후 정리하여 작성했다.

16 『영조실록』 영조 29년(1753) 1월 27일.

17 『영조실록』 영조 16년(1740) 4월 4일, 영조 27년(1751) 6월 18일.

18 『영조실록』 영조 23년(1747) 3월 1일, 영조 30년(1754) 3월 3일.

19 『영조실록』 영조 29년(1753) 2월 8일, 영조 31년(1755) 4월 28일.

20 「崇禎紀元後百八十六年癸酉王大妃殿寶齡六旬上候平復王世子册禮王大妃殿寶齡周甲合四慶慶科增廣司馬榜目」(국립중앙도서관, 古朝26-29-81).

21 『헌종실록』 헌종 8년(1842) 8월 13일.

22 『정조실록』 정조 23년(1799) 1월 18일.

23 『정조실록』 정조 15년(1791) 2월 20일.

24 『정조실록』 정조 23년(1799) 1월 18일.

25 『정조실록』 정조 17년(1793) 3월 10일.

26 『순조실록』 순조 22년(1822) 7월 11일 ; 『철종실록』 철종 1년(1850) 3월 26일.

27 『비변사등록』 헌종 6년(1840) 3월 19일, 10월 22일, 헌종 7년(1841) 10월 12일, 11월 5일 ; 규장각, 「西京遺愛碑帖」(규 21851).

28 『승정원일기』 순조 28년(1828) 11월 24일 ; 『순조실록』 순조 28년 11월 25일, 순조 29년 2월 9일.

29 『비변사등록』 순조 31년(1831) 5월 12일·13일, 9월 19일·26일, 순조 33년(1833) 10월 19일, 12월 6일 등.

30 『승정원일기』 순조 27년(1827) 10월 8일, 헌종 6년(1840) 12월 22일, 헌종 9년(1849) 6월 25일, 철종 원년(1850) 4월 3일, 철종 2년(1851) 3월 26일, 4월 24~26일 ; 한국학중앙연구원, 한국역대인물종합정보시스템(http://people.aks.ac.kr/)

31 『일성록』 순조 30년(1830) 4월 1일.

32 『각사등록』 「충청감영계록忠淸監營啓錄」, 헌종 9년(1843) 12월 ; 『일성록』 헌종 10년(1844) 12월 12일, 헌종 13년(1847) 5월 19일.

33 『일성록』 철종 3년(1852) 6월 17일, 철종 8년(1857) 7월 3일 ; 『승정원일기』 고종 23년(1886) 4월 18일.

34 『완당전집阮堂全集』 권4, 書牘 ; 『번유합고樊悠合稿』(규 3221) ; 『홍현주시문고洪顯周詩文稿, 其他』(규장각 古3428-392) ; 『몽연록夢緣錄』(규장각 古4650-166) ; 『낙하생고洛下生稿』(규장각 가람 古819.55-Y5) 등.

35 『일성록』 철종 8(1857) 3월 19일.

36 이유원李裕元, 『임하필기林下筆記』 권34, 「화동옥삼편華東玉糝編」, 권35 「벽려신지薜荔新志」.

37 『승정원일기』 고종 3년(1866) 6월 12일.

38 『승정원일기』 고종 18년(1881) 8월 6일, 고종 19년(1882) 3월 14일.

39 황현, 『매천야록』 권1, 상.

40 『崇禎紀元後四戊申增廣司馬榜目』(국립중앙도서관, 일산 古6024-22) ; 『승정원일기』 고종 1년(1864) 12월 27일, 고종 2년(1865) 12월 22일, 고종 5년(1868) 11월 3일, 고종 6년(1869) 12월 21일, 고종 10년(1873) 1월 13일, 고종 12년(1875) 9월 30일.

41 『승정원일기』 고종 1년(1864) 12월 27일, 고종 2년(1865) 12월 22일.

42 『국조방목國朝榜目』(규장각한국학연구원, 奎貴 11655) ; 『崇禎紀元後四甲子式司馬榜目』(국립중앙도서관, 일산 古6024-55).

43 『승정원일기』 고종 6년(1869) 12월 21일, 고종 8년(1871) 1월 3일, 고종 9년(1872) 9월 16일.

44 『승정원일기』 고종 11년(1874) 11월 17일 ; 『고종실록』 고종 13년(1876) 10월 26일.

45 『승정원일기』 고종 12년(1875) 5월 2일.

46 『승정원일기』 고종 27년(1890) 3월 28일 ; 일기 1893년 8월 24일.

47 일기 1893년 8월 24일.

48 「분원각항문부초록分院各項文簿抄錄」(규장각 상백 古352.051B886) '報牒' 을해(1875) 6월 일. "分院吏例一經都吏 卽爲退去以其子姪代塡 便是金石之重"

49 「분원각항문부초록」 '보첩' 계유(1873) 10월 일.

50 「분원각항문부초록」 '보첩' 계유(1873) 8월, '이문초' 갑술(1874) 8월 일.

51 「분원각항문부초록」 '보첩' 병자(1876) 2월, 7월 초6일 '보첩'.

52 「분원각항문부초록」 '보첩' 병자(1876) 7월. "吏廳之錢爲三千餘金 而每年出給於都吏設燔之付使之…"

53 「분원각항문부초록」 '보첩' 을해(1875) 6월 24일.

54 「분원각항문부초록」 '보첩' 을해(1875) 6월 일.

55 「분원각항문부초록」 '보첩' 계유(1873) 8월 일. "今爲二十人而每年十人式輪回擧行"

56 「분원각항문부초록」 '보첩' 계유(1873) 10월 일.

57 「분원각항문부초록」 '보첩' 계유(1873) 10월 일. "辛酉年分燔造官論報上司 減八人以十六人作二番擧行"

58 「분원각항문부초록」 '보첩' 을해(1875) 6월 일.

59 「분원각항문부초록」 '보첩' 을해(1875) 6월 일. "分院員役中 加設六名 一倂除汰"

60 「분원각항문부초록」 '보첩' 을해(1875) 6월 24일.

61 『육전조례』 권2, 이전吏典, 사용원 조.

62 「분원각항문부초록」 '보첩' 계유(1873) 10월 일. "通引名色永爲革罷 移付吏廳 救其落戶色之

弊矣"

63 「분원각항문부초록」 '보첩' 계유(1873) 10월 일. "所謂通引名色 本是吏屬子姪輩擧行是乎"

64 「분원각항문부초록」 '보첩' 계유(1873) 10월 일.

65 「분원각항문부초록」 '보첩' 병자(1876) 5월 일.

66 「분원각항문부초록」 '보첩' 병자(1876) 5월 일.

67 『비변사등록』 정조 3년(1779) 4월 20일.

68 『비변사등록』 정조 3년(1779) 4월 6일·8일 ; 『정조실록』 정조 19년(1795) 8월 6일.

69 『승정원일기』 1890년 10월 7일, 1893년 2월 8일 ; 일기 1891년 12월 3일, 1894년 6월 28 일.

70 『승정원일기』 고종 27년(1890) 3월 28일, 고종 29년(1892) 9월 24일, 고종 30년(1893) 8월 21일, 고종 31년(1894) 7월 19일, 9월 5일 ; 일기 1893년 8월 24일, 1894년 9월 10일, 1895 년 4월 12일·23일.

71 일기 1893년 8월 24일·27일, 1894년 6월 12일, 8월 2일.

72 『승정원일기』 1894년 9월 5일 ; 일기 1894년 9월 10일, 1895년 3월 28일, 4월 12일, 1906 년 4월 11일.

73 황현, 『매천야록』 권1, 상 ; 일기 1891년 2월 10일, 1891년 7월 20~21일 ; 『승정원일기』 1891년 2월 10일.

74 박은숙, 「분원 공인 지규식의 공사적 인간관계 분석」, 『한국인물사연구』 11, 2009, 245~250 쪽 ; 일기 1895년 5월 16일.

75 일기 1891년 6월 26일, 1891년 11월 27일, 1893년 10월 27일.

76 일기 1892년 3월 3~5일.

77 일기 1892년 8월 25~28일.

78 『승정원일기』 고종 31년(1894) 9월 5일(양 10. 3), 고종 33년(1896) 11월 18일(양 12. 22)·27일(양 12. 31), 12월 23일(양 1897. 1. 25).

79 『승정원일기』 고종 36년(1899) 11월 22일(양 12. 24), 고종 37년(1900) 12월 3일(양 1901. 1. 22), 고종 40년(1903) 10월 12일(양 11. 30) ; 『황성신문』 1906년 7월 26일 ; 『조선은행 회사요람』 1921년판.

80 일기 1896년 12월 16일(양 1907. 1. 18), 1899년 4월 20일(양 5. 29), 1900년 8월 22일(양 9. 15), 1900년 윤8월 2일(양 9. 25) ; 『승정원일기』 고종 37년(1900) 3월 3일(양력 4. 2), 3월 4일(양력 4. 3), 고종 40년(1903) 7월 16일(양력 9. 7) ; 『각사등록』 근대편, 광무 7년 (1903) 1월 8일.

81 『승정원일기』 고종 32년(1895) 윤5월 6일(양 6. 28), 고종 39년(1902) 9월 29일(양 10. 30) ; 『고종시대사』 6집, 1907년 11월 30일 ; 일기 1896년 12월 26일(양 1897. 1. 28), 1899년 4 월 20일(양 5. 29) ; 서은영, 「대한제국시기 민영회사의 설립과 그 성격」, 경희대학교 대학

원 석사학위논문, 1995, 86쪽.

82 일기 1899년 1월 25일(양 3. 6).

83 일기 1905년 2월 15일(양 3. 20).

84 일기 1891년 4월 6일(양 5. 13), 1892년 12월 25일(양 1893. 2. 11).

85 일기 1898년 1월 7일(양 1. 28).

86 일기 1897년 7월 15일(양 6. 6), 1901년 4월 19일(양 6. 5), 1906년 10월 22일(양 12. 7), 1910년 1월 6일(양 2. 15) ;『황성신문』1907년 5월 7일 광고.

87 『황성신문』1908년 4월 7일 잡보, 1910년 4월 20일 잡보 ; 일기 1908년 3월 24일(양 4. 24), 1910년 5월 20일(양 6. 26) 등.

88 『황성신문』1905년 1월 9일 관보, 1907년 3월 27일 社告, 1910년 4월 20일 ; 일기 1910년 3월 2일(양 4. 10), 7월 1일(양 8. 5).

89 『황성신문』1907년 7월 8일 '社告', 1910년 4월 20일 ; 일기 1910년 3월 7일(양 4. 15), 1911년 3월 20일(양 4. 18).

90 한국학중앙연구원,『崇禎紀元後五乙酉慶科增廣司馬榜目』; 김윤식,『음청사』하, 고종 19년(1882) 8월 ; 박영효,『사화기략使和記略』1882년 8월 1일·14일, 9월 5일 ; 일기 1895년 4월 12일(양 5. 6) ; 규장각,「法國雲南會社로부터의 借款契約書」(奎 23335) ;『황성신문』1907년 6월 11일 광고.

91 『승정원일기』고종 37년(1900) 윤8월 6일(양 9. 29), 고종 38년(1901) 6월 11일(양 7. 26) ;『황성신문』1906년 8월 30일 광고, 12월 28일 잡보, 1907년 3월 18일 잡보 ;『대한매일신보』1908년 12월 2일 ;『통감부문서』9권, 六. 경시총감기밀보고, 문서번호 警秘第八九號, 융희 3년(1909) 5월 7일.

92 『승정원일기』고종 28년(1891) 12월 26일, 고종 32년(1895) 9월 6일(양 10.23), 고종 33년(1896) 1월 16일(양 2. 28) ;『대한제국관원이력서』;『황성신문』1909년 9월 7일 ; 민족문제연구소,『친일인명대사전』, 2009. 정진홍은 1903년 11월에 숭인전 참봉에 잠시 임명되었다가 면직된 기록이 있는데[『승정원일기』고종 40년(1903) 10월 9일(양 11. 27)], 같은 인물인지 또는 동명이인인지는 확인하기 어렵다.

93 『관보』광무 9년(1905) 4월 6일 ;『각사등록』근대편, 융희 원년(1907) 10월 4일·9일 ;『황성신문』1908년 10월 18일 광고, 1909년 5월 8일 광고 ;『대한매일신보』1910년 5월 3일 ;『매일신보』1911년 9월 15일.

94 『각사등록』근대편 광무 3년(1899) 1월 4일 ;『일성록』광무 8년(1904) 9월 26일, 융희 원년(1907) 10월 19·31일.

95 『고종실록』고종 42년(1905) 3월 19일 ;『순종실록』순종 원년(1907) 9월 9일 ;『일성록』융희 원년(1907) 8월 25일, 융희 3년(1909) 7월 31일 ;『관보』융희 원년(1907) 10월 10일 휘보 ;『대한제국관원이력서』윤치성 ; 송상도宋相燾,『기려수필騎驢隨筆』1919년 노백린(4).

96 『대한제국관원이력서』 조철희 ; 『승정원일기』 고종 36년(1899) 7월 13일(양 8. 18), 9월 17일(양 10. 21), 고종 39년(1902) 7월 27일(양 8. 30), 고종 42년(1905) 1월 18일(양 2. 21), 6월 17일(양 7. 19), 고종 43년(1906) 윤4월 30일(양 6. 21), 고종 44년(1907) 3월 18일(양 4. 30).

97 『관보』 융희 원년(1907) 9월 14일 부록 '辭令'.

98 『대한협회회보』 제9호(1908년 12월 25일) '회원 명부' ; 『기호흥학회월보』 제1호(1908. 8. 25) '회원 명부' ; 『황성신문』 1909년 9월 7일.

99 『대한제국관원이력서』 ; 『일성록』 1907년 3월 18일(양 4. 30), 1907년 7월 26일(양 9. 3) ; 『관보』 융희 원년(1907년) 9월 14일 부록 ; 『기호흥학회월보』 제3호, 1908년 10월 25일.

100 송상도, 『기려수필』 1919년 신규식 ; 『대한제국관원이력서』 ; 『관보』 융희 원년(1907) 9월 14일 부록 ; 『황성신문』 1909년 9월 7일 ; 『통감부문서』(673, 대한공업회사 총회 개최의 건) 1909년 9월 14일(http://db.history.go.kr/).

101 『일성록』 광무 6년(1902) 6월 2일(양 7. 6), 광무 7년(1903) 3월 3일(양 3. 31), 8월 17일(양 10. 7) ; 『승정원일기』 고종 39년(1902) 6월 2일(양 7. 6) ; 『관보』 융희 원년(1907) 9월 14일 부록 ; 『태극학보』 9호, 1907년 4월 24일 잡보 ; 『대한학회월보』 제1호 1908년 2월 25일 ; 『대한흥학보』 3호, 1909년 5월 20일.

102 『황성신문』 1900년 6월 21일 광고, 7월 11일 광고, 9월 1일 광고, 10월 5일 광고 ; 『일성록』 광무 10년(1906) 12월 14일(양 1907년 1월 27일) ; 『관보』 융희 원년(1907) 9월 14일 부록.

103 『태조실록』 태조 1년(1392) 9월 임인(24일), 태조 4년(1395) 10월 을미(5일) ; 『중종실록』 중종 11년(1516) 5월 임진(12일).

104 『경국대전』 공전工典, 경공장京工匠 · 외공장外工匠 조.

105 『승정원일기』 인조 3년(1625) 7월 2일 "李敏求以司饔院言啓曰 本院沙器匠 法典內戶奉足立 一千一百四十名內 年年逃故稱頉 只存八百二十一名"

106 『승정원일기』 숙종 23년(1697) 윤3월 2일; 『비변사등록』 숙종 33년(1707) 2월 2일.

107 『비변사등록』 순조 33년(1833) 2월 30일 ; 『대전회통』 권6, 工典 京工匠 "司饔院 沙器匠 三百八十"

108 『대전후속록大典後續錄』 권6, 공전, 공장 "司饔院沙器匠子枝 毋定他役 世傳其業"; 『속대전』 권6, 공전 공장 ; 『대전회통』 권6, 공전 공장 조.

109 『승정원일기』 인조 11년(1633) 6월 11일.

110 아사카와 다쿠미淺川巧, 『조선도자명고朝鮮陶磁名考』, 1931. 이 책은 아사카와 다쿠미가 「분주원보등分廚院報謄」이라는 자료에 의거하여 분원 '응역應役'을 기록했다. 「분주원보등」이 어느 때 기록인지는 알 수 없으나, '분원 성수기'라고 한 것과 사용원의 '감관'과 '원역'이 등장하는 점으로 미루어, 1883년 민영화 이전의 분원 상황임이 틀림없다.

111 일기 1898년 7월 21일, 1901년 4월 7일.

112 「분원변수복설절목分院邊首復設節目」(규장각 古大4256—10), 동치 13년(1874). 11월. "大凡邊首之稱 毋論某樣匠色 必是匠色中手段老熟而爲頭目者也 … 今旣稱燔造邊首則亦必本所匠手之中老熟而爲頭目者明矣"

113 「분원각항문부초록」 '이문초' 병자(1876) 8월 일. "設院之初果有邊首名色 而邊首則邊卒之所關"

114 「분원각항문부초록」 '보첩' 계유(1873) 8월 일.

115 「분원각항문부초록」 '이문초' 계유(1873) 10월 일.

116 「분원각항문부초록」 '이문초' 갑술(1874) 11월 일. "當初邊首之當納進上與諸般擧行"

117 「분원변수복설절목」 동치 13년(1874). 11월.

118 「분원각항문부초록」 '이문초' 갑술(1874) 8월 일.

119 「분원변수복설절목」 동치 13년(1874) 11월.

120 「분원각항문부초록」 '보첩' 계유(1873) 8월. "邊首名色 合付於都吏之窠 而所賴之任 仍爲見奪 尙未還推 百餘匠卒 皆至丐乞難保之境 … 邊首復舊例 還付於矣房事" 여기서 '의방矣房'이란 장졸들의 변방邊房을 의미한다.

121 「분원각항문부초록」 '보첩' 갑술(1874) 8월.

122 「분원변수복설절목」 동치 13년(1874) 11월.

123 「분원각항문부초록」 '보첩' 병자(1876) 2월 일.

124 「분원자기공소절목」.

125 『비변사등록』 영조 3년(1727) 6월 4일.

126 『비변사등록』 순조 33년(1833) 2월 30일. "行大護軍李光文亦啓 分院工匠之案付者爲五百名而每年一百五十名式輪回應役矣"

127 『비변사등록』 숙종 33년(1707) 2월 2일.

128 『숙종실록』 숙종 44년(1718) 8월 19일.

129 『승정원일기』 영조 30년(1754) 1월 16일. "均役減疋之後 司饔院匠卒 亦減一疋 故太半逃散"

130 「분원각항문부초록」 '보첩' 갑술(1874) 4월 일. "本院匠卒畫宵器役實無所賴 未免渙散之境矣 去壬子年分自上司稱念事勢 場市各物與鹽醢收稅付之匠卒房 永久收捧以爲救弊之意 成完文出給"

131 『육전조례』 사옹원 조.

132 『비변사등록』 영조 1년(1725) 4월 8일.

133 「분원변수복설절목」 동치 13년(1874) 11월.

134 『비변사등록』 숙종 26년(1700) 11월 10일, 숙종 42년(1716) 8월 20일.

135 『승정원일기』 영조 30년(1754) 1월 16일.

136 『승정원일기』 숙종 23년(1697) 윤3월 2일.

137 『비변사등록』 순조 33년(1833) 2월 30일.

138 「분원각항문부초록」, '보첩' 병자(1876) 6월.

139 『비변사등록』 숙종 26년(1700) 11월 10일.

140 『한성순보』 제5호, 1883년 11월 10일(양 12. 9), '市直探報'

141 박희진, 「19세기 사옹원 분원의 운영과 그 몰락」, 『조선 후기 재정과 시장』, 서울대학교출판
　　문화원, 2010, 324쪽 〈표 10-3〉 참조.

142 일기 1892년 6월 21일, 1893년 7월 6일·16일, 1894년 9월 13일.

143 일기 1891년 2월 29일, 1892년 8월 5일.

144 일기 1891년 6월 6일·8일.

145 김남희, 「조선말기 문경 관음리 망동요 연구」, 고려대학교 대학원 석사학위논문, 2013, 33
　　쪽.

146 일기 1892년 1월 23일.

147 일기 1891년 1월 10~11일, 1892년 1월 23일, 1893년 3월 13일.

148 일기 1891년 1월 15일, 1894년 10월 8일.

149 일기 1891년 6월 21일·22일, 1893년 3월 13일.

150 일기 1891년 4월 6일·9일.

151 일기 1892년 1월 13일·25일.

152 일기 1891년 6월 21일.

153 일기 1891년 1월 9일~15일.

154 일기 1891년 6월 21일.

155 일기 1891년 6월 21일, 1892년 1월 24일.

156 일기 1892년 2월 11일·13일.

157 일기 1892년 3월 24일·29일.

158 일기 1892년 6월 21일, 1893년 7월 6일·16일, 1894년 9월 13일.

159 일기 1893년 7월 6일·10일·13일.

160 박은숙, 「경기도 분원마을 주민이 경험한 갑오년 '난리'」, 『한국근현대사연구』, 74, 2015.

161 오지영, 『동학사』 제3권 '남북 조화' ; 최효식, 「경기 이천 지역의 동학농민운동」, 『동학연
　　구』 19, 2005.

162 배항섭, 「동학농민전쟁 연구」, 고려대학교 대학원 박사학위논문, 1996, 165~170쪽 ; 서영희,
　　「1894년 농민전쟁의 2차봉기」, 『1894년 농민전쟁연구』 4, 한국역사연구회, 1995 등.

163 『고종실록』 고종 31년(1894) 9월 26일(양 10. 24).

164 오지영, 『동학사』 제3권 '義軍과 官兵接戰'.

165 김윤식, 『속음청사續陰晴史』 권6, 임진(1892) 8월 27일, 계사(1893) 8월, 권8, 건양 2년(1897)
　　4월 27일 ; 『승정원일기』 고종 21년(1884) 10월 23일, 고종 29년(1892) 4월 7일.

166 일기 1895년 윤5월 26일(양 7. 18), 1896년 1월 7일(양 2. 19).

167 일기 1895년 7월 11일(양 8. 30)·12일.

168 일기 1895년 5월 16일(양 6. 8), 1897년 1월 28일(양 3. 1).

169 일기 1895년 4월 20일(양 5. 14).

170 일기 1892년 4월 25일(양 5. 21), 1895년 5월 23일(양 6. 15), 1896년 10월 12일(양 11. 16), 1897년 8월 12일(양 9. 8), 1898년 10월 29일(양 12. 12).

171 일기 1898년 2월 23일(양 3. 15)·28일, 3월 5일(양 3. 26), 3월 6일·9일.

172 「완문完文」(규장각 古4259. 44) ; 일기 1898년 1월 27일(양 2. 17). "燔役匠工姓名成冊 自宮內府完文成書下來"

173 박은숙, 「분원 사기장의 존재양상과 개항 후 변화」, 『한국근현대사연구』 67, 2013 참조.

174 일기 1891년 6월 6일(양 7. 11)·8일, 1902년 9월 20일(양 10. 21).

175 일기 1892년 6월 24일(양 7. 17), 1902년 4월 15일(양 5. 22).

176 일기 1897년 7월 26일(양 8. 23), 1902년 3월 23일(양 4. 30), 1907년 2월 16일(양 3. 29).

177 일기 1895년 4월 8일(양 5. 2), 1898년 10월 29일(양 12. 12).

178 일기 1902년 9월 20일(양 10. 21).

179 일기 1901년 2월 27일(양 4. 15), 7월 18일(양 8. 31), 8월 18일(양 9. 30), 1902년 3월 19일(양 4. 26).

180 박은숙, 「번자회사의 사원 개별운영체제와 彩器 생산」, 『한국사연구』 159, 2012, 135~136쪽.

181 일기 1896년 3월 11일(양 4. 23), 12월 6일(양 1897. 1. 8), 1897년 9월 18일(양 10. 13), 1898년 2월 13일(양 3. 5), 1900년 5월 12일(양 6. 8).

182 일기 1898년 3월 25일(양 4. 15), 10월 29일(양 12. 12).

183 일기 1891년 1월 15일, 8월 7일, 1893년 7월 16일.

184 일기 1892년 11월 21일, 1893년 3월 13일, 1895년 7월 11일(양 8. 30).

185 일기 1891년 1월 11일, 1895년 4월 20일(양 5. 14).

186 일기 1896년 10월 12일(양 11. 16).

187 일기 1901년 4월 23일(양 6. 9).

188 일기 1901년 4월 28일(양 6. 14).

189 한창기, 「조선 백자 가마가 하나 남아 있다」, 『뿌리깊은 나무』 1987. 11. 1 ; 문경시 인터넷 홈페이지(http://tour.gbmg.go.kr/open.content/ko/people/heritage.mungyeong/).

190 정명호, 「사기장 명칭과 제조기술에 관한 연구」, 『실학사상연구』 5, 1995, 45쪽.

191 일기 1901년 4월 23일(양 6. 9) "進饌所用龍樽 使張聖(化)造成 而其業主卞柱憲 多般靳許 可歎可歎"

192 일기 1901년 4월 27일(양 6. 13), 5월 1일(양 6. 16)·13일.

193 일기 1903년 5월 8일(양 6. 3)·13일.

194 일기 1891년 5월 27일(양 7. 3), 7월 1일(양 8. 5).

195 일기 1901년 1월 4일(양 2. 22), 6월 19일(양 8. 3), 1902년 4월 8일(양 5. 15), 6월 2일(양 7. 6), 1903년 윤5월 8일(양 7. 2), 6월 20일(양 8. 12), 12월 29일(양 1904. 2. 14).

196 일기 1902년 10월 14일(양 11. 13)~11월 11일(양 12. 10).

197 박은숙, 「분원 사기장의 존재양상과 개항 후 변화」, 『한국근현대사연구』 67, 2013, 참조.

198 일기 1906년 2월 15일(양 3. 9).

199 일기 1891년 8월 5일(양 9. 7), 1899년 6월 21일(양 7. 28), 1901년 1월 4일(양 2. 22), 1월 6~10일, 2월 27일(양 4. 15), 3월 13일(양 5. 1)·26일(양 5. 14), 1903년 4월 10일(양 5. 6), 8월 10일, 1905년 4월 25일(양 5. 28).

200 한창기, 「조선 백자 가마가 하나 남아 있다」, 『뿌리깊은 나무』, 1987. 11. 1 ; 『금강신문』 2013년 7월 26일 '김정옥 사기장(중요무형문화재 제105호)'; 문경시 인터넷 홈페이지(http://tour.gbmg.go.kr/open.content/ko/people/heritage.mungyeong/).

201 일기 1895년 3월 20일(양 4. 14).

202 일기 1902년 10월 27일(양 11. 26)·28일.

203 일기 1909년 10월 11일(양 11. 23).

204 일기 1903년 4월 10일(양 5. 6)~13일. "破窯處 使聞慶金備安築望同窯二間"

205 일기 1908년 10월 19일(양 11. 12).

206 일기 1910년 2월 9일(양 3. 19), 3월 5일(양 4. 14).

207 『고종실록』 고종 44년(1907) 2월 1일 ; 일기 1906년 5월 2일(양 6. 23), 1908년 3월 24일(양 4. 24) ; 『황성신문』 1910년 4월 20일.

208 『황성신문』 1907년 7월 8일 사고社告, 1910년 4월 20일 ; 일기 1910년 3월 7일(양 4. 15), 1911년 3월 20일(양 4. 18)

209 신정희·이응환, 『흙과 불 그리고 혼, 사기장 신정희』, 북인, 2007, 56~57쪽.

210 유근형, 『고려청자 : 청자도공 해강 유근형 자서전』, 도서출판 오른사, 1982, 45~49쪽.

211 위의 책, 191~192쪽.

212 『황성신문』 1910년 8월 10일 ; 일기 1910년 2월 9일(양 3. 19), 3월 5일(양 4. 14).

213 유근형, 『고려청자 : 청자도공 해강 유근형 자서전』, 도서출판 오른사, 1982, 276쪽.

214 『매일신보』 1931년 1월 1일.

215 필자는 2016년 4월 24일, 분원마을에 살고 있는 94세의 이순길 님을 방문하여 면담했으며, 이때 그의 아들 이명석 님도 동석했다. 두 분의 협조에 감사드린다.

부록

1. 분원 선정비善政碑의 주인공 명단

	이름(생몰년)	직위(재임 연도)/비 건립 연도	경력	기타
1	이숙李埱 (?~1768)	사용원 제조(1753) / 1755. 3	동지겸사은정사	능창군綾昌君, 선조의 고손 비문 : "愛恤匠民 永世不忘"
2	김계영金啓永 (1779~?)	번조관 / 1820	승지, 대사성, 판서	강릉 김씨 비문 : "公廉其政 萬世遺愛"
3	이시수李時秀 (1745~1821)	도제조 / 1823. 4	판서, 삼정승	연안 이씨 비문 : "隨事斗護 罰每從貫"
4	채제공蔡濟恭 (1720~1799)	도제조 / 1825. 4(사후)	판서, 삼정승	평강 채씨 비문 : "進獻合… 侵漁永…"
5	서좌보徐左輔 (1786~1855)	제조 / 1844. 6	대사성, 대사헌, 판서	달성 서씨
6	조인영趙寅永 (1782~1850)	도제조 / 1847. 2	판서, 우의정, 영의정	풍양 조씨
7	박기수朴岐壽 (1792~1847)	제조(1828~1829) / 1847. 2	대사성, 관찰사, 판서	반남 박씨
8	조행진趙行鎭 (1796~?)	번조관(1843~4) / 1847. 2	사용원 봉사, 제천 현감	풍양 조씨
9	김노순金老淳 (?~?)	양근 군수(1844) / 1847. 6	영동 현감, 담양 부사	창녕위昌寧尉 김병주金炳疇 의 사자使者
10	정학연丁學淵 (1783~1859)	번조관(1857) / 1859. 1	가감역, 전생서 봉사	나주 정씨, 정약용의 아들
11	김흥근金興根 (1796~1870)	도제조(1857) / 1865. 4	좌의정, 영의정	안동 김씨
12	이최응李最應 (1815~1882)	제조(1866) / 1867. 4	좌의정, 영의정	흥인군興寅君, 흥선대원군의 형
13	심영경沈英慶 (1809~?)	번조관(1864) / 1867. 4	현감, 군수, 부사	청송 심씨
14	홍대중洪大重 (1831~?)	번조관(1869~1872) / 1872	참봉, 승지, 대사성	남양 홍씨

15	박규수朴珪壽 (1807~1876)	도제조(1875) / 1877. 7	대사헌, 판서, 우의정	반남 박씨, 실학자 박지원의 손자
16	민영달閔泳達 (1859~1924)	제조(1890~1893) / 1890. 8	승지, 대사성, 판서	여흥 민씨

● 그 외에 분원에는 일제강점기에 세워진 송덕비頌德碑가 3개 있는데, 자선과 교육에 힘썼지만 분원 자기업과는 큰 관련이 없는 인물이다.

	이름	송덕비 건립 연대	사유	건립 주체
1	우윤재禹潤宰	1934년(소화昭和 9)	교량 가설	분원 동민
2	전낙규全洛奎	1941년(소화 16)	교육 지원	남종면 일동
3	단산 빈씨丹山斌氏	1941년(소화 16)	재난 구제	남종면 일동

2. 분원 사기장 명단

	이름	활동 시기	전문 분야와 활동	출처
1	장성화張聖化 (장인득張仁得)	공소, 회사	조기造器, 변방도중邊房都中 두목(변수邊首), 첨지僉知 교지 받음, 사기장을 인솔하여 등소等訴 주관, 업주 변주헌에게 고용됨, 자녀에게 서당 교육	일기, 완문
2	홍경호洪景浩	공소, 회사	조기, 봉안점 왕래, 업규 지규식에게 고용됨	일기, 완문
3	박문약朴文約	공소, 회사	조기, 우천 장시 수세 관여	일기, 완문
4	김선희金先喜	공소, 회사	조기, 여주로 이사, 분원·오금동점·문호점 왕래	일기, 완문
5	김성로金星老	공소, 회사	조기	일기, 완문
6	김영순金英順	회사	조기	완문
7	김백원金伯元	회사	조기	완문
8	이덕유李德有 (이연식李連植)	공소, 회사	마조磨造, 첨지 교지 받음, 조기장(1902)	일기, 완문
9	이문유李文有	공소, 회사	마조, 1902년 사망	일기, 완문
10	유용현柳用玄	공소, 회사	마조, 분원·오금동점 왕래, 1907년 사망	일기, 완문
11	장동순張同順	공소, 회사	마조, 규란계葵蘭契 가입	일기, 완문
12	이영배李英培	회사	마조	완문
13	이호준李好俊	공소, 회사	마조, 문호점 왕래	일기, 완문
14	김윤근金允根	공소, 회사	건화乾火, 사통私通 전달	일기, 완문
15	변치덕卞致德	공소, 회사	건화, 편지 전달, 내장원 호출	일기, 완문
16	허낙현許洛玄	공소, 회사	건화	일기, 완문
17	이윤경李允景	회사	건화	완문, 일기
18	김경문金景文	회사	건화	완문
19	박광적朴廣積	회사	건화, 조기장(1901)	완문, 일기
20	홍택선洪宅先	회사	부화釜火	완문
21	민득신閔得信	공소, 회사	부화	일기, 완문
22	손치서孫致西	회사	부화, 왕실 사기 제조소의 가마 축조에 동원(1902)	일기, 완문

23	김진국金鎭國	회사	부화	완문
24	박인산朴仁山	회사	수리修理	완문, 일기
25	박귀남朴貴男	회사	수리	완문
26	박봉선朴奉先	회사	조역助役	완문
27	변치학卞致學	회사	조역	완문
28	박덕심朴德心	회사	조역	완문
29	박순회朴順回	회사	의토착수衣土着水	완문
30	정영필鄭永必	회사	화청畵靑	완문
31	정대섭鄭大燮	회사	화청, 보고문 정서正書	일기, 완문
32	이종국李鍾國	회사	수비水飛	완문, 일기
33	김순기金順基	공소, 회사	수비, 서울 왕래, 승장升匠 관련 항의	일기, 완문
34	함순관咸順官	회사	수비	완문
35	박성업朴聖業	회사	수비	완문
36	박원보朴元甫	회사	수비, 금계랍 구입, 가마 그릇 가져감	완문, 일기
37	정관봉鄭官奉	공소, 회사	수비	완문, 일기
38	이명희李命喜	공소, 회사	수비, 서울 왕래	일기, 완문
39	엄응첨嚴應添	회사	수비	완문, 일기
40	김재근金才根	회사	수비	완문
41	금시현琴詩絃	회사	연정練正, 회속세 수세	일기, 완문
42	금순도琴舜道	회사	연정	완문
43	정광한鄭光漢	회사	연정, 회갑(1899)	완문, 일기
44	이영진李永辰	회사	연정	완문
45	서시오徐時五	회사	연정	완문
46	이오돌李五乭	회사	수종隨從	완문
47	박귀봉朴貴奉	회사	수종	완문
48	박유성朴有成	회사	수종	완문
49	민구봉閔九奉	회사	수종	완문
50	송봉안宋奉安	회사	부군負軍	완문
51	조용보趙用甫	공소, 회사	부군	일기, 완문

52	이경로李景老	회사	부군	완문
53	박길동朴吉同	회사	부군	완문, 일기
54	함사훈咸士勳	공소, 회사	풍토고風土庫 개조	일기
55	이장백李長佰	공소		일기
56	유광용柳光用	공소		일기
57	남득금南得金	공소		일기
58	윤학수尹學守	공소		일기
59	홍대길洪大吉	공소		일기
60	김판석金判石	공소		일기
61	김순필金順必	공소	변방도중 소속, 사통 전달	일기
62	이공윤李公允	공소	화청, 공인과 돈 거래, 회갑(1897)	일기
63	○화실○化實	공소	수비	일기
64	김수명金守明	1901	조기장, 업주 지규식점에서 그릇 제작, 출신 불명	일기
65	허성許成	1903	부장釜匠, 봉안점 왕래, 출신 불명	일기

※ 자료 : 『하재일기』 1891~1911년 ; 「완문完文」 1898년 2월(규장각 古4259—44).
※ 주 : 활동 시기에서 '공소'는 분원자기공소分院磁器貢所(1883~1895), '회사'는 번자회사燔磁會社(1897~1910) 시기에 활동했음을 의미한다.

3. 분원에 불러들이려 했던 지방의 명장名匠 명단

	이름	시기	전문분야와 활동	출처
1	박변수朴邊首	1891	조기장, 황해도 해주, 관문 발송	일기
2	임관서林官西	1891	조기장, 황해도 해주, 관문 발송	일기
3	박남천朴南天	1891	조기장, 충청도 연풍현, 관문 발송	일기
4	박창호朴昌浩	1901	조기장, 황해도 해주 맥현점麥峴店 소속, 궁내부 훈령 발송	일기
5	임완서林完西	1903	조기장, 강원도 김화 여파점餘坡店 소속, 궁내부 훈령 발송	일기

※ 주 : ● 박변수는 박씨 성을 가진 변수(사기장 대표)를 의미하는 듯하다.
　　　● 분원 운영자들은 정부의 관문과 훈령을 발송하여 지방의 유명한 조기장을 불러들이려 했으나 모두 실패했다.

4. 분원에 드나들었던 외지 사기장 명단

	이름	시기	전문 분야와 활동	출처
1	신성국辛聖國	1901~1905	조기장, 황해도 출신, 여주 오금동점 소속, 분원 업주 지규식에게 고용	일기
2	김남이金南伊	1901	조기장, 송파 거주	일기
3	이오스미庵住	1902	일본인 공장工匠, 채요彩窯 축조, 채기彩器 생산, 업주로부터 150원(3,750냥) 선급先給	일기
4	전창오全昌五	1903~1904	조기장, 여주 오금동점 소속, 분원 업주 지규식에게 고용	일기
5	김비안金備安 (김운회金雲熙)	1903~	경북 문경 출신, 부장	일기
6	강운서姜云西	1903	조기장, 경북 문경점	일기
7	김사득金士得	1905	조기장, 황해도 해주	일기

5. 분원자기공소分院磁器貢所 공인貢人 명단(1883~1895)

	이름	공방도중貢房都中 직임과 활동 / 1895년 이후 활동	비고
1	유춘식柳春植	수석首席·수간역首看役 겸임, 도중都中 탈퇴(1894) / 화속세火粟稅 조사, 그릇 운반	번자회사 미편입
2	김익준金益俊	대행례大行禮, 경소임京所任, 무과 급제(1893), 전답 다수 소유 / 서울 이주, 가게·전당포 운영	회사 일 관여
3	함동기咸東基	대행례, 수행隨行, 공문 성첩 왕래, 야반도주(1893)	함경빈 형
4	함장섭咸章燮	대행례, 서울 왕래, 서당 개설(1895)	회사 미편입
5	이성도李成道	대행례, 어음 추심, 서울 왕래 / 자기업, 마을 상유사上有司	회사 미편입
6	정현도鄭玄道	선달, 상장上掌, 변간역邊看役 / 도토·화목 조달, 상유사	1838년생 회사 미편입
7	함동희咸東羲	상장, 전답 다수 소유 / 자기업, 동장洞長, 자위단장自衛團長	회사 출자 사원
8	지규식池圭植 (지윤근池允根)	하장下掌, 우천수세, 화속세 수세, 전답 다수 소유 / 자기업, 야학 운영, 분원학교 교감	1851년생, 회사 출자 사원
9	이충구李忠求	경소임	사망(1893. 8. 18)
10	이기웅李基雄	수간역, 화속세 조사 / 자기업	회사 미편입
11	변주헌卞柱憲	변간역, 외읍 사점기私店器 단속 / 자기업, 분원자기주식회사 발기인	회사 출자 사원
12	이희태李熙台	공원公員	사망(1892. 6. 23)
13	함경빈咸景賓	오위장, 재입속, 재력가 / 자기업	함동기의 동생, 회사 출자 사원
14	이원유李元裕	오위장, 입속, 재력가 / 자기업	회사 출자 사원, 지규식의 친구
15	정도경鄭道京	오위장, 신발가게 / 도토·화목 조달	회사 미편입, 정현도 집안
16	정원경鄭元京	선달, 자퇴 및 재입속/화목 조달	'선생' 호칭, 지규식의 친구
17	금순교琴舜敎	선달, 백토 문제로 강원도 출장	사망(1897. 9. 21)
18	이종필李鍾弼	선달, 문서 대조	이규완李圭完 사촌, 사망(1895. 윤5. 27)

19	김군행金君行	선달 / 회사 설립 후 500냥 받음	회사 미편입
20	이천유李天裕	선달	이일선의 아버지, 사망(1891. 9. 20)
21	이경필李京必	선달, 수세收稅 간검, 도토 관련 낭천 방문	사망(1893. 8. 22)
22	한정권韓正權	선비, 방헌房憲 위배 축출됨	사망(1897)
23	천세영千世榮	선생 자손, 외읍 사점기 단속, 회사 설립 후 500냥 받음	회사 미편입
24	정문한鄭文漢	김익준과 서울 왕래 / 자기업	회사 미편입
25	이정진李廷鎭	화속세 조사, 부채로 탈퇴(1894) / 해주에서 상경 중 사망	회사 미편입, 사망(1904. 10. 27)
26	함동헌咸東獻 (咸東憲)	시곡전柴穀錢 운반, 문서전달 / 자기업	회사 미편입
27	우상옥禹相玉	서울 왕래, 가게 운영 / 그릇 판매	정현도의 사위, 회사 미편입
28	변삼만卞三萬	입속(1892)	사망(1893. 10. 29)
29	변삼봉卞三奉	초상계初喪契 가입 / 회사 설립 후 500냥 받음	회사 미편입
30	이일선李一先	번조 업무 협의 / 상무사商務社 장무원掌務員, 동임洞任	회사 미편입, 이천유의 아들
31	이호필李鎬弼	공소 형편 논의	회사 미편입
32	김병관金炳觀	외읍 사점기 조사	회사 미편입
33	변주국卞柱國	우천 장시 문제로 거론됨 / 왕실 제기값 회계	회사 미편입
34	이덕룡李德龍	공방 입속(1892) / 번자회사 설립 후 불만 토로	회사 미편입
35	함춘백咸春伯	화속세 조사	회사 미편입
36	이인구李仁求	형 대신 입속(1993) / 회사 설립 후 500냥 받음	회사 미편입
37	이희정李熙貞	사점기 단속 때 뇌물 수수로 거방 / 소금 방매, 군청 왕래	회사 미편입
38	이희돈李熙敦	서울 왕래, 도중의 돈을 범용	회사 미편입
39	변주은卞柱殷	사점기 단속 때 뇌물 수수로 거방	회사 미편입
40	이행준李幸俊	입속(1892)	회사 미편입
41	김주현金柱玄	수세 간검, 외읍 사점기 조사 / 군산 거주(1900)	회사 미편입

42	김창달金昌達	입속(1891)	회사 미편입
43	천종국千宗國	회사 설립 후 500냥 받음	회사 미편입
44	이재국李才國	회사 설립 후 500냥 받음 / 번자회사 설립 후 불만 토로, 집 교환 매매	회사 미편입
45	김군항金君恒	환전 일로 설전 / 번자회사 설립 후 불만 토로	회사 미편입
46	정경섭鄭京燮	/ 번자회사 설립 후 불만 토로	회사 미편입
47	박창하朴昌夏	포목 거래, 사채놀이 / 자금 거래	회사 미편입
48	함계우咸啓禹	입참(1893)	회사 미편입

※ 자료 : 『하재일기』 1891년 1월 1일~1898년 12월 29일 ; 규장각, 「각도각군소장各道各郡訴狀」 '분원자기 공인 등 발괄(分院磁器貢人等白活)' 개국 504년(1895)[규 19164].

6. 번자회사 사장과 사원社員 명단

	이름(생몰년)	직위	경력 및 활동	비고
1	김종한金宗漢 (1844~1932)	사장	문과 급제, 대사간·예조판서, 군국기무처 회의 원, 독립협회 위원, 조선은행·한성은행 발기인	사원 겸직
2	한용식韓龍植	서울 사원	지사知事, 중추원 의관, 군부 참서관, 경성양조 (1906) 중역, 공동무역共同貿易 대주주	출자 사원
3	안중기安重基	서울 사원	사용司勇, 통신사 주사, 탁지부 지세파원地稅派員, 중앙은행 창설사무위원, 은행 자금 보증인	출자 사원, 광교 거주
4	이영균李永均	서울 사원	참의·군부 참령·장례원 전사典祀	출자 사원
5	지규식池圭植 (1851~?)	분원 사원	공인 명단 참조	출자 사원
6	이원유李元裕	분원 사원	공인 명단 참조	출자 사원
7	함경빈咸敬賓	분원 사원	공인 명단 참조	출자 사원
8	함동희咸東羲	분원 사원	공인 명단 참조	출자 사원
9	변주헌卞柱憲	분원 사원	공인 명단 참조	출자 사원
10	안정기安鼎基 (1839~1905)	실무자	선달, 우천 장시 궁감宮監, 회계장부 검토, 화목 조달	
11	안영기安永基	실무자	통신사 주사, 주전원主殿院 서무과장, 정부·왕실 과 연락, 회사 재정 운용, 왕실 그릇 수주 등	안중기의 동 생으로 추정
12	최동환崔東煥 (1839~)	실무자	자기 제조 검사	한용식의 장인

※ 자료 : 『하재일기』 ; 『고종실록』 ; 『승정원일기』 ; 『각사등록』 근대편 ; 『황성신문』

7. 분원자기주식회사 발기인 명단

	이름	거주지	경력 및 활동	기타
1	지규식	분원 거주	공인 명단 참조	
2	변주헌	분원 거주	공인 명단 참조	
3	함영섭咸英燮	분원 거주	자기업 종사, 학교 보조금 기부(1907)	
4	정지현鄭志衒	서울 거주	보광학교普光學校 졸업(1908), 공업전습소 도기과陶器科 졸업(1910)	
5	이남구李南九	서울 거주	공업전습소 도기과 졸업(1910)	
6	이돈구李敦求	서울 거주	공업전습소 도기과 졸업(1910)	
7	김유정金裕定	서울 재동, 분원 근방 거주	수신사 수행원, 탁지부 서무국장, 장련 군수	생몰(1856~?)
8	민준호閔濬鎬	서울 거주	법부 주사, 시종원侍從院 시종, 해동신숙海東新塾 교장, 증기기계제조사 중역, 동양서원東洋書院 설립	생몰(1877~1937) 이사 등록
9	정진홍鄭鎭弘	서울 거주	제중원 주사, 회계원 출납 사장, 일본 망명, 대한공업회 설립위원(1909)	생몰(1855~1926)
10	안태영安泰瑩	서울 거주	영선사 주사, 광덕서관廣德書館 운영, 경성직뉴京城織紐 대표	이사 등록
11	김수영金洙暎	서울 거주	봉시奉侍, 협시挾侍, 종1품 가자(1907)	이사 등록
12	윤치성尹致晟	충남 아산 출신, 서울 거주	일본 경응의숙慶應義塾·육군사관학교 졸업, 육군 참위, 토목건축주식회사 임원(1906), 대한공업회 회장(1909)	생몰(1877~1936) 이사 등록
13	조철희趙轍熙	서울 거주	육군 소대장, 원수부 부장副長, 시위보병 연대장, 대한협회 회원, 대한공업회(1909) 참여	생몰(1871~?) 해산 군인
14	황영수黃瑩秀	서울 사직동 거주	육군무관학교 입학, 육군 보병 참위, 시위기병대대 중대장, 육군유년학교 교관	생몰(1874~?) 해산 군인

15	신규식申圭植	청주 출생, 서울 이동泥洞 거주	육군무관학교 입학, 육군 보병 참위, 중국 망명(1911)	생몰(1879~1922) 해산 군인
16	안영수安暎洙	서울 거주	육군 보병 참위, 태극학회·대한흥학회 회원	해산 군인
17	구종서具宗書	서울 거주	육군무관학교, 참위	해산 군인

※ 자료: 『승정원일기』; 『일성록』; 『고종실록』; 『대한제국직원록』; 『황성신문』; 『대한매일신보』